Die Verbannten

Australien-Saga 1

William Stuart Long

Die Verbannten

Australien-Saga 1

Deutsch von
Katrine von Hutten

Weltbild

Originaltitel: *The Exiles*
Originalverlag: Dell Publishing, New York

Der Autor

Hinter dem Pseudonym William Stuart Long verbergen sich die beiden erfolgreichen US-amerikanischen Autoren Vivian Stuart Long und Victor Sondheim. Beide haben lange Jahre in Australien verbracht und sind intime Kenner des Landes und seiner Geschichte. Im Weltbild Buchverlag erschienen bisher die ersten fünf Teile der großen Australien-Saga: *Die Verbannten, Die Siedler, Die Verräter, Auf den Spuren der Väter* und *Die Abenteurer*.

Weltbild Taschenbuch

Der Morgen des 29. September 1781 stieg grau und bedeckt herauf. Nebelschwaden zogen über die flache Landschaft um den Marktflecken Milton Overblow. Aber als die Sonne aufging und den Nebel golden färbte, belebten sich bald alle Straßen, auf denen die Landbevölkerung auf Fuhrwerken, zu Pferd oder zu Fuß der Stadt zustrebte. Heute war Michaelsmesse, auf der nur Pferde und Schafe verkauft wurden.

Auf der Straße von Overdale ging es nur langsam voran. Aber die Farmer und Kleinbauern freuten sich das ganze Jahr über auf die Michaelsmesse. Festtäglich herausgeputzt, zügelten sie ihre Ungeduld, da sie wußten, daß die Marktbuden und die Schenken offen bleiben würden, bis alle Besucher ihr Geld ausgegeben hätten.

Die Reiter aber, die vom Rittergut Overdale herüberkamen, waren nicht bereit, sich aufhalten zu lassen. Angeführt vom Rittergutsbesitzer Lord Braxton preschten sie im Galopp in eine Schafherde hinein und scheuchten sie und zwei dahinziehende Familien mit Verachtung in die Büsche abseits der Straße.

Der Lord war alles andere als beliebt bei der Bevölkerung. Zum einen stammte er nicht aus dieser Gegend. Zum anderen waren sein Besitz und sein Titel vergleichsweise jungen Datums – ein Verdienst seiner Marinezeit in Nordamerika, wo er sich mehr darum gekümmert hatte, Reichtümer anzuhäufen, als für sein Land Schlachten gegen die französischen und amerikanischen Einwanderer zu führen.

Dennoch hatte er sich unter Admiral Rodney genug Auszeichnungen erworben, um in den Adelsstand erhoben zu werden. Und jetzt, im Ruhestand, hatte Lord Baxton das Rittergut Overdale gekauft und es irgendwie bewerkstelligt, zum Vorsitzenden des Gerichts berufen zu werden.

Wäre das alles gewesen, so hätte die Bevölkerung das sicher hingenommen, so wie sie andere Widrigkeiten des Lebens wie harte Winter und ständig ansteigende Steuern geduldig ertrug. Auch die strengen Urteile, die Braxton über kleine Missetäter fällte und selbst die Arroganz, mit der er sozial Schlechtergestellte bedachte, hätten nichts weiter als ihre unausgesprochene Ablehnung hervorgerufen.

Aber der Mann war überaus geizig und hatte kürzlich unter Berufung auf das Bodenrecht Räumungsklagen gegen mehrere seiner Pächter erhoben. Mit Hilfe eines alten Gesetzes aus der Tudor-Zeit, das nie aufgehoben worden war, pochte er auf eine gewisse Wirtschaftsführung seiner Pächter und kassierte bei geringen Übertretungen deren privaten kleinen Landbesitz.

Der Haß gegen den neuen Lord wuchs. Ein paar junge Hitzköpfe erwogen, die Zäune abzureißen, die er hatte errichten lassen, und einige dachten sogar daran, dem verhaßten Gutsbesitzer Gewalt anzutun. Doch der alte Pastor Simeon Akeroyd hatte sein möglichstes getan, um sie davon abzuhalten und ihnen die unvermeidlichen Konsequenzen vor Augen zu führen, aber die meisten jungen Männer waren zu wütend, um auf ihn zu hören. Erst vor einer Woche hatten sie tatsächlich zwei Zäune um Lord Baxtons Besitz eingerissen und das Holz gestohlen.

Der alte Pastor seufzte. Da er tätliche Auseinandersetzungen befürchtete, war er im Morgengrauen zum Rittergut hinübergeritten und hatte sich der Gruppe des Lords angeschlossen, um entstehende Streitigkeiten mit den empörten Kleinpächtern schlichten zu können.

Lord Braxton hatte ihn nicht einmal eines Grußes gewürdigt. Er hatte außer seinem Rechtsanwalt Thomas Slater seinen rauhbeinigen Gutsverwalter Ned Waite und seinen Reitknecht Gunner O'Keefe bei sich, ohne den er nur selten die schützenden Mauern seines Anwesens verließ. Der Gutsverwalter deutete nach vorn.

»Der Kerl da, Mylord«, sagte er, »das is Taggart. Der lebt westlich vom Kirby Ödland.«

Auf dem Fuhrwerk, das von zwei buntgeschmückten kräftigen Pferden gezogen wurde, saßen ein Mann und eine Frau, die ein Kind zwischen sich auf dem Kutschbock hatten. Drei junge angehalfterte Arbeitspferde, die offenbar auf der Messe verkauft werden sollten, liefen hinter dem Fuhrwerk her.

Lord Braxton fragte: »Züchtet er Pferde, dieser Taggart?«

»Ja, gute Pferde sogar«, meinte der Rechtsanwalt. »Und er verkauft sie auch zu guten Preisen.«

Ned Waite warf mit bösartigem Unterton in seiner rauhen Stimme ein: »Er läßt se auf'm Ödland grasen, Mylord.«

Das Kirby-Ödland grenzte westlich an die Ländereien des Rittergutes an. Es war gutes Grasland, auf das seit altersher alle Bewohner von Kirby ihr Vieh zum Weiden trieben. Und es war auch der letzte Streitapfel zwischen Braxton und seinen Pächtern. Dort waren seine neuaufgerichteten Zäune über Nacht verschwunden.

»Sie nehmen doch nicht an, Mylord«, schaltete sich der Pastor als hochgeachtetes Haupt seiner Gemeinde ein, »daß Angus Taggart etwas mit der unglücklichen Geschichte zu tun hat?«

»Das nennen Sie eine unglückliche Geschichte, Pastor? Es war blanker Diebstahl, weiter nichts! Ich habe das verdammte Recht, das Viehzeug der Kleinpächter von meinem Weideland fernzuhalten, außer sie zahlen was dafür. Stimmt's, Slater?«

Der Rechtsanwalt stimmte eilfertig zu. Lord Braxton unterbrach ihn unwirsch und wandte sich an den Pastor.

»Warum sind Sie so sicher, daß dieser Taggart nichts damit zu tun hat? Er braucht doch Weideland für seine Pferde, oder? Und zwar mehr als andere, da er doch züchtet!«

Das stimmt, dachte Pastor Simeon Akeroyd traurig. Er stammelte vor Aufregung: »Aber Angus Taggart ist ein rechtschaffener Mann, Mylord, er bricht keine Gesetze. Er würde nichts hinter Ihrem Rücken tun. Er hat seinen Stolz, wie jeder gute Schotte.«

»Wir werden ja sehen, wie stolz er ist, wenn er seinem Ankläger gegenübersteht. Was meinst du, Waite?«

»Ja, Mylord. Ich hab' ihn erkannt. Ich könnt's glatt beschwören.«

»Dann halt ihn an!« befahl sein Dienstherr. »Ich will mit ihm reden. Aber provozier ihn nicht. Und keine Drohungen!«

»Sehr wohl, Mylord.«

Der Pastor beobachtete, wie Ned Waite den Wunsch seines Herrn für seine Verhältnisse freundlich ausrichtete, denn Angus Taggart brachte sein Pferdefuhrwerk gleich am Straßenrand zum Stehen, übergab seiner Frau die Zügel und ging den Reitern entgegen.

Er war ein hochgewachsener, kräftiger Mann Mitte dreißig, mit einem wettergegerbten Gesicht und freundlichen, blauen Augen. Er trug eine braune, handgewebte Jacke und Reithosen. Sein rotes Haar war hinten zu einem ordentlichen Zopf geflochten. Auf einen Wink seines Herrn hin kam Ned Waite, der beim Fuhrwerk stehengeblieben war, mitten durch eine blökende Schafherde zu ihm zurück.

»Sie wünschen mich zu sprechen, Mylord?« fragte Taggart. Er sprach ruhig wie ein Mann, der ein reines Gewissen hat und der eine offensichtlich unerwartete Vorladung nicht zu fürchten braucht. Als er den alten Pastor erkannte, grüßte er ihn freundlich.

»Sie heißen Taggart, ist das richtig?« fuhr ihn Lord Braxton barsch an.

»Jawohl. Ich bin einer von Ihrer Lordschaft Pächtern.«

»Das ist mir klar… auch die Tatsache, daß Sie Pferde züchten, die Sie auf meinem Land grasen lassen. Ist das richtig?«

Angus Taggart starrte den Frager an, seine Augen wirkten zuerst alarmiert und dann vorsichtig. »Ich lasse meine Tiere auf dem Ödland grasen, Sir, das von altersher jedermann zur Verfügung steht –«

Lord Braxton unterbrach ihn. »Außer, wenn das Weideland ordentlich eingezäunt ist. Dann nämlich verfällt dieses Recht. Stimmt's, Rechtsanwalt Slater?«

Bevor dieser die Rechtslage bekräftigen konnte, fuhr Braxton hitzig fort: »Und ich habe alles getan, was das Gesetz erfordert. Ich habe Zäune aufrichten lassen, die über Nacht von feigen Lumpen eingerissen wurden.«

»Ich hab' davon gehört. Aber die Bauern benötigen das Weideland dringend. Ohne das Ödland wären viele ruiniert!«

»Und Sie auch, stimmt's?« fragte Lord Braxton listig.

»Jawohl«, gab Taggart ohne Zögern zu. »Mein Pachtland ist zum großen Teil moorig. Mein Ackerland bringt gerade so viel Getreide ein, um die Zuchttiere durch den Winter zu bringen.« Er deutete auf seine drei jungen Pferde. »Für die reicht das Futter nicht. Deshalb verkauf ich sie auf der Messe.«

Braxton lachte auf. »Mein Verwalter Waite sagt, daß Sie meine Zäune abgerissen haben. Stimmt's, Waite?«

Der Gutsverwalter nickte mit seinem kurzgeschorenen Kopf. »Jawoll, Mylord, wir ham ihn gesehn, O'Keefe und ich. Wie er die Zaunpfosten ausgegraben und sie auf sein Wagen geladen hat.«

Taggart schaute sie entsetzt an. »Ihr könnt mich nicht gesehn haben – ich war ja nicht dabei! Du lügst, Gunner – das weißt du selbst.« Er wandte sich verzweifelt an den Pastor. »Sir, wollen Sie sich nicht für mich verbürgen?«

Der alte Pastor tat sein Bestes und wiederholte die Vorzüge von Taggarts Charakter. Gleichzeitig brach Waite in einen Schwall von Anschuldigungen aus. Daß sie an den Haaren herbeigezogen waren, begriff jeder, der O'Keefe grinsen sah, und Taggart unterbrach den Gutsverwalter schließlich mit fester Stimme und sagte: »Sie haben keine

Beweise, Mylord. Ihr Wort steht gegen meines. Ich hab' erst hinterher von der ganzen Sache erfahren. Ich war sogar dagegen, als der Plan aufkam und –« Er unterbrach sich, aber es war zu spät. Er hatte mehr verraten, als er beabsichtigt hatte.

»Dann kennen Sie die Missetäter?« fragte Braxton kalt.

»Nicht mit Sicherheit, Mylord. Wirklich, ich –«

»Sie wären gut beraten, sie beim Namen zu nennen«, schaltete sich Rechtsanwalt Slater ein. »Falls Ihre Lordschaft Ihnen glauben soll, daß Sie nicht die Hand im Spiel hatten.«

»Ich kann sie nicht nennen, Sir«, sagte Taggart und preßte die Lippen aufeinander.

»Sie können nicht... oder wollen nicht, Mann?« forderte ihn Lord Braxton heraus.

»Dann will ich es nicht, wenn's beliebt«, entgegnete der Schotte trotzig. »Nehmen Sie uns dieses Weideland ab, dann wird keiner von uns den Pachtzins zahlen können.«

Bei diesem Geständnis merkte Lord Braxton auf. »Sie können sofort aufhören zu zahlen, Taggart. Kündigen Sie ihm, Slater! Er soll innerhalb einer Woche von meinem Land verschwinden – verstanden?«

»Er hat ein Vierteljahr Kündigungsfrist«, murmelte der Rechtsanwalt.

Taggart wurde blaß und protestierte: »Ich habe einen einjährigen Pachtvertrag, Mylord.«

»Sieh mal einer an! Und was zahlen Sie?«

»Hundertzwanzig Schilling für das Land, und vierzig für das Haus, Mylord.«

»Wenig genug.« Braxton wandte sich an den Anwalt, dem die ganze Szene sichtlich unangenehm war. »Slater, ist es nicht meine Pflicht zu überprüfen, daß er so gut wie möglich wirtschaftet?«

»Ja, das ist eine Bedingung für seinen Pachtvertrag«, bestätigte der Anwalt. »Allerdings –«

»Danke, das reicht. Sehr gut, Taggart... Sie werden in Zukunft zehn Morgen Weizen anbauen.«

Taggart protestierte. »Auf meinem Land wächst kein Weizen. Der Teil, der nicht moorig ist, ist viel zu steinig. Und meine Pferde –«

»Ach ja, Ihre Pferde. Trotz des Diebstahls meiner Zäune will ich nicht zu hart mit Ihnen verfahren. Wenn Ihre Pferde gut sind, kauf' ich sie Ihnen ab. Davon können Sie dann Saatgut und die nötigen Geräte anschaffen.«

Die Schafherde war inzwischen vorübergezogen, und die Straße war frei. Taggarts hübsche blonde Frau drückte ihre Tochter an sich, als wäre sie in Gefahr, und schaute angespannt herüber. Braxton grüßte sie knapp und befahl Taggart: »Binden Sie die Pferde los! Ich möchte sicher sein, daß sie ganz gesund sind.«

Sie waren nicht reinrassig, aber sonst einwandfrei. Braxton galt als ein guter Pferdekenner, und man sah ihm an, daß er mit den drei jungen Pferden sehr zufrieden war.

»Können sie schon im Geschirr gehn?« fragte er. Taggart schwieg in seiner ohnmächtigen Wut. »Und vor dem Pflug? Lauter, Mann, ich kann Sie nicht verstehn!«

»Der Wallach schon, die anderen noch nicht...« Taggarts Gesicht war jetzt weiß, und seine Hände zitterten. Der alte Pastor, der wußte, daß er nicht viel zu seiner Verteidigung hatte beitragen können, stieg von seinem Pferd ab und ging steif zum Fuhrwerk hinüber, wo er für kurze Zeit außer Sicht- und Hörweite von Lord Braxton war.

Rachel Taggart begrüßte ihn bewegt. Zu ihrer kleinen Tochter sagte sie: »Jenny, vertrete dir etwas die Beine, bis wir weiterfahren. Aber geh nicht zu weit weg!« Jenny juchzte und sprang vom Wagen.

Rachel flüsterte: »Angus hat Schwierigkeiten, oder?« Es war mehr eine Feststellung als eine Frage, und Simeon Akeroyd klopfte ihr ungeschickt auf den Arm und mußte ihre Befürchtungen bestätigen.

Als er noch nach den richtigen Worten suchte, sagte sie heftig: »Sir, ich muß es ganz genau wissen, wie soll ich ihm sonst helfen können? Seine Lordschaft hat uns nicht deshalb angehalten, um Pferde zu kaufen – das hätte er auf der Messe tun können.«

Der Pastor berichtete ihr, worum es ging. Rachel sagte schnell: »Aber er kann doch nicht behaupten, daß Angus den Zaun abgerissen hat!«

»Nun ja, meine liebe Rachel, auf alle Fälle hat er gemerkt, daß Angus weiß, wer es getan hat. Und jetzt will er ihn zwingen, Namen zu nennen.«

»Was er nicht tun wird!«

»Bis jetzt hat er noch niemanden verraten. Aber ...« Er erzählte ihr den weiteren Verlauf des Gesprächs und sah, wie die Farbe aus ihrem Gesicht wich, als sie die Bedeutung dessen begriff, was er da sagte.

»*Zehn* Morgen Weizen, das ist, das ist –«

»– die Bedingung für den Pachtvertrag. Das heißt, daß Angus darauf eingehen muß, oder aber die Pacht verliert. Aber es ist ein Jahr lang Zeit. Vielleicht ist es bis dann möglich.«

»Nein.« Tränen stiegen Rachel in die Augen. »Nein, das ist unmöglich. Wir können bis zum Frühjahr unmöglich zehn Morgen roden und pflügen, und außerdem ist das Land zu steinig ... es wäre nichts als verlorene Müh'.«

»Es tut mir leid«, sagte der alte Pastor, »unendlich leid. Ich mache natürlich, was ich nur kann. Aber ich fürchte, der Lord wird nicht nachgeben. Außer natürlich –«

Sie erriet, was er dachte, und schüttelte den Kopf. »Angus wird seine Freunde nicht verraten, welchen Preis er auch immer dafür bezahlen muß!« Sie seufzte, strich ein paar blonde Locken aus der Stirn zurück und rief nach Jenny. Das kleine Mädchen kam angerannt.

»Geht's weiter, Mama?« fragte es eifrig.

»Bald, mein Schatz«, sagte Rachel lächelnd. Der Pastor bewunderte ihre Haltung und ihren Mut. Er stieg vom Fuhrwerk und half Jenny hinauf. Beim Abschied versagte ihm die Stimme. Das waren anständige, rechtschaffene Leute, sie verdienten wirklich nicht, was Lord Braxton ihnen antat. Aber so etwas passierte im ganzen Land. Schafe brachten heutzutage mehr ein als Pächter, deren Pachtzins legal nicht erhöht werden konnte.

Als er Rachels Hand in der seinen hielt, wünschte sich Simeon Akeroyd inständig, daß er ihr mehr als nur vage Versprechungen machen könnte. Aber es war ihm bitter bewußt, daß er selbst weitgehend vom Wohlwollen des Rittergutsbesitzers abhing. Er konnte beten, sonst nichts ...

»Seine Lordschaft reitet weiter, Herr Pastor!« scholl Gunner O'Keefes rauhe Stimme herüber. »Sind Sie so gut und besteigen Sie Ihr Pferd!« Er warf ihm die Zügel zu und trabte, ohne ihm beim Aufsteigen behilflich zu sein, von dannen.

Der alte Pastor schwang sich steifbeinig in den Sattel. Dann drückte er seinem Pferd die Absätze in die Flanken und ritt hinter Lord Braxton her. Über die Schulter rief er den Taggarts »Gott sei mit euch« zu, das ihm aus vollem Herzen kam.

Angus Taggart band seine drei jungen Pferde schweigsam hinten am Fuhrwerk fest. Rachel spürte seine ohnmächtige Wut und sprach ihn deshalb noch nicht an. Sie sagte sanft zu Jenny: »Sei so lieb und frag deinem Papa kein Loch in den Bauch. Leg dich besser hinten in den Wagen – du bist früh aufgestanden und könntest ein bißchen Schlaf vertragen. Da, nimm meinen Schal und wickel dich damit ein.«

Jenny schaute sie mit erschrockenen Augen an, nahm aber gehorsam den Schal. »Aber wir fahren auf die Messe, ja, Mama?« fragte sie mit ängstlicher Stimme.

»Aber natürlich, mein Schatz«, versicherte Rachel, plötzlich sehr entschieden. Es könnte die letzte Messe sein, zu der sie jemals in Milton gehen würden, aber es bedürfte eines anderen Kerls als Lord Braxton, um sie von der heutigen Messe fernzuhalten. »Jetzt ab mit dir, und hör auf zu quengeln«, bat sie das Kind, »Papa kommt.«

Ihr Mann setzte sich neben sie und nahm die Zügel hoch. Sie waren fast schon eine Viertelstunde schweigend gefahren, als er wütend ausstieß: »Nun, hast du keine Fragen, Frau? Willst du nicht wissen, was Seine Lordschaft mir zu sagen hatte?«

»Ich warte darauf, daß du es mir genau dann erzählst, wenn du es mir erzählen willst«, meinte Rachel sanft.

»Du hoffst wohl drauf, daß sich meine Wut legt? Das wird sie nicht! Dieser gewissenlose Schuft Lord Braxton! Weißt du, womit er uns droht?«

»Ich weiß. Der Pastor hat's mir gesagt.« Sie schaute ihrem Mann ins Gesicht. »Ich sagte ihm, daß du auf Drohungen nichts gibst. Daß du für dein Recht kämpfen würdest.«

»Und das werd' ich auch, Frau! Nur über meine Leiche wird er uns aus unserer Heimat vertreiben, das schwör ich... Ich hab' mich auch geweigert, ihm die Pferde zu verkaufen.«

»Geweigert? Ach, Angus, war das klug? Wir wollen sie doch verkaufen – macht es dann was aus, wer sie kauft?«

»Natürlich nicht, aber nur bei der Versteigerung, für einen anständigen Preis. Er bot mir weniger als die Hälfte von dem, was sie wert sind, und Ned Waite behauptete, der Wallach wäre spatig. Du weißt, daß das nicht stimmt.«

»Er ist ein böser Mensch«, sagte sie. »Und Gunner O'Keefe auch.«

»Die haben das alles angezettelt«, knurrte Angus ungehalten. »Sie sagten Seiner Lordschaft, daß sie mich beim Diebstahl des Zaunes gesehn hätten! Ich wünschte jetzt, ich wär' dabeigewesen, weil ich ja beschuldigt werde – und das sagte ich ihm auch.« Er schloß bitter: »Falls dort noch mehr Zäune errichtet werden, bin ich beim Abreißen das nächste Mal dabei!«

»Und ich werd' dir helfen«, versprach Rachel.

Er schenkte ihr als Antwort sein langsames, warmherziges

Lächeln. »Ich hab' ihm die Namen der anderen nicht verraten. Deshalb droht er mir jetzt.«

Sie kamen in der Vorstadt an. Die Menschenmenge wurde immer dichter. Vom Messeplatz schallte Lärm herüber. Angus deutete mit seiner Peitsche auf eine bestimmte Stelle. »Jenny und du, steigt hier ab. Ihr könnt euch jetzt die Marktbuden anschaun. Ich geh' mit den Pferden zur Versteigerung, die dürfte um halb vier, vier zu Ende sein. Ich treff' euch dann genau hier wieder!«

»Und dann kaufst du Jenny noch einen Hut, du hast's ihr versprochen. Wir suchen ihn vorher schon aus.«

»Und ich bezahl' ihn vom Erlös des Pferdeverkaufs!« Angus lachte. Er hatte seine gute Laune wiedergefunden. »Und ich bau' den Weizen an, auch wenn es mich umbringt. Braxton wird unser Land nicht bekommen!«

Jenny rieb sich den Schlaf aus den Augen und kletterte vom Fuhrwerk. In den Marktbuden waren allerlei verführerische Waren ausgebreitet. Jongleure und Akrobaten zeigten ihre Künste, auf den Drehorgeln hüpften kleine Affen herum, sogar ein Tanzbär drehte sich im Kreis.

Rachel ließ sich von der allgemeinen Aufregung anstekken, begrüßte alte Nachbarn und Kindheitsfreunde, die sie seit langem nicht mehr gesehen hatte, und ließ sich von Jennys guter Laune mitreißen. Zum Mittagessen kauften sie Ingwerbrot und ein paar Äpfel und kauten beim Herumlaufen auf dem Markt mit vollen Backen. Jenny brauchte lange, bis sie sich für einen Hut entscheiden konnte, aber dann wurde der schönste zurückgelegt, und sie wanderten mit schmerzenden Füßen weiter zwischen den Schaubuden umher, bis sich die allgemeine freudige Erregtheit langsam legte und sich die Menschenmenge allmählich verzog.

Sie kamen früh genug zum vereinbarten Treffplatz, aber Rachel sah erschrocken, daß Angus schon dort wartete. Als sie auf ihn zueilte, schaute er sie finster an. »Er hat die Pferde gekauft, alle drei, verdammt noch mal! Und für die Hälfte von dem, was sie wert waren. *Das hier* hab' ich dafür gekriegt.« Er streckte seine Hand aus und ließ sie die Münzen zählen, die darin lagen.

Rachel stammelte: »Wie hat er sie für so wenig gekriegt?«

»Ned Waite war der einzige, der bei der Versteigerung darauf geboten hat.« Seine Stimme zitterte vor Anstrengung, seine Wut zu unterdrücken. »Sonst machte niemand den Mund auf. Dabei ging es vorher sehr lebhaft zu, bis eben meine Tiere dran waren.«

»Oh, Angus!« Sie schauten einander verzweifelt an und vergaßen das Kind für einen Augenblick.

»Wir fahren am besten heim«, sagte Angus schließlich. »Komm, Jenny!« Er versuchte, sie auf seine Schultern zu heben, aber das Mädchen wich ihm aus. In seinen Augen schimmerten Tränen. »Was tut dir denn weh, mein Küken? Ich wollte dich doch nur zum Wagen zurücktragen!«

»Aber mein Hut…«, erinnerte Jenny ihren Vater.

Angus umarmte sie. »Aber natürlich sollst du ihn haben, mein Schatz.«

Jenny barg ihr tränennasses Gesicht an seiner Brust, und ihre Stimme klang gedämpft, als sie antwortete: »Er hat so schöne blaue Bänder!«

Angus blickte seine Frau über den Kopf des Kindes hinweg an und erklärte mit Nachdruck: »Er bringt mich nicht dazu, meiner Tochter gegenüber wortbrüchig zu werden. Ich kauf' ihr diesen Hut, und wenn es das letzte ist, was ich jemals tu'.«

Der Sonntagshut war, wie sich herausstellen sollte, das letzte Geschenk, das Jenny von ihrem Vater bekam. Noch Jahre später, als sich das Stroh, aus dem er geflochten war, schon längst aufgelöst hatte, bewahrte sie das zerschlissene blaue Band als Talisman auf, der in ihr Erinnerungen an glücklichere Zeiten erweckte.

Sie wußte und verstand nur wenig von den Ereignissen, die zum Tode ihres Vaters geführt hatten. Er war bei jedem Wetter draußen, von frühmorgens bis spätabends, und rodete ein Stück Land von Buschwerk und Gestrüpp, damit er im kommenden Frühjahr zehn Morgen Weizen einsäen konnte. Manchmal halfen ein paar Nachbarn, aber meist nur die Mutter, soweit ihre Kräfte bei dieser harten Arbeit reichten. Nur als im Winter eine dicke Schneedecke das Land bedeckte, sah Jenny ihre Eltern häufiger, da sie in der Zeit das Haus nur verließen, um die Pferde zu füttern oder sich einen Weg zur Kirche zu bahnen. Die Mitternachtsmette und der Weihnachtsgottesdienst waren ihr wie lichterglänzende Feste in Erinnerung.

Als das Wetter milder wurde, war der Vater wieder draußen und rodete das letzte Stück, und Jenny erinnerte sich daran, wie stolz und glücklich er war, als er ihrer Mutter sagte, daß er das Stück Land jetzt pflügen könne. Zwei Wochen später begleiteten sie und ihre Mutter ihn im Fuhrwerk nach Milton, wo sie Säcke voll Saatgut kauften. Keiner sprach es aus, aber das Kind spürte an der Art, wie die Säcke sorgfältig in einem abschließbaren Schuppen untergebracht wurden, daß diese Anschaffung fast ihr gesamtes Bargeld verbraucht hatte... Am selben Abend brachen die trächtigen Stuten aus, und als Angus spät nachts mit ihnen zurückkehrte, entdeckte er, daß das Schloß am Schuppen aufgebrochen, die Hälfte der Säcke aufgerissen und die übrigen in den Bach hinter der Pferdekoppel geworfen worden waren.

Sie retteten soviel wie möglich, aber es war wenig genug. Und das Gesicht ihres Vaters war wutverzerrt, als er die lehmverschmierte, schon keimende Saat in seinen kleinen Karren schaufelte und loszog, um das Feld damit einzusäen, das er unter so großen Mühen gerodet hatte. Aber ein Wunder geschah, und die Saat ging leuchtendgrün auf dem steinigen Acker auf.

Im Juni ließ Lord Braxton neue Zäune um das umstrittene Ödland herum errichten. Sie wurden eingerissen, wieder errichtet und noch einmal eingerissen. Beim letzten Mal war Angus mit dabei. Die Absicht wurde im kleinen Wirtshaus von Wrenkin Dale ganz offen besprochen.

Einmal kam Angus nach einem Wirtshausbesuch mit einem zugeschwollenen blauen Auge und aufgerissenen Handknöcheln nach Hause. Jenny bemerkte, daß ihre Mutter ihm keine Vorwürfe machte, als er erzählte, daß Ned Waite einen gebrochenen Unterkiefer davongetragen hätte und Gunner O'Keefe geflohen sei und daß sich die beiden bestimmt nie mehr im Wirtshaus blicken lassen würden.

Eine Zeitlang herrschte ein trügerischer Frieden. Die Zäune wurden nicht wieder aufgerichtet, und das Vieh der Kleinpächter graste frei auf der saftigen Weide. Aber dann folgte die Nacht, an die sich Jenny ihr Leben lang mit großem Entsetzen erinnern würde… und sie kam ohne jede Vorwarnung. Jenny erwachte mit einem unguten Gefühl und ging im Dunkeln zum Fenster. Sie sah schattenhafte Gestalten, die sich flüsternd am Stall zu schaffen machten. Vor Angst wie gelähmt, blickte Jenny in die Nacht hinaus und sah, wie eine Fackel entzündet wurde, dann eine zweite und eine dritte aufflammte. Sie vernahm ein bellendes Gelächter und erkannte eine Stimme.

Gunner O'Keefe. Jenny rannte los und weckte ihre Eltern. Der Vater fuhr sofort in seine Hose und die Stiefel, aber bevor er den Hof erreichte, stand der kleine hölzerne Bau in hellen Flammen, und die Männer waren verschwunden. Das entfernte Hufgeklapper ihrer Pferde wurde von den prasselnden Flammen übertönt.

»Wasser!« schrie Angus rauh. »Alle Eimer voll! Ich muß die armen Pferde da rausholen, bevor sie ersticken!« Er riß sich das Hemd vom Leib und sprang in den brennenden Stall.

Als Jenny und ihre Mutter Eimer in der Pferdetränke füllten, sahen sie, wie er keuchend mit einem der Arbeitspferde herauskam. Das entsetzte Tier wieherte laut, und Angus ließ es laufen und verschwand wieder im Rauch. Kurz danach stürzte das Stalldach ein, und glühende Funken stoben zum Himmel, als die Balken herunterkrachten.

Als Jenny mit einem Eimer Wasser angerannt kam, galoppierte ihr das zweite Arbeitspferd entgegen. Sie wartete auf ihren Vater, aber er tauchte nicht auf.

Nachbarn halfen den Brand zu löschen, und als das Feuer schließlich erstickt war, wagten sich zwei Männer in die rauchenden Überreste des Stalles. Nach langer Zeit trugen sie ein schwarz verbranntes Etwas heraus, das wie ein Balken aussah, tatsächlich aber Angus Taggarts lebloser Körper war.

Ein paar Tage später schritt Jenny, empfindungslos vor übergroßem Schmerz, an der Seite ihrer Mutter zum ausgehobenen Grab. Als der Sarg in die feuchte braune Erde gesenkt wurde, sah sie nichts als den schwarz verbrannten Balken vor sich. Selbst die mitfühlenden Worte des alten Pastors vermochten es nicht, sie aus ihrer Betäubung zu reißen. Als sich die Nachbarn später beim Leichenschmaus in der Küche versammelten, hoffte Jenny, die wortlos und unbewegt am Tisch saß, daß sie bald gehen würden.

Am nächsten Morgen vertraute ihr die Mutter ihre Pläne für die Zukunft an.

»Ich stelle einen Mann an, der das Land für uns bestellt«, sagte Rachel mit gefaßter Stimme. »Es gibt viele, die das für Kost und Logis und ein paar Schilling machen. Und das hätte dein Papa bestimmt so gewollt. Ich geb' nicht so schnell auf, du kennst mich ja!« Rachel strich der kleinen Jenny zärtlich übers Haar. »Wir verkaufen alle Zuchttiere und schaffen uns statt dessen Schafe an… Ich bin auf einer Schaffarm großgeworden, und ich trau' mir zu, mit einer kleinen Herde fertig zu werden. Aber du mußt mir dabei helfen, ja?«

»Natürlich, Mama«, versprach Jenny.

Sie schmiedeten hoffnungsvolle Pläne, aber das war nur von kurzer Dauer. Die beiden Arbeitspferde, die Angus Taggart das Leben gekostet hatten, tauchten nie mehr auf. Auch die gründlichsten Nachforschungen ergaben nichts. Und der Verkauf der Zuchttiere brachte nicht entfernt so viel Geld ein, um die dringend notwendigen Arbeitspferde zu ersetzen und außerdem Schafe zu kaufen.

Aber es war erst der Besuch von Rechtsanwalt Slater, der all die mutigen Hoffnungen Rachels endgültig zerstörte. Er kam ohne jede Umschweife auf den Grund seines Erscheinens zu sprechen und hielt es nicht einmal für nötig, dabei vom Pferd abzusteigen.

»Der Pachtvertrag ist auf Ihren Mann ausgestellt, nicht auf Sie, Frau Taggart. Mit seinem Tod sind alle damit verbundenen Rechte auf Lord Braxton zurückgefallen, und Seine Lordschaft wünschen das Land selbst zu bebauen. Das alles ist natürlich ganz legal...«

Rachel versuchte, etwas zu erwidern, brachte aber kein Wort heraus. Als der Rechtsanwalt das bemerkte, fuhr er etwas besänftigender fort: »Lord Braxton möchte Ihnen aber nicht unnötige Schwierigkeiten machen. Ich bin hier, um Ihnen mitzuteilen, daß Sie einen Monat lang Zeit haben, um den Hof zu räumen. Er wird eingerissen, heute in einem Monat – also ganz genau am dreizehnten Juli.«

»Und wenn ich nicht ausziehe?« fragte Rachel mit leiser Stimme. »Was dann, Mister Slater?«

»Dann wird das Haus zwangsgeräumt, und Ihre Habseligkeiten werden beschlagnahmt«, entgegnete er kühl und ritt grußlos von dannen.

Rachel ging blaß und zitternd ins Haus zurück. Sie setzte einen Hut auf, warf ein Umhängetuch um und machte sich auf den Weg zu ihren Nachbarn, um sich mit ihnen zu beraten.

Als sie spätnachts zurückkam, weckte sie Jenny, die auf dem Stuhl eingedöst war, und sagte mutig: »Ich habe einen

Plan gefaßt, wach auf und hör gut zu! Wir gehn nach London. Dort gibt es für ehrliche Leute genug Arbeit. All die reichen Adeligen dort haben große Häuser und brauchen Dienstboten.«

»London?« wiederholte Jenny. »Aber London ist doch so weit weg, Mama!« Die Vorstellung entsetzte sie. »Wir kommen nie dorthin!«

»Doch, doch«, versicherte ihre Mutter.

»Können wir nicht lieber zu deiner Familie gehn? Das ist nicht so weit und –«

»Die haben schon genug Münder zu füttern, und es fällt ihnen schwer genug. Mein Vater und meine Brüder bewirtschaften die Farm, wir würden ihnen nur zur Last fallen, und das will ich nicht.«

»Ich will aber nicht hier weg«, flüsterte Jenny den Tränen nahe.

Ihre Mutter nahm sie zärtlich in den Arm. »Glaub mir, es bricht mir auch das Herz, unser Haus zu verlassen. Aber ohne deinen Papa wäre es sowieso nie mehr dasselbe hier, selbst wenn Seine Lordschaft uns hier leben ließe. Und wer weiß, vielleicht machen wir unser Glück in London!«

Durch ihre Zuversicht und ihre Entschiedenheit, das Beste aus der Situation zu machen, verflüchtigten sich Jennys Ängste allmählich, und sie begann, sich auf die bevorstehende Reise zu freuen. In den wenigen verbleibenden Wochen löste Rachel den Haushalt auf und verkaufte alles an Freunde und Nachbarn. Mit dem geringen Erlös erstand sie das Nötigste für die Reise. Feste Schuhe wurden angeschafft, Umhängetücher und für jeden ein neues Kleid, damit sie sauber und ordentlich wirken würden, wenn sie ihr Ziel erreicht hätten.

Beim Einkaufen machte Rachel die Bekanntschaft der Familie Hawley, die auf ähnliche Weise wie sie aus ihrer Heimat vertrieben wurde, und sie kamen überein, gemeinsam nach London zu gehen. Am Tag der Abreise waren Rachel und Jenny schon kurz nach Sonnenaufgang zum Aufbruch bereit. All ihre restliche Habe hatten sie zu ordentlichen Bündeln verschnürt. Am Tage vorher hatten sie sich überall verabschiedet, und nichts hielt sie mehr auf. Aber Rachel machte sich noch im Haus zu schaffen, bis Lord Braxtons Männer mit Äxten und schweren Hämmern erschienen, um mit dem Abriß des Hauses zu beginnen. Erst als sie dem gehaßten Ned Waite noch einmal abschätzig in die Augen gesehen hatte, faßte sie ihre Tochter an der Hand und verließ fluchtartig den Ort, der einmal ihr Zuhause gewesen war.

Als sie auf der Straße ein paar Meilen gewandert waren, trafen sie die Hawleys. Andrew, der einzige Sohn des Ehepaares, begrüßte sie zuerst. Er war ein hochaufgeschossener, kräftiger junger Mann, der gern und oft lachte, und seine Sanftheit strafte sein ruppiges Aussehen Lügen, was Jenny bald herausfand. Aber seine Erscheinung und seine offensichtliche Stärke beschützten die beiden Familien während der langen Reise vor allerlei Unbill, denn kein Strauchdieb verspürte Lust, sich mit so einem Bären von einem Mann anzulegen.

Obwohl er schon weit mehr als nur seinen Anteil an dem Gepäck trug, nahm er immer wieder einmal Jenny auf die Schultern und trug sie die letzten mühseligen Meilen, bevor sie eine Rast einlegten.

Die Hawleys besaßen nur wenig Geld, und Rachel, die selbst lieber weniger als mehr ausgab, erhob keinen Einspruch, als erwogen wurde, lieber unter freiem Himmel zu übernachten als eine Herberge zu suchen.

Als sie sich London näherten, wurde der Verkehr auf der Straße dichter. Die meisten Reisenden hatten ähnlich wie sie ihre Heimat verloren und wollten in London Arbeit suchen oder in die amerikanischen Kolonien auswandern. Da so viele unterwegs waren, wurde das Betteln um Nahrung immer schwieriger, und Andrew, der bislang keinerlei Zweifel gehegt hatte, eine gute Anstellung zu finden, wurde immer kleinlauter.

»Du wirst Arbeit finden, Andrew«, bestärkte Rachel ihn. »Ein kräftiger, anständiger Mann wie du – natürlich findest du was!«

Aber ihr eigener Mut sank, als die Frauen, die sie nur um Wasser baten, sie ärgerlich abwiesen. »Vielleicht sollten wir doch ein Schiff suchen, das uns über den Ozean bringt«, sagte sie vertraulich zu Jenny. »Wir sind jung und gesund, aber es scheint, als ob wir hier nicht erwünscht wären.«

Zu Jennys großer Erleichterung ließ sie diesen Plan aber fallen, als Andrew vorschlug, daß sie zusammenbleiben sollten, statt sich zu trennen, wenn sie die Stadt erreicht hätten. »Ich hab' mich mit einem Mann aus London unterhalten, und er riet mir, es auf dem Fischmarkt in Billingsgate zu versuchen. Es sieht ganz so aus, als ob sie dort Träger brauchen, und er meinte, daß sie mich bei meiner Statur sofort nehmen würden. Wenn ich einigermaßen gut verdiene, dann werden Sie und Jenny nicht hungern müssen, das versprech' ich Ihnen, Mistress Taggart.«

»Wir haben noch Ersparnisse«, antwortete Rachel dankbar. »Wenn wir zusammenbleiben, legen wir unser Geld zusammen.« Andrew war einverstanden. Er schwang Jenny auf seine breiten Schultern, jetzt wieder der glückliche, lachende Riese, den sie kennen und lieben gelernt hatte.

»Jenny und ich gehen zusammen. Sie hat versprochen, mich zu heiraten, wenn sie eine erwachsene Frau ist – das hast du doch, mein Schätzchen? Sag deiner Mama, daß du's mir versprochen hast!«

Jenny klammerte sich an ihm fest, kicherte über die absurde Vorstellung und freute sich trotzdem darüber. »Ja, stimmt!« rief sie aus. »Ich heirate Andrew, wenn ich groß bin.«

»Da muß er sich noch ganz schön gedulden«, sagte Rachel schlicht, aber sie drückte Andrew dankbar die Hand.

So kamen sie, geschoben und gedrängelt von einer immer dichter werdenden Menschenmenge, langsam nach London hinein und erreichten den Fluß. Als sie die London Bridge überquerten, schaute Jenny neugierig in das schmutziggraue Wasser hinab und schrie beim Anblick dessen, was sie sah, entsetzt auf. Am Ufer festgemacht lagen verrottende, abgetakelte Schiffe. Gestank und Gezeter stieg aus ihnen auf.

»Mama!« rief sie aus. »Mama, was ist *das*? Können da Menschen drin sein, schreiende Menschen?«

Hinter ihr antwortete eine seltsam klingende Stimme: »Na klar sind da Kerle drin, Zuchthäusler, Tausende von Galgenvögeln.«

Jenny drehte sich um und sah, wie eine magere kleine Vogelscheuche von einem Mann in zerlumpten Kleidern sie mit hellen, vogelähnlichen Augen betrachtete. Rachel ging schneller, um ihn loszuwerden.

»Hams aber eilig, Maam! Ihr Mädel fragt mich was, ich antwort: Is das verkehrt?«

Rachel schämte sich und fragte: »Sagten Sie Zuchthäusler?«

»Woll, Maam«, bekräftigte der kleine Cockney. »Früher ab nach Amerika damit, um se loszusein. Bis die Siedler drüben sich beschwert ham. Jetzt wissen se nich, wohin damit, müssen ja irgendwo bleiben. Also stopfen se die Brüder in die Hulks da unten. Wenn se nich gehängt wern, nacher landen se da.«

»Ach so ... danke«, sagte Rachel. Sie nahm Jenny fest bei der Hand, ging schneller und hoffte, ihn abschütteln zu können, aber der komische kleine Kerl paßte seinen hinkenden Schritt dem ihren an.

»Sind se allein unterwegs, Sie und das Mädel?« fragte er.

»Nein, natürlich nicht.« Ein Stück weit vor ihnen konnte Rachel Andrews hohe Gestalt in der Menge ausmachen. Er nahm bestimmt an, daß Jenny und sie direkt hinter ihm folgten. Wenn sie die Hawleys jetzt aus den Augen verlöre, könnte sie sie nicht mehr finden, besonders, da es jetzt bald dunkel wurde. Sie versuchte, schneller voranzukommen, aber die Menge hinderte sie immer wieder daran.

»Is ja gut, ich seh' Ihre Leut«, beschwichtigte der kleine Cockney. »Wo machen Se denn hin?«

»Zum Billingsgate Markt«, antwortete Rachel.

»Wolln malochen, was? Na, da gibt's was. Und Sie, wolln Se auch, Mrs...«

»Mistress Taggart.«

»Und ich heiß Watt Sparrow, zu Ihren Diensten!«

»Und ich bin Jenny, Mister Sparrow«, sagte Jenny freiwillig. Sie konnte diesen komischen Vogel gut leiden.

»Das is mal 'n echt schöner Name«, sagte Watt Sparrow. Er nahm Rachel die Gepäckbündel ab, bevor sie dagegen protestieren konnte, und als sie es dann doch noch tat, schüttelte er vorwurfsvoll seinen Kopf. »Ich versuch' Ihnen doch nur zu helfen. Sie sind vom Land, kennen sich hier nich aus. Warum soll der alte Sparrow Ihnen nich 'n Weg nach Billingsgate zeigen dürfen?«

»Ja, da wollen unsre Freunde hin. Wie gesagt, wir sind zusammen unterwegs.«

»Das war mal so. Jetzt sind se weg.«

Als Rachel voller Panik nach ihnen Ausschau hielt, merkte sie, daß er recht hatte. Von Andrew Hawley war weit und breit nichts zu sehen, und wenn der kleine Mann sie nicht führte, hätte sie keine Ahnung, in welche Richtung es weiterging.

»Wieviel – wieviel verlangen Sie, um meine Freunde zu finden?« fragte sie unsicher.

»Nehm doch kein Penny von Ihnen, schöne Frau!« meinte Sparrow listig. »Los dann! Folgen Sie mir!«

Rachel versuchte ihr Bestes, aber da Jenny an ihr hing und die Menge sie immer wieder zum Anhalten zwang, gelang es ihr nicht. Eine Zeitlang konnte sie ihn noch sehen, aber dann verlor sie ihn genauso aus den Augen wie Andrew Hawley.

Sie zögerte selbst jetzt noch zu glauben, daß sie einem Spitzbuben aufgesessen war. Jenny flüsterte ängstlich: »Mama, er ist weg!«

Rachel versuchte, das Zittern in ihrer Stimme zu unterdrücken. »Und er hat unsere Bündel... die neuen Kleider. Aber wenigstens hat er meine Geldbörse nicht.« Der kleine Lederbeutel mit den verbliebenen Münzen hing ihr an einer Schnur befestigt um den Hals. Sie hatte ihn in den Ausschnitt ihres Kleides geschoben. Aber als sie jetzt danach fischte, kam nur die sauber abgetrennte Schnur zum Vorschein... Sie hatte von dem Diebstahl nichts bemerkt. Es mußte Watt Sparrow gewesen sein.

Jenny streichelte ihre Hand. »Aber *mein* Bündel hat er nicht«, sagte sie tröstend. »Da ist mein Hut drin, der von Papa, und mein Umhängetuch«. Sie zog einen kleinen Geldbeutel heraus. »Und auch der Sixpence, den mir der alte Pastor beim Abschied geschenkt hat. Davon können wir ja was zum Essen kaufen.«

Rachel umarmte sie. »Das machen wir«, stimmte sie zu. »Aber ich fürchte, für ein Bett reicht es nicht. Wir müssen wieder im Freien schlafen.«

Sie kauften zwei Brötchen. Und als der gröbste Hunger gestillt war, legten sie sich in die Toreinfahrt eines verlassenen Hauses, wickelten sich in Jennys Umhängetuch und fielen erschöpft in Schlaf.

Eine durchdringende Stimme weckte sie auf. Instinktiv drückte Rachel Jenny an sich. Es war noch dunkel, und beim Licht einer Fackel, die ein Negerjunge trug, starrte sie die seltsamste Erscheinung an, die sie jemals gesehen hatte.

Die schreiende Person war, wie Rachel annahm, eine Frau, aber so groß und irgendwie gestaltlos, daß sie ihr wie eine

Erscheinung vorkam. Ihre Kleidung war zwar elegant, aber verschmutzt, der Brokatrock war an ein paar Stellen zerrissen.

»Wer – wer sind Sie?« stieß Rachel hervor und setzte sich auf. »Was wollen Sie?«

Die alte Vettel antwortete nicht, sondern stieß statt dessen mit ihrem Schuh nach Jenny und bat sie aufzustehen, damit sie sie betrachten könne.

Jenny gehorchte, und Rachel sprang auf, um sie zu beschützen.

Sie rief: »Lassen Sie meine Tochter in Ruhe! Nicht anfassen, verstanden?«

»Ein reizloses kleines Ding«, meinte die Frau. Eine knochige, klauenartige Hand faßte nach Jennys Haar und drehte ihr Gesicht ins flackernde Licht der Fackel. »Aber sie ist gut gewachsen. Wir könnten was aus ihr machen. Ist sie eine Jungfrau?«

Rachel war außer sich. Sie pflanzte ihren eigenen, wohlgeformten Körper vor Jenny auf.

»Wir sind anständige Leute«, erklärte sie stolz. »Lassen Sie uns in Ruhe.«

Als die alte Frau ihren Yorkshire-Dialekt hörte, entspannte sich ihr verlebtes Gesicht, und sie brachte so etwas wie ein Lächeln zustande. »Sie sind vom Land?«

»Ja. Wir sind erst heute in London angekommen. Und hatten keine Unterkunft. Wir –«

»Und auch kein Geld, stimmt's?«

»Das wurde uns gestohlen. Ein gräßlicher, humpelnder Kerl ließ mir keine Ruhe, bis ich ihn unsre Bündel tragen ließ, und dann haute er ab damit.«

»London ist ein Diebesnest«, meinte die Alte gleichgültig. Sie betrachtete Rachel prüfend von oben bis unten. »Ich komme auch vom Land, das hätten Sie nie gedacht, oder? Ist ja auch schon lang her, da war ich so klein wie die da.« Sie deutete auf Jenny. »Sie suchen Arbeit, stimmt's?«

»Ja«, gab Rachel zu. Ihre Ängste hatten sich inzwischen gelegt. Die Alte war zwar gräßlich, aber sie war doch freundlich zu ihnen.

»Ich könnte vielleicht was für Sie tun. Hier ziehen sie zwar junge Mädchen vor, aber in Holborn würden Sie genug Kunden finden ... und ich würde für das Kind sorgen. Und Sie hätten ein Dach überm Kopf, bis Sie richtig im Geschäft sind.«

Als die seltsame Frau einen kleinen Imbiß vorschlug, willigte Rachel sogleich ein. Die Nacht auf dem harten Kopfsteinpflaster war kalt gewesen.

»Dann aber los«, drängte ihre neue Begleiterin. »Es ist noch was vom Abendessen übrig, und wir finden bestimmt einen guten Tropfen, um Sie aufzuwärmen.«

Sie ging los und stützte sich mit einer Hand auf die Schulter des Negerjungen. Jenny hielt Rachel zurück. »Ich mag sie nicht«, flüsterte sie.

»Aber sie hat uns was zu essen versprochen, und vielleicht können wir in ihrem Haus schlafen.«

»Ich bin wirklich hungrig«, gab Jenny zu.

»Ich auch. Und weißt du, wenn's hell ist, können wir immer noch losgehn und die Hawleys suchen.«

Das Gebäude, in das die alte Frau sie führte, war weniger ein Wohnhaus als vielmehr eine Lagerhalle, aber es war warm dort und, zu Rachels Überraschung, auch einigermaßen sauber. Ein paar Möbelstücke standen herum, in einigen der Betten lagen zugedeckte schlafende Gestalten. Die meisten Betten waren leer. Auf den herrischen Ruf der Alten hin erhob sich nur ein dürres, pockennarbiges Mädchen.

»Wir haben neue Gäste, Patty, setz ihnen was zu essen vor.«

Das Mädchen gehorchte mürrisch und schweigsam, aber das Essen, das sie auf einem angeschlagenen Teller brachte, sah gut und appetitlich aus. Da sie kein Besteck hatte, um das kalte Fleisch kleinzuschneiden, riß sie es mit den Fingern auseinander und reichte es Jenny auf einer Scheibe frisch gebackenem Brot. Das Kind fiel ausgehungert darüber her, und die merkwürdige Gastgeberin lachte.

»Das kannst du gut vertragen, stimmt's? Lang nur zu, Kleine. Es ist genug da.« Sie nahm eine Flasche vom Bord, füllte ein Glas und reichte es Rachel. »Da, trinken Sie das, das wärmt sie auf. Wie heißen Sie noch mal? Sollte ich besser wissen, wenn Sie zu unserer glücklichen Truppe gehören wollen.«

Rachel stellte sich noch einmal vor, trank vorsichtig einen Schluck und hustete los, als ihr der starke Alkohol in der Kehle brannte.

»Nur zu, runter damit!« drängte die Alte. »Macht nichts, wenn Sie's nicht gewöhnt sind. Wird Ihnen guttun. Gin ist die beste Arznei, die's überhaupt gibt.«

Ängstlich, ihre Wohltäterin zu verärgern, leerte Rachel mit Todesverachtung das ganze Glas. Aber die Wirkung war wunderbar. Sie fühlte sich warm, fast zum erstenmal, seit sie ihr Zuhause verlassen hatten, und schaute hoffnungsvoller in die Zukunft. »Sie sind so freundlich zu uns«, sagte sie dankbar. »Ich werde versuchen, Ihnen alles zurückzuzahlen. Wenn Sie eine Stelle – eine Stelle für mich finden, dann arbeite ich hart – ganz hart –« Sie schwankte.

Die Alte stand auf, packte Rachel fest am Arm und führte sie zu einem der freien Betten am anderen Ende des langen Raumes. Sie wünschte Jenny eine gute Nacht und wandte sich mit plötzlich harter Stimme an Rachel. »Und über Ihre *Stelle* unterhalten wir uns morgen.«

Kurz nach Tagesanbruch rüttelte Jenny ihre Mutter wach. Sie flüsterte zitternd: »Mama, *schau mal da!*«

Rachel stützte sich, noch leicht benebelt, auf einen Ellenbogen auf und sah, wie eine lange Schlange weiblicher Wesen langsam auf die alte Frau zuging, die wie eine Königin in ihrem Sessel thronte. Daneben stand ein Tisch, auf dem Münzen lagen. Immer mehr Münzen häuften sich auf. Die

Alte zählte sie, schrieb etwas in ein Büchlein auf und legte dann widerwillig ein oder zwei Geldstücke in die ausgestreckte Hand zurück.

Viele der Mädchen waren erst zwischen acht und vierzehn Jahre alt, aber ihre Gesichter waren wie die ihrer Mütter grell geschminkt, die geduldig dabeistanden und abwarteten, bis die Reihe an sie käme. Alle waren seltsam elegant gekleidet, aber – wie die Alte auch – schmutzig und abgerissen, und die Kinder starrten todmüde und mit verschlossenem Gesichtsausdruck vor sich hin.

Rachel fühlte, wie ihr das Blut in den Adern fror. Mrs. Hawley hatte ihr zwar von Kinderprostitution in London erzählt, aber bis jetzt hatte sie das als ein halbes Märchen abgetan. Nun sah sie ihren Irrtum ein… was für eine Närrin war sie doch gewesen, anzunehmen, daß eine Frau wie Mrs. Morgan Jenny und ihr aus reiner Freundlichkeit in der fremden Stadt helfen wollte! Konnte sie es wagen, einfach wegzugehen, wo sie doch das Entgelt für eine Übernachtung, das Essen und… den Gin schuldete?

Die pockennarbige Patty, mit der sie noch am Vorabend bekannt gemacht worden war, näherte sich und sagte: »Ich hab' Se beobachtet. Wußten wohl nich, wo Se hier gelandet sind, was, Missus Taggart?«

Rachel fuhr entsetzt zusammen. »Nein, nein, das schwör ich dir. Wir müssen hier weg –«

»Warten Se noch«, sagte das Mädchen. »Sie darf Se nich sehn. Wenn ich ihr die heiße Schokolade bring', gieß' ich ihr die Tasse auf 'n Schoß, und dann rennen Se los, wenn se grad nicht schaut. Aber gehn Se weit weg und kommen Se nie mehr hierher, sonst setzt's was.«

»Aber du könntest Schwierigkeiten kriegen. Sie weiß bestimmt, daß du uns geholfen hast«, meinte Rachel. »Und –«

Patty schüttelte den Kopf. »Weiß se nich. Se glaubt, ich bin tolpatschig, und das bin ich auch, mit ihr. Und ich hab' sowieso immer Ärger, also macht's nix.«

»Warum bleibst du bei ihr? *Warum*, Patty?« Das Mädchen lachte. »Mei Mama hat mich ihr verscherbelt, als ich sieben war. Und sie zahlt gut. Ich krieg dreimal am Tag zu essen *und* muß nich auf den Strich. Zu häßlich, meint se. Kein schlechtes Leben, wenn man's gewöhnt is!«

Ihre vertraulichen Mitteilungen wurden durch einen Ruf ihrer Herrin unterbrochen. »Se will ihre heiße Schokolade... Gleich wenn se aufschreit, rennt los, aber schnell!«

Sie entkamen auf die Weise, wie es geplant gewesen war. Rachel und Jenny rannten, ohne zu wissen, wohin, durch ein Gewirr von Straßen, mit dem einzigen Ziel, sich so weit wie möglich von dem Haus zu entfernen, in dem sie die Nacht verbracht hatten. Schließlich blieben sie atemlos am Rand eines großen Marktplatzes stehen. Jenny zog die Nase wegen des merkwürdigen Geruches hoch und meinte: »Mama, ich glaub', wir sind da. Das muß der Billingsgate Markt sein... schau mal da drüben, die Männer tragen Fischkörbe auf dem Kopf!« Und wirklich, dort lief eine lange Reihe schwerbeladener Fischträger fast im Dauerlauf zwischen den Marktständen entlang.

»Vielleicht ist Andrew unter ihnen«, rief Jenny aus und tanzte vor freudiger Erwartung von einem Fuß auf den anderen. »Er ist ja so groß, da müssen wir ihn einfach sehn, Mama!«

»Ja, das stimmt«, sagte Rachel voller Hoffnung.

Aber weder ihre stundenlange Suche noch ihr eifriges Herumfragen führten zu irgendeiner Spur, wo sich die Hawleys aufhalten könnten. Schließlich wurden die Fischstandbesitzer ungeduldig und forderten sie barsch auf, sich endlich zu verziehen. Es wurde langsam dunkel. Sie waren müde und hungrig. Rachel war der Verzweiflung nahe, und Jenny weinte. Ein weißhaariger Obsthändler schenkte dem kleinen Mädchen eine Handvoll Früchte, die Druckstellen hatten. Als es dunkel wurde, gingen die beiden fort, aßen die Früchte und legten sich in irgendeiner geschützten Ecke auf den Pflastersteinen zum Schlafen hin. Am nächsten Morgen regnete es, und ihre Kleider waren durchnäßt. Sie setzten ihre Suche nach den Hawleys fort, und Rachel fragte ohne Erfolg nach Arbeit auf dem Fischmarkt. Der freundliche Obsthändler legte die Früchte, die er nicht mehr verkaufen konnte, ein paar bettelnden Kindern in die Hand, und hatte für Jenny nur noch zwei angefaulte Äpfel übrig, als sie sich schüchtern an ihn wandte. Als er die bittere Enttäuschung in ihren Augen sah, drückte er ihr einen Penny in die Hand.

Sie bedankte sich höflich, und er schüttelte traurig den Kopf. »Ihr seid vom Land, stimmt's?« fragte er. »Hört auf meinen Rat und geht wieder zurück. London ist der falsche Platz für Leute wie euch.«

Als Jenny mit Rachel das Brot aß, das sie für den Penny gekauft hatten, drängte sie: »Können wir nicht zurück? Es ist so schrecklich hier!«

»Wir geben uns noch ein paar Tage Zeit, mein Schatz«, sagte Rachel tröstend. »Morgen such' ich Arbeit als Dienstmagd in einem anständigen Viertel, wie ich es ursprünglich vorgehabt hatte.«

Als sie sich unter einem vorspringenden Dach zur Nachtruhe niederließen, tauchte eine alte Vettel auf und erhob keifend Anspruch auf diesen Platz. Aber Rachel wehrte sich verzweifelt, und die Alte mußte abziehen. Rachel schlief erschöpft ein und wachte erst von den entsetzten Schreien Jennys auf, die von der rachsüchtigen Alten aus den Armen ihrer Mutter gezerrt wurde. Rachel schlug mit all ihrer Kraft auf die zähe Alte ein und konnte sie schließlich vertreiben. Aber sie hatte Jennys Umhängetuch in dem Kampf ergattert.

Am nächsten Tag klopften sie sich so gut wie möglich den Staub von den Kleidern. Aber Rachels Suche nach Arbeit blieb genauso erfolglos wie die Suche nach den Hawleys. Sie sprach tapfer bei anständig aussehenden Häusern vor. Meistens konnte sie ihre Bitte um Arbeit nicht einmal äußern, sondern wurde von den Dienstboten gleich verjagt. Schließlich schleppte sich Rachel am Ende ihrer Kraft in einen Bäckerladen und legte die beiden letzten Pennys auf die Theke.

»Bitte – bitte, geben Sie uns so viel wie möglich dafür.«

Die Bäckerin, eine stämmige, rotbackige Frau mit schneeweißer Schürze, schaute sie kurz an und fragte dann leise: »Sind Sie aus Yorkshire?«

»Jawoll«, antwortete sie in ihrem heimatlichen Dialekt, »stimmt genau!«

»Und wenn ich's recht versteh', wünschten Sie, Sie wären wieder dort... genau wie ich.« Die Frau unterdrückte einen Seufzer und setzte zum Weitersprechen an, aber ihr Mann kam, ganz mit Mehl bestäubt, aus der Backstube herein.

»Das ist das letzte Blech«, sagte er. »Ich wett', wir verkaufen alles, wenn die Leut' vom Spektakel zurückkommen. Toll, was das für'n Hunger macht, wenn man zuschaut, wie einer gehängt wird!« Er bemerkte Rachel und fragte mißtrauisch: »Schon wieder Bettler, Frau? Und du steckst ihnen was zu?«

Seine Frau schüttelte den Kopf. »Alles schon bezahlt«, sagte sie, nahm zwei Fleischpasteten vom Bord, einen Laib Brot und zwei kleine Apfelkuchen und wickelte alles ein.

Als Rachel sich bedanken wollte, legte sie einen Finger auf die Lippen. Der Mann knurrte etwas und ging zurück in die Backstube.

»Er meint es nicht so! Er wollte lieber dem Hängen zuschaun, als am heißen Ofen stehn... aber wie er schon sagte, läuft das Geschäft danach so gut, und heut' mußten sogar zwei Galgenvögel dran glauben.« Ein ungeduldiger Ruf ihres Mannes unterbrach sie. »Er will sein Essen«, entschuldigte sie sich. »Ich muß den Laden zuschließen.«

Wieder auf der Straße, suchte Rachel nach einem ruhigen Platz, wo sie wenigstens einen Teil der Backwaren zu sich nehmen konnten, die ihnen die Bäckersfrau so großzügig geschenkt hatte. Sie ließen sich auf einer Treppe nieder und machten sich heißhungrig darüber her. Gleichzeitig konnten sie die Menschenmenge überblicken, die jetzt von dem Spektakel zurückströmte.

»Mama, schau – da, wo die Leute sich vor dem Bäckerladen drängeln!« rief Jenny erregt. »Da ist Sparrow, er ist's!... und er *klaut*! Eben hat er einem Mann die Uhr aus der Tasche gezogen!«

Das Kind hatte recht. Der kleine Mann humpelte zwischen den Leuten herum und blieb nirgends länger stehn, als seine langen Finger für ihre Arbeit brauchten. Ein mieser Taschendieb, das war er, dachte Rachel angewidert.

»Ja, Jenny. Wir verfolgen ihn, und dann –« Sie biß sich auf die Lippen. Was sollten sie tun? Es mit Bitten versuchen, oder ihn geradeheraus des Diebstahls bezichtigen?

Sie sprangen auf und folgten ihm. Am Ende der schmalen Straße verschwand er in einem Wirtshaus. Rachel zögerte, der Mut verließ sie, aber Jenny trieb sie an. »Da drin kann er nicht weglaufen, Mama! Komm, wir gehn rein!«

Mit einem mulmigen Gefühl stieß Rachel die Tür zum Wirtshaus auf. In der Schankstube war es dunkel. Nur eine Kerze brannte an der Theke, hinter der eine gutaussehende Frau unbestimmten Alters stand und an einer Tonpfeife zog. Als sich ihre Augen an die Dunkelheit gewöhnt hatten, sah Rachel den Taschendieb ganz hinten im Raum an einem Tisch sitzen. Er hatte eine Sammlung kleiner Gegenstände vor sich ausgebreitet – die Beute vom Vormittag. Das Gesicht des Mannes, dem er das Diebesgut anzubieten schien, lag im Schatten.

Rachel konnte nur eine schwere goldene Uhrkette erkennen, die über die Brokatweste gespannt war. Sie nahm all ihren Mut zusammen, trat an den Tisch und brachte ihre Anschuldigung mit lauter Stimme hervor. Sparrow drehte sich um, schaute sie verdutzt an und lächelte dann, als er Jenny erkannte.

»Na so was, wenn das nich Misses Taggart is... und Jenny! Das is ja 'ne Überraschung... kann ich behilflich sein, Madam?«

Die Unverschämtheit dieser Frage machte Rachel blind vor Wut. Sie schrie fast: »Sie haben ausgenutzt, daß wir fremd hier sind, und all unsre Habe gestohlen! Und diese Uhr auch, erst vor ein paar Minuten, wir haben es gesehn!«

»Nun, nun, Misses Taggart«, beruhigte sie der Mann mit der Brokatweste mit freundlicher Stimme. »Etwas leiser, wenn ich bitten darf! Die Wände haben Ohren!« Sparrows Begleiter beugte sich vor, und sie sah zum erstenmal sein Gesicht. Es war glatt rasiert und fast engelhaft schön. Der Mann schaute sie mit freundlichen braunen Augen und offensichtlicher Sympathie an. »Ist das wahr, Sparrow«, fragte er den Taschendieb. »Hast du wirklich diese arme Frau und ihr Kind ausgeraubt?«

Sparrow verzog sein Gesicht, nickte aber schließlich. »Na ja, nur so, aus alter Gewohnheit...«

Ein unförmiger Kerl mit einem Lederschurz legte dem kleinen Cockney seine Pratze auf die Schulter. »Ich denk', du nimmst nur reiche Säcke aus«, grunzte er. »Aber wenn de dich an arme Kirchenmäuse ranmachst, dann kannste an meiner Faust riechen!«

Sparrows Begleiter schaltete sich ein. »Das klären wir schon«, meinte er friedlich. Er forderte Rachel auf, sich neben ihn zu setzen, und bestellte bei der Wirtin ein Glas Porterbier für sie. »Und Milch – ja, ein Glas Milch für das kleine Mädchen.« Rachels Wut ließ nach. Sie ließ das Porterbier unberührt vor sich stehen und saß schweigend da.

»Ich bin Dr. Fry«, stellte sich ihr Nachbar vor, der eine gepuderte Perücke trug. »Watt Sparrow wird sein Unrecht wiedergutmachen. Stimmt's, Sparrow?«

»Wenn Sie meinen«, grunzte Sparrow. »Ihre Fähnchen können se eh wieder ham, die sind noch bei mir.«

»Und das Geld?«

»Hatten ja nur ’n paar Kröten. Nicht der Rede wert. Und –«, fügte er an.

»In meinem Geldbeutel waren fünfzehn Schilling«, unterbrach ihn Rachel.

»Stimmt das, Sparrow?« fragte ihn Dr. Fry streng.

»Na ja, wird schon so sein«, gab er zu. »Hab’s aber nich, außer, Sie kaufen mir die Silberuhr da ab.«

Dr. Fry nahm sie mit seinen dicklichen, gepflegten Händen hoch, schaute ins Uhrwerk, horchte daran und steckte sie dann in seine Tasche.

»Sehr gut«, sagte er. »Fünfzig Schilling. Aber die Hälfte bekommt Mistress Taggart!« Er schob jedem die Hälfte zu. »Aber jetzt los, und bring Mistress Taggarts Kleider her! Und nicht herumtrödeln, verstanden?«

Zu Rachels Überraschung stand der kleine Cockney ohne zu murren auf und verschwand. Ein Mann mit einem Buckel trat an den Tisch und reichte Jenny ein Glas Milch. »Mit schönem Gruß von der Kuh«, sagte er lächelnd und humpelte zur Theke zurück.

Dr. Fry warf Rachel und Jenny einen prüfenden Blick zu. Unaufgefordert erzählte Rachel ihm ihre bisherigen Erlebnisse. Dr. Fry nickte mitfühlend und sagte dann: »Und jetzt suchen Sie eine Anstellung, aber eine andere, als diese – diese Mistress Morgan Ihnen zu bieten hatte? Darf ich fragen, was Sie sich vorstellen?«

Rachel errötete. »Egal was, Sir, solang es respektabel und ehrlich dabei zugeht. Ich kann hart arbeiten. Ich wünsch’ mir Arbeit in einem Haushalt, wo ich und die Kleine auch wohnen können –«

»– um sie vor den Gefahren Londons zu schützen«, vollendete Dr. Fry ihren Satz. »Ein ehrbarer Wunsch. Ich hoffe, ich kann Ihnen behilflich sein –« Er rief nach der Wirtin.

Sie legte ihre Pfeife hin und kam an den Tisch. Sie hatte rötliches Haar und eine stattliche Figur. Als junges Mädchen hatte sie bestimmt gut ausgesehen.

»Ja, Doktor?« fragte sie kurz, aber freundlich und blickte Dr. Fry aufmerksam ins Gesicht.

»Das ist Doll Prunty, die Besitzerin von diesem Wirtshaus. Ihren Mann Nick haben Sie schon gesehn, er hat Jenny die Milch gebracht.« Er deutete zum Buckligen hinüber. »Und das ist Rachel Taggart, Doll – und die kleine Jenny. Mistress Taggart möchte im Haushalt arbeiten. Sie ist nach eigener Aussage eine ehrliche Frau vom Land und an harte Arbeit gewöhnt. Dafür möchte sie für sich und das Kind Kost und Logis, und, wie ich annehme, einen bescheidenen Lohn. Können Sie sie vielleicht brauchen?«

Mrs. Prunty ließ es sich durch den Kopf gehen. Sie stellte Rachel ein paar Fragen, unter anderem, welchen Lohn sie erwarte. Dann fragte sie Jenny: »Und du willst deiner Mama helfen, Schätzchen?«

Jenny machte einen Knicks, wie immer, wenn sie von Erwachsenen angesprochen wurde. »O ja, gern, Madam«, antwortete sie eifrig, »wenn Sie mich brauchen können.«

Der Knicks und die rasche Antwort vertrieben Doll Pruntys leichte Unschlüssigkeit. »Also abgemacht«, entschied sie kurz. »Sie können gleich morgen früh anfangen, und heut abend bekommen Sie schon was zu essen und ein Zimmer. – Es ist harte Arbeit«, sagte sie abschließend, »aber immer noch besser, als auf der Straße zu sitzen.« Sie eilte zur Theke zurück, wo lauthals nach Gin verlangt wurde.

Rachel bedankte sich mit feuchten Augen bei Dr. Fry, aber der untersetzte Mann stand auf und unterbrach sie. »Nichts zu danken! Ich bin froh, daß ich Ihnen und der Kleinen helfen konnte. Aber jetzt –« Er zog die gestohlene Uhr heraus, warf einen Blick darauf und schnalzte vor Ärger mit der Zunge, als er bemerkte, daß sie stehengeblieben war. »So ein Spitzbube! Aber ich bin sicher, daß er Ihnen die Kleider zurückbringt. Wenn nicht, knöpf ich ihn mir vor!« Er verabschiedete sich von Rachel und Jenny und verließ mit gemessenen Schritten das Lokal.

Doll Prunty kicherte trocken. »Tritt ganz schön herrschaftlich auf! Bei dem Beruf...«

Rachel verstand gar nichts mehr. »Aber ist er denn kein Arzt, Missus Prunty? Sagte er nicht, er heiße Doktor Fry?«

»Ist sie nicht süß? – Er war mal einer, vor langer Zeit. Dann kam er mit dem Arzneimittelgesetz in Konflikt, und es wurde ihm die Lizenz entzogen. Jetzt ist er einer der größten Hehler von London.«

Rachel und Jenny starrten sie verständnislos an. Jenny fragte: »Mama, was ist das, ein Hehler?«

Doll Prunty brach in schallendes Gelächter aus. »Oje, ihr seid mir vielleicht zwei Unschuldslämmer! Ich seh' schon, ich muß euch noch das eine oder andere beibringen... aber wir brauchen nicht gleich heut abend damit anzufangen. Geht in die Küche und eßt, und dann zeig' ich euch das Zimmer!«

Sie gehorchten dankbar. Es war das erste Mal, seit sie ihre Heimat verlassen hatten, daß sie ein sicheres Dach über dem Kopf hatten.

Rachel gewöhnte sich schnell an ihr neues Leben. Doch als sie in der dunklen Küche kochte, Böden schrubbte und die Gäste in der Wirtschaft bediente, wurde sie oft von Heimweh geplagt und wünschte sich sehnlichst, nach Yorkshire zurückkehren zu können.

Doch es gab auch ein paar Lichtblicke. Doll war eine harte Frau, die die Wirtschaft mit großer Strenge führte und nur wenigen ihre Freundschaft schenkte. Aber schon nach wenigen Wochen brachte sie ihre Zuneigung zu Jenny, ihr Mädchen für alles, sehr deutlich zum Ausdruck.

Rachel hatte von vornherein klargemacht, daß sie im Gegensatz zu den Dirnen, die unter den Gästen nach Kunden suchten, eine anständige Frau war. Und trotzdem war es immer wieder schwer, die plumpen Annäherungsversuche der angetrunkenen Männer abzuwehren.

Die Wirtschaft war ein regelmäßiger Treffpunkt für Diebe, Zuhälter und Hehler, und das erste, was Rachel von Doll lernte, war nichts von alledem zu sehen und zu hören, was um sie herum vorging. Rachel lernte aber auch, daß es einen Ehrenkodex unter den Dieben gab und strenge Verhaltensweisen, denen sich alle unterwarfen.

Jenny wurde von all dem ferngehalten und durfte nur mit Dr. Fry Umgang pflegen. Rachel sah in ihm niemals einen Kriminellen. Er hatte eine große Zuneigung zu Jenny gefaßt, und da sie ihm intelligent und lernbegierig vorkam, brachte er ihr in seiner Freizeit Lesen, Schreiben und die Zahlen bei. Und auch gute Manieren. In einem der oberen Zimmer, das er für diesen Zweck mietete und es das »Klassenzimmer« nannte, ließ er sie Tee einschenken, den Knicks üben und Gedichte vortragen. Es war ihr streng verboten, die Wirtsstube zu betreten, und bei Dunkelheit durfte sie auch nicht in den Hof. Wenn sie nicht im Klassenzimmer war, arbeitete sie unter der Aufsicht von Rachel oder Doll in der Küche, und die kinderlose und gutmütige Doll schob ihr die leichtesten Arbeiten zu.

»Wenn der Doktor eine Lady aus ihr machen will«, meinte sie, »dann wollen wir seine Absicht nicht durchkreuzen, indem sie rauhe Hände wie eine Dienstmagd bekommt, oder?«

Rachel war glücklich für ihr Kind. Als die Monate und dann die Jahre vergingen, sah sie Jenny mit großem Stolz heranwachsen und gedeihen, während sie selbst durch die harte Arbeit ganz verhärmt wurde. Jenny wurde zwar keine Schönheit, sah aber mit den roten Haaren und den lachenden blauen Augen ihres Vaters sehr gut aus. Und mit ihren Manieren wußte sie sich in jeder Gesellschaft zu bewegen … der arme tote Angus hätte seine Freude an ihr gehabt.

Rachel seufzte. Sie hatte jetzt fast vier Jahre lang um ihn getrauert. Bald würde sie alt sein. Sie ging zur Küchentür und schaute sich in dem gesprungenen Spiegel, der dort hing, gründlich an. Doll kam herein.

»Was ist los?« fragte sie. »Du siehst ja aus wie drei Tage Regenwetter!«

»So fühl' ich mich auch«, gab Rachel zu. »Weißt du, ich hab meine Ehre all diese Jahre wie ... wie was Wertvolles geschützt. Aber jetzt ... jetzt ist das wohl nicht mehr nötig.«

»Geh in die Schankstube, dann wirst du's ja sehn!« meinte Doll lachend. Sie legte ihren Arm um Rachel und schenkte ihr und sich ein Glas Gin ein. »Prost, schöne Frau!« Dann fuhr sie fort: »Beim Doktor sitzt grade ein Mann, der dir gefallen könnte. Stammt aus Yorkshire, wie du. Der Boden dort wurde ihm zu heiß, deshalb ist er jetzt hier.«

Ein Straßenräuber, dachte Rachel abschätzig. Keine anständige Frau würde ihm auch nur einen Blick schenken. Aber wenn er aus Yorkshire war ... sie trank noch einmal vom Gin und fühlte sich plötzlich ganz sorglos.

»Captain Harry Wilkes ist ein hübscher Kerl«, sagte Doll. Er –«

»*Captain?*« fragte Rachel enttäuscht, und ihr kurzes Hochgefühl schwand. »Ein Captain würde mich doch nicht anschaun!«

»Du Süße! Er nennt sich doch nur so!« sagte Doll. »Ich wette, daß er nie beim Militär war. Aber er scheint deinem Angus ähnlich zu sehn, nach dem, was du mir erzählt hast ... und er hat auch rote Haare.«

»Nein, Doll. Schau mal, dieser Gemüseberg hier –«, sagte Rachel nervös.

Doll blickte sie prüfend an. »Ganz links in meinem Schrank hängt das grüne Kleid, das ich grade vom Doktor gekauft hab' ... das steht dir bestimmt sehr gut!«

»Du hast es noch nie angehabt!« meinte Rachel betroffen. »Das kann ich doch nicht annehmen!«

»Das kannst du doch. Komm, wir trinken noch einen Schluck, und dann machst du dich hübsch und setzt dich ganz einfach zu Dr. Fry und den Captain an den Tisch. Du siehst immer noch sehr gut aus, glaub's mir doch!«

Rachel schöpfte Mut, sowohl durch die aufmunternden Worte als auch durch den Gin, ging nach oben und schlüpfte in das elegante grüne Kleid, das ihr zu ihrer Freude auch noch paßte. Als selbst Jenny sagte: »Mama, du siehst wunderbar aus!«, hatte sie genug Selbstvertrauen, um die Schankstube zu betreten.

Der Raum war fast leer, da an diesem Abend ein Hahnenkampf in der Nachbarschaft stattfand. Aber Dr. Fry saß mit dem neuen Gast an seinem üblichen Tisch in der Ecke.

Als sie herankam, schauten beide auf. Dem Doktor blieb vor Staunen der Mund offen, aber dann faßte er sich und begrüßte sie liebenswürdig.

Captain Wilkes erhob sich, lächelte und gab ihr einen Handkuß. Wie Doll gesagt hatte, war er ein großer, gutaussehender Mann mit mutig blitzenden Augen und einem sonnengebräunten Gesicht. Aber erst sein unverwechselbarer Yorkshire-Dialekt nahm Rachel wirklich für ihn ein. Sie sprachen von Orten und von Menschen, die sie kannten, und als er ihr erzählte, daß er unter anderem auch einmal die Kutsche von Lord Braxton ausgeraubt hatte, gewann er ihre volle Sympathie.

Dr. Fry ging wie üblich, bevor die abendlichen Gäste eintrafen, aber Rachel blieb auf einen Wink Dolls hin beim Captain sitzen. Die kleinen Ganoven, die gern seine Bekanntschaft machen wollten, lungerten um ihren Tisch herum und versuchten, seine Aufmerksamkeit zu erregen. Besonders einer, der junge Ned Munday, war so aufdringlich, daß Captain Wilkes mit ihm sprechen mußte, ob er wollte oder nicht. Ned bot ihm wortreich seine Dienste an, ganz gleich, auf welchem Gebiet. Er protzte: »Ich werd' mich nützlich machen, Captain... ich schwör' Ihnen, Sie werden's nich bedauern!«

»Wenn ich einen Stallburschen brauchen kann, lass' ich's dich wissen«, antwortete Wilkes verächtlich. »Arbeiten tu' ich nur mit erwachsenen Männern – und nur mit solchen, denen ich traue. Jetzt laß mich in Ruh'. Du siehst doch, daß ich beschäftigt bin, oder?«

»Was, mit dieser Schlampe?« gab Ned Munday bösartig zurück. »Sie wissen wohl nich, wer die is. Die is Misses Pruntys Putzfrau, das isse.«

Obwohl er schon viel getrunken hatte, sprang Captain Wilkes blitzschnell auf die Füße und versetzte Munday einen Kinnhaken, der ihn umwarf.

»Seid so gut und bringt ihn hier weg«, sagte er und sprach niemanden direkt an. Und sofort hoben ein paar seiner Bewunderer den noch ganz benommenen und wütenden Jungen hoch und warfen ihn auf den Hof.

Rachel war die Schamröte ins Gesicht gestiegen, und sie wollte sich zurückziehen. Aber Wilkes schlanke braune Hand schloß sich um ihren Arm, und er bat sie, zu bleiben. Dann flüsterte er ihr zu: »Die Nacht ist noch jung, und ich hab' ein paar Ideen, wie ich den Rest verbringen will – nämlich mit dir, wenn du das auch willst.«

Sie schaute ihn unglücklich an, und ihre Unterlippe zitterte. »Es stimmt, was Ned Munday gesagt hat. Ich bin Doll Pruntys Putzfrau.«

»Na und?« fragte er lächelnd. Seine Finger streichelten sie am Arm, wanderten aufwärts und berührten ihre Brüste, und sie fühlte sich plötzlich erregt und so stark zu ihm hingezogen wie vor langer, langer Zeit zu ihrem Mann Angus.

Er fragte: »Wer glaubst du denn, dass ich bin? Ich bin auf einer Farm aufgewachsen und dann vertrieben worden, ganz ähnlich wie du. Da muß man sich doch nicht drüber schämen!«

Dann fuhr er fort: »Dr. Fry hat mir viel Gutes von dir erzählt, bevor ich dich gesehn hab'! Vor allem, daß du ganz und gar keine Hure bist.«

»Hat er das?« fragte sie erleichtert und schaute ihn zum erstenmal wieder an.

»Stimmt, das hat er. Komm, wir trinken noch einen, und dann bring' ich dich zu Bett, Mädchen – ich wette, daß du nichts dagegen hast!«

Er brachte sie nach oben und nahm sie, und sie merkte, wie erfahren er war und wieviel Vergnügen es ihm machte. Sie reagierte mit einer Leidenschaftlichkeit, die sie beide verblüffte. Als sie später umarmt dalagen, sagte Harry entschlossen: »Ich will, daß du meine Frau bist, Rachel. Bitte die Pruntys, uns ihr bestes Zimmer zu geben, und besorg ihnen eine neue Putzfrau. Ich will nicht, daß du arbeitest, wenn wir zusammen sind.«

Doll Prunty war begeistert, als Rachel ihr diese Neuigkeiten erzählte. »Ich hab' gehofft, es würd' so kommen! Du hast es wirklich verdient, mein Mädchen.«

»Wie kann ich's bloß Jenny sagen?« fragte Rachel. »Ich will eigentlich nicht, daß sie es weiß, Doll.«

»Sie wird es merken, so oder so. Am besten sagst du's ihr selbst, als daß sie es zufällig rauskriegt – das würde sie weit mehr verletzen.«

Obwohl Rachel begriff, daß dies ein kluger Rat war, vermochte sie ihn nicht zu befolgen. Sie war glücklich, so glücklich wie seit Jahren nicht mehr, und obwohl es sicher war, daß Jenny die Veränderung an ihr bemerken würde, zögerte sie weiter, ihr die schöne Neuigkeit mitzuteilen.

Harry Wilkes war ein großzügiger Mann. Er kaufte ihr Kleider und Schmuck, führte sie zum Essen aus und erwartete, daß sie jeden Abend mit ihm in der Wirtschaft saß und trank. Nachdem er ihr ermöglicht hatte, nicht mehr zu arbeiten, wollte er auch etwas für Jenny tun und sie neu einkleiden, damit ihr Aussehen zu Rachel und ihm paßte. Manchmal spielte er sogar mit dem Gedanken, sie zu adoptieren. Er konnte Rachels Weigerung, auch nur irgend etwas für ihr Kind zu tun, einfach nicht verstehen. Sie war sehr in ihn verliebt und konnte ihm nur wenig abschlagen, aber sie war völlig unnachgiebig, was Jenny betraf. Selbst Dr. Fry konnte sie nicht umstimmen. Aber auf das Versprechen hin, daß Rachel ihrer Tochter reinen Wein einschenken würde, nahm er das Mädchen auf eine seiner mysteriösen Reisen an die Südküste mit.

Während Jennys zwei Wochen langer Abwesenheit zogen sie in das luxuriös hergerichtete Zimmer im ersten Stock und kamen sich dort wie im siebenten Himmel vor. Aber auch nach Jennys Rückkehr zögerte Rachel.

»Ich sag' es ihr, sobald mir die Zeit dafür richtig erscheint, Doktor«, versprach sie. »Es wird ein Schock für sie sein, deshalb will ich's ihr schonend beibringen.«

Aber dann war es Ned Munday, der Jenny aus reiner Boshaftigkeit die Wahrheit sagte. Als Jenny eines Abends allein in der Küche war, kam er herein, um ihr ein Geschenk zu machen. Seit Captain Wilkes ihn öffentlich lächerlich gemacht hatte, versuchte er, Jennys Freundschaft zu erringen. Und da er gut aussah, hatte sie seine Annäherungsversuche nicht abgewiesen. Diesmal schlich er sich von hinten an, legte ihr die Hände über die Augen und ließ sie raten, wer er sei.

»Natürlich Ned«, sagte sie. »Nur du hast so große, kühle Hände!«

»Aber du weißt nich, was ich für dich hab' – da, schau mal!« Er zeigte ihr ein wunderschön emailliertes Medaillon, das von einem Kranz kleiner Diamanten umrahmt war. »Is für dich, Jenny – damit du an mich denkst.«

Jenny sagte vorwurfsvoll: »Ned, das hast du gestohlen!«

»Nein, ich hab's extra für dich gekauft.«

»Das glaub ich nicht – wo willst *du* denn das Geld hernehmen, so was Teures zu kaufen. Hältst du mich für blöd?«

»Na gut«, gab Ned zu. Jetzt versuchte er, sie zu beeindrucken. »Ich hab' heut nacht 'ne Kutsche ausgeraubt. Da saß 'ne piekfeine Dame drin, die kriegte so 'nen Schreck, daß sie sich's selber vom Hals riß und mir freiwillig gab…«

»Gib's zurück, Ned«, bat Jenny. »Ich kann's nicht behalten, wenn's gestohlen ist.«

»Kannste doch. Trag's einfach unter dem Kleid. Behalt's, Jenny. Is schön, was?«

»Ja, ganz wunderschön.« Sie betrachtete das Schmuckstück und war trotz allem gerührt, daß Ned es ihr schenken wollte. Er hätte mindestens achtzig Schilling von Dr. Fry dafür bekommen ... Aber sie konnte es wirklich nicht annehmen. Ihre Mutter hatte ihr streng verboten, sich jemals Diebesgut schenken zu lassen. Sie schüttelte bedauernd den Kopf.

»Es tut mir wirklich leid, Ned. Es war lieb von dir gemeint, aber meine Mutter erlaubt nicht, daß ich etwas Gestohlenes annehme.«

»Die kann grad reden! Die kriegt viel von ihrem Liebhaber geschenkt, und jeder weiß, wo der's hernimmt!«

»Was heißt das – ihr Liebhaber?« fragte Jenny verstört.

Ned sagte ihr brutal die volle Wahrheit. Jenny wurde schneeweiß im Gesicht und sagte: »Das kann nicht wahr sein. Das hätte sie mir bestimmt erzählt. Du bist ein Lügner, Ned Munday!«

»Wenn du mir nich glaubst, dann geh doch hoch und schau in das feine Zimmer im ersten Stock! Da is sie reingezogen, als du weg warst, und ihr Liebhaber auch. Ich schleich mich jetzt fort«, sagte er abschließend. »Aber behalt's.« Er legte das Medaillon auf den Tisch und verließ die Küche.

Jenny vergrub das Gesicht in ihren Händen. Es bestand kein Zweifel, ihre Mutter hatte sich seit der Ankunft von Captain Wilkes sehr verändert. Sie achtete jetzt auf ihr Äußeres, sie schminkte und puderte sich und ... Jenny unterdrückte einen Seufzer. Und sie trank viel mehr als früher. Nicht mehr hin und wieder ein Gläschen bei der Küchenarbeit, sondern in der Schankstube mit Captain Wilkes. Durch einen Tränenschleier sah Jenny das schöne Schmuckstück und steckte es sich ins Kleid. Na und? Ned hatte es für sie gestohlen. Und vielleicht hatte er die Wahrheit gesagt.

Sie nahm eine Kerze und schlich die vordere Treppe hoch, die sie sonst nie benutzte. Sie führte zu den vornehmen Gastzimmern im ersten Stock. Hinter einer Tür hörte sie unterdrücktes Gelächter. Dann erkannte sie Captain Wilkes Stimme, der nach einem Drink verlangte. Sie öffnete die Tür.

Captain Wilkes lag ausgestreckt in dem zerwühlten Bett, ihre Mutter stand am Tisch und hielt eine halbleere Flasche in der Hand. Beide waren nackt. Sie schauten zur Tür, und der Captain fing leise zu fluchen an. Ihre Mutter sagte kein Wort. Dann ließ sie weinend die Flasche fallen, ging auf ihre zurückweichende Tochter zu und versuchte, sie zu umarmen.

»Es ist ganz anders, als du denkst, Jenny. Der Captain und ich… ach Mädchen, ich wollt's dir schon lange sagen –«

»Du hast es aber nicht, Mama«, flüsterte Jenny. Keiner von ihnen wußte, was er sagen sollte. Schließlich meinte Rachel: »Du verstehst nicht, mein Kind –« Sie zitterte, und Captain Wilkes warf ihr, immer noch leise fluchend, ein Tuch zu, mit dem sie ihre Nacktheit verhüllen konnte. Er streifte sich ein Hemd über, fuhr in die Hose und sagte: »Ich lass' euch allein, damit ihr euch aussprechen könnt. Ich bin unten in der Wirtsstube, wenn du mich brauchst.«

Als sie allein waren, starrten sich Mutter und Tochter in verletztem Schweigen an. Als ob sie Fremde wären, dachte Jenny traurig. Rachel kroch ins Bett zurück, da sie immer noch zitterte.

»Du hättest nicht hereinkommen sollen«, tadelte sie und versuchte, ihre Fassung wiederzugewinnen. »Das war – falsch, und das weißt du ganz genau. Wenn du entsetzt über mich bist, dann tut mir das sehr leid. Aber ich bin – ich bin keine Hure, das mußt du mir glauben. Ich – ich liebe ihn.«

»Mehr, als du meinen Vater geliebt hast?« fragte Jenny mit einer Bitterkeit, die sie selbst nicht verstehen konnte. »Hast du aufgehört, um *ihn* zu trauern?«

»Vier Jahre sind eine lange Zeit«, antwortete Rachel. Ohne sich darüber im klaren zu sein, griff sie zur Flasche. »Er macht mich sehr glücklich, weißt du, und ich bin noch keine alte Frau. Ich hab' auch ein Recht auf etwas Glück, du darfst mir das nicht übelnehmen... Ich hab' mich diese ganzen Jahre für dich aufgeopfert, das darfst du nicht vergessen. Und als dein Vater noch lebte –«

Rachel brach in Tränen aus, öffnete die Flasche und goß etwas daneben, als sie sich mit zitternden Händen ein Glas einschenkte. »Als dein Vater noch lebte, stand ich immer zu ihm. Ich war damit einverstanden, daß er sich gegen Lord Braxton auflehnte, was ja der Grund dafür war, daß wir unser Heim verloren. Daß wir alles verloren...«

Jenny hörte mit gebrochenem Herzen und großem Abscheu zu und war unfähig, sich loszureißen. Es war Doll Prunty, die wohl vom Captain geschickt worden war, und sie schließlich aus dem Zimmer führte. Doll legte den Arm um Jenny und führte sie in ihre kleine Dachstube hoch.

»Nimm's nicht so schwer«, sagte sie. »Deine Mutter ist eine feine, anständige Person. Ich finde zwar, sie hätte es dir früher sagen sollen, aber wir alle machen Fehler. Sie hat es dir nur deshalb nicht gesagt, weil sie fürchtete, es könnte dich verletzen. Dein Vater war bestimmt ein guter Mann, aber er ist schon lange tot – und der Captain ist auch ein guter Mann...« Sie sprach weiter, und Jenny konnte nichts darauf erwidern, obwohl sie einsah, daß Doll recht hatte.

In den darauffolgenden Tagen sprachen auch andere mit ihr, Dolls Mann Nick, Dr. Fry und selbst Captain Wilkes. Jenny war wie versteinert. Pflichtbewußt hörte sie sich alle Erklärungen an. Aber in Gegenwart ihrer Mutter sprach sie fast nichts und konnte ihr vor allem nicht verzeihen. Schließlich verlor Rachel die Geduld und schlug ihre Tochter mitten ins Gesicht. Dann brach sie in Tränen aus und tröstete sich mit der Schnapsflasche. Nach dieser Szene nahm der Captain die Angelegenheit in die Hand.

»Rachel und ich ziehen woanders hin«, erklärte er Doll. »Jennys Widerstand regt Rachel zu sehr auf – sie trinkt weit mehr, als ihr guttut. Etwas Abstand wird die beiden zur Besinnung bringen und sie wieder miteinander aussöhnen. – Das wird auch nötig sein«, fügte er hinzu, »denn ich habe vor, Ende des Monats an die Westküste zu ziehen und Rachel mitzunehmen. Und das Mädchen auch, wenn sie das will.«

»Jenny kann gern weiter hier wohnen«, meinte Doll freundlich. »Erlauben Sie mir ein persönliches Wort?«

»Nur zu«, sagte der Captain lächelnd.

»Es geht mich zwar nichts an –«, Doll räusperte sich. »Aber wenn Sie Rachel heiraten, würde alles viel einfacher. Sie war nie eine Trinkerin, sie hat erst jetzt damit angefangen.«

Er zog die Schultern hoch. »Ich glaub's Ihnen gern, Missus Prunty. Und ich würde Rachel morgen heiraten, wenn ich nur könnte. Aber ich habe eine Frau, irgendwo in Yorkshire… Rachel weiß das. Wir werden die Sache schon hinkriegen!«

Am nächsten Tag zogen Rachel und er auf der anderen Seite des Flusses in eine Mietwohnung. Doll sagte zu Jenny: »Du hast deine Mutter verscheucht, du und sonst niemand, vergiß das nicht. Aber ich vertrau' darauf, daß du jetzt Vernunft annimmst. Und das heißt fürs erste, dich auf deine Arbeit zu konzentrieren und nicht so oft mit diesem Nichtsnutz Ned Munday die Zeit zu verplaudern.«

»Das geht in Ordnung«, stimmte Jenny zu. Sie moche Ned nicht besonders gern, fühlte sich ihm gegenüber aber schuldig, da sie ihn zu Unrecht einen Lügner genannt hatte. Und außerdem hatte er ihr das Medaillon geschenkt. Sie besaß kein Miniaturbild, um es hineinzustecken, aber… sie hatte noch das blaue Band von dem Hut, den ihr Vater ihr geschenkt hatte. Ja, sie wollte einen Schnipsel des verblichenen Seidenbandes hinter das Glas des Medaillons stecken. Es sollte ihr Talisman sein, sie wollte es immer aufheben, und es sollte sie – nicht an Ned erinnern, sondern an ihren Vater. Nur weil ihre Mutter einen Liebhaber genommen hatte und nicht mehr um ihn trauerte, brauchte sie doch nicht ebenso herzlos zu sein…

Als sie Dr. Fry das Tablett mit seinem Tee brachte, hatte er eine Zeitung auf dem Tisch liegen und studierte sie mit großer Aufmerksamkeit. Er hob sie ungeduldig hoch, damit das Mädchen das Tablett absetzen konnte und sagte mit ungewohnter Barschheit: »Danke, Jenny. Schenk mir eine Tasse ein und zieh dich zurück. Ich hab' heut morgen keine Zeit für deinen Unterricht.«

Jenny gehorchte. Sie wußte, daß es nicht ratsam war, die Entscheidungen des Doktors in Frage zu stellen, aber ihre Unterlippe zitterte vor Enttäuschung. Als er das sah, wurde er weich und reichte ihr die Zeitung.

»Deine Augen sind jünger als meine, mein Kind. Du kannst mir diesen Artikel hier vorlesen, bevor du gehst.«

Jenny war froh und begann: »Gewagter Überfall im Richmond Park. Nach einem Empfang beim Grafen Danbury, bei dem achtzig vornehme Gäste geladen waren, wurden vier Kutschen im Richmond Park angehalten und ausgeraubt. Es war eine neblige Nacht, und die Missetäter konnten nicht erkannt werden, aber eines der Opfer, das aus dem Norden stammt, glaubt mit Sicherheit, den berüchtigten Captain Wilkes erkannt zu haben –« Hier brach Jenny ab und rang erschrocken nach Luft.

»Lies weiter, lies weiter«, drängte Dr. Fry ungeduldig.

»Ja, Sir.« Und Jenny fuhr fort, in dem klaren, etwas gleichförmigen Tonfall, den er sie zum Vorlesen gelehrt hatte.

»Erst vorige Woche veröffentlichten wir einen Artikel über den Räuber, der in Yorkshire die Straßen unsicher gemacht hat, um unseren Lesern mitzuteilen, daß der sogenannte Captain Wilkes kürzlich in London aufgetaucht ist. Die in Yorkshire ausgesetzte Prämie für seine Gefangennahme wurde vom Londoner Polizeichef noch einmal erhöht –« Wieder versagte Jenny die Stimme, und sie blickte Dr. Fry voller Angst ins Gesicht.

»Oh, Sir, heißt das, daß er geschnappt wird?«

»Also machst du dir Sorgen um ihn, du kleine Göre, trotz deines ganzen Getues?« Der Doktor lächelte sie an, und als sie beschämt nickte, strich er ihr übers Haar. »Mach dir keine Gedanken, mein Kind. Egal wie hoch das Kopfgeld ist, das sie auf Harry Wilkes aussetzen, hier bei uns ist er in Sicherheit. Jetzt lies bitte weiter ... es ist noch eine Liste mit den geraubten Schmuckstücken aufgeführt, und ich möchte mir ein paar Notizen machen.«

Als sie die Liste vorgelesen hatte, entließ er sie, und sie ging zurück in die Küche. Doll gab ihr Arbeit, und während sie geübt das Gemüse kleinschnitt, berichtete sie so genau wie möglich, was über Captain Wilkes in der Zeitung stand. Genau wie Dr. Fry wies auch Doll die Möglichkeit weit von sich, daß die Höhe des Kopfgeldes jemanden aus der eng miteinander verbundenen Gruppe dazu bringen könnte, der Polizei Captain Wilkes Aufenthalt zu verraten.

»Er ist unter Freunden hier, Mädchen, mach dir keine Sorgen. Setz das Gemüse auf, und dann überwach den Braten. Ich will's schnell Nick erzählen gehn.«

In der Aufregung, die ganze Verantwortung für das Abendessen allein zu tragen, vergaß Jenny die Sorgen um den Liebhaber ihrer Mutter. Aber noch an diesem Abend schlug das Schicksal zu. Jenny war, wie gewöhnlich, in der Küche, als von der Schankstube plötzlich aufgeregte Stimmen herüberschollen. Doch Streitereien und heftige Meinungsverschiedenheiten waren unter den Wirtshausbesuchern an der Tagesordnung, und Jenny gab nichts darauf, bis zu ihrem großen Erstaunen Dr. Fry in der Küche erschien. Das war in all den Jahren noch kein einziges Mal vorgekommen.

»Doktor Fry ... um Gottes willen, Sir, ist irgendwas nicht in Ordnung?« fragte sie voller Angst.

Der Doktor setzte sich in Dolls alten Lehnstuhl und winkte Jenny zu sich heran.

»Mein Kind«, begann er mit großer Zärtlichkeit, »du mußt dich auf einen Schock gefaßt machen. Ein Informant hat die Polizei zu Captain Wilkes Wohnung hingeführt, und er wurde vor einer Stunde in Ketten ins Newgate-Gefängnis gebracht. Morgen früh wird ihm der Prozeß gemacht.«

Jenny brachte nichts außer: »Und meine... Mama?« heraus.

»Wurde mit ihm zusammen verhaftet und beschuldigt, ihm Unterschlupf gewährt zu haben. Sie überraschten ihn in ihrem Bett.«

»Doktor Fry«, fragte sie zögernd: »Was ist die Strafe dafür, einem Verbrecher Unterschlupf zu gewähren?«

Er zog ein frischgebügeltes Taschentuch aus der Tasche, um es ihr anzubieten. Als er aber sah, daß sie nicht weinte, klopfte er ihr nur tröstend auf die Hand.

Erst als sie ihre Frage noch einmal wiederholte, antwortete er: »Da steht die Todesstrafe drauf, genau wie auf Raubüberfälle. Wilkes wird gehängt, fürchte ich, aber im Fall deiner Mutter ist es möglich, daß dieses Urteil in eine Gefängnisstrafe umgewandelt wird.«

Sie schaute ihn entsetzt an. Er seufzte und hielt ihr noch einmal das Taschentuch hin. »Da, mein Kind, nimm's doch... du –«

»Es geht schon, Sir.« Als Dr. Fry Jennys weißes, gefaßtes Gesicht sah, wurde ihm klar, daß dieses halbe Kind mit Problemen umzugehen verstand, mit denen selbst erwachsene Frauen nicht so leicht fertig wurden.

Die Verhaftung des berüchtigten Captain Wilkes war eine richtige Sensation. Die Zeitungen berichteten in großen Schlagzeilen darüber, ganz London wartete auf den

Ausgang des Prozesses, obwohl kein Zweifel über das Urteil bestehen konnte. Aufregende Beschreibungen seiner Überfälle wurden gedruckt, und Zeichnungen von ihm unterbrachen die Artikel, die ihn, eine Pistole in der Hand und maskiert, hoch zu Roß zeigten.

Die Zeitschriften verkauften sich doppelt so gut wie sonst, und die Obsthändler und Bäcker freuten sich ebenso auf den Tag der Hinrichtung wie die Taschendiebe. Es würde geradezu einen Volksauflauf geben und damit auch ein gutes Geschäft.

Harry Wilkes selbst war im besten Teil des Gefängnisses untergebracht, und sein wohlgefüllter Geldbeutel verschaffte ihm neben dem Luxus einer Einzelzelle auch den Vorteil, sich gutes Essen und Getränke von außerhalb kommen zu lassen. Aber Jenny erfuhr, daß ihre Mutter auf die Hulks gebracht worden war, die gräßlichen, verrottenden Gefängnisschiffe, die sie am Tag ihrer Ankunft von der London Bridge aus gesehen hatten. Ihr Prozeß hatte, ebenso wie ihre Verhaftung, keinerlei öffentliche Aufmerksamkeit erregt. Dr. Fry schaffte es nur mit größter Mühe, daß zu dem Termin, der nicht einmal angekündigt wurde, ein guter Rechtsanwalt zu Rachels Verteidigung anwesend war. Obwohl er seine Klientin erst auf dem Weg zum Gerichtssaal sprechen konnte, gelang es ihm, die verhängte Todesstrafe in fünfzehn Jahre Zuchthaus umzuwandeln.

»Wir müssen ihr Geld verschaffen«, sagte Doll Prunty zu Jenny, als sie diese Neuigkeit erfuhren. »Sie stirbt, wenn wir nichts tun. Diese unglückseligen Menschen sterben in den Hulks wie die Fliegen, wenn sie die Gefängniswärter nicht bestechen können.«

»Aber wo sollen wir Geld hernehmen?« fragte Jenny verzweifelt. »Den Doktor kann ich nicht fragen, der hat schon, weiß Gott, genug für uns ausgegeben, und –«

»Harry Wilkes gibt uns so viel wir brauchen, da bin ich ganz sicher«, sagte Doll überzeugt. »Er hat bei dem Überfall im Richmond Park reiche Beute gemacht, und er wird keine Gelegenheit mehr haben, alles auszugeben, der arme Kerl. Am besten besuchst du ihn und bittest ihn frei heraus. Er glaubt dir bestimmt, daß du es deiner Mutter bringst. Traust du dir das zu, wenn ich Watts Sparrow bitte, dich zu begleiten?«

Jenny überwand ihre Angst und nickte tapfer. »Ich mach's so gut, wie ich kann, Missus Prunty.«

Am nächsten Morgen machte sie sich mit Watts Sparrow auf den Weg zum Newsgate-Gefängnis. Sparrow kannte sich dort nur allzugut aus. Er bekannte Jenny, daß er dort zweimal eingesessen hatte. Sie kamen an der erhöhten hölzernen Plattform vorüber, auf der der Galgen stand, und betraten das Gefängnis durch das Schuldtor. Beim Überqueren des kleinen Hofes, der schon innerhalb der Gefängnismauern lag, erzählte Sparrow, daß hier den Gefangenen die Ketten abgenommen und die Hände gefesselt wurden und daß sie hier auf die Exekution warten mußten.

»Schnell weiter, Schätzchen, und guck nich zu genau hin, wenn wir jetzt die armen Vögel zu sehn kriegen!«

Er nahm sie bei der Hand, und sie betraten das Gebäude. Hinter dicken Gitterstäben saßen laut schreiend und klagend abgerissene Gestalten, die kaum mehr als Menschen zu bezeichnen waren. Sparrow beruhigte Jenny. »Der Captain is natürlich woanders untergebracht, komm, da lang!«

In dem Trakt, der den bevorzugten Gefangenen zur Verfügung stand, seufzte Jenny erleichtert auf. Wie Doll ihr geraten hatte, gab sie dem Wärter einen Sixpence, und er führte sie eine dunkle Steintreppe hoch, schloß eine eisenbeschlagene Tür auf und winkte sie mit großer Geste zu Captain Wilkes hinein.

Der Raum, der mit dem vergitterten Fenster und dem nackten Steinfußboden nicht gerade als einladend zu bezeichnen war, war doch sauber, und er war mit einem Bett, einem Tisch und mehreren Stühlen eingerichtet. Captain

Wilkes saß am Tisch und las Zeitung, und eine Flasche Wein und mehrere Gläser standen in seiner Reichweite. Er sah blaß, aber sonst ganz wohlauf aus und begrüßte seine Besucher herzlich, schüttelte Watt Sparrow lange die Hand und gab Jenny zu ihrer Überraschung einen Kuß auf die Wange. Er bot ihnen ein Glas Wein an und fragte dann ernst, ob es Neues über Rachel zu berichten gäbe.

Jenny erzählte ihm alles, und sein Gesicht verzog sich schmerzlich, als ob sie ihn geschlagen hätte. »O Gott, das hab' ich ihr niemals gewünscht! Sie hatten kein Recht, sie so streng zu verurteilen, ich hab' ihnen doch gesagt, daß sie völlig unschuldig ist! Sie hatten doch mich, das hätte ihnen doch genügen müssen. Natürlich geb' ich dir Geld für sie, so viel du nur willst, Jenny!«

Jenny nickte wortlos. Sie sah, daß seine Hände zitterten, als er einen kleinen Lederbeutel ergriff, der ihm an einer Schnur um den Hals hing, ihn öffnete und den Inhalt auf den Tisch ausleerte.

»Ich behalt' nur das, was ich noch brauch'«, sagte er und schob die Silbermünzen auf ein und die Goldmünzen auf ein zweites Häufchen zusammen. »Aber bring ihr kein Gold – sie klauen es ihr, vielleicht schneiden sie ihr sogar die Kehle durch, um's zu bekommen. Laß Watt mit Rachels Gefängniswärtern ein Wörtchen reden, er weiß, wie man mit denen umgeht, stimmt's Watt, alter Kumpel?«

»Können Gift drauf nehmen, Captain«, versicherte ihm Watt Sparrow.

»Und das kriegste von mir für deine Mühe, mein Freund.« Harry Wilkes warf ihm ein kleines Goldstück zu, und Sparrow legte es sofort auf den Haufen zurück, den der Captain behalten wollte.

»Freundschaftsdienste lass' ich mir doch nich zahlen«, empörte er sich räuspernd.

Wilkes füllte den Lederbeutel mit den Münzen für Rachel und sagte: »Ich hätte deine Mutter geheiratet, wenn ich frei wäre. Sie war mir eine bessere Frau als die, mit der mich Gott bestraft hat – und die Ironie dabei ist, wenn sie meine Ehefrau gewesen wäre, dann wäre sie gar nicht verhaftet worden, das weiß ich ganz genau!«

Jenny schaute ihn an, fühlte, wie sich ihr Hals zuschnürte, umarmte ihn dann plötzlich und küßte ihn.

»Na, na«, rief er aus und war wieder ganz der alte. »Was hab' ich denn angerichtet, um das zu verdienen?« Aber auch er drückte sie an sich, preßte sein Gesicht an ihres, und ganz erstaunt schmeckte sie seine salzigen Tränen. Aber als er sie freigab, hatte er sich schon wieder gefangen. Er hörte den Wärter rufen, daß die Besuchszeit um sei, und richtete eher an Sparrow als an Jenny die Frage: »Ist bekannt, wer mich verpfiffen hat?«

Watt schüttelte den Kopf. »Hab' nich mal 'ne Vermutung gehört, Captain.«

Als der Wärter Jenny und Sparrow abholte, meinte Wilkes noch: »Du kommst und schaust zu, ja, Watt?«

»Aber klar doch«, versprach Watt Sparrow.

»Gut! Dann bring die Kleine mit... Sie soll sehn, daß Captain Wilkes mit hocherhobenem Haupt in den Tod geht.« In seiner Stimme schwang leichter Sarkasmus mit. Deshalb wußte Jenny nicht so recht, ob er das wirklich ernst meinte. Auf der Treppe fragte sie den kleinen Mann, und er erklärte überzeugt: »Da deine Mutter nicht dabeisein kann, möchte er, daß du kommst, mein Schätzchen. Is 'ne Tradition, verstehste – 'n Gentleman stirbt wie 'n Gentleman, und er will, daß du es deiner Mutter erzählst.«

Watt Sparrow führte Jenny direkt vom Gefängnis aus durch verwinkelte Gassen zu den Hulks.

»Deine Mama is an Bord der *Kinsale*. Und da is das Schiff auch schon, is schnell gegangen, was?« sagte er aufmunternd. Aber Jenny roch mit Grausen den fauligen Geruch, der von dem abgetakelten Schiff aufstieg. »Komm, Jenny, gib mir's Geld, dann kann ich mehr machen für deine Mama.«

Jenny gab ihm den Lederbeutel und folgte ihm ängstlich und angespannt die Stufen zu einer hölzernen Landungsbrücke hinunter, die von einem herumlungernden Wachposten kontrolliert wurde. Ohne Masten und mit verdrecktem Deck zeigte die *Kinsale* nichts mehr von ihrer früheren stolzen Schönheit. Sie war zwar erst vor vierzig Jahren gebaut worden, aber ein Sturm hatte ihr so böse mitgespielt, daß die Marine sie ausgemustert hatte und sie nun ein unrühmliches Ende als Gefangenenschiff nahm.

Der Wächter führte sie in einen Raum, der früher die Kajüte des Kapitäns gewesen war. Während Jenny sich nervös umschaute, verhandelte Watt Sparrow mit dem Aufseher. Der war ein kleiner, unangenehmer Typ, der unrasiert war und eine Augenbinde trug. Er rekelte sich in einem bequemen Sessel und schaute die beiden Besucher mit seinem einen Auge so unheilvoll an, als wolle er sie zum Teufel schicken, bis Watt Sparrow eine der Münzen herauszog, die Captain Wilkes ihm gegeben hatte. Als er sie mit einem metallischen Klick auf den Tisch fallen ließ und seine Wünsche äußerte, wurde der Aufseher schon sehr viel zugänglicher.

Eine zweite Münze brachte ihn dazu, ihnen so gut wie möglich zu Diensten zu sein. Er gab zu, daß er Mistress Taggarts genauen Aufenthaltsort nicht kannte, aber als neu verurteilte Gefangene ohne Geld war es wahrscheinlich, daß sie sich auf dem untersten Deck befand. Sie könnten sie natürlich sehen, da das Mädchen ihre Tochter sei – er werde einen der Wärter beauftragen, sie zu ihr zu führen. Er werde auch dafür sorgen, daß sie auf das oberste Deck verlegt würde. Dort herrsche bessere Luft, das Essen sei besser und die Gefangenen wären leichter gefesselt als ganz unten.

Ein bestialisch aussehender Wärter brachte sie über die Zwischendecks bis tief hinunter in den Bauch des Schiffes. Die kleinen Öllampen konnten die Dunkelheit kaum erhellen. Ein übelkeiterregender Gestank verpestete das ungelüftete Deck, das tief unter der Wasserlinie lag. In den Kojen hockten oder lagen schmutzstarrende, abgerissene Skelette, die an den Beinen und den Armen mit dicken Eisenketten an den Schiffsplanken angeschlossen waren. Sie konnten sich kaum bewegen, und die meisten machten auch gar keinen Versuch. Sie lagen apathisch da und kümmerten sich nicht um das Auftauchen des Wärters, wenn sie es überhaupt bemerkten. Es war, als hätten sie alle Hoffnung aufgegeben, und der Tod wäre der einzige Besucher, den sie willkommen heißen würden.

Der Wärter führte sie zu Rachel hin, die genauso schweigsam und apathisch dalag wie die anderen auch und nichts als ihren Unterrock anhatte. Zu Jennys Entsetzen schien sie in der kurzen Zeit um Jahre gealtert zu sein. Sie starrte sie eine Zeitlang unbewegt an und brach in Weinen aus, als sie Jenny schließlich erkannte.

»Sie haben mir die Kleider abgenommen, Jenny – und auch das Geld vom Doktor. Es war nicht mehr viel, nachdem ich den Verteidiger bezahlt hatte, aber trotzdem. Ich wünschte... o Gott im Himmel!« Sie flüsterte so leise, daß Jenny sie kaum verstehen konnte. »Ich wünschte, sie hätten mein Todesurteil nicht in Kerker umgewandelt. Hängen wäre... weniger schlimm als das hier!«

Der Wärter unterbrach sie mit rauher Herzlichkeit. »Aufstehn, Missus! Wir bringen Se hier weg. Wo Se hinkommen, da isses viel besser, Se werns ja sehn.« Er schloß das Vorhängeschloß auf, an dem ihre Beine angekettet waren. »Stütz se gut«, bat er Sparrow. »Und du auf der anderen Seite, Mädchen.«

Sie schleppten Rachel zwischen den Kojenreihen hindurch, und entsetzliches Gejammer begleitete sie, als die unglückseligen Zurückbleibenden sahen, daß Rachel weggeführt wurde. In ihren Gesichtern lag Neid und Verzweiflung. Jenny versuchte, sie nicht anzusehen und auch die herzzerreißenden Schreie zu überhören. Aber knochige Hände klammerten sich an ihre Ärmel, andere streckten sich ihr bettelnd entgegen, und ohne Watt Sparrows Hilfe hätte sie weder ein noch aus gewußt.

Schließlich erreichten sie das obere Deck, und der Wärter führte sie zu einer leerstehenden Koje auf der Hafenseite hin. Die Kojen hier waren genauso gebaut wie die in den unteren Decks, aber sie waren einigermaßen sauber, und es lagen Strohsäcke und Decken darin. Ein offenstehendes Bullauge ließ Licht und Luft herein. Ein Holzofen brannte ganz in der Nähe von Rachels Koje.

Der Wärter befestigte Rachels Fuß an einer leichten, langen Kette, und wies beinahe stolz darauf hin, wieviel mehr Bewegungsfreiheit sie nun hätte. Er nahm einen Sixpence von Watt Sparrow entgegen und beeilte sich zu sagen, daß Rachel für die doppelte Summe ihre Kleider zurückerhielte und außerdem einen Krug Bier. Der kleine Cockney gab ihm das Geld, und der Wärter verschwand pfeifend, um das Gewünschte zu holen.

»Es gibt Schlimmere als ihn«, sagte Rachel mit schwacher Stimme. »Er wird sein Wort halten.« Rachel bat sie, ihr in die Koje zu helfen, und sie streckte sich dort gleich mit geschlossenen Augen aus, als hätte der kurze Gang sie die letzte Kraft gekostet. Ihre Wangen waren unnatürlich gerötet, und sie fühlten sich heiß an, aber als der Wärter die Kleider und den Krug Bier brachte, setzte sie sich wenigstens auf, um das Bier zu trinken.

Sie wandte sich an Watt Sparrow und fragte: »Schickt Harry Wilkes mir das Geld?«

»Ganz genau«, sagte Sparrow.

»Dann warst du also bei ihm?«

»Heut morgen, Missus Taggart. Wir warn zuerst im Newgate-Gefängnis.«

»Er fragte mit großer Sorge nach dir, Mama«, sagte Jenny. So genau wie möglich beschrieb sie den Besuch und wiederholte alles, was Captain Wilkes gesagt hatte. Ihre Mutter belohnte sie mit einem Lächeln.

»Er ist ein guter Mensch«, sagte Rachel mit Überzeugung. »Aber... er ist zum Tode verurteilt worden, ja?«

Jenny schaute Watt Sparrow unsicher an. Aber der nickte, ohne zu zögern, bedauernd mit dem Kopf.

»Dann wird er gehängt.« Es war eher eine Feststellung als eine Frage, und Rachel äußerte sie tapfer und ohne zu weinen. »Und wann, Watt, wann?«

»Er sagt, am Montag – scheint's vom Gefängnisdirektor erfahren zu haben. Steht noch nich in der Zeitung.« Der kleine Mann zögerte und fuhr dann fort: »Er will, daß Jenny dabei ist, Missus Taggart, da Sie ja nich können...«

»Ja«, entgegnete Rachel gefaßt. »Sie soll an meiner Stelle hingehn, sich von ihm verabschieden und für ihn beten.«

Jenny schluckte. Wie scheußlich, Captain Wilkes sterben sehen zu müssen, den Liebhaber ihrer Mutter, aber... Jenny überwand ihren Widerwillen und sagte ihrer Mutter zuliebe: »Ja, Mama, ich versprech's dir. Und ich werde auch für ihn beten.«

»Das ist meine alte Jenny«, sagte die Mutter froh. Der Graben, der sich zwischen ihnen aufgetan hatte, schien verschüttet, und beide freuten sich darüber.

Sparrow gab Rachel den Geldbeutel. »Sie müssen ihn gut verstecken«, flüsterte er. »Sie werden wieder nach unten gesteckt, wenn Sie nich mehr zahlen können.« Dann wandte er sich an Jenny. »Komm Schätzchen, wir müssen los. Wenn's dunkel wird, ziehn sie die Brücke hoch!«

Als sie das Schiff verlassen wollten, versperrte ihnen der Aufseher betrunken den Weg. Als er Watt Sparrow erkannte, grüßte er ihn mit übertriebener Freundlichkeit.

»Alles zu Ihrer Zufriedenheit erledigt?«

Watt Sparrow bedankte sich bei ihm. »Missus Taggart is jetzt bequemer untergebracht, Sir. Aber sie scheint krank zu sein, sie –«

»Ich schick den Arzt zu ihr, wenn er das nächste Mal kommt«, versprach der Aufseher. Dann legte er Sparrow vertraulich eine Hand auf die Schulter. »Wollt Sie noch was fragen – is sie nich Captain Wilkes Frau?«

Sparrow nickte. »Jawoll, Kumpel, das is se.«

»Ja wirklich!« Der feiste Aufseher setzte die Flasche an, nahm einen großen Zug und bot sie dann Sparrow an. »Wenn Missus Taggart die Frau vom Captain is, dann braucht ihr euch nich sorgen, solang sie unter *meinem* Schutz steht. Ich pass' schon auf, daß sie gut behandelt wird. Die sterben hier, krepieren zu Hunderten, und die Regierung schert sich 'nen Dreck drum... Aber ich pass' schon auf sie auf!«

Watt Sparrow bedankte sich noch einmal und wollte die Flasche zurückgeben. Aber der Aufseher rief: »Behalt se nur, behalt se nur«, lehnte sich schwer auf Sparrows Schulter und flüsterte ihm etwas vertraulich ins Ohr, was Jenny nicht verstand. Sparrow zuckte leicht zusammen, nickte aber dann zustimmend, und der Aufseher ließ ihn rülpsend gehen.

Auf dem Heimweg fragte Jenny, was der Mann gesagt hätte. Sparrow zuckte mit den Schultern. »Na ja, kannst nich dein Leben lang 'n Kind bleiben, oder? Er bat mich, bei deiner Mama 'n gutes Wort für ihn einzulegen... Er steht auf se, verstehste, weil se dem berühmten Captain seine Frau war.«

Jenny starrte ihn entsetzt an. »Dieser fette alte Dreckskerl? Nein! Und der Captain ist noch nicht mal – noch nicht mal tot!«

»Das muß deine Mutter entscheiden, Schätzchen«, meinte Sparrow in geradezu philosophischer Erkenntnis. »Und am nächsten Montag *wird* der arme Captain tot sein, Punkt acht, das is leider todsicher. Und deine Mama is dann ganz auf sich gestellt und wird schon wissen, was se tut, oder?«

Er klopfte Jenny auf die Schulter, lächelte und brachte sie in der einbrechenden Dunkelheit nach Hause zurück.

Am Montag versammelten sich schon im Morgengrauen über viertausend Menschen, um der Exekution von Captain Harry Wilkes beizuwohnen.

Manche Leute waren schon am Vorabend hierhergekommen, um die besten Plätze zu ergattern, und obwohl es gerade erst hell wurde, als Watt Sparrow und Jenny zum Newgate-Gefängnis kamen, war in Sichtweite des Galgens kein Platz mehr frei. Aber Watt war ein alter Fuchs. Er führte Jenny durch Hinterhöfe und über den St. Pauls Friedhof und half ihr, eine Mauer zu besteigen. Die Mauer war zwar auch schon besetzt, aber die Leute rückten gutwillig zusammen, als Watt sagte, wer Jenny war.

»Jetzt paß auf dich auf, Mädchen!« warnte er sie. »Es werden Leute zertrampelt und erdrückt bei so 'nem Spektakel. Du bleibst hier sitzen, und ich hol' dich ab, wenn's vorbei is.«

»Ach Watt, kannst du nicht hierbleiben?« flehte Jenny, aber er schüttelte bedauernd den Kopf.

»Ich muß arbeiten – du weißt ja, Jenny. Muß mein Geld verdien', und so 'n Menschenauflauf is selten. Und sind nich nur einfache Leut' hier – die Adeligen wollen auch dabeisein.«

Er lächelte sie an und reichte ihr ein sauber gefaltetes schneeweißes Taschentuch, das nach Lavendel roch. »Hab' ich für dich organisiert, Schätzchen, damit du dem Captain winken kannst, wenn er hoch zum Galgen steigt. Da wartet er drauf, hat er doch gesagt.«

Er ging, und seine kleine, hinkende Figur verlor sich bald in der Menge. Jenny konnte mit ihren in der Zwischenzeit geschulten Augen andere Taschendiebe bei der Arbeit erkennen – unter anderem auch Ned Munday. Die Zeit verging, und die Zuschauermenge wuchs immer noch an. Obsthändler und Bäcker, die ihre Waren in Körben auf dem Kopf trugen, machten ein gutes Geschäft.

Ein junger Mann, der im schwarzen Talar eines Priesters unweit von Jenny auf der Mauer saß, fing laut zu beten an. Ein paar Leute fielen ein, und Mitleid und Erregung schwangen in ihren Stimmen mit.

Als Jenny daran denken mußte, daß Captain Wilkes in weniger als einer Stunde tot sein würde, schnürte sich ihr der Hals zusammen. Aber sein letzter Wunsch fiel ihr ein, sie möge für ihn beten, und sie nahm alle Kraft zusammen und erhob mit den anderen ihre Stimme.

Eine Bewegung ging durch die Menge, als sich das Gefängnistor öffnete. Polizisten hielten einen schmalen Weg zum Galgen frei, und Dragoner kamen aus einer Seitenstraße angeritten und sorgten mit gezogenen Säbeln für Ordnung.

Als das Tor ganz offenstand, trat der Verurteilte heraus, eingerahmt vom Gefängnisdirektor, zwei Ratsherren und Wärtern. Ein Priester ging direkt neben ihm und las laut aus einem Gebetbuch vor, aber Harry Wilkes beachtete ihn nicht.

Er war in einen eleganten Cutaway mit Messingknöpfen gekleidet. Sein Haar war hinten zu einem Zopf geflochten. Er ging mit festem Schritt, blieb aber immer wieder stehen, um Freunden Lebewohl zu sagen oder sich vor der Menge zu verbeugen, die ihm zujubelte. Nichts als seine gefesselten Handgelenke unterschieden ihn von all den Menschen, die ihn umgaben. Seine Manieren waren geschliffener als ihre, und Jenny sah, daß er sogar lächelte, als er sich in ihre Richtung umdrehte. Sie winkte mit dem weißen Taschentuch, war aber nicht sicher, ob er sie sah oder nicht.

Als er am Fuß des Galgens ankam, zögerte er einen Augenblick lang und stieg dann mit leichten Schritten auf die Plattform hinauf. Direkt hinter ihm schritt der Priester. Die Menge verstummte in Erwartung einer Rede, und Captain Wilkes enttäuschte sie nicht. Mit lauter, klarer Stimme dankte er ihnen für ihre Anwesenheit und ihre Unterstützung.

»Ich gehe standhaft und mit der Hoffnung auf Gottes Vergebung in den Tod, denn, um der Wahrheit Ehre zu tun, ich habe niemanden umgebracht, sondern brachte nur solche Menschen um ihr Geld, die das sehr wohl verschmerzen können. Jawohl, und einige bemerkten diesen Verlust noch nicht einmal!« Die Zuhörer bekundeten lauthals ihre Zustimmung, und er fuhr ernsthaft fort: »Ich verzeihe aus ganzem Herzen allen, die mir jemals ein Unrecht getan haben, nur einem einzigen Menschen verzeihe ich nicht, dem Judas, der mich für eine schnöde Prämie verraten hat. Wenn dieser Mensch unter der Menge ist, dann soll er wissen, daß ich ihn im Angesicht meines Todes verfluche – und daß er mit diesem meinem Fluch wird weiterleben müssen, bis auch er ans Sterben denken muß.«

Ein Raunen ging durch die Menge, als die Bedeutung seiner Worte begriffen wurde, und dann waren Rufe zu hören wie »Gott sei mit dir« und »Adieu, Captain!«.

Harry Wilkes nickte seinem Henker zu. Der Mann verbeugte sich, nahm die Goldmünze aus den gefesselten Händen des Gefangenen an und legte ihm schnell die Schlinge um den Hals. Schon einen Augenblick später war alles vorbei. Harry Wilkes stattlicher Körper hing nach ein paar krampfhaften Zuckungen reglos in der Luft.

»Er hat einen guten Tod gehabt«, sagte ein Mann in aller Seelenruhe.

Jenny steckte sich die Finger in die Ohren. Sie wußte, es würde eine Stunde dauern, bevor Captain Wilkes' Körper abgenommen würde. Bis dahin würde sich die Menge nicht auflösen. Dann würden alle Abergläubischen hingehen, um ihn zu berühren, anschließend würde er ins St. Bartholomäus-Krankenhaus gebracht und stünde den Medizinstudenten für anatomische Studien zur Verfügung... Sie seufzte tief auf und wünschte, daß sie sofort weggehen könnte, ohne Captain Wilkes' endgültigen erniedrigenden Abgang mit ansehen zu müssen. Aber Watt Sparrow hatte ihr aufgetragen zu warten, und es wäre auch reiner Wahnsinn, sich durch eine so dichte Menschenmenge hindurcharbeiten zu wollen.

Jenny sah Ned Munday wieder, wie er das Durcheinander für seine Zwecke zu nutzen wußte. Er arbeitete schnell, aber nicht so geübt wie Watt Sparrow. Seine Hand fuhr in eine

Tasche, jemand stieß ihn an, ein rotgesichtiger Mann, dessen Geldbörse er gerade geklaut hatte, drehte sich blitzschnell um und rief wütend: »Haltet den Dieb! Haltet den Dieb!«

Er deutete auf Ned, und der hochgewachsene junge Mann versuchte vergebens unterzutauchen. Die Rufe »Haltet den Dieb« folgten ihm überall hin. Dann änderte er plötzlich die Richtung und rannte auf Jenny zu. Ohne nachzudenken, sprang sie von der Mauer und lief ihm entgegen, um ihm irgendwie zu helfen.

Er kam atemlos und schwitzend bei ihr an, und sie konnte seine Angst riechen, als wäre sie etwas Lebendiges.

»Über die Mauer, Ned.«

»Wird gemacht«, keuchte er, »aber heb das für mich auf, wär zu gefährlich, wenn se mich damit erwischen.«

Dann schwang er sich geschickt über die Mauer und war verschwunden, und Jenny merkte erst jetzt, daß sie die Geldbörse in der Hand hielt, die er eben gestohlen hatte.

Zu ihrem Entsetzen hörte sie, wie eine Stimme hinter ihr schrie: »Das junge Mädchen da hat Ihre Börse, Sir! Der Taschendieb hat sie ihr zugesteckt, bevor er floh, ich hab's genau gesehn!« Jenny erkannte die Stimme des jungen Priesters, der vorgebetet hatte. Sie war im Nu von Menschen umringt, und als sie in die feindseligen Gesichter blickte, wußte sie, daß sie keine Gnade zu erwarten hatte, am wenigsten von dem jungen Priester, der sie jetzt fest am Arm gepackt hielt.

»Nun?« fragte er kaltherzig. »Streitest du ab, daß du die Geldbörse von diesem Gentleman hier hast?«

Sie schüttelte verstört den Kopf, und er drehte sie zu dem rechtmäßigen Besitzer der Börse um.

»Her damit.«

Jenny zog das belastende Beweisstück heraus und reichte es ihm, und er sagte triumphierend: »Sie sehen, daß ich recht hatte, Sir – der Taschendieb gab sie ihr tatsächlich. Sie ist seine Komplizin, richtig, Mädel?«

»Nein, Sir«, widersprach Jenny. »Er steckte sie mir zwar zu, als er floh, aber ich bin nicht seine Komplizin. Sie haben mich doch bestimmt beim Beten für Captain Wilkes gesehn… ich saß den ganzen Morgen lang in Ihrer Nähe. Und –« Aber der Priester hörte nicht zu, hielt die Börse in die Höhe und forderte den Besitzer auf, sie als seine eigene zu erkennen.

»Das ist tatsächlich meine, und ich bin Ihnen sehr dankbar, daß Sie mir geholfen haben, sie zurückzubekommen.« Sein rotes Gesicht lächelte vor Erleichterung. »Ich bin nicht aus London und muß meine Übernachtung bezahlen. Bitte, geben Sie mir die Börse, dann brauch' ich Sie nicht länger zu belästigen, ich –«

»Entschuldigen Sie, Sir, aber Ihre Börse wird als Beweisstück benötigt, wenn Anklage gegen das Mädchen erhoben wird«, sagte der Priester. »Der Dieb ist entwischt, aber ich bin sicher, daß sie seinen Namen kennt, stimmt's, Mädel?«

Jenny schüttelte wieder den Kopf. »Ich bin nicht seine Komplizin, Sir, wirklich nicht. Bitte glauben Sie mir.«

Der Besitzer der Geldbörse schaltete sich ein. »Ich möchte keine Schwierigkeiten. Ich habe mein Geld zurück und bin bereit, dem Mädchen zu glauben und es laufen zu lassen. Meine Frau wartet auf mich und ängstigt sich, wenn ich mich verspäte. Wir müssen London schon morgen früh verlassen, es ist eine Frage der Zeit, verstehn Sie…«

Ein anderer Mann sagte gewandt: »Diese Angelegenheit kostet Sie sehr wenig Zeit, mein Herr. Es scheint, daß dieses Mädchen im unrechtmäßigen Besitz Ihrer Börse war, stimmt das?« Die Umstehenden nickten. Er deutete auf den Galgen. »Sobald der Übeltäter abgeschnitten wird, zerstreut sich die Menge. Dann können der Priester und Sie Anklage gegen das Mädchen erheben, das dauert nicht lange, und dann wird sie verhaftet. Das Ganze wird nicht länger als eine Stunde dauern. Ich bin Mitglied des Gerichtshofes, Sir… Mein Name ist Vickers.«

»Und bekomme ich dann meinen Besitz zurück?« Der rotgesichtige Mann deutete ärgerlich auf die Börse, die der Pfarrer immer noch in der Hand hielt.

»Natürlich. Es scheint, als ob eine bedeutende Summe darin ist? Mister – äh ... wie heißen Sie, mein Herr?«

»Clay, Sir, Ephraim Clay.«

Mr. Vickers nahm die Börse an sich und wog sie in der Hand. »Darf ich fragen, um wieviel es sich handelt?«

Ephraim Clay sah plötzlich unglücklich aus. Er warf Jenny einen Blick zu. »Sagen Sie mir, Sir, als Rechtsanwalt – steht nicht die Todesstrafe darauf, wenn die Beute mehr als einen Schilling beträgt?«

»Ich – ich hab' die Börse nicht gestohlen«, stotterte Jenny und wandte sich an den rotgesichtigen Mann. »Ich bitte Sie, mir zu glauben, Mr. Clay. Ich bin kein Dieb, Sir, ich –«

Der Rechtsanwalt ignorierte sie. »Jeder Diebstahl von Eigentum, das mehr als einen Schilling wert ist, zählt als Kapitalverbrechen, Mr. Clay – und es ist Ihre Bürgerpflicht, gegen das Mädchen vorzugehen, ganz egal, wieviel es Ihnen gestohlen hat.«

»Es ist noch sehr jung. Ich habe eine Tochter in ihrem Alter. Das arme Kind, es –«

»Vor dem Gesetz spielen Alter und Geschlecht keine Rolle, Sir«, belehrte ihn Rechtsanwalt Vickers kalt.

Jenny begriff, daß nur ein einziger Mensch auf ihrer Seite war, und sie wandte sich noch einmal an Clay.

»*Bitte*, Sir«, flüsterte sie. »Ich habe die Börse doch gar nicht gestohlen. Ich hätte sie Ihnen sogar zurückgegeben.«

»Das hättest du?« Er schaute sie fragend an. »Wie heißt du, Mädchen?«

Als sie ihren Namen sagte, dachte Jenny bitter, daß sie zum erstenmal danach gefragt wurde. Sie erschrak, als sie sah, daß die Farbe aus Ephraim Clays rotem Gesicht wich.

»So heißt meine Tochter auch«, gab er sichtlich bewegt zu. »Und du siehst ihr auch ähnlich. Du –«

Der Priester unterbrach ihn. »Der tote Wilkes wird abgeschnitten. Wenn sich die Menge auflöst, können wir gleich zum Haftrichter gehn.«

Mr. Clay wurde plötzlich sehr aktiv, trat einen Schritt vor und nahm dem Rechtsanwalt seine Börse aus der Hand.

»Sie haben gefragt, wieviel darin ist, Mr. Vickers«, sagte er mit fester Stimme. »Nun, ich werde es Ihnen sagen – ganz genau elf Pence in Kupfermünzen! Deshalb fühlt sich die Geldbörse so schwer an.«

Zu Jennys Kummer warf Mr. Vickers den Kopf zurück und lachte. »Sie haben vor Zeugen ausgesagt, daß Sie mit dem Geld Ihre Übernachtung bezahlen wollen – halten Sie mich doch nicht zum Narren, Sir!«

Der arme Clay geriet ins Stottern, gab aber nicht auf, sich für Jenny einzusetzen, bis es dem Rechtsanwalt zu bunt wurde.

»Ich mache eine Ausnahme, Sie können gehen, Mr. Clay, vorausgesetzt, daß der Pfarrer als Zeuge vor dem Haftrichter erscheint.« Der Pfarrer nickte zustimmend. Clay war noch nicht zufrieden. »Und das Urteil wird dasselbe sein, ob ich dabei bin oder nicht?«

»Das steht fest. Da es sich um ein Kapitalverbrechen handelt, ist ein Freispruch ausgeschlossen. Aber wenn Sie das möchten, kann ich das Mädchen verteidigen, damit die Todesstrafe in eine Haftstrafe umgewandelt wird.« Er lächelte, und Jenny zuckte unwillkürlich zusammen, als sie den berechnenden Klang in seiner Stimme hörte. »Mein Honorar beträgt zwei von den Goldstücken, die Sie da in Ihrer Börse haben.«

Ephraim Clay nahm die gewünschten Münzen ohne weiteren Widerspruch heraus, reichte sie dem Rechtsanwalt und sagte im Gehen zu Jenny: »Ich hab' alles getan, was in meiner Macht stand. Viel Glück, Jenny!«

Sie sah ihn nie mehr wieder. Der Rechtsanwalt und der Priester brachten sie in einer Mietkutsche vor den Haftrichter. Sie mußte zwei Stunden lang mit Übeltätern beiderlei Geschlechts in einer überfüllten Zelle warten und wurde dann kurz vernommen.

Zwei Tage später verurteilte sie das Hohe Gericht zum Tod am Strang, und ihre Verlegung ins Newgate-Gefängnis wurde angeordnet, damit sie dort auf ihre Hinrichtung warten könne. Der Prozeß fand am Tage ihres fünfzehnten Geburtstags statt.

Zusammen mit drei anderen verurteilten Gefangenen wurde Jenny ins Newgate-Gefängnis gebracht. Sie dachte bitter, wie anders es gewesen war, als Watt Sparrow sie dorthin begleitet hatte. War es möglich, daß es nur sechs Tage her war? Er hatte ihr geraten, die Gefangenen nicht zu genau anzuschauen, weil er befürchtete, daß sie einen Schock bekommen würde. Jetzt mußte sie, Schock hin, Schock her, dort leben und wie ihre Mutter die gräßliche Qual erleiden, in Ketten gelegt und von den Wärtern herumgestoßen zu werden. Und da noch keine Begnadigung erfolgt war, mußte sie damit rechnen, daß der einzige Weg, das Gefängnis zu verlassen, der sein würde, den auch Harry Wilkes gegangen war.

Starr vor Angst ging sie hinter dem Wärter her. Als er sie gar nicht unfreundlich fragte, ob sie Geld hätte, »um sich das Leben angenehmer zu machen«, schüttelte sie nur schweigend den Kopf. Er zog sie zwischen Reihen von abgeschlossenen Zellen durch einen dunklen Gang. Am Ende öffnete er die Gittertür zu einer Art Käfig. Jenny sah entsetzt, daß nur niedrige Holzkästen und ein paar Strohsäcke darin lagen. Dazwischen hockten zusammengekauerte Gestalten, die kaum als Frauen zu erkennen waren. Der Boden war glitschig vor lauter Dreck. Eine abgerissene Schlampe, der ein kleines Kind an der Brust hing, bemerkte Jennys Ankunft als erste und stieß einen rauhen Schrei aus. Im nächsten Augenblick war Jenny von Furien umringt, die die Hand in ihre Richtung ausstreckten und so etwas wie »Kohle! Kohle!« schrien.

Jenny fragte außer sich: »Bitte, was möchten Sie? Ich… was wollen Sie denn von mir?«

Hinter ihr fing eine Frau mit tiefer Stimme zu fluchen an. Jenny drehte sich um und sah eine monströse Alte, die allein auf einer großen Holzkiste saß. Sie war unglaublich fett und aufgedunsen, aber sie war die einzige anständig gekleidete Person im ganzen Raum. Ihr schwarzes Samtkleid war zwar geflickt, aber der weiße Musselinkragen sah ganz sauber aus.

»Die fragen nur nach ihrem Anteil«, erklärte die alte Frau, als Jenny sie verständnislos anstarrte. »Hast du den Verstand verloren, Mädchen? Hier läßt sich's nur leben, wenn man Kohle springen läßt… du hast doch sicher Geld bei dir, oder?«

»Nein«, stotterte Jenny, »nein, ich – ich habe nichts.«

»Gar nichts? Keinen Penny?«

»Jetzt reicht's aber, Meg«, unterbrach eine der Frauen ungeduldig. »Das Würmchen sagt die Wahrheit, schau se doch an! Wir kriegen schon unsren Anteil. Ich nehm ihr Umhängetuch, um den Anfang zu machen. Meins is zerrissen.«

Die Frauen fielen über Jenny her und rissen ihr die Kleider vom Leib. Aber die alte Frau, die Meg genannt worden war, gebot ihnen mit strenger Stimme Einhalt.

»Her mit dem Umhängetuch, Hannah«, befahl sie barsch. Die Frau zögerte einen Moment, fluchte leise und warf das Tuch dann auf Megs Holzkiste.

»Is 'n gutes Tuch«, jammerte sie, »und ich könnt's dringend brauchen, Meg«, jammerte sie und fluchte leise.

»Der Teufel soll dich holen«, gab Meg unbewegt zurück. Sie schaute Jenny an, die, nackt bis auf den Unterrock, auf dem schmutzigen Boden zusammengesunken war und verzweifelt schluchzte. Megs kleine Augen blieben an ihrem

Medaillon hängen, das die anderen Frauen in ihrer Aufregung übersehen hatten. Und als Jenny versuchte, es in den Falten ihres Unterrockes zu verstecken, sprang das alte Weib auf und zerrte an dem Band, an dem es hing. Das Band zerriß, das Medaillon fiel zu Boden, und bevor Jenny sich danach bücken konnte, hatte Meg es schon weggekickt.

»Nun, du hübsches kleines Aas«, rief sie aus, »wolltest mich betrügen, was? Besitzt wirklich nichts, gar nichts!« Ihre geschwollenen Finger umfaßten das Schmuckstück. Sie hielt es hoch und ließ die anderen ihren Fund bewundern. Die Frauen betrachteten es aufgeregt und voller Neid, und die Frau, die Hannah genannt wurde, versuchte es ihr abzuschwatzen.

»Du hast das Tuch genommen, alte Meg ... du hast mir mein Tuch abgenommen. Also krieg ich das hier.«

Plötzlich sah Jenny rot. Das Medaillon enthielt das blaue Band ihres Vaters, die letzte Erinnerung an glücklichere Tage. Sie würde es sich wiederholen, egal um welchen Preis.

Meg wollte sich mit ihrer Beute auf die Holzkiste zurückziehen und stolperte. Bevor sie ihr Gleichgewicht wiedergefunden hatte, fiel Jenny über sie her. »Gib es mir zurück!« schrie das Mädchen außer sich. »Es gehört mir – gib es mir zurück!«

Mit ihren kleinen Händen versuchte sie vergebens, die Faust der Alten zu öffnen. Als ihr klar wurde, daß die Alte das geraubte Schmuckstück freiwillig nie mehr herausrücken würde, biß sie ihr tief in die dicken weißen Finger. Die Alte schrie vor Schmerz auf, ließ das Medaillon fallen und stolperte mit blutender Hand auf ihren Platz zurück. Niemand rührte sich, als sich Jenny hinunterbeugte und ihr Medaillon aufhob.

Das entsetzte Schweigen wurde nur von Megs Schmerzensschreien unterbrochen, und schließlich flüsterte Hannah: »Dieser Teufelsbraten is verrückt, völlig verrückt!«

Die Frauen umringten Jenny in achtungsvollem Abstand, und Hannah untersuchte Megs Finger.

»Der Teufel soll se holen! Schaut mal her! Bis zum Knochen hat se gebissen, bis zum Knochen!« Sie legte sich Jennys Tuch um die Schultern und schaute wütend zu ihr herüber. »Wofür wird se gehängt? Is se ne Mörderin? Wir müssen aufpassen, daß se uns nich umbringt! Sag, was haste angestellt, du mieses kleines Luder du –«

»Laß se in Ruh«, unterbrach Megs autoritäre Stimme Hannahs Haßtirade. »Bringt doch nix, so jemand aufzuregen, also laßt se in Ruh. Ich rechne schon noch mit ihr ab, aber alles zu seiner Zeit.«

Die Frauen gehorchten, und der Kreis um Jenny löste sich zu ihrer großen Erleichterung auf. Allein gelassen, versank Jenny in tiefe Verzweiflung, und wie ein verwundetes Tier kroch sie in eine dunkle Ecke des Kerkers, legte sich hin, bedeckte das Gesicht mit den Händen und weinte bittere Tränen. Keine der Frauen kam in ihre Nähe, und als der Wärter einen großen Kessel voll übelriechendem Haferbrei und trockenes Brot brachte, ging sie nicht zu den anderen hin, was scheinbar eine Voraussetzung dafür war, überhaupt etwas abzukriegen.

Als es dunkel geworden und die einzige Kerze niedergebrannt war und vereinzeltes Schnarchen laut wurde, versuchte Jenny, sich eine Art Lager zurechtzumachen. Aber kaum hatte sie etwas Stroh zusammengescharrt, um die feuchte Kälte des Steinfußbodens abzuhalten, als ein mageres, dunkelhaariges Mädchen leise auf sie zukroch.

»Ich hab' dir was zu essen aufgehoben«, flüsterte sie. »Aber ich trau' mich erst jetzt, es dir zu bringen, wo die alte Meg schläft.« Sie reichte Jenny eine schwere Steingutschüssel. Der Haferbrei war kalt und das Brot steinhart, aber es war Nahrung, und Jenny – die zum letztenmal vor vierundzwanzig Stunden etwas zu essen bekommen hatte – würgte alles hungrig hinunter. »Danke«, sagte sie. »Oh, vielen Dank!«

»Du hättest dich nicht mit Meg anlegen sollen«, sagte das Mädchen besorgt. »Sie herrscht über alle Frauen hier. Glaub mir, sie wird sich böse an dir rächen. Am besten läßt du dich gleich morgen früh in eine Einzelzelle verlegen –«

»Aber ich hab' doch kein Geld!«

»Du hast das Medaillon. Das ist mehr als genug für eine Zelle mit gutem Essen, einem bequemen Bett und frischen Kleidern. Glaub mir – es ist lebensgefährlich für dich, wenn du hierbleibst!«

Jenny umfaßte das Medaillon. »Aber es bedeutet mir so viel!«

»Mehr als dein Leben?«

»Nein, aber ... ich bin zum Tode verurteilt und –«

»Wegen Mord?«

»Nein. Weil mir etwas Gestohlenes zugesteckt wurde. Ich –«

»Du wirst begnadigt werden«, sagte ihr das etwas ältere Mädchen zuversichtlich. »Neuerdings werden Frauen, die nichts Schlimmes verbrochen haben, in die Verbannung geschickt und nicht mehr gehängt. Das wird jedenfalls behauptet ... Ist gegen dein Urteil Berufung eingelegt worden?«

Jenny seufzte. Trotz des großzügigen Honorars, das der von Ned bestohlene Mann für die Verteidigung Jennys bezahlt hatte, hatte Mr. Vickers während des Prozesses kaum etwas zu ihren Gunsten vorgebracht.

»Ich glaub' schon. Ich bin aber nicht sicher.«

»Erkundige dich«, riet ihr das Mädchen. »Hast du keine Verwandten oder Freunde, die dir helfen können?«

»Ich habe Freunde«, gab Jenny zu. »Aber sie waren nicht in der Verhandlung. Sie – sie wußten vielleicht nicht, was mir passiert ist ... alles ging so schnell!«

»Ja, das ist nur allzuoft der Fall«, sagte das Mädchen nachdenklich. Wie heißt du?«

»Jenny – Jenny Taggart.«

»Also, Jenny, ich rate dir wirklich, sprich mit dem Wärter wegen deinem Medaillon – dann bekommst du eine bessere Zelle, und er benachrichtigt deine Freunde. Die können sich dann erkundigen, ob gegen dein Urteil Berufung eingelegt worden ist. Mach's gleich morgen früh, bevor Meg aufwacht!« Das Mädchen wandte sich zum Gehen. »Versuch zu schlafen, Jenny!«

»Schlafen?«

»Ich bring' dir noch etwas von meinem Stroh, dann geht's schon.«

Am nächsten Morgen wurde Jenny vom Wärter wachgerüttelt. Bevor sie noch etwas fragen konnte, sagte er: »Du hast Besuch. Ich soll dir schon mal das geben.« Er legte ihr ein Umhängetuch, das Doll Prunty gehörte, um die Schultern, und Jennys Herz schlug höher. Also hatten sie sie nicht vergessen, waren jetzt doch gekommen, um ihr zu helfen... sie sprang auf und wickelte sich das ihr wohlbekannte, schöne Tuch um den zitternden Körper.

»Scheint, sie hatten recht, es dir gleich bringen zu lassen, was?« grinste der Wärter. Als er mit Jenny an der flachen Holzkiste vorbeikam, auf der Meg schlief, stieß er sie grob mit dem Fuß an. Sie richtete sich halb auf und starrte ihn haßerfüllt an. Dann erkannte sie Jenny, begriff, daß sie vom Wärter weggeführt wurde, und sagte: »Wenn du glaubst, daß jetzt alles wieder gut ist, dann täuschst du dich! Ich vergess' dir nicht, was du gemacht hast, *nie*.« Sie hielt ihre Hand mit den geschwollenen, blutverkrusteten Fingern hoch und fluchte hinter Jenny her.

»Halts Maul, Meg«, sagte der Wärter. Als er sah, daß Jenny sich vor Entsetzen kaum bewegen konnte, nahm er sie auf den Arm und trug sie aus der Zelle. Als die Tür krachend ins Schloß gefallen war, setzte er sie ab und schüttelte verwundert den Kopf.

»So klein du auch bist, du hast die alte Meg ja ganz schön wütend gemacht! Was haste dem alten Weib denn getan?«

Jennys Zähne klapperten so, daß sie nicht antworten konnte. Er führte sie, noch immer verwundert, zu dem Trakt, in dem die besseren Zellen lagen.

»Wirst's gut haben jetzt, richtig luxuriös! Die ham dir auch frische Kleider mitgebracht.«

Als sie endlich in einer Zelle war, die genau so aussah wie die von Harry Wilkes, fragte sie: »Aber, wo sind denn meine Freunde?«

Der Wärter deutete auf das Kleid, das schon auf dem Bett bereitlag. »Ich bring Dr. Fry gleich hoch – aber zieh dich erst um, damit er nich denkt, wir behandeln dich schlecht!«

Also war Dr. Fry gekommen... Jenny freute sich auf ihn. Als der Wärter gegangen war, schlüpfte sie in das frische Kleid – eines von Doll, das ihr schon immer gut gefallen hatte. Es war zwar ein bißchen zu groß, aber es war sauber und warm, und sie fühlte sich gleich viel besser darin.

Als Dr. Fry mit Watt Sparrow ein paar Minuten später die Zelle betrat, brach sie in Tränen aus, obwohl sie große Freude und Erleichterung empfand. Der Doktor setzte sich, nahm sie aus alter Gewohnheit auf den Schoß und tröstete sie zärtlich.

»Wir wären schon früher gekommen, Jenny, mein armes Kind, wenn wir schon eher von deinem Unglück gehört hätten. Aber wir haben nichts von allem gewußt... wir glaubten, daß du mit den Pruntys eine schöne Zeit auf dem Land verlebst.«

»Auf dem Land? Die Pruntys sind auf dem Land, Sir?« Jenny glaubte, daß sie falsch gehört hatte.

Er tauschte einen vielsagenden Blick mit Watt Sparrow aus, bevor er antwortete. »Es war ratsam, daß sie sich eine Zeitlang entfernten. Die Polizei stellte Nachforschungen an, warum Captain Wilkes so oft in Dolls Wirtshaus war. Deshalb sprang ein Onkel von Doll ein, und sie verließ mit Nick die Stadt, am Tag, an dem Captain Wilkes gehängt wurde... und wir glaubten, du seist mit ihnen aufs Land gefahren. Erst als Doll mir schrieb und mich fragte, ob ich mich auch gut um dich kümmere, erfuhren wir, daß du *nicht* bei ihnen warst. Und dann quetschte Sparrow deine schlimme Geschichte Stück für Stück aus diesem üblen Ned Munday heraus. Stimmt's, Sparrow?«

Der kleine Mann nickte. Mit wütendem Tonfall erzählte er die Geschichte weiter. »Noch schlimmer! Zuerst log er und behauptete, du wärst zum Wirtshaus zurückgegangen, ohne auf mich zu warten, also war ich ganz beruhigt, verstehste? Und ich hielt mich selbst vom Wirtshaus fern, bis die größte Aufregung vorbei war.«

»Und dann verplapperte sich Ned einmal, und daraufhin nahm Watt ihn ins Gebet und bekam langsam alles heraus.«

»Ja, und er hat 'ne gewaltige Abreibung gekriegt, der Schuft!«

Jenny fragte ängstlich: »Aber du hast ihm nichts angetan, nichts Schlimmes, meine ich?«

Der kleine Cockney zuckte mit den Schultern. »Hat nur das bekommen, was er verdient, Jenny.«

Dr. Fry drückte es noch klarer aus. »Er hat das Schlimmste getan, was man überhaupt tun kann, er hat sich auf deine Kosten gerettet. Ich hab' dir schon früher erzählt, daß es einen Ehrenkodex unter Dieben gibt. Die Unterwelt hat strenge Regeln, und Munday hat dagegen verstoßen ..., früher oder später wird ihn jemand verpfeifen. Und das ist dann das Ende für ihn.«

Als Dr. Fry sah, wie unangenehm Jenny seine Prophezeiung war, nahm er ihre Hand und sagte: »Ich hab' dir ja die guten Neuigkeiten noch nicht erzählt!«

»*Gute* Neuigkeiten? O Doktor, bin ich begnadigt worden?«

Er lächelte und streichelte ihre Hand. »Jawohl, mein Kind. Dein Todesurteil wurde in – in Verbannung umgewandelt, lebenslängliche Verbannung.«

Es verschlug ihr die Sprache. Sie hatte zwar schon gehört, daß es das gab. Aber jetzt traf es sie persönlich, ihr ganzes Leben lang sollte sie Tausende von Meilen von ihrem Heimatland entfernt verbringen!

»O Doktor, *muß* ich wirklich weg? Können Sie gar nichts für mich tun? Ich wäre Ihnen so dankbar – ich würde mein Leben lang gern für Sie arbeiten, um mich erkenntlich zu zeigen. Wenn Sie mir nur helfen, dann …«

»Mein armes Kind«, entgegnete der Doktor erschüttert, »das liegt nicht in meiner Macht. Aber ich wünsche aus ganzem Herzen, ich könnte dir helfen.« Und er versuchte ihr klarzumachen, daß Verbannung, selbst ans andere Ende der Welt, in jedem Fall besser sei als lebenslängliches Gefängnis in England. »Du hast doch selbst gesehn, wie es deiner Mutter in den Hulks ging, oder?«

»Ja«, gab Jenny beschämt zu.

Doktor Fry fuhr fort: »Die Regierung glaubt in ihrem lobenswerten Wunsch, die Wirtschaft anzukurbeln –«, leichter Zynismus schwang in seiner tiefen Stimme mit, »– daß es von Vorteil sein würde, eine Kolonie in Australien aufzubauen, ohne Großbritannien seiner anständigen Landsleute zu berauben, indem Strafgefangene die dafür nötigen Arbeiten ausführen.«

Er seufzte. »Die Regierung rüstet eine Flotte von fast einem Dutzend Schiffen aus, unter dem Kommando eines Kapitäns der Königlichen Marine, Arthur Phillip, der auch der Gouverneur der neuen Kolonie sein wird. Sieben- bis achthundert Strafgefangene werden auf den Schiffen nach Australien transportiert.«

»Wann, Doktor?« Ihr Herz krampfte sich zusammen, als er mitleidig antwortete: »Im Mai, mein Kind.«

Watt Sparrow verzog sein kleines, mageres Gesicht mühsam zu einem Lächeln und versuchte, sie aufzuheitern.

»Ich hab' gehört, daß Australien 'n wunderbares Land is, was man so 'n tropisches Paradies nennt – zieh doch nich son langes Gesicht – es is nich das Ende von der Welt!«

»Doch«, flüsterte Jenny. »O Watt, genau das ist es! Ohne einen von euch, ohne Mama, ohne Doll … ohne Dr. Fry.« Sie konnte die Tränen nicht mehr zurückhalten.

Dr. Fry, der sich immer gerühmt hatte, jeder Situation gewachsen zu sein, rettete sich in einen Hustenanfall und bat Sparrow dann mit rauher Stimme, ihm ein Glas Wein einzuschenken.

»Diese Sache«, gab er zu, »bricht mir das Herz, Sparrow, und verdammt noch mal, ich dachte nie, daß ich überhaupt ein Herz besäße!« Er trank den Wein mit einer Miene, als ob er bittere Medizin wäre.

Jenny schlang ihre Arme um ihn, und ihr zierlicher Körper wurde von Schluchzern geschüttelt.

Die Fahrt ins Ungewisse

Die dreißig Planwagen waren schon am Abend zuvor im östlichen Innenhof des Newgate-Gefängnisses vorgefahren. Jetzt waren die Pferde schon angespannt und die Verurteilten wurden erwartet, die in den Planwagen nach Portsmouth gebracht werden sollten.

Der Wärter weckte Jenny noch vor Tagesanbruch, und er teilte ihr mit rauher Stimme mit, daß sie sich fertigmachen müsse.

»Nimm alles mit, was dir gehört«, riet er ihr. »Aber paß gut drauf auf, in den Planwagen sind Arme und Reiche nicht getrennt wie hier, und auf der Überfahrt auch nicht.«

Sie tat ihm leid, und er schenkte ihr aus einer von Dr. Frys Flaschen ein Glas Wein ein. »Ich geb' dir fünf Minuten, um dich fertigzumachen. Jetzt mach mal 'n bißchen!«

Zitternd schlüpfte sie in Doll Pruntys Kleid, legte sich das Tuch um die Schultern und achtete darauf, daß ihr Medaillon nicht zu sehen war. Dann wickelte sie ihre wenigen Habseligkeiten in einen Schal und folgte dem Wärter über die kalte Steintreppe nach unten.

»Wie lange dauert die Fahrt nach – dahin, wo die Schiffe auf uns warten?« fragte sie, als er stehenblieb, um die Tür zum Hof aufzuschließen.

»Ihr fahrt nach Portsmouth«, antwortete er, »und das is 'ne ganz schöne Strecke. Ich schätz, 's dauert 'n paar Tage.« Er packte sie am Arm und führte sie zu einer Gruppe von Frauen hin, die darauf warteten, in einen der Wagen einzusteigen. Wie sie selbst, waren auch diese Frauen nur am Bein angekettet. Aber alle mußten es erdulden, daß ihnen beim Einsteigen auch noch die Arme gefesselt wurden. Als Jenny an die Reihe kam, war der Planwagen voll, und sie wurde zum nächsten hingeschoben und war die erste, die in das dunkle, muffig riechende Innere steigen mußte. Ein Wärter schob sie bis ganz hinten durch, zog das Ende ihrer Fußkette durch einen Eisenring, der am strohbedeckten Boden befestigt war, und schloß sie daran fest.

Langsam füllte sich der Wagen. Zum Glück war die alte Meg nicht darunter. Es wurde heiß und stickig, und der Geruch, den die ungewaschenen Leiber ausströmten, wurde bald unerträglich. Das Stroh, auf dem Jenny lag, war schmutzig und voller Ungeziefer, und die lauthals geäußerte Verzweiflung ihrer Mitgefangenen wirkte so ansteckend, daß Jenny, unfähig, ihre Gefühle zu beherrschen, mit ihnen zusammen weinte.

Sie ließen London hinter sich, und Jenny konnte hin und wieder einen Blick auf das offene Land werfen, auf Bäume und Hecken, friedlich grasendes Vieh und sonnenbeschienene Weiden. Sie hob sich mühsam auf einen Ellbogen und starrte durch den schmalen Schlitz hinaus, und das Herz tat ihr weh. Eine ältere Frau sagte bitter: »Schau dir's gut an, mein Kind, wir werden's nich wiedersehn. Das ist das letzte, was wir von England zu sehn kriegen.«

Um die Mittagszeit hielten die Planwagen an, und ein Mann rief mit rauher Herzlichkeit: »Ne Brotzeit, meine Damen! Auf Veranlassung von Captain Phillip von der Königlichen Marine... der wird auch der Gouverneur an der Botany Bay in Neusüdwales!«

»Zur Hölle mit Captain Phillip! Der schert sich genauso 'n Dreck um uns wie alle anderen auch!«

Captain Arthur Phillip von der Königlichen Marine, der nominierte Leiter der Expedition zur Botany Bay und der Gouverneur der neuen Siedlung, die dort angelegt werden sollte, saß steif im Vorzimmer von Admiral Lord Howe und wartete darauf, empfangen zu werden.

Schließlich bat ihn der Sekretär des Generals, Sir Evan Nepean, herein. Die beiden Herren setzten sich, aber General Howe schritt nervös auf und ab. Er war ein großer, beeindruckender Mann, der bei allen Matrosen beliebt war, die jemals unter seinem Kommando gestanden hatten.

»Ich höre, daß Sie mit der Ausrüstung der Schiffe – äh – unzufrieden sind. Was fehlt denn noch?«

Seine Liste war so lang, daß Captain Phillip zuerst zögerte und dann mit dem Wichtigsten begann.

»Medikamente und Nahrungsmittel gegen Skorbut, Mylord. Ich habe schon mehrfach um Limonen und Malzextrakt gebeten und nur so viel erhalten, daß es für die Schiffe Seiner Majestät reicht und nicht für die sechs Frachtschiffe, auf denen die Verbannten transportiert werden. Manche haben schon jetzt hohes Fieber. Mein Schiffsarzt, Doktor White, hat für die Kranken frisches Gemüse und Wein bestellt, aber –«

»Waren diese Sträflinge nicht schon vor dem Transport krank?«

»Einzelne ja, Mylord«, gab Arthur Phillip kleinlaut zu.

Er hatte klarzumachen versucht, daß er hauptsächlich Maurer und Schreiner, Bauern und Gärtner für seine Aufgabe brauchen könne, um Häuser zu bauen, Land zu roden, Getreide anzubauen und Viehzucht zu betreiben. Aber statt dessen war ihm der Abschaum aus den Gefängnissen zugeteilt worden, Taschendiebe, Straßenräuber und Falschmünzer. Er hatte um Frauen nachgesucht, die wenigstens die Grundkenntnisse in Haushaltsführung und Schneiderei besäßen, und statt dessen halbnackte Huren zugeteilt bekommen, die entweder Geschlechtskrankheiten hatten oder hochschwanger waren.

Als er begann, Admiral Howe dieses Problem vorzutragen, wurde ihm bewußt, daß dieser damit gar nichts zu tun hatte, und er unterbrach sich und fuhr mit seiner Beschwerdeliste fort.

»Mylord, wir haben viel zu wenig Munition. Meine diesbezügliche Bestellung blieb ohne jeden Erfolg. Deshalb haben die Männer nur das, was sie bei sich tragen, und keinerlei

Reserve. Auch die mir versprochenen Kanonen wurden nicht geliefert. Wir benötigen sie dringend für unsere Verteidigung bei der Landung, falls sich die Ureinwohner uns gegenüber als feindselig erweisen.«

Einen Augenblick lang sah Admiral Howe betroffen aus, dann aber antwortete er ganz sachlich: »Sie haben schon die Genehmigung erhalten, die Lebensmittelreserven in Kapstadt aufzufüllen, ja? Dann kaufen Sie doch Ihre Flintenmunition auch dort, verdammt noch mal! Sie werden doch nicht viel Munition brauchen, bevor Sie in Neusüdwales landen!«

Er hatte nur vier Kompanien Marineinfanteristen – mit den Offizieren zweihundert Mann – die fünfhundertachtzig männliche Verbrecher bewachen mußten. Aber Phillip dachte, daß die Sträflinge ja nicht wußten, daß die Infanteristen so gut wie keinerlei Munition hatten. Er gab sich einen Ruck.

»Ich bin für das Leben dieser achthundert unglücklichen Seelen verantwortlich, Mylord, und ich sehe es als meine Aufgabe an, sie in körperlich und geistig guter Verfassung an den Bestimmungsort zu bringen, damit sie dort den Grundstein für die neue Kolonie Ihrer Majestät legen können, die ich in Neusüdwales aufbauen soll.«

Der Sekretär, Sir Nepean, konnte seine Ungeduld nicht länger zügeln. »Vergessen Sie nicht, Sir«, warf er barsch ein, und sein rundes Gesicht wurde rot vor Ärger, »daß diese ›unglücklichen Seelen‹ Kriminelle sind, deren Heimatland froh ist, sie los zu sein. Ich darf Sie daran erinnern, daß die Kolonie, die Sie aufbauen, von einer Zeitung als die ›Kolonie der Ehrlosen‹ bezeichnet wurde. Die Regierung hegt große Zweifel, ob sie jemals die hohen Kosten ihrer Gründung zurückzahlen können wird. Aber wenn Sie es schaffen, daß sich die Kolonie innerhalb eines Jahres nach der Landung selbst unterhält, dann haben Sie Ihr wichtigstes Ziel erreicht.«

Kurz danach entließ ihn Lord Howe, und sein frostiges Lächeln strafte seine guten Wünsche Lügen. Phillip bestieg die Postkutsche nach Portsmouth. Als er mit geschlossenen Augen in dem engen Vehikel saß, dachte er an die bevorstehende Reise und an die tausend Probleme, mit denen er irgendwie fertig werden mußte. Seine Flotte war für die Reise ins Ungewisse alles andere als gut ausgerüstet, aber er wußte jetzt wenigstens, daß er weder von der Regierung noch vom Marineministerium weitere Hilfe erwarten konnte.

Die Schiffe, auf denen die Sträflinge transportiert wurden, waren von der Ostindiengesellschaft gechartert worden. Während der Monate vor der Abfahrt hatte er auf den Decks Trennwände vor dem Hauptmast anbringen lassen, um den Sträflingen zu ermöglichen, bei Tageslicht und frischer Luft Turnübungen zu machen, was ihrer körperlichen Verfassung bestimmt zuträglich wäre. Die Kapitäne der einzelnen Schiffe hatten diesen Plan einhellig mißbilligt. Um ihren Widerstand zu brechen, mußte er die Mehrzahl seiner Marineinfanteristen – die er ursprünglich auf seinem Flaggschiff zusammenziehen wollte – auf die Frachtschiffe verteilen, um dort seine Anordnungen durchzusetzen. Aber die Marineinfanteristen waren auch nur Männer, dachte Phillip bekümmert. Ganz egal wie diszipliniert sie auch waren, so hatten sie doch dieselben Lüste und Sehnsüchte wie andere Männer auch und könnten genauso leicht wie Matrosen von Frachtschiffen von Frauen mit zweifelhafter Moral korrumpiert werden ... vielleicht noch leichter als diese, da sie die Quartiere der Frauen bewachen sollten. Auf einem Schiff gab es ausschließlich weibliche Sträflinge. Der Rest war auf den anderen Schiffen verteilt.

Captain Phillip lehnte sich in der schwankenden Kutsche zurück und überlegte, wie viele der ihm anvertrauten zwölfhundert Seelen – mehr als die Hälfte davon unfreiwillig – dieses schlechtgeplante Abenteuer überleben würden, ihn selbst mit eingeschlossen. Wenigstens hatte er, so tröstete er sich selbst, ein paar gute, zuverlässige Offiziere, die die schwere Bürde der Verantwortung mit ihm teilen würden. Sein Erster Offizier auf dem Flaggschiff *Sirius* war John Hunter, der mit seinen achtundvierzig Jahren nur ein Jahr jünger war als er selbst. Admiral Howe hatte ihm außerdem ein ruhendes Amt gegeben, das ihn im Fall von Phillips Krankheit oder Tod zum amtierenden Gouverneur machen würde. Damit waren beide von ihnen zufrieden, da keiner von ihnen etwas für den stellvertretenden Gouverneur Major Robert Ross, den Kommandanten der Marineinfanteristen, übrig hatte.

Und Phillip sagte sich, daß seine Abneigung gegen Ross nicht nur einem persönlichen Vorurteil entsprang. Der Mann war tatsächlich großkotzig, empfindlich auf seine Ehre bedacht, er beschwerte sich ständig... und sein Pessimismus bezüglich der Erfolgschancen der Expedition unterminierten die Moral. Er hatte selbst auf seine eigenen Männer und Offiziere einen schlechen Einfluß, und sein einziger Freund schien tatsächlich sein Erster Offizier zu sein, James Campbell.

Der Pfarrer, der die Expedition begleitete, hieß Richard Johnson. Er war ein leidenschaftlicher Nonkonformist. Er hielt zwar flammende Predigten, weigerte sich aber aus Angst vor Ansteckung, den Gefangenen nahe zu kommen. Er und seine spitzzüngige Frau hatten sich entschlossen, auf dem Proviantschiff *Golden Grove* zu reisen, auf dem keine Sträflinge transportiert wurden, aber dennoch beschwerten sich die beiden fast soviel wie Major Ross über allerlei Unbequemlichkeiten, und der Pfarrer war sogar ausfallend geworden, als Captain Phillip ihn mit den besten Absichten bat, bei seinen Predigten mehr Nachdruck auf die Notwendigkeit der moralischen Sauberkeit als auf die Bekehrung der Sträflinge zu legen.

Aber... Richard Johnson kannte sich ebenso wie Major Ross gut mit allen Fragen der Landwirtschaft aus, und schon allein deshalb waren die beiden von unschätzbarem Wert für die neue Kolonie... Captain Phillips Kopf sackte nach vorn. Eingeschläfert von dem sanften Gerüttel der Kutsche fielen ihm die Augen zu.

Ohne zu wissen, daß sich ihr Flottillenadmiral auf der Kutschenfahrt von London nach Portsmouth sorgenvolle Gedanken über sie machte, trugen Major Ross und der Priester in der Offiziersmesse des Flaggschiffes eine hitzige Auseinandersetzung miteinander aus.

»Ich sage Ihnen doch, Major«, erklärte Pfarrer Johnson aufgebracht, »es muß passiert sein, als ich heute nachmittag an Bord der *Scarborough* einigen Sträflingen aus der Bibel vorlas. Das Geld und meine Uhr verschwanden, ohne daß ich das geringste bemerkte! Es ist eine schöne Silberuhr, und meine Initialen sind eingraviert. Sie ist mir sehr viel wert, Sir.«

Der Kommandant der Marineinfanteristen nahm einen Schluck Wein und schaute den Pfarrer so herablassend an, wie es nur jemand vermag, dem die eigene Überlegenheit über alles geht. Wie der Pfarrer war auch Ross verheiratet, aber mit Ausnahme seines ältesten Sohnes hatte er es vorgezogen, seine Familie zurückzulassen und allein zu der neuen Kolonie aufzubrechen. Robert Ross war ein hochgewachsener, hagerer Mann mit einem spitzen, freudlosen Gesicht und einem fliehenden Kinn. Seine Uniform war zwar ordentlich gebügelt, aber abgetragen und schlotterte an ihm herum, als sei sie ursprünglich für eine kräftigere Figur geschneidert worden.

»Ich kenne meine Pflichten, Pfarrer Johnson«, sagte er kurzangebunden. »Und Sie können Ihrer – äh – Frau sagen, daß ich mich um die Sache kümmern werde.« Er wendete sich ab, als wolle er sich erfreulicheren Dingen zuwenden.

Am nächsten Morgen nach dem Fahnenhissen wurde dem Pfarrer mitgeteilt, daß Major Ross ihn auf Deck zu sehen wünsche. Ein Sergeant und zwei Marineinfanteristen standen hinter dem Kommandanten stramm. Ein gefesselter Gefangener hing zwischen ihnen.

»Ist das Ihre Uhr, Sir?« fragte Major Ross kurz. Die Silberuhr, die der Sergeant ihm in der ausgestreckten Hand entgegenhielt, war tatsächlich seine, was er mit großer Erleichterung bejahte. Als er sich bedanken wollte, brachte ihn der Major mit erhobener Hand zum Schweigen.

In seinen kalten Augen leuchtete ein merkwürdiges Vergnügen auf, als er sich an die Männer wandte, die den Gefangenen festhielten. »Abtreten«, befahl er. »Ist der Schiffsarzt anwesend?«

»Jawohl, Sir.« Johnson sah, wie der junge Schiffsarzt Lowes vortrat. Er hörte nicht alles, was zwischen den Offizieren gesprochen wurde, aber als er die Worte »zweihundert Schläge« verstand, ergriff ihn Entsetzen. Und dieses Entsetzen steigerte sich noch, als er den wimmernden Gefangenen zum erstenmal richtig anschaute. Der Dieb war fast noch ein Kind, schmächtig und kleingewachsen außerdem. Die Marineinfanteristen rissen ihm das zerfetzte Hemd vom Leib.

»Sir ... Herr Pfarrer, lassen Se nich zu, daß ich verdroschen werd'!«

Er flehte ihn um Gnade an. Seine Hände waren gefesselt, und er streckte sie ihm in mitleiderregender Hilflosigkeit entgegen.

»Ich wollt' Se gar nich beklaun, Sir. Hätt' Ihnen die Uhr zurückgegeben, ehrlich ... Die töten mich, wenn Se nich Fürsprache einlegen für mich!«

Pfarrer Johnson blickte sich hilflos um. Da die Bestrafung einem Gefangenen galt, mußte die Mannschaft des Schiffes nicht anwesend sein. Der wachhabende Offizier richtete es so ein, daß er von dem Vorgang nichts zu sehen brauchte. Es war Johnson klar, daß es keinen Sinn hatte, seinen Beistand zu erbitten.

Johnson riß sich zusammen und ging auf Major Ross zu.

»Ich glaube, es besteht keine Notwendigkeit, den Jungen so schwer zu bestrafen. Ich habe meine Uhr zurückerhalten, und das Geld kann ich vergessen. Ein Dutzend Schläge würde doch sicher ausreichen, um ihm eine Lektion zu erteilen?«

Ross antwortete kühl: »Diese Angelegenheit hat nichts mehr mit Ihnen zu tun, Sir. Ich habe seine Bestrafung angeordnet, und es bleibt dabei.«

»Aber zweihundert Schläge – das ist doch einfach zuviel! Es – es könnte den unglücklichen Jungen umbringen!«

»Es wird den anderen eine Lehre sein«, meinte Ross. »Der Arzt hat den Kerl untersucht und ihn für straffähig erklärt.« Er gab einem der beiden Marineinfanteristen einen Wink. Der nahm eine neunschwänzige Peitsche zur Hand, ließ die knotigen Lederriemen durch seine Finger gleiten und stellte sich links vor dem Gefangenen auf. Ihm gegenüber stand abwartend ein junger Trommler, dessen Gesichtsausdruck keinerlei Gefühle erkennen ließ.

Der arme Junge flehte noch einmal um Gnade, jetzt an die Adresse von Major Ross, aber der ignorierte ihn vollständig. »Tun Sie Ihre Pflicht«, befahl er dem Infanteristen, wandte sich dann zum Pfarrer um und sagte mit kaum verhohlener Verachtung: »Sie gehen wohl besser, Johnson. Ihre Anwesenheit ist nicht erforderlich.«

Als Gottesmann und Zivilist hätte Pfarrer Johnson viel darum gegeben, den Major beim Wort zu nehmen und sich die unerfreuliche Szene zu ersparen. Aber er empfand Ross' Worte als eine Herausforderung und rührte sich nicht vom Fleck. Sein Magen verkrampfte sich, schon als der erste Peitschenhieb rote Striemen auf dem nackten Rücken des aufschreienden Jungen hinterließ.

Die Auspeitschung wurde zu den monotonen Trommelschlägen ausgeführt. Der Trommler zählte die Hiebe mit hoher Stimme mit. Bald hörte der Unglückliche zu schreien auf. Zur Erleichterung des Infanteristen wurde die Bestrafung kurz unterbrochen und ein Kübel Salzwasser über den halb bewußtlosen Sträfling ausgegossen. Johnson versuchte dreimal, der Sache ein Ende zu bereiten. Aber Ross schnauzte ihn an: »Der Arzt allein kann beurteilen, ob es für den Sträfling zu viel ist. Bitte seien Sie jetzt still, Sir.«

Endlich überwand der junge Arzt seine Furcht vor dem bedrohlich dastehenden Major Ross und gebot Einhalt. Die Trommel schwieg, und der Mann mit der Peitsche wischte sich die Stirn ab.

Dr. Lowes beugte sich über den zusammengesunkenen Körper des jungen Diebes, aber der Pfarrer wartete seinen Befund nicht mehr ab. Er versuchte, die ihn überwältigende Übelkeit zu überwinden, eilte in seine Kabine, fiel auf die Knie und flehte Gott um Hilfe an.

Lieutenant King war auf Wache, als Captain Phillip an Bord seines Flaggschiffes kam. King erwartete ihn mit der Mütze in der Hand und blickte ihn angespannt an.

»Ihrem ernsten Gesicht nach zu urteilen, hatten Sie nicht mehr Erfolg als bisher?« fragte er mitfühlend.

»Ganz genau«, bestätigte der Kommandant. »Die Sorge der Regierung, uns endlich loszuwerden, wird nur von der Furcht übertroffen, daß die Expedition mehr kosten könnte, als ursprünglich dafür vorgesehen war. Admiral Howe ist sogar der Meinung, daß sich unsere unglückseligen Frauen mit der Kleidung von Matrosen zufriedengeben sollen! Und den Malzextrakt, den ich so oft angefordert habe, bekomme ich zwar, aber nur so viel, daß es gerade für die Matrosen und die Marineinfanteristen ausreicht.« Er seufzte tief und zuckte mit den Schultern. »Es ist ihnen einfach egal, ob die Sträflinge am Leben bleiben oder nicht, und ihre Sorge um uns hält sich auch in Grenzen.«

»Und was ist mit den Kanonen für unsere Verteidigung, Sir? Schließlich wissen wir nicht, was für einen Empfang uns die Eingeborenen bereiten –«

»Auch das wurde schlicht ›vergessen‹, mein Lieber«, sagte Arthur Phillip zynisch. »Es scheint eine ausgemachte Sache zu sein, daß wir keinerlei Schwierigkeiten mit den Eingeborenen bekommen, deren Freundschaft wir im Handumdrehn erlangen, indem wir ihnen kleine Spiegel und bunte Perlen schenken ...« Er lachte auf. »Wir werden ohne Sechspfünder *und* ohne Munition lossegeln. Aber der Admiral ermächtigte mich immerhin, in Kapstadt Munition und Nahrungsmittel einzukaufen ...«

Da er den Unterton von Verzweiflung in den zynischen Äußerungen seines Kommandanten sehr wohl heraushörte, versuchte Lieutenant King ihn so gut er konnte aufzuheitern. Er war ein guter Erzähler, und durch maßlose Übertreibungen brachte er es auch jetzt fertig, den älteren Mann zum Lachen zu bringen. Mit einer Begabung für humorvolle Details beschrieb er den völlig erfolglosen Versuch des Pfarrers, unter den Sträflingen, die zum Teil weder Lesen noch Schreiben konnten, Interesse für sogenannte »gute Bücher« zu erwecken, indem er ihnen daraus vorlas.

Über den Pfarrer kam die Rede auf den Uhrendiebstahl.

»Die Uhr wurde gefunden, und der Missetäter bekam zweihundert Peitschenhiebe«, erzählte King. »Er –«

»*Zweihundert Peitschenhiebe?*« unterbrach ihn Captain Phillip. »Auf wessen Anordnung wurde er bestraft?«

»Nun, Major Ross ordnete es an. Und –«

»In Zukunft, Mister King, werden sämtliche Strafen für schwerwiegende Vergehen von mir verhängt und die Bestrafung ausschließlich auf meinem Schiff und in meiner Gegenwart durchgeführt«, ordnete Phillip mit verhaltenem Zorn an. »Sorgen Sie dafür, daß allen Kapitänen und Offizieren das mitgeteilt wird.«

»Aye, aye, Sir.«

»Hat der Täter die Bestrafung überlebt?« fragte der Captain nun schon in ruhigerem Ton.

King schüttelte den Kopf. »Er war schon tot, als er losgebunden wurde.«

»Jetzt wissen Sie, warum ich diese Angelegenheit selbst in die Hand nehmen will. Diese armen Menschen bestehen nur aus Haut und Knochen – verdammt noch mal, ein Windstoß reicht schon aus, um sie ins Jenseits zu befördern! Ich werde sie auspeitschen lassen, wenn es nötig ist, aber ich werde ihnen weniger Hiebe verordnen als einem gesunden Seemann. Wenn wir mit Hilfe dieser armen Teufel eine Kolonie gründen wollen, dann müssen wir sie nicht nur lebendig, sondern auch einigermaßen bei Kräften dort hinbringen, damit sie den körperlichen Anstrengungen gewachsen sind, die dort auf sie zukommen, finden Sie nicht auch?«

»Ja, natürlich Sir«, stimmte King ihm zu.

»Gibt es sonst noch irgend etwas, was ich wissen sollte, bevor ich nach unten gehe?«

Lieutenant King überlegte kurz, weil er seinem Kommandanten so viel Unannehmlichkeiten wie möglich ersparen wollte. Dann antwortete er zögernd: »Nun, Sir, fünf Matrosen von der *Fishbourne* sind getürmt. Es herrscht unter den Matrosen auf den Handelsschiffen große Unzufriedenheit, weil sie keine Heuer im voraus bekommen und sich deshalb nicht für die Reise ausstaffieren können.«

»Glauben Sie, daß das stimmt?« fragte Phillip erschöpft.

»Ich glaube schon, Sir.«

»Dann kümmern Sie sich bitte morgen darum, ja? Unsere Matrosen erhalten ihren Sold – es ist nur recht und billig, wenn ihn die Matrosen der Handelsmarine auch bekommen, das ist mir außerdem zugesichert worden. Aber sowie sie ihren Sold haben, müssen wir gut auf sie aufpassen – das letzte, was wir wollen, ist, daß Alkohol an Bord der Proviantschiffe geschmuggelt wird.«

»Aye, aye, Sir.«

Auf King konnte sich Captain Phillip wirklich verlassen. Er suchte beruhigt seine Kajüte auf.

Am 12. Mai gab er seiner Flotte endlich das langerwartete Signal zum Auslaufen. Die Handelsmatrosen hatten noch ihren Sold bekommen, der Malzextrakt war geliefert worden, nicht aber die Sechspfünderkanonen und Kleider für die weiblichen Gefangenen.

Am nächsten Morgen kurz vor sechs stach die Flotte in See, und der Captain schrieb in sein Logbuch: »Bei klarer Sicht und gutem Wetter problemlos das offene Meer erreicht. Frischer Ostwind und ruhige See. Der Frachter *Charlotte* im Schlepp der eskortierenden Fregatte *Hyaena*.«

Die acht Monate lange Reise ins Ungewisse hatte begonnen.

Am Hafen von Portsmouth angekommen, waren Jenny und ein paar andere weibliche Gefangene gleich an Bord der *Charlotte* gebracht worden. Obwohl sie in Ketten gelegt war, sah sie in Doll Pruntys Kleid und dem Umhängetuch doch anständig gekleidet aus. Aber sobald sie den Laderaum betrat, der auf dem Frachter die weiblichen Gefangenen beherbergte, fing ein häßlicher Streit an, und alle rissen sich um ihre Kleidung.

Sie wehrte sich, so lange sie konnte, aber schließlich gab sie aus Erschöpfung zuerst ihr Tuch her, und dann auch noch ihr zerrissenes Kleid. Jetzt, wo die *Charlotte* in der unruhiger werdenden See stampfte, lag Jenny halbnackt und zitternd in dem dunklen, stickigen Frachtraum.

Die *Charlotte* war ein altes Schiff, das auch in früheren Tagen nie ein guter Segler gewesen war. Sie hatte dreißig Matrosen an Bord und zweiundvierzig Marineinfanteristen als Wachposten für die sechsundachtzig männlichen und zwanzig weiblichen Gefangenen. Um die Trennung der Geschlechter sicherzustellen, war der Laderaum in zwei Teile geteilt worden. Vor der Abfahrt war die Wache so streng gewesen, daß es niemand auch nur versucht hatte, bei den Frauen einzudringen. Aber schon jetzt hatte sich alles geändert. Jenny erkannte leise Männerstimmen in der Dunkelheit, und die Tritte genagelter Stiefel waren auf den Planken zu hören.

Zwei Männer in Uniform kamen heruntergestiegen und trugen ein kleines Faß. Der eine blieb stehen, hob das Fäßchen hoch über seinen Kopf und sagte einladend: »Rum, ihr Mädchen! Wer will 'n Schluck Rum?«

Alle rannten auf ihn zu. Ein paar Frauen, die schon Bekanntschaft mit Matrosen geschlossen hatten, tranken mehr oder weniger regelmäßig den Alkohol, der als Entgelt für Liebesdienste zu ihnen hereingeschmuggelt worden war.

»Immer langsam, immer langsam!« rief einer der Männer. »Es ist ja genug für alle da! Aber wir kriegen auch was dafür, stimmt's?«

Hinter ihnen schlidderten noch weitere Männer die Ladeluke herunter. Jenny erkannte an der Kleidung, daß ein paar von ihnen Sträflinge waren – aber die meisten Eindringlinge waren Infanteristen – dieselben Infanteristen, die bis zur Abfahrt gnadenlos darüber gewacht hatten, daß niemand sich Freiheiten herausnahm.

Jenny ging nach hinten und setzte sich zu einer zierlichen, fünfzigjährigen Frau, die nur selten etwas sprach. Sarah Dow war Witwe, und ihre jetzige Situation beschämte sie so sehr, daß sie die Nahrung verweigerte. Sie lag jetzt wie meistens da, den dünnen Schal um die Schultern gewickelt, und kümmerte sich um nichts, was um sie herum vorging. Jenny hoffte, daß sie und Sarah unbehelligt blieben, wenn sie sich nur ruhig verhielten. Aber ein betrunkener Sträfling stolperte heran und fluchte auf einen der Infanteristen, der ihm eine junge Prostituierte weggeschnappt hatte.

»Ich hab' zwei ganze Shilling gezahlt, um hier reinzukommen! Und da will ich auch 'ne Frau für mein Geld, verdammt noch mal!«

Er sah Jenny und griff nach ihr. Jenny stieß ihn mit aller Kraft von sich, und er flog gegen die gegenüberliegende Koje. Als er die ruhig daliegende Sarah Dow erblickte, stieß er ein Triumphgeheul aus und warf sich auf sie. Aber im gleichen Moment rappelte er sich entsetzt wieder auf und stotterte:

»Gott im Himmel! O Gott, o Gott! Liegt 'ne Leiche da, nich 'ne Frau! 'Ne Leiche, schon eiskalt!«

Er bekreuzigte sich und hastete eilig durch die Ladeluke nach draußen.

Jenny war entsetzt, sie wollte Hilfe holen, aber von wem? Inzwischen waren nicht nur die Männer, sondern auch die Frauen angetrunken. Als sie unsicher auf die Ladeluke zuging, wurde sie von hinten hart angeherrscht. »Zurück in deine Koje, Mädchen! Morgen ist es noch früh genug, den Tod der alten Frau bekanntzugeben. Wir können jetzt keine Offiziere hier brauchen, bei unserer kleinen Feier hier...«

»Ja, natürlich...«, sagte Jenny, als sie die Stimme von Missus Davis erkannte. Sie war einmal eine Puffmutter gewesen und wegen Mordes verurteilt worden. Alle Frauen vermieden, sich in irgendeiner Weise mit ihr anzulegen. Missus Davis hatte Geld und versorgte sich und ihre Mädchen großzügig mit Alkohol.

Jenny hatte sich bisher von ihr ferngehalten, und zu ihrer großen Erleichterung hatte die Frau, nachdem sie sich kurz und erfolglos um Jenny bemüht hatte, sie links liegen lassen. Jetzt zeigte sie allerdings ihr wahres Gesicht. Sie packte Jenny an den Schultern und schaute sie böse an.

»Nun hör mal gut zu, Jenny Taggart«, drohte sie mit leiser Stimme. »Du siehst nix und du hörst nix – und, vor allem, du sagst nix –, wenn du deine hübsche kleine Kehle nicht durchgeschnitten haben willst... Mir is wurscht, ob du deine kostbare Jungfräulichkeit behältst oder nich – Hauptsache, du hältst dicht über das, was hier vorgeht.«

Jenny erschrak, als ihr klarwurde, daß diese Frau vor nichts zurückschrecken würde. »Natürlich, ich sag kein Wort, Missus Davis, bestimmt nicht!«

»Und wenn du meinen Rat haben willst, Mädchen, dann mach es genauso wie Betsy Lucas – such dir 'nen guten Mann, der dich beschützt – denn ich kann die Männer nich in Zaum halten, die hier runterkommen, besonders wenn se was getrunken haben. Leg dich in deine Koje. Und da haste was zum Zudecken.« Sie zog Sarah Dow das Umhängetuch vom Körper, der schon steif wurde, und warf es Jenny zu. »Hält dir die Kälte vom Leib – und die Männer, wenn du Glück hast.« Sie schwankte davon und ließ Jenny, die sich in den Schlaf weinte, ängstlicher denn je zuvor zurück.

Am 14. Mai kamen die elf Schiffe der Botany Bay Flotte an der Isle of Wight vorüber. Aber der Rückenwind, mit dessen Hilfe sie bisher gut vorangekommen waren, drehte leicht, verstärkte sich und wühlte die See auf.

Auf dem Achterdeck des Flaggschiffes *Sirius* stand Captain Phillip mit seinem Ersten Offizier John Hunter, und die beiden beobachteten mit erhobenen Fernrohren, wie der Konvoi auf das Signal des Flaggschiffes zu kreuzen und die Segel zu reffen reagierte.

Phillip und Hunter wußten schon nach den ersten wenigen Tagen, daß auf der *Friendship* und auf der *Scarborough* immer alles länger dauerte als auf den anderen Schiffen, selbst wenn man in Rechnung zog, daß die Schiffe über kleinere Mannschaften verfügten.

Hunter, der gerade dem Segelreffen auf der *Friendship* zugeschaut hatte, seufzte auf. Der breitschultrige Mann, der etwas schwerfällig, aber immer gerade heraus war, konnte Dummheit nur sehr schwer ertragen.« Ich hätte ein besseres Gefühl für diese Reise, wenn alle unsere Schiffe dem König gehörten, Sir.«

»Sie haben doch selbst schon Konvois der Handelsmarine geleitet«, antwortete Phillip.

»Aber nicht mit Menschen als Ladung. Ich möchte um nichts in der Welt im Laderaum von einem dieser alten Schiffe eingesperrt sein, und am allerwenigsten« – er deutete auf die schlingernde *Friendship* – »bei der da.«

Phillip legte die Stirn in Falten. »Ich habe vor, den armen Teufeln zu erlauben, sich an Deck frei zu bewegen und auch ihre Wäsche zu trocknen, sobald das Wetter besser wird«, sagte er entschieden. »Ganz egal, welche Einwände die anderen Kapitäne auch machen! Sie sollen besser ihr Bilgenwasser abpumpen, und zwar so bald wie möglich! Ich kann den Gestank von der *Alexander* ja bis hierher riechen!«

Im Laufe des Tages wuchs sich der Wind zum Sturm aus, und die Schiffe hatten trotz gereffter Segel und gesetztem Sturmsegel schwer zu kämpfen. Wie Captain Phillip es angenommen hatte, schafften sie es während der Nacht nicht, zusammenzubleiben, und es dauerte bis zum Mittag des nächsten Tages, bis die *Charlotte* wieder im Flottenverband segelte. Phillip verlor die Geduld und ließ jedes einzelne Schiff in Rufweite der *Sirius* kommen, und er hörte sich den Report der Kapitäne an und erteilte ihnen Befehle für die weitere Fahrt.

Keiner der Kapitäne erwähnte die Sträflinge auch nur mit einem Wort. Befragt, gab jeder die gleiche Antwort – die Ladeluken waren geschlossen, Wachposten aufgestellt, und die noch gefesselten Gefangenen gaben keinen Anlaß zu klagen.

»Sie sind alle von der Seekrankheit entkräftet«, meinte Captain Hunter, als dieselbe lakonische Antwort vom Frachter *Scarborough* gemeldet wurde. Der Kapitän des Frachters, der schwarzbärtige John Marshall, machte sich über ein gerissenes Segel mehr Sorgen als über das Wohlergehen seiner zweihundert männlichen Gefangenen, mit denen er, wie alle anderen Kapitäne auch, keinerlei Schwierigkeiten hatte.

Am Mittag des 16. Mai ließ die Flotte den Kanal hinter sich, aber da das Barometer immer noch fiel und der Wind mit unveränderter Stärke anhielt, blieben die Bedingungen für die Fahrt ziemlich die gleichen. Am Morgen des 21. Mai flaute der Wind endlich ab, und das Wetter besserte sich. Captain Phillip ordnete an, daß alle Sträflinge von ihren Ketten befreit und an Deck gebracht werden sollten. Gegen diesen Befehl wurde wie erwartet Einspruch erhoben, eine Signalflagge nach der anderen wurde gehißt. Aber Phillip weigerte sich, die Anordnung zurückzunehmen, und nach längerer Zeit wies Hunter ihn auf ein kleines Grüppchen abgerissener Gestalten hin, die an Deck der *Charlotte* erschienen. Phillip stellte sein Fernglas auf sie ein.

Die Sträflinge standen unter schwerer Bewachung – die scharlachroten Uniformjacken von einem Dutzend Infanteristen fielen ihm zuerst auf – aber dann erkannte er, daß die Sträflinge weder an den Armen noch an den Beinen gefesselt waren und daß sie innerhalb des Mittschiffs für sie abgegrenzten Raumes genug Platz hatten, um sich frei bewegen zu können. Nur wenige unter ihnen waren allerdings dazu in der Lage. Sie stolperten hierhin und dorthin, klammerten sich hilfesuchend aneinander und waren offensichtlich von dem schnellen Wechsel von der Dunkelheit in dem stickigen Laderaum in das helle Sonnenlicht auf Deck halb geblendet. Selbst auf die große Entfernung war ihre Blässe klar zu erkennen, und Phillip sah auch, daß fast alle abgemagert und nur wenige anständig gekleidet waren.

»Wir können uns glücklich preisen«, sagte er grimmig, »sehr glücklich preisen, wenn wir es schaffen, auch nur die Hälfte von diesen Unglückseligen lebendig ans Ziel unserer Reise zu bringen. Und mit ihnen sollen wir die neue Kolonie aufbauen... verdammt noch mal, wir sind genauso auf ihre Hilfe angewiesen wie sie auf unsere! Das müssen die Kapitäne doch verstehen!« Auf der Leeseite des Achterdecks entstand plötzlich Unruhe. Captain Phillip hörte die Stimme des wachhabenden Offiziers Lieutenant King herüberschallen.

»Major Ross scheint wieder einmal etwas nicht zu passen«, sagte Hunter und zog seine dunklen Augenbrauen zusammen.

»Ich wünsche mit Captain Phillip zu sprechen«, sagte Major Ross kurz angebunden. »Richten Sie ihm aus, daß es sehr wichtig ist.«

Als er Phillip gegenüberstand, grüßte er knapp und polterte los, daß seine Marineinfanteristen Soldaten seien und keine Gefängniswärter – das sei eine Beleidigung für sie.

»Sie können Wache stehen, wenn die Sträflinge unter Deck in ihren Quartieren sind oder wenn sie Gymnastik machen – vorausgesetzt, sie sind dabei leicht gefesselt und turnen in kleinen Gruppen. Aber zu erwarten, so einen Mob wie den da drüben zu bewachen –«

Er deutete zur *Charlotte* hinüber, wo die scharlachrot uniformierten Infanteristen um den abgegrenzten Platz herum postiert waren.

»Verdammt noch mal, Sir, diese Sträflinge sind nicht in Ketten, und es bräuchte die Hälfte meiner Leute, um sicherzugehn, daß sie nichts anstellen! Das ist nicht richtig, Captain Phillip!«

Phillip hörte höflich zu und versuchte ebenso höflich, seine Gründe darzulegen, warum er dafür sei, die Sträflinge sich ohne Fesseln frei bewegen zu lassen, aber der Kommandant der Marineinfanteristen schimpfte weiter, und sein Gesicht war vor Ärger rotgefleckt.

»Ich möchte nicht, daß meine Männer in Kontakt mit den Frauen kommen, Sir. Sie sind krank und, verdammt noch mal, sie sind Huren –«

Captain Hunter unterbrach ihn. »Ein Signal von der *Scarborough*, Sir«, sagte er mit gepreßter Stimme. »Sie kommt in Rufweite heran, um über eine versuchte Flucht Bericht abzustatten.«

Captain Phillip starrte ihn ungläubig an. Er kam Major Ross' selbstgerechten Bemerkungen zuvor, indem er einen Fähnrich um seine Flüstertüte bat, während sich die *Scarborough* in Rufweite heranmanövrierte. Der bärtige Captain John Marshall stand schon auf dem Achterdeck bereit.

Phillip rief mit ruhiger Stimme hinüber: »Nun, Captain, was gibt's?«

»Einen Fluchtversuch … ich habe ihn entdeckt, bevor die Verdächtigen ihn unternehmen konnten –«

»Sie haben Ihre Sträflinge noch nicht losbinden lassen, damit sie an Deck turnen können?«

»Natürlich nicht! Das wäre unter den herrschenden Umständen der reine Wahnsinn!« John Marshall fing zu fluchen an, und Phillip unterbrach ihn.

»Ein Marineinfanterist ist bei der Sache beteiligt?«

»Jawohl, Sir. Der Mann heißt Knight. Ich ertappte ihn auf frischer Tat, als er gerade zwei Sträflinge aus dem Laderaum herauslassen wollte. Sie wollten mit einem meiner Rettungsboote fliehen.«

Phillip blieb ruhig und fragte: »Haben Sie die Übeltäter unter Arrest genommen?«

»Selbstverständlich«, versicherte ihm Marshall. »Wollen Sie sie übernehmen?«

»Jawohl. Ich schicke Ihnen gleich ein Boot hinüber.«

Major Ross schaute ihn mit bleichem Gesicht an. »Einer *meiner* Männer soll etwas mit einem Fluchtversuch zu tun haben?« sagte er leise, um seine unbändige Wut in Schach halten zu können. »Das ist völlig unmöglich, Captain Phillip. Der Captain der *Scarborough* ist ein verdammter Lump! Er lügt, Sir, er lügt –«

»Eine gründliche Untersuchung wird die Wahrheit ans Licht bringen und mich befähigen, die Schuldigen angemessen zu bestrafen, wer immer sie auch sein mögen.«

Robert Ross knirschte mit den Zähnen vor Wut, riß sich aber zusammen und sagte: »Selbstverständlich, Captain Phillip.«

»Es ist sehr gut möglich«, fuhr Phillip fort, »daß die Haftbedingungen, die leider in den Laderäumen herrschen, die Gefangenen zur völligen Verzweiflung getrieben haben. Deshalb lege ich auch so großen Wert darauf, daß sie regelmäßig an die frische Luft kommen und sich an Deck ausreichend Bewegung verschaffen können. Es kann einfach keinem guten Zweck dienen, sie zu brutalisieren oder sie jeglicher Hoffnung zu berauben.«

Die drei gefesselten Verdächtigen wurden in einem kleinen Boot herübergerudert.

Phillip unterdrückte einen Seufzer, aber seine Stimmung besserte sich gleich, als er sah, daß eine Gruppe von ungefesselten Sträflingen an Deck der *Scarborough* gebracht und vom Captain selbst beaufsichtigt wurde.

Zu Lieutenant King sagte er und lächelte schief dabei: »Ich glaube schon seit langem, daß Menschen, die wie Tiere behandelt werden, sich auch wie Tiere verhalten. Wenn ihr Leben so unerträglich ist, daß ihnen der Tod wie eine Erlösung vorkommt, na ja, dann setzen sie eben ihr Leben aufs Spiel, um zu fliehen. Aber« – er deutete auf das herankommende kleine Boot – »aber, ich bin gezwungen, durch die Bestrafung der beiden armen Teufel ein Exempel zu statuieren, und Major Ross wird seinem Infanteristen bestimmt das Fell über die Ohren ziehen – wenn er nicht darauf besteht, ihn zu hängen! Denn auch dort muß im Interesse der Disziplin ein Exempel statuiert werden. Das sind leider nun mal die Regeln, an die wir uns zu halten haben.« Er zuckte resignierend mit den Schultern. King schaute ihn voller Verständnis an. »Woran denken Sie bei der Bestrafung der Gefangenen, Sir?«

»Ich glaube, ein paar Dutzend Schläge ist bei ihrer körperlichen Verfassung völlig ausreichend.«

Als Jenny zitternd vor Kälte auf den harten Holzplanken in ihrer Koje lag, verlor sie jegliches Zeitgefühl. Auf der *Charlotte*, die entweder im Schlepp der Fregatte *Hyaena* schlingerte oder sich ein paar Meilen abseits der Flotte allein durch die rauhe See kämpfte, waren fast alle Sträflinge und ein Teil der Besatzung seekrank.

Die ersten zehn Tage waren in den dunklen, ungelüfteten Laderäumen die Hölle auf Erden. Als die meisten schon völlig verzweifelt alle Hoffnung aufgegeben hatten, flaute der Sturm ab. Ein Offizier öffnete mit ein paar Marineinfanteristen die Ladeluke, die die ganze Zeit über fest verschlossen gewesen war, und gab bekannt, daß die Frauen auf Anordnung des Flottillenadmirals losgebunden und auf Deck gebracht würden, um sich an der frischen Luft Bewegung zu verschaffen.

Nachdem ihre Fesseln gelöst waren, wurde ihnen grobe, aber warme Männerkleidung aus den Schiffsbeständen gebracht. Trotz dieser Versuche, ihre unmenschliche Situation zu verbessern, waren die meisten Frauen aber zu schwach, um ihre neue Freiheit überhaupt genießen zu können. Jenny schaffte es erst am nächsten Tag, sich an Deck zu schleppen.

Als sie sich dort an der Reeling festhielt und tief die frische Luft in ihre Lungen einatmete, geschah das Wunder. Wie in einem Traum hörte sie eine vertraute Stimme, die sie seit Jahren nicht mehr gehört hatte, und sah Andrew Hawleys hochgewachsene, unverwechselbare Gestalt.

Sie wollte ihn in ihrem Glück sofort ansprechen, unterließ es aber, als sie erkannte, daß er eine scharlachrote Uniformjacke trug, daß er ein Corporal der Marineinfanterie war ... Andrew Hawley, den sie und ihre Mutter bei der Ankunft in London in der Menschenmenge aus den Augen verloren hatten, war ein *Marineinfanterist!* Jenny fühlte, wie ihr Tränen in die Augen stiegen. Sie wandte sich ab, weil sie sich schämte, ihm so verschmutzt und in viel zu weiten Männerkleidern gegenüberzutreten. Aber es war zu spät. Die *Charlotte* glitt in ein Wellental, Jenny verlor das Gleichgewicht und flog unsanft gegen die Barrikade. Als sie sich mühsam aufzurappeln versuchte, reichte ihr Andrew Hawley von der anderen Seite der Barrikade seine Hand, um ihr beim Aufstehen behilflich zu sein.

»Tut's sehr weh?« fragte er, und Jenny erschrak, als sie das große Mitleid in seinen Augen sah.

»Nein«, log sie. »Es tut nicht weh, danke.«

Er schaute sie verwirrt an, weil ihm eine vage Erinnerung zu kommen schien. Sie war damals noch ein Kind gewesen, und er erkannte sie jetzt nicht wirklich. Er fragte sie vorsichtig: »Kennen Sie ein junges Mädchen namens Jenny Taggart? Ich habe gehört, sie sei auf diesem Schiff.«

Als er ihren Namen nannte, konnte Jenny sich nicht mehr beherrschen. Sie sagte leise: »Andrew, ich bin's. Ich bin Jenny Taggart.«

Er zuckte zusammen, nahm aber gleich ihre Hand und drückte sie fest.

»Es ist lange her, Jenny. Aber du hast mich erkannt... du hast dich an mich erinnert.«

»Ja«, antwortete sie. »Du hast dich ja auch nicht verändert. Aber ich, ich seh' jetzt ganz anders aus!«

»Du bist erwachsen geworden. Ich erinnere mich noch an das kleine Mädchen, das du einmal warst – ein süßes, mutiges Mädchen auf dem beschwerlichen Weg von Yorkshire nach London. Weißt du noch – ich nahm dich auf die Schultern, wenn du müde wurdest.« Er machte eine Pause und zog die Stirn kraus, um sich an alles genau zu erinnern. »Ja, wir wollten zusammenbleiben, aber wir verloren uns... Wie ist es dir ergangen, Jenny?«

Sie erzählte ihm ihre ganze traurige Geschichte und kämpfte mit den Tränen.

Andrew stieß einen tiefen Seufzer aus. »Meine Mutter wurde noch am ersten Abend in London krank. Die Reise war zu anstrengend für sie gewesen, das Übernachten im Freien... Sie bekam eine Lungenentzündung und starb eine Woche später, Gott sei ihrer Seele gnädig.«

»Ach, Andrew, das tut mir leid!«

Andrew schenkte ihr sein freundliches Lächeln, an das sie sich noch erinnerte, und ihr Herz erbebte. »Papa war zu alt, um noch zu arbeiten, und bekam glücklicherweise als ehemaliger Soldat einen Platz in einem Altenstift. Und als ich sah, daß er dort gern war und gut versorgt wurde, faßte ich den Plan, nach Amerika auszuwandern. Aber in einer Hafenkneipe gab ein lustiger Sergeant einen Drink nach dem anderen aus, und als ich am nächsten Tag wieder klar denken konnte, war ich bei den Marineinfanteristen angeworben. Ich –«

Er brach abrupt ab, als ein junger Offizier aus einer Ladeluke auftauchte und feindselig zu ihm herüberschaute. »Das ist Lieutenant Leach«, fuhr er mit leiserer Stimme fort. »Es bringt nichts, ihn zu provozieren. Ich muß jetzt gehen, Jenny… Aber wir sehen uns wieder, mein Mädchen!«

Er richtete sich zu seiner vollen Größe auf, marschierte zu dem Offizier hinüber und salutierte.

»Ach, Corporal… Corporal Hawley, stimmt's?« Leach war ein schlanker junger Mann mit einem blassen, kantigen Gesicht und kalten, blauen Augen. Er war der jüngste unter den Offizieren und, wie Andrew vermutete, aus diesem Grund etwas unsicher.

»Aye, aye, Sir«, bestätigte er, da eine Antwort von ihm erwartet zu werden schien. »Ich bin Corporal Hawley.«

»Kürzlich vom Flaggschiff hierher versetzt worden, wenn ich recht unterrichtet bin«, knurrte Leach. »Und zwar von Major Ross, um die Disziplin auf diesem Schiff hier zu festigen, stimmt's?«

»Die Gründe sind mir nicht bekannt.«

»Aber ich kenne sie. Sie wurden als nüchterner, zuverlässiger Mann beschrieben, der dafür sorgen würde, daß die Marineinfanteristen *nicht* unerlaubte Intimitäten mit den weiblichen Sträflingen austauschen würden. Es sind Huren, der Abschaum aus Londons Bordellen… wußten Sie das?«

Andrew errötete tief. Vier Jahre unter eiserner Militärdisziplin hatten ihn aber gelehrt, daß es völlig nutzlos war, einem Offizier zu widersprechen. Mit sadistischem Vergnügen fuhr Leach fort: »Und wie ich sehe, hat sich der nüchterne, zuverlässige Unteroffizier Hawley eben intensiv mit einer der Huren unterhalten, als ich auf Deck kam! Was für ein Beispiel wollen Sie damit Ihren Männern geben? Antworten Sie mir, Hawley!« Andrews Gesicht blieb unbewegt, aber er konnte nicht verhindern, daß er wütend vor Zorn wurde. Er überlegte, ob er die Wahrheit sagen oder seine alte Bekanntschaft mit Jenny zugeben sollte.

Schließlich meinte er: »Das Mädchen ist hingefallen. Ich befürchtete, daß sie sich verletzt hätte, und ging hin, um ihr zu helfen.«

»Ihre Aufgabe ist es, die Sträflinge zu bewachen«, fuhr ihn der junge Offizier barsch an, »und nicht, ihnen aufzuhelfen, wenn sie hinstürzen. Ich habe allerlei erzählen hören, und ich bin kein Narr. Es wird behauptet, daß diese Nutten im Schutz der Dunkelheit von Matrosen und Sträflingen besucht werden. Sind auch Infanteristen darunter? Oder sehen und hören Sie nichts, wenn die Fesseln abgenommen und die Ladeluken geöffnet werden?«

»Davon weiß ich nichts, Sir«, sagte Andrew. Das war zum Teil wahr, weil er darauf geachtet hatte, zu den von Leach ganz richtig beschriebenen Gelegenheiten außer Hör- und Sichtweite der Frauenquartiere zu sein.

»Ich erlaube mir, an Ihrer Unwissenheit zu zweifeln«, sagte Leach mißtrauisch. »Ich werde Sie beobachten, also sehen Sie sich vor. Die Tatsache, daß Sie Corporal sind, schützt Sie nicht vor einer Prügelstrafe, falls ich herausfinde, daß Sie Ihre Pflicht vernachlässigen. Verstanden? Sie können abtreten.«

Andrew salutierte wortlos und verließ erleichtert das Deck.

Etwas später holte er den Rat seines direkten Vorgesetzten ein. Tom Jenkins war ein Kriegsveteran, ein weißhaariger, allseits beliebter Mann. Seine Frau begleitete ihn auf dieser Reise. Die beiden wollten den Abend ihres Lebens damit verbringen, das Land anzubauen, das die Regierung freien Siedlern in der neuen Kolonie schenkte.

Der Veteran hörte ihn in nachdenklichem Schweigen an, als Andrew ihm die Geschichte seiner langjährigen Bekanntschaft und der neuerlichen Begegnung mit Jenny Taggart erzählte. Dann zog er an seiner alten Tonpfeife und sagte Andrew seine Meinung dazu. »Ihre kleine Jenny Taggart ist keine Prostituierte, mein Junge – das weiß ich aus sicherster

Quelle.« Er kicherte und zog an seiner Pfeife. »Nämlich von der uns allen sattsam bekannten Missus Davis. Vor ein paar Tagen wandte sie sich mit der Bitte an mich, für das Mädchen eine andere Unterkunft zu finden. Sie sagte, sie fürchte sogar um sein Leben, wenn Jenny weiterhin mit diesen hartgesottenen Dirnen zusammensein müsse. Sie ließ keinerlei Zweifel an der Ehrenhaftigkeit Jennys aufkommen.«

Andrew wurde rot, aber er fühlte sich sehr erleichtert. Sergeant Jenkins fuhr fort: »Missus Davis fragte mich auch, ob ich einen anständigen, zuverlässigen Mann wisse, der sich um sie kümmern und aufpassen würde, daß ihr nichts zustößt. Sie meinte, daß ein Offizier gut geeignet wäre und –«

»Das übernehme ich gern«, sagte Andrew impulsiv. »Ich würde sie auch heiraten, wenn der Major es erlaubt, und genau wie Sie als freier Siedler Land mit ihr bebauen!«

»Nicht so schnell, mein Junge, nicht so schnell!« meinte der alte Sergeant. »Das Mädchen ist ein Sträfling – du bekämst nie die Erlaubnis, es zu heiraten. Jedenfalls nicht, bis sie begnadigt würde. Und vergiß nicht, du mußt noch bei der Marineinfanterie dienen.«

»Sie haben doch noch keinem der Offiziere von ihr erzählt?«

Tom Jenkins war ein ehrlicher Mann. Er zögerte und sagte dann wahrheitsgemäß: »Doch, das habe ich schon. Weil ich Komplikationen im Frauenquartier vermeiden wollte –«

»Mit wem haben Sie gesprochen?« fragte Andrew aufgebracht. »Mit welchem der Offiziere?«

»Das brauche ich Ihnen nicht zu sagen, Corporal Hawley«, sagte Jenkins mit scharfem Tonfall.

»Selbstverständlich, Sergeant.« Andrew nahm sich zusammen. »Aber ich wäre Ihnen sehr verbunden, wenn Sie mir es trotzdem sagen, damit ich wieder beruhigt sein kann.«

Sergeant Jenkins reinigte seine Pfeife gründlich und langsam mit einem abgebrochenen Messer. Dabei seufzte er und beobachtete Andrew Hawley unauffällig, um dessen Gefühle herauszufinden. Hawley war ein guter Junge und machte den

Marineinfanteristen alle Ehre. Aber er war jung und impulsiv und mußte mit Umsicht behandelt werden. Zu schade, daß er von seiner Bekanntschaft mit Jenny Taggart nicht eher gewußt hatte. Es war wirklich schade, denn dann hätte er nicht mit Lieutenant Leach über das Mädchen gesprochen. Da Leach ihn nach einer Frau gefragt hatte, schien das eine ganz passable Lösung zu sein. Die Frau sollte tugendhaft sein, und falls das nicht möglich sein sollte, wenigstens jung und einigermaßen gutaussehend. Und auch hier, wie in allen anderen Bereichen auch, gab es verschiedene Gesetze für die Offiziere und die Infanteristen – ein Offizier konnte jede Frau, die ihm zusagte, in seine Kajüte aufnehmen und sie, falls er das wollte, die ganze Reise über dort behalten, und niemand konnte dagegen Einspruch erheben.

»Sergeant Jenkins«, stieß Andrew Hawley ungeduldig hervor, »ich muß einfach wissen, mit wem Sie wegen Jenny Taggart gesprochen haben.« Er schluckte. »War es Leach, Sergeant?«

»Und wie kommen Sie darauf, daß es Lieutenant Leach sein könnte?« fragte Jenkins ruhig.

»Ich weiß nicht – ich hoffte nur, er wäre es nicht. Ich ... ich hatte eine Auseinandersetzung mit ihm. Er sah heute nachmittag, wie ich mich mit Jenny unterhielt.«

»Überlegen Sie sich gut, was Sie tun, mein Junge«, sagte Sergeant Jenkins ernst, »es sei denn, Sie haben nichts gegen einen blutigen Rücken.«

»Das ist mir klar. Aber – *war* es Leach?«

»Er fragte nach einer Frau. Nicht nach einer bestimmten. Er sagte, er wäre mir sehr verbunden, wenn ich ihm ein ehrenhaftes Mädchen finden würde, das seine Kabine in Ordnung halten und seine Kleidung waschen und flicken würde und derlei –«

»Er bekommt Jenny Taggart nicht!« rief Andrew hitzig aus. »Dieser schmutzige Lügner ... waschen und flicken, jawohl! Das wäre das letzte, das er wollte. Warum –«

»Es ist ein Glück, daß ich halb taub bin, Corporal Hawley«, sagte der Sergeant trocken. »Ich habe nicht verstanden, was Sie gerade gesagt haben.«

»Aber –«

»Strapazieren Sie meine Geduld nicht zu sehr, mein Junge«, sagte Jenkins mit einem warnenden Unterton.

»Es tut mir leid. Aber helfen Sie mir – oder wenigstens Jenny Taggart. Lassen Sie das junge Mädchen nicht in die Hände von diesem – von Mr. Leach fallen. Ich werde sie beschützen, das schwöre ich. Können Sie für Mr. Leach nicht ein anderes Mädchen finden?«

Der alte Sergeant lächelte wehmütig. »Das ist kein Problem. Alle Frauen hier sind froh, wenn sie einen Offizier bekommen. Ich mache für die Kleine alles, was ich nur kann, solange Sie mir versprechen, daß Sie sich nicht einmischen. Das wäre nicht nur für das Mädchen von Vorteil, sondern auch für Sie!«

Da er genau wußte, daß Jenkins recht hatte, stimmte Andrew nach kurzem Zögern zu.

»Da ist noch etwas, was das Mädchen betrifft, Hawley. Sie haben doch erzählt, daß ihre Mutter auf der Reise nach London dabei war, ja?«

»Genau. Sie hieß Rachel, wenn ich mich recht erinnere. Rachel Taggart.«

Sergeant Jenkins stopfte sich die Pfeife neu und zündete sie dann an.

Als sie brannte, sagte er: »Die Mutter ist auch dabei, und zwar an Bord der *Friendship*. Hat das Mädchen Ihnen das nicht erzählt?«

Andrew schüttelte verblüfft seinen Kopf. »Nein, das hat Jenny nicht!«

»Vielleicht weiß sie es gar nicht, das ist gut möglich«, beruhigte ihn Jenkins.

Nachdenklich wünschte ihm Andrew eine gute Nacht und suchte selbst seine Koje auf.

Am nächsten Tag wandte Jenkins sich an seinen Vorgesetzten, Captain Tench. Beide waren Waliser, und Jenkins mochte den aufrechten, kultivierten Watkin Tench sehr gern, obwohl er nur halb so alt war wie er selbst. Der junge Captain erwiderte seine Freundschaft mit der gleichen Wärme. Jenkins kam ohne Umschweife auf das Thema zu sprechen.

»Das Mädchen könnte in wirklicher Gefahr sein, Sir«, beendete er die Geschichte. »Wenn ihr irgend etwas im Laderaum zustößt, dann weiß ich nicht, was der junge Hawley tun würde. Und er hätte das Zeug dazu, ein erstklassiger Offizier zu werden. Es wäre bedauerlich, wenn er durch diese Geschichte von seinem geraden Weg abkäme.«

»Wäre diese Befürchtung hinfällig, wenn ich das Mädchen unter Ihre Obhut stellen würde?« fragte der Captain gewitzt.

»Ich würde mich sehr darum bemühen«, versicherte ihm Jenkins.

»Nun, dann ist ja alles bestens erledigt, Sergeant.«

Schon eine Stunde später holte er Jenny aus dem Laderaum und führte sie in die kleine Kabine, die er bisher mit seiner Frau geteilt hatte. Olwyn Jenkins war eine kleine, vor Gesundheit strotzende Frau, die gerne schwatzte und ein gutes Herz hatte. Aber ihre erste Reaktion auf den Vorschlag, daß sie ihren engen Raum mit einer jungen Gefangenen teilen solle, war alles andere als freundlich. Ihr Mann mußte schließlich darauf bestehen und ihr sagen, daß es sich um einen Befehl von oben handelte. Als Jenny die Kabine betrat, bereitete sie ihr alles andere als einen freundlichen Empfang. Aber bald löste sich ihr Widerstand auf und machte Mitleid Platz. Als Tom Jenkins das bemerkte, ließ er die beiden allein und vertraute darauf, daß Jennys große Dankbarkeit und ihre guten Manieren das Herz seiner Frau langsam erobern würden.

Seine Hoffnungen gingen in Erfüllung. Als er ein paar Stunden später zurückkam, waren die beiden Frauen schon die besten Freundinnen, und Jenny begrüßte ihn, frischgewaschen und in einem geliehenen Kleid, mit Freudentränen in den Augen.

»Ich weiß nicht, wie ich Ihnen beiden danken soll«, flüsterte sie bewegt. »Missus Jenkins hat mir ein Kleid gegeben und Schuhe und … jetzt kann ich meinen Kopf wieder aufrecht tragen. Und Andrew Hawley kann mich anschauen, ohne daß ich mich schämen muß.«

Olwyn Jenkins legte mütterlich ihren Arm um Jenny. »So ein liebes, unschuldiges Kind! … dem Himmel sei Dank, daß diese hartgesottenen Prostituierten es nicht geschafft haben, sie kleinzukriegen!«

Sergeant Jenkins antwortete nicht, aber lächelte still vor sich hin, als er sich auf die Suche nach einer Hängematte machte, um sie in der kleinen Offiziersmesse aufzuhängen. Er beschloß, daß es noch früh genug sei, dem Mädchen von ihrer Mutter zu erzählen, wenn es sich etwas erholt hätte. Ganz so, wie er es gehofft hatte, hatte seine gute Olwyn das arme Mädchen in ihr Herz geschlossen und würde sich um es kümmern, als wäre es ihre eigene Tochter.

In zwei Wochen würde die Flotte in den ersten Hafen einlaufen – in Teneriffa auf den Kanarischen Inseln. Und in zwei Wochen hätte sich Jenny bestimmt erholt.

Als die Sonne ungewöhnlich rotglühend im Meer versank, rief ein Signal den Schiffsarzt John White von der *Charlotte* auf die *Friendship* hinüber.

Captain Meredith empfing ihn mit der unangenehmen Nachricht, daß der junge Schiffsarzt Dr. Arndell seinen Beistand bei einer Amputation benötige.

»Es ist einer von den Infanteristen, Doktor«, fügte Meredith hinzu. »Corporal Baker … der verdammte Idiot hätte es ja besser wissen müssen, aber …« Er zuckte hilflos mit den Schultern. Dr. White bemerkte, daß sein Atem stark nach

Alkohol roch, aber er ging ohne zu schwanken vor ihm her, als er ihn nach unten führte.

»Was ist denn passiert?« fragte der älteste und erfahrenste Schiffsarzt der Flotte, der immer bei schwierigen Fällen zu Rate gezogen wurde. »Ist der Mann aus der Takelage abgestürzt?«

»Mein Gott, nein, der Idiot hat sich mit seiner eigenen Flinte durchs Bein geschossen«, antwortete Meredith voller Verachtung.

»Er ist hier drin.« Er stand neben dem Eingang zur Krankenabteilung und ließ White den Vortritt.

Thomas Arndell begrüßte ihn mit einer Erleichterung, die er auch gar nicht zu verbergen suchte. Er hatte erst vor kurzem sein Examen abgelegt, war aber ein intelligenter, zuverlässiger junger Arzt und hatte für die bevorstehende Operation schon alle nötigen Vorbereitungen getroffen. Seine Instrumente – eine Knochensäge, zwei frisch geschärfte Messer und ein Satz Nadeln – lagen ordentlich auf einem frischausgekochten Tuch bereit.

Der Patient, ein stämmiger junger Mann von etwa fünfundzwanzig Jahren, lag bereits an Armen und Beinen gefesselt auf dem Tisch, damit er während der Amputation nicht um sich schlagen konnte. Er war stark unter Alkohol gesetzt worden und stierte Dr. White aus glasigen Augen gleichgültig an, als sich der über das Bein beugte, um die Wunde zu untersuchen.

»Ich fürchte, da ist nichts mehr zu machen«, sagte der junge Arzt, nachdem er sich entschuldigt hatte, daß er den Kollegen herüberbemüht hatte. »Aber ich dachte, wenn es auch nur eine kleine Chance gäbe, das Bein zu retten – ich hoffte, daß es Ihnen nichts ausmacht, wenn ich Sie um Ihre Meinung frage.«

»Ich bin froh, daß Sie das getan haben«, versicherte ihm Dr. White. Er untersuchte gewissenhaft die häßlich aussehende Wunde, und der junge Arndell fuhr mit ernster Stimme fort: »Es lief sehr außergewöhnlich ab. Die Kugel zerschmetterte den Knochen und hatte dann noch die Gewalt, um eine Gans zu töten, die in einem Käfig in der Nähe stand. Ich hätte das nicht geglaubt, wenn ich es nicht selbst gesehen hätte, also wirklich!«

»Eine außergewöhnliche Geschichte«, meinte John White abwesend, da er sich ganz auf die Untersuchung konzentrierte. Dann trat er zurück, warf noch einen Blick auf den starken, jungen Körper des Unteroffiziers und tat seine Entscheidung kund.

»Es wird zwar zwei bis drei Monate ständiger ärztlicher Betreuung bedürfen«, meinte er, »aber ich bin sicher, daß wir das Bein dieses Mannes retten können. Gehn wir also an die Arbeit!«

Die Versorgung der komplizierten Wunde, die mit einer Operation verbunden war, dauerte über zwei Stunden lang, und sofort danach wurden die beiden Ärzte in den Laderaum gerufen, wo eine Gefangene in den Wehen lag. Es war die erste Geburt, die während der Reise stattfand, und Dr. White war entsetzt über den Mangel an Mitgefühl, der fast ausnahmslos unter den weiblichen Sträflingen auf der *Friendship* herrschte. Drei von ihnen halfen bei der schwierigen Geburt von Isabella Lawsons schwächlichem Kind. Alle übrigen Frauen waren betrunken und beschäftigten sich nur damit, auf kleinliche Weise zu streiten. Dr. Whites streng geäußerte Bitte, doch damit aufzuhören, fand kein Gehör.

Als das Kind endlich da war, legte er es der jungen, völlig erschöpften Mutter in die Arme und sagte: »Sie haben eine Tochter, Isabella, eine hübsche kleine Tochter!«

Die Mutter sagte nichts, und Dr. White war schockiert über die nackte Verzweiflung, die in ihren Augen geschrieben stand.

»Keine Angst, Doktor, wir kümmern uns schon um die beiden.« Eine der Frauen, die bei der Geburt geholfen hatten, nahm das Baby auf den Arm. Sie war schlank und dunkelhaarig und sprach zu Dr. Whites Überraschung ein gebildetes Englisch. Er wollte sie nach ihrem Namen fragen, aber als hätte sie das geahnt, zog sie sich von ihm zurück. Er war müde und ging mit Arndell in Richtung des Ausgangs. Das Licht der Laterne fiel kurz auf das Gesicht einer Frau mittleren Alters, die bewegungslos in einer Koje lag. Es strahlte Hoffnungslosigkeit aus, so als habe sie jeglichen Lebenswillen verloren.

»Diese Frau macht mir große Sorgen«, berichtete Arndell. »Sie heißt Rachel Taggart. Sie hatte Fieber, als sie an Bord kam. Ich hoffte, die frische Seeluft würde ihr guttun. Aber ihr Zustand hat sich leider nicht gebessert...« Er gähnte. »Aber ich werde Sie nicht bitten, die Frau jetzt noch zu untersuchen. Sie haben heute nacht mehr als genug getan!«

»Sie auch, Thomas. Aber ich werde mit Captain Phillip besprechen, ob es sich nicht einrichten läßt, die Kranken und die Frauen, die sich anständig verhalten, von den anderen zu trennen.«

»Das wäre wirklich ein Akt der Menschlichkeit«, sagte Thomas Arndell.

Die Morgendämmerung graute schon. Es war eine lange Nacht gewesen. Aber sie hatten einer Gebärenden Beistand geleistet und verhindert, daß ein kräftiger junger Mann zum Krüppel wurde.

Auf zwei Tage dicken Nebel folgten zwei Tage stickiges, windstilles Wetter mit entferntem Donnergrollen. Aber am 2. Juni kam ein günstiger Wind auf, und bei Einbruch der Dunkelheit ankerten sie in der Straße von Santa Cruz.

Unter der Obhut der kinderlosen Olwyn Jenkins verlebte Jenny glückliche Tage. Es machte ihr nichts aus, daß sie nicht an Land gehen durfte. Vom Deck der *Charlotte* aus gesehen, schien Teneriffa nicht mehr zu sein als ein Haufen aufeinandergetürmter Felsbrocken, von tiefen Schluchten durchzogen und mit einer kleinen Stadt mit weißgestrichenen Häusern dazwischen.

Captain Phillip war ermächtigt, die Flotte mit Trinkwasser und frischen Nahrungsmitteln zu versorgen, wodurch die Verköstigung sehr viel besser wurde. Es gab frisches Rindfleisch statt dem üblichen Pökelfleisch, frisch gebackenes Brot ersetzte den Schiffszwieback, und große Mengen von grünen Feigen, Kürbissen und Zwiebeln wurden an Bord genommen.

Die Matrosen kauften den Frauen Kleider und schmuggelten Wein in ihre Quartiere.

Ursprünglich hatte Captain Phillip angeordnet, daß die Luken zu den Laderäumen geöffnet sein sollten und daß die Sträflinge genau wie auf hoher See auf Deck turnen sollten. Aber ein Sträfling versuchte auf der *Alexander* mit einem Rettungsboot zu fliehen, und nach seiner Ergreifung wurden alle wieder in den Laderäumen angekettet. Das machte den Frauen auf der *Charlotte* nicht soviel aus, da sie nach wie vor regelmäßig Männerbesuch bekamen und von der geschickten Missus Davis hinreichend mit Alkohol versorgt wurden.

Jenny war immer wieder von Dankbarkeit erfüllt, frei zu sein, wenn sie das dauernde Gezänk aus dem Laderaum mit anhören mußte. Sie hatte Andrew nur selten gesehen und nur im Beisein von einem ihrer neuen Bewacher. Andrew war noch ganz der, an den sie sich von der Reise nach London her erinnerte – ein freundlicher Riese, der sie in jeder Hinsicht beschützen wollte. Aber sein eigenes Leben war auch nicht ganz leicht. Er hatte Lieutenant Leach zum Feind, und Jenny wußte nicht, warum …

Jeremiah Leach war drauf und dran, der meistgehaßte Offizier der ganzen Flotte zu werden, nicht nur bei den Männern, die seinem Kommando unterstanden, sondern auch bei den Sträflingen und den Matrosen. Er ging nie mit den anderen an Land, da ihm deren Vergnügungen als für ihn unpassend erschienen. Sein direkter Vorgesetzter, Captain Tench, war darüber froh, weil er dadurch in aller Ruhe die Insel kennenlernen konnte.

Leach nutzte die Gelegenheit voll aus, für kurze Zeit die gesamte Autorität in Händen zu haben. Die Marineinfanteristen mußten an einem Tag sogar zweimal zur Inspektion antreten. Männer, an deren Uniform auch nur die winzigste Kleinigkeit auszusetzen war, durften nicht an Land gehen, bis alles seinen überpeniblen Vorstellungen entsprach. Und Andrew Hawley schikanierte er ganz besonders gern.

Andrew berichtete Sergeant Jenkins mit mühsam beherrschter Wut über den letzten Vorfall. »Heute morgen sollte ich die Essensausgabe für die männlichen Sträflinge überwachen. Es gab verschiedene Früchte und frisches Brot, und den armen Teufeln lief schon das Wasser im Mund zusammen. Sie standen in einer langen Schlange an, als Mr. Leach dazukam. ›Was soll das‹, sagte er, ›diese Sträflinge brauchen doch keine frischen Nahrungsmittel.‹«

»Keine frischen Nahrungsmittel?« wiederholte Sergeant Jenkins und verlor seine stoische Ruhe. »Aber sie haben ein Anrecht darauf! Gab Mr. Leach irgendeinen Grund für diese Schikane an?«

»Jawohl, Sir. Er sagte, daß er guten Grund zu der Vermutung hätte, daß sie zu fliehen beabsichtigten.«

»Und stimmte das?«

»Ich hatte nichts davon gehört – und ich hatte Nachtwache gehabt.«

»Ich werde versuchen, in aller Ruhe mit Captain Leach darüber zu sprechen«, versprach Jenkins. »Aber bis dahin müssen Sie alle Befehle ausführen ... versprechen Sie mir das, mein Junge!«

Andrew versuchte sein Bestes. Am folgenden Tag war ein religiöser Feiertag in Santa Cruz. Die Offiziere hatten wie üblich Landgang. Alle anderen mußten an Bord bleiben, um Zusammenstöße mit der Bevölkerung zu vermeiden. Die Matrosen der *Charlotte* hatten gehofft, einen angenehmen

Tag mit den weiblichen Gefangenen verbringen zu können und hatten an Bord geschmuggelte Weinfässer in der Messe versteckt. Lieutenant Leach ließ sofort, nachdem alle Offiziere das Schiff verlassen hatten, die Luken mit Vorhängeschlössern abschließen und die Marineinfanteristen antreten. Das Pech wollte, daß Andrew Hawley Wachhabender war.

»Corporal Hawley«, befahl er kurz, »nehmen Sie ein paar bewaffnete Männer und durchsuchen Sie gründlich die Matrosenmesse. Ich habe allen Grund, anzunehmen, daß dort unerlaubte, für die weiblichen Sträflinge bestimmte Alkoholvorräte versteckt sind. Die werden konfisziert und sofort an Deck gebracht, verstanden?«

Mit versteinertem Gesichtsausdruck führte Andrew den Befehl aus. Er ging mit einem kleinen Suchtrupp unter Deck, schickte aber einen Mann los, um Sergeant Jenkins auf das Schiff zurückzuholen, weil er schon größere Schwierigkeiten kommen sah.

Die Matrosen hatten die Alkoholvorräte nur nachlässig versteckt, und die Infanteristen fanden sie ohne jede Mühe. Die Matrosen beobachteten mit finsteren Gesichtern, wie die Fäßchen hervorgerollt wurden. Aber erst, als Andrew den Befehl gab, sie an Deck zu bringen, wurden sie giftig.

»Ihr verdammten Rotröcke!« rief ein kräftig gebauter Schiffszimmermann aus. »Was macht ihr denn da?«

»Einen Befehl befolgen, mein Freund«, erwiderte Andrew.

»Und wer hat den erteilt? Dieser kleine Bastard von Lieutenant, was?« Der Zimmermann wandte sich an die Matrosen. »Solln wir uns das gefallen lassen, Jungs? Solln wir zuschaun, wie diese Dreckskerle von Rotröcken uns den Wein abnehmen?«

Ein älterer Steuermann nahm Andrew am Arm und riet ihm dringend: »Sagen Sie, daß Sie hier nichts gefunden haben, Corporal! Sonst ist die Hölle hier los!«

Aber der Vorschlag, den Andrew gern angenommen hätte, kam zu spät. Drei wütende Matrosen warfen sich auf einen der Infanteristen und schlugen ihn zu Boden. Als es ganz danach aussah, daß ein allgemeines Handgemenge ausbrechen würde, ließ Andrew seine Leute mit gezogenem Bajonett vor den konfiszierten Weinfässern Aufstellung nehmen. Die Matrosen wichen zwar zurück, fluchten aber unflätig weiter.

»Ich lass' euch ein paar Fässer da!« rief Andrew. »Aber versteckt sie diesmal besser!«

Er sah Sergeant Jenkins und einen anderen der Offiziere herankommen. Der Steuermann nahm ihn beim Wort, packte ein Fäßchen und rollte es fort. Zwei weitere Fässer verschwanden. Dann nahmen die Infanteristen die restlichen hoch, um sie an Deck zu bringen.

Sergeant Jenkins blieb bei Andrew stehn und fragte knapp: »Lieutenant Leach?«

»Jawohl«, antwortete Andrew bitter. »Wer sonst? Er wird den Wein wohl ins Meer schütten lassen, der verdammte Idiot.« Jenkins nickte ihm verständnisvoll zu, erinnerte sich dann an die militärische Disziplin und ordnete an: »An Deck, Corporal Hawley. Ich bleibe bei Ihnen.«

An Deck ging Jenkins sofort auf Leach zu, salutierte und sagte etwas, was Andrew nicht verstehen konnte. Die Antwort von Leach jedoch schallte laut herüber. »Noch ein Wort, Sergeant, und ich werde Sie wegen Pflichtvergessenheit unter Arrest nehmen lassen! Die Unterkunft der weiblichen Sträflinge wird jetzt durchsucht, und während dieser Zeit werden die Frauen unter Ihrer Aufsicht an Deck sein. Sie sind dafür verantwortlich, daß sie sich nicht mit den Matrosen unterhalten können.« Er wandte sich an die Männer, die die Weinfässer an Deck gebracht hatten. »Der gesamte unerlaubte Alkohol wird *jetzt* über Bord gekippt, verstanden? Also los!«

Die Infanteristen gehorchten ihm widerstrebend. Als das letzte Faß geleert war, erschienen die Frauen auf dem abgetrennten Teil des Achterdecks. An ihren wütenden Gesichtern war zu erkennen, daß sie offenbar über die Vorgänge informiert waren und um ihre Alkoholvorräte bangten. Sie warfen Leach die übelsten Obszönitäten an den Kopf. Er lief schamrot an und zog sich in seine Unterkunft zurück.

Missus Davis kam als letzte an Deck. Als sie sah, daß Leach verschwunden war, beschwerte sie sich so lauthals bei Jenkins über ihn, daß Olwyn und Jenny jedes Wort verstanden, als sie an Deck kamen, um etwas frische Luft zu schöpfen.

Nachdem es dem Sergeanten gelungen war, sie etwas zu beruhigen, sagte Missus Davis: »Er ist ein übler Bursche. Ich hab' ihm nacheinander drei Mädchen geschickt, und alle kamen total durcheinander zurück und wollen nie mehr was mit ihm zu tun haben.« Sie zuckte mit den Schultern. »Sie wissen ja wohl, was er will, oder? Er will diese Kleine, die Sie unter Ihre Obhut genommen haben und ...« Sie sprach leiser, so daß Jenny sie nicht mehr verstehen konnte. Olwyn Jenkins, die Schwierigkeiten für ihren Mann heraufziehen sah, sagte zu ihr: »Geh schon zurück in unsere Kabine, mein Schatz, und warte dort auf mich. Ich muß noch schnell etwas mit Tom besprechen ... aber nimm dich in acht – geh direkt in unsere Kabine!«

Jenny gehorchte. Andrew Hawley ging mittschiffs vor der Ladeluke auf und ab und unterhielt sich mit einem bewaffneten Infanteristen, der auf Befehl von Lieutenant Leach dort Wache stand. Als Andrew sie kommen sah, bot er ihr seine Begleitung an.

»Die Matrosen sind sehr aufgebracht«, sagte er. »Und da wir *sie* zum Glück nicht fesseln und einsperren können, ist es vielleicht besser, wenn ich dich zu deiner Kabine bringe.«

Als sie auf dem schmalen Gang vor der Kabinentür standen, sagte er leidenschaftlich: »Sobald ich die Erlaubnis dazu bekomme, möchte ich dich heiraten, Jenny – falls du das auch willst.« Sie schaute ihm in sein klares, ehrliches Gesicht, und ihr Herz schlug höher. Er war ein guter Mann, sagte sie sich, und sie könnte sich glücklich preisen, wenn er sie zu seiner Frau machte.

Mit einem Mann wie Andrew an ihrer Seite würde das Leben in der neuen Kolonie viel leichter sein. Sie könnten sich häuslich niederlassen und Kinder haben, die vielleicht ein glücklicheres Los hätten als sie –

»Liebste Jenny!« drängte Andrew und nahm ihre Hand, »sag doch etwas! Willst du mich haben?«

Jenny holte tief Luft. »Oh, sehr gern, Andrew«, antwortete sie. »Ich – ich bin über deinen Heiratsantrag sehr stolz. Aber ich bin verurteilt – lebenslänglich verurteilt. Kannst du überhaupt die Erlaubnis erhalten, eine Gefangene zu heiraten?«

»Ich werde keine Ruhe geben, bis ich die Erlaubnis bekomme«, versprach Andrew. »Wenn Major Ross sie mir verweigert, wende ich mich an Captain Phillip.«

Er küßte ihre Hand und flüsterte: »Gib mir einen Kuß, Jenny, einen Kuß, der unser Versprechen besiegelt!« Er schob sie in die kleine Kabine und nahm sie in den Arm. »Ich habe bis jetzt noch nichts mit Frauen zu tun gehabt«, sagte er zärtlich. »Aber ich verspreche dir, ich werde dich immer lieben und gut behandeln, mein Mädchen.«

Sein Mund fand ihren Mund, zuerst zart und dann fordernd, und Jenny preßte sich an ihn und wollte ihn nie mehr loslassen. Als ihr Herz plötzlich wie ein wildes Tier in ihrer Brust in die Höhe sprang, dachte sie, das muß Liebe sein und fand es wunderbar, als Andrews große Hand sanft ihre kleinen Brüste streichelte, ihr dann über den Nacken strich, über ihr Gesicht und über ihren ganzen zierlichen Körper. In diesem Augenblick hätte sie sich ihm gerne ganz geschenkt. Als hätte er das gefühlt, trat er plötzlich einen Schritt zurück, faßte sie an den Schultern und sagte zärtlich: »Unsere Zeit wird kommen, Jenny, ich schwöre es dir. Aber ich muß jetzt gehn. Denk immer daran, daß –« Die Worte erstarben ihm, als er Lieutenant Leach seinen Namen rufen hörte.

In der Unterkunft der Frauen war kein Alkohol gefunden worden. Jeremiah Leach vermutete, daß nicht gründlich genug danach gesucht worden war, und er schäumte vor Wut, als er die Offiziersmesse der *Charlotte* betrat.

Da alle Offiziere an Land waren, war die Messe leer. Nur ein Maat und zwei Stewards waren anwesend, deren Aufgabe es war, den Offizieren Speisen und Getränke zu servieren. Nachdem der Maat den finsteren Gesichtsausdruck von Leach bemerkt hatte, schob er schnell irgendwelche Pflichten vor und entschuldigte sich. Der ältere Steward hatte friedlich hinter der Theke gedöst und kam jetzt hemdsärmelig, statt in seiner gestärkten weißen Uniformjacke, heran, um Leach nach seinen Wünschen zu fragen.

Leach bestellte eine Flasche Brandy und fügte hinzu: »Ich rate Ihnen, anständig gekleidet zu sein, wenn Sie ihn servieren. Anderenfalls werde ich Meldung erstatten.«

Der Steward schlüpfte in seine gutsitzende Jacke und stellte den Brandy und ein Glas bewußt ungeschickt auf den Tisch.

»Das ist die letzte von Ihren Flaschen, Sir«, sagte er. »Wenn Sie es wünschen, kann ich ein Dutzend Flaschen für Sie einkaufen lassen, bevor wir weitersegeln. Aber dafür bräuchte ich Geld – im voraus.«

»Verdammt noch mal, ich zahle, wenn ich das Zeug sehe – und wenn ich's geschmeckt habe – ich lass' mich von Ihnen oder irgendeinem von diesen Schurken von Kaufleuten in Santa Cruz doch nicht betrügen! Ich will guten Brandy, verstanden?«

»Er wird nicht schlechter als Ihr bisheriger sein, Sir«, sagte der Steward spitz und ging hinter die Theke zurück.

»Unverschämter Idiot«, murmelte Leach. Er goß sich ein und verzog beim Trinken das Gesicht. Es war schlechter Brandy. Sein Vater hatte ihn, wie alle anderen Vorräte auch, billig über einen Freund bezogen, und sich nur darauf gefreut, ihn endlich nicht mehr sehen zu müssen. Der Teufel sollte ihn holen!

»Es ist eine Chance für dich, Jeremiah«, hatte ihm der alte Mann vor der Abfahrt gesagt. »Ich rate dir, sie zu ergreifen, denn wenn die Reise keinen Erfolg für dich darstellt, dann mache ich deinen Bruder Francis zu meinem Erben.«

Er trank noch ein Glas und fühlte sich etwas besser. Dieses Mädchen ging ihm nicht aus dem Kopf... Wie hieß die Kleine noch mal? Taggart, Jenny Taggart. Wußten Jenkins und der tugendhafte Hawley eigentlich, daß sie an Bord der *Friendship* eine Mutter hatte, die ebenso wie sie zu lebenslänglicher Freiheitsstrafe verurteilt war?

Leach lächelte in sich hinein. Er hatte sich durch ein paar aufdringliche Fragen diese Information verschafft und sie bis jetzt für sich behalten. Wenn das Mädchen nicht wüßte, daß seine Mutter ernsthaft krank war, könnte er veranlassen, daß es auf die *Friendship* gebracht würde, um die Mutter pflegen zu können... Und dann befände sie sich nicht mehr unter Jenkins Schutz und wäre ihm noch dazu Dank schuldig. Schließlich könnte er sich, vielleicht in Rio, auf die *Friendship* verlegen lassen, und dann... er hickte. Er schlürfte den letzten Rest Brandy, hickte wieder, und die Lider fielen ihm zu...

»Mister Leach – wachen Sie auf, um Gottes willen!« Jemand schüttelte ihn nicht gerade sanft, und Leach öffnete mühsam die Augen. Der Maat stierte ihn flehentlich an.

»Was 'n los?« brachte er mühsam heraus.

»Meine Matrosen verweigern den Gehorsam«, stieß der Maat zornig hervor. »Sie behaupten, Sie hätten ihren Alkohol ohne Berechtigung konfisziert und ins Meer geschüttet. Falls gemeutert wird, dann werden Sie dafür verantwortlich gemacht, nicht ich, und ich möchte, daß diese Angelegenheit bereinigt wird, bevor der Captain zurückkommt.«

»Wie, zum Teufel, soll ich diese verdammte Angelegenheit bereinigen?« polterte Leach. »Erstens durften sie gar keinen Alkohol haben, und zweitens ist er jetzt weg, oder?«

»Man könnte es mit Geld bereinigen«, sagte der Maat kühl. »Und ich glaube, es wäre klug von Ihnen, darauf einzugehen. Denn wenn ich die Befehlsverweigerung der Männer ins Logbuch eintrage, dann wird Captain Phillip davon erfahren. Meuterei ist eine ernste Sache, das wissen Sie selbst.«

Leach tobte, aber schließlich mußte er nachgeben. Die beiden Männer gingen zu den Matrosen, die sich auf dem Messedeck zusammengerottet hatten, und Leach übergab ihnen mit zusammengekniffenen Lippen das Geld.

»Wenn ihr Marineinfanteristen wärt, dann würdet ihr kräftig verprügelt, und wenn dieses Schiff dem König gehörte, dann würdet ihr gehängt!«

»Gehört ihm aber nich, zum Glück«, meinte einer der Matrosen. »Aber wenn Se glauben, daß alle Ihre Rotröcke so Unschuldslämmer sind, dann schaun Se doch mal in die Kajüte von Sergeant Jenkins, da schmust jemand mit seiner Frau, und es is nich Jenkins! Is 'n Corporal – verprügeln Se doch Ihre eigenen Leute, und lassen Se uns in Ruh!«

Hawley, dachte Leach ... bei Gott, das mußte Hawley sein, der tugendhafte Hawley! Er ging auf die Ladeluke zu, besann sich dann, daß es besser sei, Hawley nicht allein zu konfrontieren und winkte zwei Wachposten heran.

»Folgen Sie mir«, ordnete er an, verschwand mit ihnen im Inneren des Schiffes und rief Hawleys Namen.

Hawley tauchte sofort aus Jenkins kleiner Kabine auf und stand in einwandfreier Habachtstellung da. Leach bemerkte enttäuscht, daß seine Uniform zugeknöpft war und daß er seine Flinte trug, wie es im Dienst Pflicht war.

»Sie sind nicht auf Ihrem Posten«, fuhr er ihn an. »Sind Sie allein, Corporal Hawley?«

»Jawohl, ich bin seit zehn Minuten nicht auf meinem Posten«, antwortete Hawley mit seiner üblichen undurchdringlichen Miene.

»Ich habe gefragt, ob Sie allein sind, Corporal. Sind Sie mit einem der weiblichen Sträflinge heruntergekommen?«

»Missus Jenkins schickte das Mädchen, um das sie sich kümmert, nach unten. Ich begleitete sie bis zur Kabine und –«

»Wo, zum Teufel, ist sie dann?« fragte Leach kurz.

»Ich bin hier, Mr. Leach«, sagte Jenny und schob den Vorhang auf. Sie stand mit hocherhobenem Kopf an Andrew Hawleys Seite. Leach hatte sie noch nie aus der Nähe gesehen, und jetzt bemerkte er, daß sie eine Würde und eine jugendliche Unschuld ausstrahlte, die er bei keinem Sträfling für möglich gehalten hätte. Er empfand einen Anflug von Mitleid, der sich aber sofort legte, als Hawley ihm erklärte, daß das Mädchen seine zukünftige Frau sei.

»Ihre Absichten in Ehren, Corporal«, zischte er wütend. »Aber es scheint Ihnen nicht klar zu sein, daß Sie eine Erlaubnis brauchen, um heiraten zu können – und die bekommen Sie nicht, wenn Ihre Braut zu den Sträflingen gehört.«

»Ich kann darauf warten, bis dem Mädchen die Strafe erlassen wird«, sagte er. Seine Ruhe machte Leach rasend.

»Ihre Strafe wird ihr nicht so leicht erlassen, da auch ihre Mutter zu den Sträflingen gehört! Haben Sie sich das schon klargemacht?« Er wendete sich Jenny zu. »Sie heißen Taggart, ist das richtig, Jennifer Taggart?«

»Ich ... jawohl, Sir.«

»Heißt Ihre Mutter Rachel Taggart?« Das Mädchen nickte erstaunt. »Rachel Taggart befindet sich an Bord der *Friendship* – zu lebenslänglicher Freiheitsstrafe verurteilt, wie ich höre. Und laut Dr. Arndell, dem Schiffsarzt, ist sie ernsthaft krank. Das erschreckt Sie offenbar. Wußten Sie es nicht?«

»Nein ... nein, ich wußte es nicht.« Diese Neuigkeit verschlug Jenny fast die Sprache. Sie schaute Andrew in stummer Verzweiflung an. »Warum hast du mir nichts davon gesagt, Andrew?«

»Wir wollten dich schonen, Jenny. Wir –«

»Aber wenn sie ernsthaft krank ist, muß ich zu ihr hin! Sie ist meine Mutter, ich darf sie doch sicher pflegen, oder?«

Jenny hatte Andrew gefragt, aber Leach antwortete mit gutgespieltem Mitleid.

»Ich werde alles tun, was in meiner Macht steht, Jenny. Es wird nicht einfach sein, Sie auf das andere Schiff zu bringen, aber unter den bestehenden Umständen – und wenn Dr. Arndell dafür ist, könnte es Ihnen erlaubt werden.«

Jenny dankte ihm mit schneeweißem Gesicht. Leach wandte sich an Andrew. »Kehren Sie auf Ihren Posten zurück, Corporal Hawley. Und nehmen Sie diese beiden Männer mit.«

Andrew blieb stehen.

»Ich gehe hier nicht ohne das Mädchen weg, Sir«, erklärte er widerspenstig. »Ich nehme es mit. Missus Jenkins ist an Deck, Sir, und ich –«

Leach unterbrach ihn. »Widersetzen Sie sich einem Befehl, Corporal? Da wird sich Captain Tench aber nicht drüber freuen!«

Einer der beiden Infanteristen flüsterte ihm zu: »Komm mit! Er will doch grade, daß du dich widersetzt!«

Leach tat so, als ob er nichts gehört hätte. »Nun, Hawley, möchten Sie gern ausgepeitscht werden?«

»Sie können mich auspeitschen lassen, Mister Leach«, sagte Andrew mit gefährlich ruhiger Stimme. »Aber Sie lassen die Finger von meinem Mädchen, verstanden?«

»Ich habe sowieso nichts mit Huren im Sinn, Sie unverschämter Kerl!«

Leach genoß die Situation. Endlich hatte er es geschafft, den unangreifbaren Corporal aus der Reserve zu locken. Er unterdrückte einen Schluckauf. Er hatte ziemlich viel getrunken, vielleicht hatte ihn der Brandy leichtsinnig gemacht. Ihm fiel der unangenehme Zusammenstoß mit den Matrosen ein. Captain Tench würde natürlich auch davon erfahren, und den Zwischenfall mit Hawley weniger ernst beurteilen, wenn er annehmen mußte, daß Leach in angetrunkenem Zustand auf Ärger aus gewesen sei.

»Jenny Taggart, ich sage Ihnen eines –«, Leach fuhr das Mädchen so barsch an, daß es vor Entsetzen zusammenzuckte und zurückwich.

In diesem Augenblick brach die mühsam aufrechterhaltene Selbstkontrolle Andrews zusammen. Er stieß mit rauher Stimme hervor: »Hier geht's zum Deck, Sir. Wenn Sie bitte vor mir hergehen wollen – ich stehe voll dafür ein, daß ich unerlaubt meinen Posten verlassen habe. Aber alles weitere ist nicht wahr, und Sie wissen das.«

»Sind Sie da so sicher, Corporal? Haben Sie Zeugen, die das beweisen können?«

Als Antwort gab Hawley seine Flinte einem der Infanteristen in die Hand, überhörte seine Ermahnung, vorsichtig zu sein, packte Leach bei den Schultern und stieß ihn in Richtung der Ladeluke. Der junge Offizier verlor das Gleichgewicht und landete am Fuß der steilen Treppe auf den Knien.

Er rappelte sich auf und atmete schwer. Ein dünner Blutfaden rann aus seinem Mundwinkel. Olwyn Jenkins, die gerade vom Deck heruntersteigen wollte, blieb starr vor Schreck stehen, als sie ihn sah. Sie deutete seine Anwesenheit so nah von ihrer Kabine falsch und eilte an Jennys Seite, um sie zu verteidigen.

»Lassen Sie doch das Kind in Ruh'!« bat sie ihn eindringlich. »Sie steht unter meinem Schutz und ist nicht zum Vergnügen für Ihresgleichen da, verstehen Sie mich?«

Leach wendete sich ihr fast außer sich vor Wut zu und zischte: »Halten Sie den Mund, Frau! Sie haben doch selbst gesehen, was passiert ist, verdammt noch mal! Dieser Mann hier hat mich geschlagen, und das ist ein schweres Verbrechen! Ihr zwei ...« Die Infanteristen, die er als Zeugen mitgebracht hatte, waren weiß vor Entsetzen. Er sagte ihnen im Befehlston: »Corporal Hawley steht unter Arrest, weil er einen höhergestellten Offizier geschlagen hat. Führen Sie ihn ab – er soll bis zur Rückkehr von Captain Tench schwer bewacht werden.«

Jenny sah, wie die vier Männer in scharlachroten Jacken durch die Ladeluke verschwanden, und weinte verzweifelt los. »Was – was wird mit ihm geschehen? Wird er ausgepeitscht?«

Sehr viel wahrscheinlicher wird er gehängt, dachte Olwyn grimmig. Einen Offizier zu schlagen, war in Friedenszeiten das schwerwiegendste Verbrechen, das ein Soldat begehen konnte, und die Todesstrafe, das wußte sie, konnte willkürlich verhängt werden. »Hat Andrew ihn tatsächlich geschlagen?« fragte sie vorsichtig. »Hat er's wirklich?«

Jenny schüttelte den Kopf. »Nein, nein«, sagte sie unter Tränen. »Er packte ihn nur an den Schultern und schob ihn in Richtung der Ladeluke. Aber dabei stolperte Leach und fiel gegen die Treppe. Er war betrunken, Missus Jenkins.«

Olwyn versuchte, sie zu beruhigen, aber Jenny war zu aufgeregt und fragte zitternd: »Stimmt das mit meiner Mutter? Ist sie wirklich ernsthaft krank?«

Olwyn Jenkins bejahte es zögernd.

»Wenn das stimmt«, sagte das Mädchen unglücklich, »dann möchte ich bei ihr sein und sie pflegen, so gut ich kann. Ich muß darum bitten, auf die *Friendship* verlegt zu werden, Missus Jenkins.«

»Ja«, meinte Olwyn, »das mußt du wohl, mein Engel – aber wir wollen erst ganz sicher sein, daß das auch alles stimmt. Wenn du dorthin verlegt wirst, dann kommst du wieder in den Laderaum. Da gäbe es dann kein Entkommen mehr.«

»Ich weiß«, entgegnete Jenny leise. »Aber sie ist meine Mutter, und wenn sie mich braucht, dann – dann *muß* ich ihr helfen.«

Captain Tench kehrte an diesem Abend erst spät auf die *Charlotte* zurück, wurde aber sofort von Jeremiah Leach begrüßt. Nachdem sie sich etwa eine Stunde lang in Tenchs

Kabine unterhalten hatten, ließ Tench Sergeant Jenkins kommen, und Andrew Hawley wurde in seiner Gegenwart befragt. Am nächsten Tag verbrachte Captain Tench den ganzen Morgen damit, die Wahrheit herauszufinden. Jenny wurde befragt, und zwar freundlich und ohne den Versuch, etwas aus ihr herauszulocken, was Andrew schaden könnte.

Der Tag zog sich in die Länge. Zur üblichen Stunde machte Jenny mit Olwyn ihren Deckspaziergang, und sie schauten zu, wie ein Boot ins Wasser gelassen wurde, das Captain Tench und Sergeant Jenkins zur *Sirius* hinüberruderte. Es kam eine Stunde später mit den beiden und Major Ross zurück, und die Untersuchung wurde auf der *Charlotte* fortgesetzt.

Jennys Unruhe legte sich etwas, als sie beobachtete, wie wieder ein Boot ins Wasser gelassen wurde und Lieutenant Leach einstieg. Zwei grinsende Matrosen stapelten sein gesamtes Gepäck im Boot. Als es in Richtung der *Alexander* losfuhr, erhob sich auf Deck, wo die weiblichen Sträflinge gerade turnten, ein höhnisches Gelächter. Ein paar der Frauen beugten sich über die Reling und riefen dem abfahrenden Offizier obszöne Angebote zu. Leach schaute nicht auf und tat so, als ob er nichts höre. Aber sein Gesicht lief tiefrot an, und als die Frauen das sahen, lachten und kreischten sie noch lauter.

»Die Gerechtigkeit hat gesiegt«, meinte Olwyn Jenkins froh.

Etwas später wurde Andrew in Begleitung von Major Ross gefesselt auf die *Sirius* gebracht. Olwyn sagte: »Ich fürchte, das heißt, daß er nicht straffrei ausgeht, Jenny. Aber vielleicht bekommt er nur ein paar Schläge, also nimm's nicht so schwer, mein Engel. Er ist stark – er wird keinen bleibenden Schaden davontragen.«

Ihr Mann bestätigte ihre Vermutung. »Er ist degradiert worden und bekommt drei Dutzend Schläge, weil er sich ohne Erlaubnis von seinem Posten entfernt hat«, berichtete

Jenkins. »Und er wird weiterhin auf der *Sirius* bleiben. Aber dort ist er in der Nähe von Captain Phillip, und ich bin sicher, daß er um Erlaubnis fragt, dich zu heiraten, sobald es überhaupt möglich ist. – Mister Leach hat es wirklich schlechter als er. Auf der *Alexander* sind die übelsten und auch die kränkesten unter den Sträflingen. Soll er dort den Tyrannen spielen – bei denen beißt er auf Granit!«

Die Flotte segelte im Morgengrauen des nächsten Tages los – am Sonntag, den 10. Juni – aber die leichte Brise, die sie aus der Straße von Santa Cruz gebracht hatte, legte sich schon am Abend, und zwei Tage lang lagen die Schiffe bewegungslos im spiegelglatten Wasser. Am 13. Juni kam ein starker Nordwestwind auf, und das Meer türmte sich zu hohen Wellen auf.

Der Pfarrer, der zur *Lady Penrhyn* gerudert worden war, um dort einen Gottesdienst zu feiern, mußte als unfreiwilliger Gast an Bord bleiben, als ein Signal von der *Sirius* allen Schiffen bedeutete, daß die Besuche von Schiff zu Schiff bei schlechtem Wetter zu unterbleiben hätten, da die damit verbundenen Gefahren zu groß seien. Jetzt mußte der Pfarrer ohne seine bequeme Kabine an Bord der *Golden Grove* und ohne die liebevolle Pflege seiner Frau auskommen und war bald nichts mehr als ein unablässig schimpfendes Häufchen Elend.

Die Ladeluken wurden auf diesem Schiff nur selten geschlossen. Die Wachposten waren nachlässig und erlaubten sowohl den Matrosen als auch den Infanteristen Tag und Nacht den Zugang zu den Frauenquartieren. Pfarrer Johnson war entsetzt, konnte aber, ob er wollte oder nicht, erst am übernächsten Tag auf das Proviantschiff *Golden Grove* und in die Arme seiner Frau zurückkehren. Er schickte ein Dankgebet zum Himmel, daß sich auf ihrem Schiff kein einziger Sträfling befand.

Am Nachmittag dieses Tages sagte Captain Phillip zu Hunter: »Mir gefällt das Barometer überhaupt nicht. Hoffentlich täusche ich mich, aber ich fürchte, wir bekommen übles Wetter, noch vor unserer Ankunft in Rio ... Und unsere Wasservorräte werden knapp, falls wir uns verspäten. Ich glaube, wir sollten Captain Ball mit der *Supply* nach Santiago schicken, um herauszufinden, ob es möglich ist, daß die gesamte Flotte in Porto Praia ankern kann, um die Vorräte aufzufüllen, was sagen Sie dazu? Es könnte noch drei Wochen oder sogar länger dauern, bis wir uns den südöstlichen Passatwind zunutze machen können.«

Hunter nickte entschieden. »Ich informiere Captain Ball, Sir.«

Am 18. Juni wurden die Kapverdischen Inseln gesichtet. Die *Supply* wurde vorausgeschickt, aber ein ständig umschlagender Wind machte das Einlaufen in den Hafen von Porto Praia so schwierig, daß Captain Phillip das Schiff zurückrief. Jetzt blieb ihm nichts anderes übrig, als direkten Kurs auf Rio de Janeiro zu nehmen und Trinkwasser und Nahrungsmittel streng zu rationieren.

In den folgenden drei Wochen war die Reise alles andere als angenehm. Die Flotte war extremen Wetterverhältnissen ausgeliefert, die von tagelanger, völliger Windstille bis zu schweren Stürmen reichten. Aber schließlich setzte der langersehnte südöstliche Passatwind ein, die Reise ging gut voran, und mit dem besseren Wetter verbesserte sich auch die Stimmung an Bord der Schiffe.

Die Sträflinge durften wieder an Deck, die Lagerräume der Proviantschiffe wurden ausgepumpt, damit die Nahrungsmittel vor dem Verderben geschützt würden. Aber trotz all dieser Maßnahmen waren doch viele der Sträflinge krank, und Jenny machte sich unaufhörlich schwere Sorgen wegen ihrer Mutter. Es war sehr heiß geworden, und die Wasserrationierung auf anderthalb Liter pro Tag machte das Leben der Frauen in dem hoffnungslos überfüllten Laderaum fast unerträglich.

Olwyn Jenkins, die die Gewissensqualen Jennys erkannte, versuchte nicht länger, sie zu überreden, auf der *Charlotte* zu bleiben, sondern versprach ihr schweren Herzens, ihr in jeglicher Hinsicht dabei behilflich zu sein, in Rio auf das Schiff ihrer Mutter verlegt zu werden. Missus Jenkins Besorgnis entsprang den Gerüchten, die über die unmöglichen Zustände an Bord der *Friendship* umgingen. Die männlichen Sträflinge hatten die Bretterwand eingerissen, die ihr eigenes Quartier von dem der Frauen trennte. Männer und Frauen lagen unaufhörlich miteinander im Streit. Zwei Marineinfanteristen war wegen unsoldatischen Verhaltens mit dem Kriegsgericht gedroht worden, und nur Major Ross' Eingreifen hatte sie davor gerettet. Aber, so gern auch Olwyn Jenny davon erzählt hätte, so ließ sie es dennoch sein. Wenn Jennys Entschluß feststand, dann würde sie sich auch nicht von solchen Gerüchten beeinflussen lassen, ob sie nun stimmten oder nicht.

Ein paar Tage später wurde Dr. White auf die *Alexander* gerufen, weil eine fiebrige Epidemie ausgebrochen war und sich auszubreiten drohte. Nachdem er ein paar Stunden an Bord verbracht hatte, ließ sich der Arzt auf die *Sirius* rudern. Kurz darauf fuhr ein Offizier auf die *Alexander*, um das Auspumpen des brackigen Bilgenwassers aus den Laderäumen zu überwachen, das Dr. White für die gehäuften Krankheitsfälle verantwortlich machte.

Er nahm die Gelegenheit wahr und besuchte noch andere Frachtschiffe, unter anderem auch die *Friendship*, und Jenny, die das Kommen und Gehen des Arztes mit wachsendem Interesse verfolgte, bat Sergeant Jenkins, ihn bei seiner Rückkehr nach Neuigkeiten über den Zustand ihrer Mutter zu befragen. Mit gemischten Gefühlen hörte sie, daß alles beim alten war. Dr. White war auf die *Friendship* gerufen worden, um einen erkrankten Offizier zu untersuchen, und er hatte keinen der Sträflinge gesehen. Alles, was er sagen konnte, war, daß er nur von einem Toten gehört hatte, und das war ein älterer Mann.

Ein Brief von Andrew beruhigte Jenny wenigstens, was ihn betraf. Es war nur ein kurzer, auf einen Papierfetzen geschriebener Brief, aber sie erfuhr, daß seine Bestrafung durch Captain Phillip auf zwei Dutzend Peitschenhiebe reduziert worden war, daß es durchaus erträglich gewesen und daß er schon wieder im Dienst sei.

Die Flotte segelte weiter und warf am 5. August am Kap Frio am Eingang zum Hafen von Rio de Janeiro Anker.

Captain Phillip schickte Lieutenant King an Land mit Grüßen an den portugiesischen Gouverneur und Vizekönig Dom Luis Velasque de Concierge und mit der Bitte, die offizielle Erlaubnis einzuholen, damit die Flotte in den Hafen einlaufen könne. King kam mit herrlichen tropischen Früchten für den Captain an Bord zurück. Alles war sehr positiv verlaufen.

»Dom Luis war ausgesprochen zuvorkommend, Sir«, berichtete er. »Und er bat mich, Ihnen auszurichten, daß Ihre wertvollen Dienste während des spanischen Krieges nicht in Vergessenheit geraten sind. Er wird Ihnen in jeglicher Hinsicht behilflich sein.«

»Ausgezeichnet!« sagte Phillip. »Dann laufen wir gleich morgen früh in den Hafen ein.«

»Aye, aye, Sir. Ah... die Früchte sind sehr gut.«

»Wirklich?« Phillip lächelte und wählte sich eine Blutorange aus. »Haben Sie den Vizekönig gefragt, ob er uns die Flintenkugeln verkaufen kann, die wir brauchen?«

»Ich deutete Ihren Bedarf in dieser Hinsicht an, Sir. Aber sowohl Seine Exzellenz als auch sein Dolmetscher wirkten so verdutzt, daß ich die Sache fürs erste nicht weiter verfolgte.«

»Kein Wunder!« lachte Captain Phillip. »Es fällt wohl auch schwer zu glauben, daß irgendeine Regierung es fertigbringt, Sträflinge um die halbe Welt zu transportieren und sie von knapp zweihundert Marineinfanteristen bewachen zu lassen, denen das Entscheidende fehlt, um ihre Flinten abfeuern zu können! Noch etwas anderes. Es wurde mir mitgeteilt, daß Früchte und Gemüse mit Falschgeld bezahlt wurden. Dr. White erfuhr, daß die gefälschten Vierteldollarmünzen das Werk eines gewissen Thomas Barrett sind, einem Sträfling auf der *Charlotte*. Ich habe alles getan, damit die Händler entschädigt werden und daß ihnen die Sache erklärt wird. Ich glaube, daß sie jetzt zufriedengestellt sind. Aber schicken Sie mir diesen Barrett herüber. Ich werde ihn so bestrafen, daß es die Händler von ihren Booten aus mitanschauen können.«

»Aye, aye, Sir«, sagte King. »Ah – prägte Barrett das Falschgeld an Bord der *Charlotte*?«

»Der Doktor meint ja, mit Hilfe von ein paar anderen Sträflingen.« Captain Phillip lächelte frostig. »Er stellte es sehr geschickt an und prägte die Münzen aus Schnallen, Knöpfen und gestohlenen Löffeln. Ich *beschwor* Nepean, mir Bauern und Zimmerleute mitzugeben und bekam statt dessen Taschendiebe und Falschmünzer. Ich glaube gern, daß Barrett sein Handwerk versteht, aber wir können weiß Gott keine Falschmünzer beim Aufbau einer neuen Kolonie gebrauchen! Verdammt noch mal, ich möchte ihn am liebsten zurückschicken, mit den Alten und den Kranken!«

»Außer wenn er Flintenkugeln gießen kann«, meinte King grinsend. Beide lachten halb belustigt, halb bekümmert. Dann sagte Captain Phillip: »Also, schicken Sie mir den Kerl rüber. Zuerst peitschen wir ihn aus, und dann fragen wir ihn, ob er's kann.«

Am Montag, den 6. August lief die Flotte um halb zwei Uhr nachmittags im Hafen von Rio de Janeiro ein, und das Flaggschiff *Sirius* feuerte zum Salut dreizehn Kanonenkugeln ab, als sie am Fort von Santa Cruz vorbeikamen. Die Wolken, die seit dem Morgengrauen schwer über San Sebastian gehangen hatten, verzogen sich ganz plötzlich und gaben den Blick auf weiß gestrichene Gebäude rund um den Hafen und auf die atemberaubend schöne Gebirgslandschaft dahinter frei.

Als Captain Phillip mit seinen Offizieren an Land gerudert wurde, fand eine offizielle Begrüßung für ihn auf dem großen, baumbeschatteten Platz hinter dem Kai statt. Ehrenerweisungen wurden ausgetauscht. Ein Mönch war der Dolmetscher, die Begrüßungsansprache in blumenreichem Englisch war bedeutend länger als das Original.

Er sprach Phillip als »Eure Exzellenz« an und teilte ihm und den Offizieren mit, daß sie sich in San Sebastian frei bewegen könnten, daß von portugiesischer Seite auf den Schiffen keine Wachen aufgestellt würden, daß aber den Offizieren jederzeit Fremdenführer zur Verfügung stünden, wenn sie das wünschten.

Als sich Phillip für dieses großzügige Angebot bedankte, hörte er, wie Major Ross hinter ihm sagte: »Ich hatte immer gehört, daß Brasilien Fremde nicht gerade freundlich empfängt und daß selbst das geringste Interesse an den Bodenschätzen des Landes zur sofortigen Verhaftung führt. Aber«, fuhr er mit beißendem Tonfall fort, »diesmal scheint es ja anders zu sein. Wem wir wohl diesen freundlichen Empfang zu verdanken haben?«

»Dem Flottillenadmiral Phillip«, antwortete Lieutenant King. »Sein Einsatz für Portugal während des Krieges mit Spanien ist nicht vergessen worden. Das hat mir Seine Exzellenz, der Vizekönig, gestern mitgeteilt.«

Als sich die Gesellschaft dem Eingang des Palastes näherte, trat eine prächtig ausgerüstete Wache heraus und legte Captain Phillip als Ehrenbezeigung die Fahne vor die Füße. Eine Militärkapelle spielte einen schmissigen Marsch und schritt vor ihnen in den Innenhof ein.

Der Palast selbst wirkte irgendwie enttäuschend. Die Architektur des langen, flachen Steinbaus ähnelte mit seinen kleinen Balkonen vor den Fenstern den benachbarten Häusern und erinnerte in keiner Weise an die beiden prachtvollen Kirchen, an denen sie vorübergekommen waren. Der Empfangsraum, in dem sie auf den Vizekönig warteten, war mit ein paar ungepolsterten Stühlen und ein paar kleinen Kartentischen spärlich eingerichtet. An den Wänden hingen Portraits früherer portugiesischer Monarchen.

»Nicht gerade luxuriös!« meinte Major Ross abfällig. »Bei dem militärischen Pomp, den sie entfalten! Wie lange wir uns hier wohl gedulden müssen, bis Seine Exzellenz sich in der Lage sieht, uns persönlich zu empfangen?«

Ross hatte offenbar schlechte Laune und fuhr zu Phillips Verärgerung fort, die Stadt, die Bevölkerung und seine gegenwärtige Umgebung schlechtzumachen. Sowohl Hunter als auch King widersprachen seinen bissigen Bemerkungen, die er in Hörweite des freundlichen Mönchs von sich gab, aber er schwieg erst, als die Gäste mit einiger Verspätung in einen prunkvoll eingerichteten Speisesaal geführt wurden, wo der Vizekönig, nachdem er Phillip umarmt hatte, jedem Gast die Hand schüttelte.

Der korpulente Vizekönig war ein aufmerksamer Gastgeber, der auch Wert auf eine ausgesucht gute Küche legte. Captain Phillip saß rechts von ihm und der Dolmetscher hinter ihm. Er wiederholte die Versprechungen, die er gestern gemacht hatte und erkundigte sich leutselig nach dem Ziel der Reise der elf Schiffe.

»Ihre Exzellenz können selbstverständlich alle Vorräte anschaffen, die gebraucht werden«, dolmetschte der Pater. »Von Flintenkugeln bis zu frischem Fleisch, Rum, unserem einheimischen Wein, Gemüse und Früchten... Sie müssen uns nur sagen, was Sie brauchen. Wir können auch Reparaturarbeiten auf den Schiffen erledigen – wir haben erfahrene Handwerker dafür.«

Phillip dankte ihm aus ganzem Herzen. Durch seinen vierjährigen Dienst in der portugiesischen Marine beherrschte er die Sprache leidlich, sprach aber lieber Englisch, und nach einer kurzen Beratung mit seinem Herrn fuhr der Pater fort: »Dom Luis hat den Eindruck, daß Eure Exzellenz eine neue Kolonie in der südlichen Hemisphäre gründen sollen. Soll es in dem Land sein, das von Captain Cook für Seine Exzellenz, den König von England, beansprucht wurde?«

»Ganz genau, so ist es«, versicherte Phillip. Er verstand, wie der Vizekönig leise sagte: »Terra Australis del Esprito Santo, so hat es unser großer protugiesischer Seefahrer Fernandez de Quiro vor fast zweihundert Jahren genannt! Aber jetzt erheben die Holländer und die Engländer Anspruch auf das Land, und auch die Franzosen schielen neidisch in dieselbe Richtung.«

Phillip achtete darauf, daß sein Gesichtsausdruck nicht verriet, daß er alles verstanden hatte, und beantwortete freundlich alle weiteren Fragen in bezug auf die Größe und Lage der neuen Kolonie und ihre derzeitigen Bewohner.

»Haben Sie Frauen an Bord Ihrer Schiffe? Und Männer, die in Ketten gelegt sind?«

»Ja. Es sind Verbrecher, die in die Verbannung geschickt werden, die meisten sogar lebenslänglich.«

Aus den dunklen Augen des Vizekönigs sprach Mitleid, als ihm der Dolmetscher das übersetzte. »Dann wird es eine Strafkolonie, so wie Ihre Regierung sie früher in Nordamerika gegründet hat? Ihre Passagiere sind Sträflinge?«

»Ja«, gab Phillip zu.

»Sind es viele? Viele Frauen?«

»Einhundertneunzig Frauen. Fünfhundertsechzig Männer.«

Wieder fand eine Beratung zwischen dem Vizekönig und dem Dolmetscher statt, und dann verkündete der freundliche Pater strahlend: »Dom Luis wird Geld sammeln lassen, um ihr schweres Los etwas zu erleichtern. Ihr Einverständnis vorausgesetzt, werden Priester die Sträflinge besuchen, um herauszufinden, was ihnen am nötigsten fehlt... und auch unser Arzt Senhor Ildefonso wird gern seine Dienste zur Verfügung stellen.«

Es war unmöglich, so freundliche Angebote auszuschlagen, und Arthur Phillip nahm sie dankbar an.

Er verabschiedete sich herzlich von Dom Luis und stellte in den darauffolgenden drei Wochen fest, daß alle Versprechungen eingehalten wurden. Die Nahrungsmittel wurden geliefert – frisches Rind- und Hammelfleisch, Kaffee, Rum, Wein, jegliche Art von Früchten und Kugeln für die Flinten. An verschiedenen Schiffen, unter anderem auch an der *Sirius*, wurden Reparaturen ausgeführt, weil die überstandenen Stürme doch einigen Schaden angerichtet hatten.

Die Offiziere genossen es, in San Sebastian zu sein. Die Einwohner waren gastfreundlich und darauf bedacht, ihre persönliche Bekanntschaft zu machen, und da sie, wann immer sie wollten, an Land gehen konnten, hatten sie völlige Freiheit, die Stadt und die gebirgige Umgebung kennenzulernen. Nur Major Ross und der Pfarrer hielten sich zurück. Captain Phillip wurde überall, wo er auftauchte, geradezu gefeiert, und er gestand John Hunter, daß er nicht zum erstenmal in Rio war.

»Ich war als Kommandant der *Dom Pedro* hier, eines Schiffes aus der Kriegsflotte Seiner Portugiesischen Majestät. Aber ich habe es nicht für möglich gehalten, daß sich jemand an mich erinnern würde – ich war ja nur so kurz hier!«

Auch für die Sträflinge war der Aufenthalt in Rio eine angenehme Abwechslung. Die Spenden an schmackhaften Nahrungsmitteln und Arzneimitteln verbesserten ihren gesundheitlichen Zustand und ihre Lebensfreude.

Sie sahen die Hafenstadt San Sebastian zwar nur vom Deck der Schiffe aus, waren aber nah genug, um blumengeschmückte Reliquienschreine sehen zu können, die durch die Stadt getragen wurden, schöne Barockkirchen und bunt gekleidete Menschen, die sich zu Fuß oder zu Pferd durch die steilen Straßen bewegten. Zweimal fanden in den Nächten Feuerwerke statt. Die Bevölkerung nahm großen Anteil an dem schweren Schicksal der Sträflinge, und von vorbeirudernden Booten aus wurden ihnen massenhaft Orangen zugeworfen.

Negersklaven aus Afrika verrichteten im Hafen alle schweren Arbeiten, und die Ankunft eines Schiffes, das neben der *Lady Penrhyn* ankerte und gefesselte schwarze Eingeborene an Bord hatte, erweckte das Mitleid der weiblichen Sträflinge – die zum Teil ja auch gefesselt waren. An Bord der *Charlotte* bat Jenny Sergeant Jenkins inständig, sich doch bei Dr. White nach dem Zustand ihrer Mutter zu erkundigen, aber die Tage vergingen, Dr. White hatte viel im Kopf oder war – wie Jenny zu vermuten begann – zu vergeßlich, jedenfalls erfuhr sie nichts. Schließlich wendete sie sich direkt an ihn, und er versicherte ihr, daß niemand auf der *Friendship* ernsthaft erkrankt sei.

»Die Frauen auf diesem Schiff sind ein grauenhaftes Pack«, warnte er sie eindringlich, als sie ihm sagte, daß sie sich wegen ihrer Mutter auf die *Friendship* verlegen lassen wolle. »Erst vor ein paar Tagen mußte Major Ross vier von ihnen wegen grober Unverschämtheit und unaufhörlicher Zänkereien durchpeitschen lassen. Die Prügelstrafe wird selbst bei Frauen, die sich sehr schlecht führen, nur selten verhängt – aber in diesem Fall ging es gar nicht anders. Während der Überfahrt von Teneriffa mußte über die Hälfte der Frauen auf dem Schiff in Ketten gelegt werden – und die männlichen Sträflinge brachen, offenbar von ihnen dazu ermuntert, bei ihnen ein. Wenn du also meinen Rat annehmen willst, dann bleib, wo du bist, mein liebes Kind. Dir fehlt doch nichts oder?«

»Nein, Sir«, antwortete Jenny. »Überhaupt nichts.«

»Unter Missus Jenkins Obhut genießt du ein privilegiertes Leben«, sagte der Arzt noch. Und er setzte mit großem Ernst hinzu: »Wenn du dich auf die *Friendship* verlegen ließest, dann wäre es mit deinen Privilegien auf einen Schlag vorbei. Und nur wenn du ein so unmoralisches Leben wie die meisten von ihnen zu führen bereit wärst, wärst du einigermaßen in Sicherheit. Diese Frauen dort sind gewalttätig und extrem streitsüchtig, das mußt du wissen, Jenny.«

»Aber wenn meine Mutter bei ihnen ist – dann könnte sie Hilfe und Schutz von mir brauchen. Sie ist keine Kriminelle – sie ist eine respektable Frau. Und sie ist meine Mutter, Sir. Ich muß ihr ganz einfach helfen«, sagte Jenny.

Der freundliche Arzt schaute sie leicht amüsiert an. »Dein Schutz, mein gutes Kind, würde ihr in dieser Gesellschaft nicht das geringste helfen. Aber« – er lächelte – »ich glaube, daß deine Mutter auf dieses Schiff hier verlegt werden könnte. Captain Phillip hat einmal geäußert, daß er plant, die Frauen, die sich dort am besten führen, hierher zu verlegen. Im Austausch dazu sollen die Frauen, die hier ständig Ärger verursachen, auf die *Friendship* abgeschoben werden. Ich werde sehen, was ich tun kann. Wie heißt deine Mutter?«

»Taggart, Sir – Rachel Taggart«, sagte Jenny mit vor Freude glänzenden Augen. »Ich bin ganz sicher, daß sich meine Mutter sehr gut geführt hat. Sie ist nicht so eine, die – die einen Mann nach dem anderen hat.«

»Ich versuche mein Bestes«, versprach Dr. White.

Zwei Tage später wurde Olwyn Jenkins zu ihm gerufen, und als sie in die Kajüte zurückkam, sah Jenny sofort, daß ihre mütterliche Freundin tief bekümmert war.

»Was ist denn los«, fragte sie. »Ach, Missus Jenkins, sagen Sie es mir doch bitte… ist etwas Schlimmes passiert?«

Olwyn Jenkins berichtete, und sie konnte nicht verbergen, wie schwer es ihr fiel: »Doktor White war auf der *Friendship*, mein liebes, liebes Kind, und er fragte, wie du ihm aufgetragen hast, nach deiner Mutter. Er – ich weiß nicht, wie ich es dir sagen soll – ich fürchte, es ist nichts Gutes, ganz und gar nichts Gutes.«

Jenny starrte sie entgeistert an. »Ist meine Mutter tot – auf der Fahrt hierher gestorben?«

»Nein. Sie ist von ihrer Krankheit genesen. Aber sie hat – sie hat einen Unfall gehabt, ist böse gestürzt, und es sieht so aus, als ob sie sterben muß. Sie –«

»Dann muß ich zu ihr«, schrie Jenny auf. »Bitte, Missus Jenkins, ich –«

Olwyn Jenkins legte ihren Arm um das zitternde Mädchen. »Bitte versteh doch. Die Frauen auf diesem Schiff sind sehr brutal. Sie behaupten, deine Mutter wäre gefallen, aber Dr. White kann das nicht ganz glauben ... Wenn du dorthin gehst, dann bist auch du in Lebensgefahr!«

»Aber kann meine Mutter nicht hierhergebracht werden? Dr. White sprach davon ...«

»Sie darf nicht bewegt werden. Wahrscheinlich ist ihr Rückgrat gebrochen.«

Jenny befreite sich aus der Umarmung Olwyns. »Liebe Missus Jenkins«, sagte sie entschieden, »ich bin nicht undankbar, wirklich nicht. Ich verdanke Ihnen so viel! Aber ich kann einfach nicht hierbleiben, wenn meine Mutter diesen Frauen ausgeliefert ist, in ihrem hilflosen Zustand! Ich bitte Captain Phillip, mich auf die *Friendship* zu verlegen.«

»Das schlägt er dir bestimmt nicht ab«, sagte Olwyn traurig. »Heute nachmittag inspiziert er alle Schiffe. Wenn er auf der *Charlotte* ist, kannst du ihn gleich fragen.«

Es war schon später Nachmittag, als Captain Phillip endlich an Deck der *Charlotte* kam. Nachdem er in einer beeindruckenden Ansprache allen auf Deck versammelten Sträflingen ernsthaft geraten hatte, sich zu ihrem eigenen Besten gut aufzuführen, fragte er Dr. White, wo das Mädchen sei, das mit ihm sprechen wolle. Der Arzt winkte Jenny heran. Sie kam nervös näher und machte unwillkürlich einen Knicks.

»Du bist gut erzogen, Kind«, sagte Captain Phillip. »Du willst also zu deiner Mutter auf die *Friendship?*«

»Ja, bitte, Sir«, brachte Jenny heraus.

Captain Phillip lächelte sie freundlich an. »Ich verstehe

gut, daß du zu deiner Mutter willst, jetzt, wo sie Hilfe nötig hat. Ich möchte aber ganz sichergehen, daß du weißt, was das bedeutet. Wenn du dort bist, kannst du nach unserer Abfahrt nicht mehr auf dieses Schiff hier zurückkommen – und ich habe vor, innerhalb der nächsten zwei Tage loszusegeln. Es dauert fünf bis sechs Wochen bis nach Kapstadt. Während der Überfahrt mußt du auf der *Friendship* bleiben – verstehst du?«

»Ja, Sir«, antwortete Jenny.

»Und du willst trotzdem hinüber?«

»Ja, bitte, Sir.«

Captain Phillip schaute sie mitleidig an, richtete sich dann auf, wie um sich zur Ordnung zu rufen, und sagte: »In Ordnung, mein Kind. Du kannst mit den anderen Frauen auf die *Friendship.*« Als Jenny außer Hörweite war, fragte er: »Ist das nicht das Mädchen, wegen dem der unglückliche Zusammenstoß zwischen Andrew Hawley und Jeremiah Leach stattfand?«

»Ja, ganz richtig«, bestätigte Captain Tench. »Hawley ist ein guter Mensch und ein ausgezeichneter Soldat, Sir.«

»Das weiß ich sehr genau. Trotzdem –«, er sprach leiser, weil Major Ross vorbeiging – »trotzdem fürchte ich, daß ich ihn mit den anderen Invaliden nach England zurückschicken muß.«

»Invaliden, Sir?« fragte Tench verdutzt. »Aber Hawley ist doch nicht krank, Sir?« Dann ging ihm ein Licht auf. »Ach, ich verstehe! Sie meinen, zu seinem eigenen Besten?«

»Sie sagten selbst, daß er ein ausgezeichneter Soldat ist«, entgegnete Phillip trocken. »Es wäre ein großer Verlust, wenn er seine vielversprechende militärische Karriere wegen einer Frau unterbrechen würde. Das ist zwar traurig für das Mädchen, aber...«

Jenny wußte nicht, daß das kurze Gespräch zwischen dem Flottillenadmiral und Captain Tench Andrew Hawley von ihr entfernen würde. Sie ging in die Kabine, um Olwyn Jenkins von der bevorstehenden Verlegung auf die *Friendship* zu unterrichten und sich von ihr zu verabschieden.

»Wir treffen uns in Botany Bay«, sagte Olwyn, »wenn Gott es will. Und vergiß nicht, es wird immer ein Platz für dich in unserem Haus sein.«

Jenny klammerte sich an sie und brachte kein einziges Wort heraus, aber als sie zum Ruderboot gerufen wurde und mit den fünf anderen Sträflingen einstieg, waren ihre Augen tränenlos. Die anderen Frauen schauten sie mit offener Feindseligkeit an, als Sergeant Jenkins ihr ins Boot hineinhalf und ihr mit einer Stimme, die wenig überzeugt klang, alles Gutes wünschte. Auf der *Friendship* wurden den sechs Frauen die Ketten abgenommen, und sie wurden unsanft in den stinkenden Laderaum geschoben, der sofort hinter ihnen abgeschlossen wurde. Im düsteren Licht der flackernden Laternen suchte Jenny nach jemandem, der sie zur Koje ihrer Mutter führen könnte, aber alle Frauen schauten sie haßerfüllt an, weil sie nicht gefesselt war, und es erhob sich ein Stimmengewirr, das alles andere als freundlich klang.

Sie schluckte, biß die Zähne zusammen und machte ein paar unsichere Schritte in die Dunkelheit hinein. Dann, als würde ihr Stoßgebet erhört, sah sie ein Mädchen in einem zerrissenen Kleid, das sich mit einer Tasse in der Hand in eine Koje hineinbeugte.

Die Frau, die dort lag, hatte die Decke bis zum Gesicht hochgezogen, und im ersten Augenblick erkannte Jenny ihre Mutter nicht, so schrecklich hatte sie sich verändert. Ihr Gesicht war abgemagert und totenbleich, und Schmerzen hatten tiefe Falten um ihre blutleeren Lippen und die halbgeschlossenen Augen herum eingegraben.

Jenny trat näher, und das Mädchen, das der kranken Frau mit großer Geduld Wasser eingeflößt hatte, schaute sich überrascht zu Jenny um. »Bist du zufälligerweise Jenny? Missus Taggart ruft in einem fort nach Jenny, die arme Frau!«

Jenny kam die Stimme bekannt vor. Wo hatte sie sie nur schon gehört? Ach ja, das war das Mädchen, das ihr in der ersten entsetzlichen Nacht im Newgate-Gefängnis etwas zu essen gebracht hatte, nachdem Aunt Meg und die anderen Frauen versucht hatten, ihr das Medaillon abzunehmen. Es war das Mädchen mit dem Baby, das ihr geraten hatte, das Medaillon dem Wärter zu verkaufen...

»Bist *du* Jenny?« fragte das Mädchen noch einmal eindringlich.

»Ja«, brachte Jenny heraus. Sie ließ sich neben der Koje auf die Knie fallen und berührte mit zitternder Hand das weiße, zerstörte Gesicht ihrer Mutter. »Mama – Mama, ich bin's. Ich bin gekommen, um – um dir zu helfen.«

Zuerst reagierte Rachel nicht. Dann öffnete sie die Augen und starrte Jenny an. Erst nach geraumer Zeit erkannte sie sie. Ein glückliches Lächeln huschte über ihre verhärmten Züge, und ihre Lippen formten ein einziges Wort. »Jenny!«

Jenny beugte sich vor und küßte ihre Wange, und Rachel wiederholte flüsternd immer wieder ihren Namen. Dann schloß sie die Augen und wurde wieder ohnmächtig. Das Mädchen führte Jenny zu der Koje gegenüber, und lud sie ein, sich auf die rohen Holzplanken zu setzen.

»Deine Mutter wird jetzt eine Zeitlang schlafen. Sie hat nicht mehr solche Schmerzen wie am Anfang, und ich habe ihr eine halbe Tasse Wasser eingeflößt. Doktor Arndell sagt, daß wir nicht mehr für sie tun können – außer ihr so viel Wasser zu geben, wie sie nur schluckt, und aufzupassen, daß sie sauber und warm gehalten wird.« Merkwürdig unpersönlich fügte sie hinzu: »Doktor Arndell ist sehr gut zu ihr – er besucht sie zweimal täglich und gibt ihr Opium gegen die Schmerzen. Aber ich wünschte, sie könnte woanders hingebracht werden. Hier unten, zwischen all diesen Frauen, ist es schwer, ordentlich für sie zu sorgen. Sie stören zwar nicht, aber mit wenigen Ausnahmen helfen sie auch nicht. Und zwei von denen sind wegen guter Führung auf die *Charlotte* verlegt worden. Da kommst du her, stimmt's?«

»Ja«, sagte Jenny leise.

»Freiwillig?« fragte das andere Mädchen.

»Ja, natürlich«, versicherte ihr Jenny. »Ich hörte, daß meine Mutter hier ist, und dann erfuhr ich, daß sie – daß sie gestürzt ist. Es war nicht leicht, hierher verlegt zu werden. Aber jetzt kann ich dir wenigstens Mamas Pflege abnehmen und –«

»Ich habe nicht darum gebeten, daß mir das abgenommen wird.«

»Ja aber –« Im Newgate-Gefängnis hatte dieses Mädchen ein neugeborenes Baby gehabt. »Du mußt dich doch um dein Baby kümmern!«

»Mein Kind ist tot«, sagte das andere Mädchen kühl. »Es starb, noch bevor wir England verließen. Ich bin froh, daß es diese grauenhafte Reise nicht erleben mußte!«

Jenny schwieg, weil sie den Schmerz hinter den Worten spürte. Als sie schließlich das Mädchen anschaute, war ihr Gesicht von Tränen naß.

»Du – du hast mir nie gesagt, wie du heißt«, sagte Jenny hilflos.

»Amelia – Amelia Bishop. Die meisten Leuten nennen mich aber Melia.«

Jenny bedankte sich bei ihr, daß sie sich so liebevoll um ihre Mutter gekümmert hatte, aber Melia unterbrach sie.

»Du bist verrückt, daß du hierhergekommen bist, Jenny«, sagte sie sehr ernst. »Du hast dich wirklich freiwillig auf dieses Schiff verlegen lassen?«

Jenny wurde rot. »Ja, wegen Mama – wegen meiner Mutter. Was hätte ich sonst tun können? Versetz dich mal in meine Lage – hättest du nicht dasselbe gemacht?«

Melias Gesicht wurde hart. »Nein«, erwiderte sie bitter. »Wenn es *meine* Mutter gewesen wäre, dann hätte ich sie eher zur Hölle fahren lassen, als daß ich einen Finger für sie gerührt hätte!«

Wieder trat Schweigen zwischen ihnen ein, ein angespanntes und verletztes Schweigen. Aber schließlich sagte Jenny trotzig: »Meine Mutter hat nach mir gerufen, immer wieder, das hast du doch gesagt, oder? Und sie war glücklich, als ich kam.«

Sie war überrascht, welche Wut ihre Worte hervorriefen. Melia zischte: »Nun, jetzt hast du ja deine kostbare Mama gesehn, und du hast sie glücklich gemacht... das reicht doch, oder? Ich pflege sie, solange sie noch zu leben hat – und es wird nicht mehr lang dauern – das siehst du doch selbst, wenn du nicht ganz blind bist. Geh zurück auf die *Charlotte*, bevor wir lossegeln. Wenn du hierbleibst, dann machst du den größten Fehler deines Lebens, glaub es mir!«

»Aber warum«, stammelte Jenny. »Ich kann das nicht verstehn. Wenn meine Mutter stirbt, dann muß ich bei ihr bleiben. Ich kann sie doch nicht *diesen* Frauen ausliefern!«

Melias Zorn legte sich. »Nun gut«, sagte sie müde. »Du mußt die Wahrheit sowieso einmal wissen. Deine Mutter hat keinen Unfall gehabt. Es war Absicht – *diese* Frauen, wie du sie nennst, wollten sie umbringen. Sie –«

»Ich weiß es«, warf Jenny schnell ein. »Olwyn Jenkins hat es mir angedeutet.«

»Du hast es gewußt und bist trotzdem hergekommen?«

»Ich mußte ganz einfach. Mir wurde gesagt, daß es nicht bewiesen werden könne, und ich hatte Angst..., sie nun, sie mit diesen Frauen allein zu lassen.«

Die Augen des älteren Mädchens weiteten sich vor Überraschung und Verwunderung. »Sie tun ihr jetzt nichts mehr, Jenny, sie brauchen's nicht mehr.«

»Aber warum wollten sie –« Jenny schluckte. Es fiel ihr schwer, diese Frage zu stellen. »Warum wollten sie sie umbringen?«

»Ganz einfach. Sie hatte Geld – Gold – und sie wollte es ihnen nicht geben.«

Captain Wilkes Geld, dachte Jenny. Aber hatte er ihr nicht

ganz bewußt nur Silber für ihre Mutter gegeben? Sie erschauerte. Vielleicht hatte Doktor Fry ihr ein paar Goldstücke für die Reise mitgegeben...

Melia sprach mit flacher, ausdrucksloser Stimme weiter. »Im Laderaum in diesem Schiff ist es genauso wie im Newgate-Gefängnis, Jenny, wie in der Zelle, in der du dort deine erste Nacht verbracht hast... Diese Weiber sind alle da. Sie –«

»O Gott –« Plötzlich wurde Jenny von Angst gepackt. »Du meinst, die alte Meg ist hier, Meg und diese Zigeunerin Hannah? Die mich –« Sie konnte nicht weitersprechen.

»Ganz genau die. Die alte Meg führt hier das Regiment, genau wie in Newgate. Sie haben dich noch nicht entdeckt, weil sie noch schlafen, aber ich fürchte, sie haben dich nicht vergessen. Meg hat noch die Narben im Finger von deinem Biß, und wenn sie betrunken ist, flucht sie noch heute auf dich, Jenny. Auf die Schmerzen, und ganz besonders auf die Erniedrigung. Deshalb mußt du auf die *Charlotte* zurück. Die alte Meg ist ein gefährlicher Feind, und du – du bist noch immer ein Unschuldslamm, Jenny Taggart. Gott weiß, wie du das geschafft hast.«

Jenny antwortete nicht. Diese Frauen hatten – zweifellos von Meg angestiftet – versucht, ihre Mutter umzubringen..., aber sie konnten nicht bestraft werden, da es keinen Beweis gab. Ganz gleich, was es bedeutete, sie konnte ihre Mutter nicht allein mit ihnen lassen.

Rachel rief ihren Namen, und als Jenny ihr das Wasser einflößte, um das sie gebeten hatte, lächelte ihre Mutter sie trotz ihrer Schwäche strahlend an.

»Es ist so schön... daß du wieder da bist... liebste Jenny!« flüsterte sie mit großer Anstrengung.

»Ich bleib' bei dir, Mama«, versprach Jenny. »Ich geh' nie mehr weg von dir!« Sie wusch ihrer Mutter vorsichtig Gesicht und Hände.

Später fragte Amelia noch einmal: »Nun, gehst du weg, oder bleibst du hier?«

»Ich bleibe hier«, entschied Jenny ohne zu zögern. »Du bist verrückt«, sagte das ältere Mädchen. »Meg weiß inzwischen, daß du hier bist.«

Eine halbe Stunde später kam die alte Meg tatsächlich. Wie in Newgate war sie auch hier gut und sauber gekleidet, aber ihr Gesicht war vom Alkohol noch aufgedunsener. Hannah und ein paar andere Frauen folgten ihr, und sie flüsterten miteinander über den Höllenbraten, der es gewagt hatte, der alten Meg die Stirn zu bieten. Aber wenn sie Gewalttätigkeiten erwartet hatten, so sahen sie sich schnell enttäuscht. Meg blieb schweratmend bei Rachels Koje stehen und hielt Jenny schweigend ihre narbigen Finger hin.

»Nur zu, Meg!« drängte Hannah. »Gib der miesen Drecksau die Abreibung, die se verdient!«

Als Antwort stieß Meg Hannah in die Rippen und zischte gefährlich leise: »Da biste ja wieder! Ich hab' dich nich vergessen, Jenny Taggart, hab' immer was, was mich an dich erinnert!« Sie fuchtelte mit ihrem Finger drohend vor Jennys Gesicht herum. »Rache is süß, oder etwa nich, mein Schätzchen? Aber wir haben ja viel Zeit… ich krieg' dich schon noch, irgendwann, vielleicht mitten in der Nacht, wenn du schläfst, und zwar *damit!*« Sie zog eine Rasierklinge aus dem Ärmel ihres Samtkleides. »Spätestens, wenn ihr in Botany Bay seid, wird kein Mann dich mehr anschaun, so zerschneid' ich dir's Gesicht, nich mal einer von den Dreckswilden, die's da geben soll!«

Jenny wich zitternd ein paar Schritte zurück. Ihr Mut drohte sie zu verlassen. Amelia Bishop trat zwischen sie und die alte Frau, und sie sagte erstaunlich kühl: »Jetzt reicht's aber, Meg. Laß sie in Ruh. Sie hat jetzt genug zu tun, ihre Mutter zu pflegen, oder?«

Meg grunzte und nickte dann zu Jennys großem Erstaunen. »Wir ham viel Zeit«, wiederholte sie noch einmal. »Sie kann schon mal vor Angst schwitzen. Und du wirst se auch nicht retten, Melia. Fürs erste reicht's!« sagte sie, drehte sich schwerfällig um und verschwand mit den anderen in der trüben Dunkelheit.

Jenny sagte erstaunt: »Sie hat ja auf dich *gehört*, Melia!«

Melia lächelte, aber ihre Augen blieben traurig dabei. »Meg weiß eben, daß ich das hier habe«, sagte sie ruhig, hob ihren Rock hoch und zeigte Jenny den kleinen Dolch, den sie unter das Strumpfband geschoben hatte. »Das ist genauso eine Waffe wie ihre Rasierklinge, und noch besser ist, daß diese alte Vettel weiß, daß ich Gebrauch davon machen werde, wenn sie's zu weit treibt. Also läßt sie mich in Ruh.«

Jenny war etwas beruhigt, aber sie schlief nur wenig und wagte es nur, die Augen zu schließen, wenn Meg mit ihren Anhängerinnen soff oder wenn sie, was regelmäßig vorkam, nachts von Matrosen besucht wurden.

Da die Frauen auf der *Friendship* für ihre Unberechenbarkeit bekannt waren, durften sie tagsüber überhaupt nicht an die frische Luft an Deck. Aber zu ihrer großen Erleichterung bemerkt Jenny bald, daß Melia und sie doch völlig in Ruhe gelassen wurden. So konnten sie ungestört das Wenige tun, was die Pflege der armen, leidenden Rachel verlangte, die von Tag zu Tag immer schwächer und durchsichtiger wurde.

Am Dienstag, den 4. September segelte die Flotte in Richtung Kap der guten Hoffnung los. Bei gutem Wetter und günstigem Wind würde die Fahrt etwa fünf Wochen dauern.

Die ersten zwei Tage der Reise war das Wetter ruhig und angenehm. Die Luken wurden geöffnet, und die Sträflinge durften wieder an die frische Luft. Ein Mädchen in Jennys Alter kam schüchtern auf sie zu und bot ihr an, bei Rachels Pflege behilflich zu sein. Aber es wurde bald klar, daß sie sich hauptsächlich an Jenny und Melia wandte, weil sie Schutz in ihrer Nähe suchte.

Polly war ein merkwürdiges Mädchen, dachte Jenny, selbst Melia an Erfahrung um Jahre voraus, manchmal zynisch und ohne jede Hoffnung, aber dennoch zuversichtlich. Sie nahm alle Schwierigkeiten als etwas Schicksalhaftes hin, und beklagte sich nur selten – was die anderen unaufhörlich taten – über das schlechte Essen und ihre Gefangenschaft.

Am dritten Tag wurde es stürmisch, dunkle Regenwolken zogen am Himmel auf, und es wurde sehr kalt. Die todkranke Rachel litt sehr unter dem heftigen Geschlinger des Schiffes, und es kostete ihre drei jungen Pflegerinnen alle Kraft, ihren gequälten Körper einigermaßen fest in der Koje zu halten, damit sie nicht hin und her rutschte. Gegen Abend verabreichte Dr. Arndell ihr ein starkes Opiat, und sie konnte endlich schlafen. Der Wind legte sich etwas, und die drei erschöpften Mädchen setzten sich in Jennys Koje und nippten abwechselnd an einem Glas Rum, das ihnen der freundliche junge Arzt gebracht hatte. Der Alkohol wärmte sie auf und lockerte Pollys Zunge, die bisher noch nichts über sich erzählt hatte.

Nach einem Seitenblick auf Jennys schlafende Mutter sagte sie leise: »Meine Mutter hat mich verkauft, als ich acht Jahre alt war, für zehn Schilling und eine Flasche Rum.« Sie hielt das Glas verächtlich in die Höhe. »Ich weiß nicht, wie ich mit Nachnamen heiße – es wurde mir nie gesagt. Immer, wenn ich danach gefragt wurde, nannte ich den Namen von Missus Morgan – die hatte mich gekauft. Das war vielleicht eine gräßliche alte Vettel! Sie schickte uns auf die Straße, und wir mußten alles machen, was die Männer von uns verlangten.« Als sie Jennys entsetzten Blick sah, fragte sie: »Jetzt hab' ich dich schockiert, was?«

»Nein«, log Jenny. »Natürlich nicht.« Aber die Erinnerung an die furchtbare Nacht, die sie und ihre Mutter in Missus Morgans Haus verbracht hatten, stieg plötzlich in ihr hoch, und ihre Stimme klang nicht sehr überzeugend.

Polly fuhr unbeirrt fort: »Aber du, Jenny, hattest ja eine Mutter, die sich um dich gekümmert hat. Sie hat dir sogar

Lesen und Schreiben beigebracht, stimmt's? Und trotzdem seid ihr beide hier gelandet, du und deine Mutter! Für was denn?«

»Weil mir ein Taschendieb eine gestohlene Geldbörse in die Hand gedrückt hat«, antwortete Jenny.

»Und du hast dich erwischen lassen? Oje! Und deine Mutter, was war mit der?« Melia versuchte, sie zum Schweigen zu bringen, aber Polly ließ nicht locker. »Mich interessiert es einfach, was passieren muß, damit respektable Leute wie Kriminelle behandelt und sogar deportiert werden. Was hat deine Mutter *gemacht*, Jenny?«

Jennys Gesicht wurde brennend rot, als sie die Geschichte ihrer Mutter in wenigen, bitteren Worten erzählte.

»O Gott, die Ärmste!« flüsterte Melia und hielt den Atem an. »Captain Wilkes wurde gehängt, oder?«

»Ja«, sagte Jenny und versuchte, die Erinnerung an den großen, eleganten Mann nicht aufkommen zu lassen, der mutig auf den Galgen zugeschritten war... Wenn Polly nach einem Grund für ihren und ihrer Mutter Niedergang suchte, dann brauchte sie nur daran zu denken, daß jemand Captain Wilkes verraten und das Kopfgeld eingesteckt hatte. All ihr großes Unglück fing mit diesem einen Verrat an.

Kurz darauf schliefen die Mädchen vor Müdigkeit und Erschöpfung ein, und als Jenny erwachte, bemerkte sie entsetzt, daß der Sturm wieder aufgekommen war und ihre Mutter vor Schmerzen schrie.

Das schlechte Wetter hielt fast eine Woche lang an, und oft türmten sich die Wellen so hoch auf, die gegen den hölzernen Bauch der *Friendship* anrannten, daß kein anderes Schiff der Flotte zu sehen war, und sie allein den tobenden Elementen ausgeliefert zu sein schien. Segel rissen und Rahen flogen davon, in das Schiff drang Wasser ein, und die Pumpen mußten Tag und Nacht bedient werden. In dem feuchten, stinkenden Laderaum wurden fast alle Frauen seekrank, und nur das Wissen, daß das Leben ihrer Mutter von ihr abhing, gab Jenny noch die Kraft, sie zu pflegen.

Wenigstens war sie während des tagelang tobenden Sturmes sicher, daß Meg ihre Drohung nicht wahrmachen würde, denn sie lag, wie die anderen auch, hilflos und stöhnend in ihrer Koje. Niemand durfte an Deck gehen, die Luken waren geschlossen, und nur Dr. Arndell kam täglich auf ein paar Minuten herunter zu ihnen, um Rachel mit Opium zu versorgen. Nachdem er seine Pflicht getan hatte, floh er hustend und würgend so schnell es ging. Sein Atem roch stark nach Alkohol, und Jenny erriet, daß er sich jedesmal Mut antrinken mußte, bevor er sich in den Laderaum herunterwagte.

Es war ein Wunder, daß Rachel immer noch lebte. Sie war inzwischen so schwach, daß sie ihren Kopf nicht mehr von dem harten Kissen heben konnte, das Melia für sie beschafft hatte. In den wenigen Minuten, in denen sie bei Bewußtsein war, flüsterte sie Jennys Namen. Manchmal sprach sie von der Farm in Yorkshire, als ob sie ihre Heimat nie verlassen hätte, und dann lächelte sie und wirkte ganz entrückt.

»Wir fahren zur Michaelsmesse, Jenny.«

»Ja, Mama«, antwortete Jenny, und hielt gewaltsam ihre Tränen zurück. »Du und Papa und ich.«

Aber der Sturm heulte und das Wasser zischte so laut, daß sie nicht sicher war, ob ihre Mutter sie überhaupt verstehen konnte, und sie war fast dankbar, wenn sie wieder in Ohnmacht sank.

Am 14. September legte sich der Sturm endlich, und die weit auseinandergetriebene Flotte fand wieder in ihren Verband zurück. Die Luken wurden geöffnet, die Pumpen spuckten das letzte Wasser aus, und auf Deck trockneten die durchgeweichten Decken und die salzverkrusteten Kleider an provisorisch aufgespannten Wäscheleinen.

Am Sonntag kam der Pfarrer an Bord der *Friendship*, um einen Gottesdienst abzuhalten. Die Sträflinge hörten seiner von missionarischem Eifer getragenen Predigt nur widerwillig zu. Plötzlich grölte die alte Meg so laute obszöne Beschimpfungen dazwischen, daß Captain Meredith befahl, sie unter Deck zu bringen und ihr Ketten anzulegen.

Jennys Angst vor der haltlosen Frau lebte wieder auf. Doch Melia meinte: »Vergiß sie ganz einfach. Sie ist fast so schwach wie deine arme Mutter. Sie trinkt so viel, daß sie keine drei Schritte gehen kann, ohne auf die Knie zu fallen. Sie tut dir nichts – sie kann es einfach nicht, Jenny, selbst wenn Captain Meredith ihr die Ketten wieder abnehmen läßt.«

In dieser Nacht war die See spiegelglatt. Zum erstenmal seit langem kamen wieder männliche Besucher in das Quartier der Frauen, und sie brachten reichlich Alkohol mit. Polly, die für die Nachtwache an Rachels Seite eingeteilt war, verschwand mit einem knappen »bis später« und feierte und soff mit den anderen den größten Teil der Nacht durch.

Als der Tag anbrach, verließen die Männer den Laderaum und gingen an die Arbeit. Endlich wurde es ruhig. Jenny kniete an der Koje ihrer Mutter. Ihr Kopf sank auf die Decke, und sie träumte von der Michaelsmesse, von den bunten Marktbuden, dem Tanzbär und... von ihrem Vater, wie er die jungen Pferde zum Verkauf anbot. In ihrem Traum drehte er sich lächelnd zu ihr um und breitete seine Arme aus. Sie rannte glücklich auf ihn zu und sprang in seine Arme.

»Ach Papa, Papa«, flüsterte sie und klammerte sich an ihn. »Ich bin so froh, daß du da bist!«

Aber er roch stark nach Rum. Ihr Vater war Schotte und trank Whisky, wenn er sich diesen Luxus überhaupt einmal leisten konnte. Und seine Hände packten sie plötzlich unzart an den Schultern und gruben die Nägel in ihre Haut. Sie erwachte, spürte immer noch die Hände, die sie mit festem Griff herunterzogen, und schrie entsetzt auf, als sie bemerkte, daß sie nicht mehr träumte.

Denn die Hände waren wirklich da – fette, geschwollene Hände... *die Hände der alten Meg!* Jenny schrie wieder, bis ihr eine Hand den Mund zuhielt, und sie fühlte den kühlen Druck der Rasierklinge an ihrem Hals.

»Ich hab' ja gesagt, daß ich dich schon noch erwische, oder?« zischte Meg. »Und jetzt isses soweit – ich zerschneid' dir dein hübsches Gesichtchen! Selbst deine Mutter wird dich nich mehr erkennen!«

Meg schnaufte laut. Jenny versuchte verzweifelt, sich freizukämpfen, aber die alte Frau war allein schon durch ihr Gewicht ungeheuer stark, und Jennys Kräfte erlahmten.

Die Rasierklinge schlitzte ihre Wange auf. Sie spürte keinen Schmerz, nur eine so große Wut, daß sie ihre Furcht überwand. Meg hatte ihre Mutter zum Krüppel geschlagen, wie sie selbst zugegeben hatte, und wer weiß, was sie ihr jetzt antun wollte. Jenny schmeckte ihr salziges Blut, und wehrte sich mit all ihren letzten Kräften.

Die Hand, die ihr den Mund zuhielt, glitt ab, und Jenny konnte wieder schreien. Diesmal hörte es Rachel wie durch ein Wunder. Mit allerletzter Kraft griff sie nach dem Armband um Megs Handgelenk und zog plötzlich daran. Die Rasierklinge rutschte Meg aus den Fingern und fiel zu Boden. Die alte Vettel fluchte und beugte sich hinunter, um ihre Waffe wieder aufzuheben. In diesem Augenblick wachte Melia auf und rief entsetzt: »Jenny, fang den Dolch auf! Und *benutz* ihn auch, sonst bringt sie euch beide um!«

Der kleine Dolch flog in Jennys Richtung. Sie fing ihn auf und starrte die blitzende, scharfe Klinge entgeistert an. Als Meg die Rasierklinge wieder gefunden hatte und ihre unbändige Wut an der hilflosen Rachel auslassen wollte, erwachte Jenny aus ihrer Erstarrung, schrie auf, ergriff den Dolch mit beiden Händen und stieß ihn Meg in den Rücken Er fuhr bis zum Heft hinein. Die alte Frau schrie kurz auf und sank dann zu Boden.

Melia sprang aus ihrer Koje herunter und schaffte es, Meg auf den Rücken zu rollen. Ihre Augen war weit aufgerissen und starrten ins Leere.

»Sie ist tot«, sagte Melia entsetzt und schlug sich die Hände vors Gesicht. »Jenny – sie ist tot!«

Im selben Augenblick rollten sich die anderen Frauen aus ihren Kojen und beschwerten sich kreischend über die Störung. Als sie Megs leblosen Körper liegen sahen, hielten sie entsetzt den Atem an. Jemand ergriff eine Laterne, kam heran und leuchtete Meg in das aufgedunsene, starre Gesicht.

»Es ist Meg!« rief die Frau aus. »Sie ist tot – ermordet!«

»Das kann nicht sein – doch nicht Meg! Sie –«

»Doch. Sie ist tot«, stellte Hannah fest und schaute Jenny mit ihren rotgeränderten Augen anschuldigend an. »Und dieses miese Stück hat's getan! Sie hat unsre Meg umgebracht!«

Jenny blickte sie ruhig an. Sie hatte einen Schock erlitten und begriff noch nicht wirklich, was geschehen war. Es war ihr, als ob ihr glücklicher Traum von der Michaelsmesse in Milton sich in einen Alptraum verwandelt hätte, und sie stand da und wartete ab, daß er zu Ende ginge und sie endlich wieder erwachen würde. Polly drückte sich durch die murmelnden Frauen hindurch und deutete auf die Rasierklinge, die die tote Meg noch immer in der Hand hielt.

»Es hieß entweder sie oder die beiden hier«, sagte sie voller Verachtung. »Seid ihr denn alle blind? Seht ihr denn nicht Jennys Gesicht? Die alte Meg hat doch geschworen, Hackfleisch daraus zu machen, das habt ihr selbst gehört, und sie hat's versucht – das könnt ihr ja sehn! Es war nicht genug, was sie Jennys Mutter angetan hat – sie wollte auch noch Jenny zerstören. Sie hat's wirklich verdient, und die kleine Jenny hier hat's geschafft!«

»Is ja eigentlich wahr ...«, stimmte eine der Frauen zu. Sie schaute unsicher zur jammernden Hannah hin und wischte Jenny vorsichtig mit einem Tuch das Blut von der Wange ab. »Meg war 'ne alte Hexe – sie hat's verdient. Wir wissen ja alle, was sie der armen Rachel angetan hat, oder?«

Melia erklärte ruhig. »Ich hab' Jenny meinen Dolch zugeworfen. Ich sah, was Meg vorhatte, und ich beschwor Jenny, zuzustechen. Sie hatte keine Wahl – Meg hätte ihr und ihrer Mutter die Kehle durchgeschnitten.«

Ein zustimmendes Gemurmel wurde laut. Ein dürres, blasses Mädchen sagte fragend: »Wir können's nich melden... können's nich sagen, oder? Sonst kriegt Jenny Schwierigkeiten.«

»Wir legen se einfach zurück in ihre Koje und lassen die Rotröcke sie entdecken, und wissen von nix was«, schlug eine andere Frau vor. »Es gab weiß Gott schon genug Tote in diesem Loch hier, und keiner hat sich 'n Dreck drum geschert! Ich wette, Dr. Arndell wird keine einzige Frage stellen.«

Jenny brachte kein Wort heraus. Sie fühlte nichts, und alles war ihr gleichgültig. Erst als Polly sie am Arm faßte und sagte: »Deiner Mama geht's schlecht«, erwachte sie aus ihrer Apathie und ließ sich aufschluchzend neben der Koje ihrer Mutter auf die Knie fallen.

Rachel war halb bewußtlos. Ihr Atem ging schnell und flach. Aber als Jenny ihre Hand drückte, öffnete sie die Augen, und ein schwaches Lächeln umspielte ihre Lippen. Sie flüsterte: »Ich geh' nach Hause, meine kleine Jenny.« Ihre Stimme war so leise, daß Jenny halb erraten mußte, was sie sagte. »... Heim... dein Papa wartet schon auf mich... heim...«

Das waren ihre letzten Worte. Als Dr. Arndell am späten Vormittag in den Laderaum kam, konnte er nur noch ihren Tod feststellen.

Als er Jennys aufgeschlitzte Wange mit zwei Stichen nähte, sagte er mitfühlend: »Jetzt muß sie nicht mehr leiden. Sie war so tapfer, aber sie hätte nie mehr gesund werden können. Und du, Jenny, du hast alles für sie getan. Du brauchst dir keine Vorwürfe zu machen.« Er verknotete die Fäden und steckte die Nadel zurück an sein Revers. »Das heilt gut, und die Narbe wird man auch nicht lange sehn... Und ich frag auch nicht, wie es passiert ist... Das ist besser so, oder?«

Jenny dankte ihm, und der freundliche Arzt seufzte. »Ein neues Unwetter braut sich zusammen. Ich lass' dir etwas Rum herunterschicken. Ertränk deine Sorgen, Mädchen! Das mach ich auch, und zwar, bevor uns der neue Sturm erwischt!«

In dieser Nacht fiel der Sturm mit doppelter Gewalt über sie her, und die *Friendship* ächzte und erzitterte, als die Wellen sie überspülten. Gegen Morgen drehte das Schiff plötzlich bei, und vom Deck herunter waren Geschrei und eiliges Fußgetrampel zu hören. Die Frauen lauschten angespannt und fürchteten, daß das Schiff untergehen würde. Selbst die seekranken Frauen schwankten irgendwie zur Ladeluke, trommelten wie wild mit den Fäusten dagegen und baten, herausgelassen zu werden.

Jenny blieb, versunken in ihren eigenen Schmerz, in ihrer Koje liegen, und als die allgemeine Aufregung sich gelegt hatte und das Schiff wieder weitersegelte, kamen Eliza und die blasse, dürre Charlotte heran und wunderten sich über ihren Mut.

»Du bist schon komisch«, meinte Eliza. »Zuerst wehrste dich gegen die alte Meg und schlägst sie mit ihren eigenen Waffen, dann bleibste völlig ruhig, wenn der Rest von uns fast verrückt ist vor Angst! Woher wußteste denn, daß 'n armer Matrose über Bord gespült wurde, und daß ein Rettungsboot runtergelassen wurde, um ihn zu suchen?«

»Ach, das war der Grund?« zwang sich Jenny zu fragen.

Beide Frauen nickten. »Das ham se uns erzählt. Sie konnten den armen Kerl aber nich finden«, sagte Charlotte und zuckte hilflos mit den Schultern.

»Da ist noch etwas Rum von Dr. Arndell«, sagte Jenny und deutete auf ein kleines, strohumflochtenes Fäßchen, das der Arzt ihr hatte bringen lassen.

»Ja, willstes denn nich?« fragte Charlotte überrascht.

Eliza kicherte. »Nem geschenkten Gaul schaut man doch nich ins Maul!« sagte sie. »Unsere kleine Jenny is ne ganz

Schlaue – wird nich mal seekrank wie wir alle. Und is nicht so selbstsüchtig wie die alte Wabbel-Meg. Wir nehmen den Rum an, bevor se sich's vielleicht anders überlegt!«

Als die beiden glücklich mit dem kostbaren Fäßchen abgezogen waren, beugte sich Melia aus ihrer Koje herunter. »Weißt du eigentlich, daß die beiden da eben, Eliza und Charlotte, richtiggehend Megs Sklaven waren? Sie machten alles, was sie von ihnen verlangte – egal was. Und jetzt schauen sie zu *dir* auf!«

»Zu mir? Das kann ich kaum glauben!«

»Doch, doch«, versicherte ihr Melia. »Du bist mit der alten Meg fertig geworden, du hast die beiden von der alten Vettel erlöst, und das gibt dir das Recht, ihren Platz einzunehmen, wenn du das willst…«

»Aber ich –«

»Ich weiß genau, was du denkst«, sagte Melia. »Du bist noch ein halbes Kind, und Meg war ein altes, mit allen Wassern gewaschenes Luder. Sie hat ihnen das Leben schwergemacht, und jede – selbst Hannah – hätte sie umgebracht, wenn sie's nur gewagt hätten. Nur du allein hast es gewagt.«

»Ja«, sagte Jenny unglücklich. »Ich habe sie umgebracht, Melia, ermordet. Ich –« Ihre Stimme versagte. »Ich kann nicht stolz darauf sein. Ich weiß nicht, was über mich kam – ich wußte nicht mehr, was ich tat. Wie damals, wo ich ihr in den Finger gebissen hab. Aber diesmal hab ich sie umgebracht. Ich –«

Sie hatte die alte Vettel gehaßt, dachte sie, so abgrundtief gehaßt, daß sie ihr den Tod gewünscht hatte. Nicht nur wegen dem, was sie Rachel angetan hatte, sondern auch wegen der gräßlichen Drohung, die sie ausgestoßen hatte… Jenny biß sich auf die Lippen.

»Die alte Meg hatte den Tod wirklich verdient«, sagte Melia überzeugt, als hätte Jenny ihre Gedanken laut ausgesprochen. »Du *darfst* dir keine Vorwürfe machen. Sie hätte dich ohne mit der Wimper zu zucken umgebracht… und deiner armen Mutter die Kehle durchgeschnitten, wenn du's nicht verhindert hättest.«

Melia kletterte aus ihrer oberen Koje herunter und setzte sich neben Jenny. »Ich teile mit dir die Verantwortung für Megs Tod«, fuhr sie ernst fort. »Ich hab dir meinen Dolch zugeworfen und dir gesagt, daß du ihn benutzen sollst… stimmt's?«

»Ja, aber – hättest *du* auch zugestochen?«

Melia zögerte, und dann lächelte sie. »In deiner Lage hätt' ich's natürlich gemacht. Wenn mehr Zeit gewesen wäre, hätt' ich's bestimmt gemacht. Ich bedauere es jetzt, daß es mir nicht möglich war, weil du scheinbar die ganze Schuld auf dich nimmst. Es war sehr tapfer von dir, und die anderen Frauen bewundern dich dafür, ganz bestimmt!«

Melias Worte trösteten Jenny zwar, aber während alle anderen Frauen in den folgenden Tagen schwer seekrank waren, hörte ihr Gewissen niemals auf, sie zu martern. Sie betete inständig zu Gott und nahm sich vor, in dem fremden Land, auf das sie durch das sturmgepeitschte Meer langsam zusegelten, ein neues Leben anzufangen.

Jeremiah Leach stand auf dem Deck der *Alexander* und verfluchte den Tag, an dem Major Ross ihn so ungerecht auf dieses Schiff versetzt hatte.

Die *Alexander* war kein glückliches Schiff. Kurz vor der Ankunft in Rio war ein Sträfling namens Carben wegen eines Fluchtversuchs am Rahnock erhängt worden. Ein Marineinfanterist, der wissentlich Falschgeld weitergegeben hatte, hatte zweihundert Schläge bekommen und war daran gestorben. Diese beiden Todesfälle wirkten sich sehr bedrückend auf die Stimmung an Bord aus.

Im Laderaum waren fast zweihundert männliche Sträflinge zusammengepfercht. Viele waren schon zu Beginn der Reise krank gewesen, und ihr Gesundheitszustand hatte sich während der Fahrt noch verschlechtert, weil sich der Captain nicht darum kümmerte, daß das faulige Bilgenwasser regelmäßig abgepumpt wurde. Auf dem Schiff war Ruhr ausgebrochen, und seit der Abreise aus Rio war der Gestank unter Deck nicht nur im Laderaum, sondern auch in den Kabinen unerträglich geworden.

Leach schritt an Deck auf und ab und sog in tiefen Zügen die frische Luft ein, während er den Sonnenuntergang beobachtete. Er war dem Essen ferngeblieben, weil Captain Sinclair ihn beleidigt hatte, und der Rum, den er statt der Nahrung zu sich genommen hatte, zwickte ihn im Bauch. Es war billiger Fusel, aber dank des pfennigfuchserischen Geizes seines Vaters – der Teufel sollte ihn holen! – hatte er sich keinen besseren beschaffen können.

Captain Sinclair war ein schwerer Trinker, aber er hatte ihm ebensowenig wie einer der anderen Offiziere etwas von seinem eigenen, viel besseren Alkohol angeboten. Sinclair beobachtete seine Mannschaft argwöhnisch und verhängte selbst für die kleinsten Vergehen harte Strafen. Deshalb waren die Matrosen auf der *Alexander* aufgebracht und unverschämt. Sie setzten sich bei der Arbeit nicht wirklich ein, und manchmal kam das Schiff dadurch in gefährliche Situationen.

Noch schlimmer aber fand Jeremiah Leach den schlechten Einfluß, den die mangelhafte Disziplin der Matrosen auf die Marineinfanteristen ausübte. Zugegebenermaßen war er selbst nicht gerade mit reiner Weste an Bord der *Alexander* gekommen – durch die unglückselige Geschichte mit Andrew Hawley und Jenny Taggart. Aber Leach fand, daß das noch lange kein Grund war, ihm die kalte Schulter zu zeigen. Und die ekelhaften, unhygienischen Zustände auf dem Schiff schienen diesen Männern überhaupt nichts auszumachen. Er hatte sich wiederholt darüber beschwert und wurde deshalb ausgelacht. Sie machten ihn sogar vor Captain Sinclair lächerlich, dessen Beleidigungen darin gipfelten, daß er ihm einen Spitznamen verpaßte. Dieses Schwein hatte ihn öffentlich in der Offiziersmesse mit »Mister Ojemine« angesprochen, und jetzt wurde er hinter seinem Rücken, aber nicht immer außer Hörweite, so genannt.

Leach griff nach der getakelten Rettungsleine, die den Männern ermöglichte, sich auch bei schlechtem Wetter auf Deck zu bewegen, und ging vorsichtig auf die Vorderluke zu. Er würde nicht auf den verdammten Lieutenant Nellow warten, um mit ihm zusammen den Laderaum zu inspizieren, in dem die Sträflinge hausten. Er würde diesen unangenehmen Gang jetzt hinter sich bringen und danach zusehen, ob ihm der Steward noch etwas zu essen vorsetzen könnte. Immer war ein Infanterist an der Ladeluke als Wachposten aufgestellt, der konnte ihn begleiten. Er war nicht zu sehen. Wahrscheinlich döste er hinter der Ladeluke im Windschatten vor sich hin ... Er stellte wütend fest, daß der Eingang unbewacht war. Der Infanterist lehnte auf der Leeseite über die Reling und erbrach sich. Seine Flinte – die er in der Eile fallen gelassen haben mußte – schlidderte über das Deck auf das Speigatt zu.

Leach klammerte sich in dem heftigen Wind an der Rettungsleine fest und ging auf ihn zu. Er packte ihn am Gürtel und zog ihn daran hoch.

»Zurück auf den Posten, Sie Schurke! Und die Flinte muß getrocknet und geputzt werden. Kümmern Sie sich sofort darum, verstanden?«

Der Wachposten war jung, fast noch ein Knabe, und er war offenbar zu Tode darüber erschrocken, daß ihn ein Offizier bei seinem Schwächeanfall erwischt hatte.

»Entschuldigung, Sir ... ich mußte mich übergeben und –« Wieder überkam ihn die Übelkeit. »Sir, ich kann nicht –« Er mußte sich wieder erbrechen, und ein paar Spritzer landeten auf Leachs Stiefeln.

»Du Dreckskerl!« schrie Leach aufgebracht. »Schau mal da – meine Stiefel!«

»Ich putze sie gleich, Sir«, sagte der Junge ängstlich. Er hielt die Flinte in der einen Hand, ließ sich auf die Knie fallen und wischte mit der freien Hand die Flecken von Leachs Stiefeln ab.

In diesem Augenblick überrollte eine riesige Woge die *Alexander.* Der wachhabende Offizier brüllte den beiden Männern am Steuerrad einen Befehl zu, aber für den jungen Marineinfanteristen kam jede Hilfe zu spät...

»Sir, halten Sie mich fest, um Gottes willen!« schrie der Junge verzweifelt und klammerte sich an Leachs Hand fest. Dann zog ihn das Gewicht des Jungen in die schäumende Gischt, und er schüttelte ihn mit aller Kraft ab, um nicht ebenfalls über Bord gerissen zu werden.

Rufe wurden laut, Männer kamen auf ihn zu und trugen ihn in die schützende Ladeluke, wo er Wasser spuckte und nach Luft schnappte.

Der wachhabende Offizier fragte angespannt und ungeduldig: »Stimmt es, daß einer Ihrer Männer über Bord gegangen ist?«

Leach rappelte sich auf. »Ja, der Wachposten. Ich versuchte noch, den armen Teufel zu retten. Ich hielt ihn fest, aber dann rutschte er mir weg – ich konnte nichts machen.«

»Sie selbst sind ja auch um ein Haar über Bord gegangen«, meinte der Offizier.

»Ja«, sagte Leach und nickte zustimmend.

»Der Captain wird bestimmt ein Boot zu Wasser lassen, Mister Leach, aber in diesem Hexenkessel wird der arme Junge nicht zu finden sein...«

Captain Sinclair kam schlechtgelaunt wie immer an Bord, fluchte wüst und erteilte brüllend Befehle. Das Schiff drehte bei, ein Boot wurde in die schäumende See hinuntergelassen und ein Kanonenschuß abgefeuert, um die anderen Schiffe der Flotte zu verständigen.

Die Suche dauerte fast zwei Stunden lang. Aber wie der wachhabende Offizier vorausgesagt hatte, führte sie zu nichts.

Der Kommandant der Infanteristen, Captain Shea, und sein Stellvertreter, Leutnant Nellow, akzeptierten seine Darstellung des Unglücks ohne weitere Fragen. Beide dankten ihm sogar für seinen Rettungsversuch, und als er endlich in die warme Offiziersmesse herunterkam, war die Stimmung erheblich freundlicher als zuvor. Shea drückte ihm ein Glas seines eigenen, guten Brandys in die Hand. Der Schiffsarzt half ihm aus der durchnäßten Jacke und legte ihm eine Decke über. Die Stewards servierten heißen Grog, und selbst Captain Sinclair schaute herein und drückte seine Zufriedenheit mit Leachs Verhalten aus. Am Whist-Tisch gewann er sogar genug Geld, um sich eine Flasche guten Brandys kaufen zu können. Seine Glückssträhne hielt an, denn als er am Tag darauf die Quartiere der Sträflinge inspizierte, erfuhr er über eine geplante Meuterei.

Einer von ihnen, ein Mann namens Parr, hatte offenbar den Glauben an den Erfolg der Meuterei verloren. Er winkte Leach beiseite und erzählte ihm ausführlich und überzeugend davon. Leach nahm den Mann mit und eilte in die Kajüte, um Captain Shea darüber zu berichten.

»Er sagt, daß auch ein paar Matrosen sich an der Meuterei beteiligen wollen. Der Plan ist, das Schiff am Sonntag, wenn die Sträflinge für den Gottesdienst an Deck sind, in ihre Gewalt zu bekommen. Die Matrosen sollen unseren Leuten so viele Flinten wie möglich abnehmen und sie an die Sträflinge weitergeben.«

Shea runzelt die Stirn. »Weiß dieser Mann, wie die Matrosen heißen?« fragte er.

»Ich habe ihn hergebracht, Sir, er wartet draußen. Soll ich ihn hereinrufen?«

Parr wurde gründlich ausgefragt. Er war ein kleiner, friedlich aussehender Mann. Er war nervös, aber seine Geschichte wirkte glaubwürdig. Als ihm fest versprochen worden war, daß er nicht zurück in den Laderaum müsse, wo, wie er meinte, sein Leben in Gefahr sei, nannte er die Namen der

Rädelsführer, und auch die Namen von vier Matrosen der *Alexander.*

»Sie haben einen schlechten Charakter, Sir«, fügte er ernsthaft hinzu. »Der eine – der Ted Burns genannt wird – ist mit dem Sträfling Sharp verwandt, Sir, und die beiden haben das Ganze zusammen ausgeheckt.«

Shea stellte noch ein paar Fragen, schickte dann einen Steward los, um Captain Sinclair zu holen, und bedankte sich bei Parr für seine Aussage. »Sie können im Quartier der Infanteristen wohnen, um vor Racheakten sicher zu sein.«

Captain Sinclair kam brummend herein, seine Uniformjacke hing offen über dem Nachthemd herab. Er roch stark nach Whisky. Zuerst wollte er den Anschuldigungen gegen seine Matrosen keinen Glauben schenken, aber als ihm Parr die Namen nannte, mußte er zugeben, daß es sich tatsächlich um Männer mit zweifelhaftem Charakter handelte.

Er erhob sich und sagte grimmig: »Wenn sie was damit zu tun haben, schicke ich alle vier zu Captain Phillip. Er kann sie hängen oder auspeitschen, was er für richtig hält. Aber er muß mir Ersatz schicken, denn ich brauche jeden Mann.« Er schaute den jungen Lieutenant Leach sehr kritisch an und sagte: »Das waren doch Sie, der diese Geschichte gemeldet hat, oder, Mister Ojemine? Bleibt nur zu hoffen, daß Captain Phillip Sie für Ihre Pflichterfüllung lobt… und falls er Sie in Zukunft an Bord seines Flaggschiffs braucht, dann bricht es mir nicht das Herz, das sag ich Ihnen!«

Leach war sprachlos. Nachdem Captain Sinclair den Raum verlassen hatte, wütete er los: »Das war – der Teufel soll ihn holen! –, das war ungerecht!«

»Er kann dich einfach nicht besonders leiden, mein Junge«, meinte Lieutenant Nellow trocken. »Und er hat genug Whisky getrunken, um das auch deutlich zu zeigen… ehrlich gesagt, Leach, wenn ich Sie wäre, dann nähme ich seinen Rat an und ließ mich auf die *Sirius* versetzen. Sie –«

»Verdammt noch mal, Nellow«, protestierte Leach. Er hatte ein Lob für seine Wachsamkeit erwartet, vielleicht sogar Dankbarkeit… und jetzt stachelte ihn Nellow noch völlig ungerechterweise auf! Er riß sich zusammen. »Ich fände es angebracht, wenn Sie sich bei mir für diese Bemerkung entschuldigen würden –«, fing er umständlich an, aber Captain Shea unterbrach ihn.

»Jetzt reicht's aber!« sagte er kurz. »Sie haben sich korrekt verhalten, Leach, und ich bin sicher, daß Captain Phillip das anerkennt, wenn ich ihm morgen davon berichte. Das wäre alles für heute.«

Als Leach geegangen war, schaute Shea seinen Stellvertreter, Lieutenant Nellow, vorwurfsvoll an. »Du solltest ihn nicht unnötig ärgern, Robert. Ich weiß, er hat noch viel zu lernen, er ist arrogant und empfindlich. Aber er hat sich gut verhalten, als dieser arme Teufel von Wachposten über Bord gespült wurde.«

»Da bin ich nicht so sicher«, widersprach Robert Nellow. »Ich wollte es Ihnen nicht erzählen – weil es keinen Beweis gibt –, aber Sergeant Knight, ein ehrlicher, zuverlässiger Mann, erzählte, daß er sah, oder zu sehen glaubte, daß der Wachposten, kurz bevor er über Bord gespült wurde, vor Leach auf dem Boden kniete… Leach hätte sich an der Rettungsleine festgehalten, aber der Posten nicht…«

»Davon hat Leach kein Wort erzählt«, sagte Shea nachdenklich.

»Das läßt er auch besser bleiben, denk ich, oder? – Und dann ist noch was«, fügte Nellow hinzu. »Als ich einmal die Quartiere der Sträflinge inspizierte, spürte ich eine große Abneigung gegen Leach. Er würde ihre Klagen nicht einmal anhören, geschweige denn sie weitergeben… Wenn niemand mit ihm auskommt, warum sollen wir denn nicht versuchen, ihn loszuwerden?«

»Er muß als Zeuge mit Parr sowieso auf die *Sirius*«, sagte Shea zögernd.

»Können wir nicht darum bitten, daß sie ihn gleich dabehalten? Soll sich doch Major Ross um ihn kümmern!«

Captain Sheas Gesichtsausdruck entspannte sich. »Gar keine schlechte Idee, Robert!«

Am nächsten Morgen, es war Sonntag, der 7. Oktober, befand sich Jeremiah Leach zum zweitenmal mit seinem ganzen Gepäck in einem Boot, und hatte keine Ahnung, warum er schon wieder auf ein anderes Schiff verlegt wurde.

Am Samstag, dem 13. Oktober wurde morgens Land gesichtet, und unter Hurrarufen ankerten die Schiffe am selben Abend in der Table Bucht.

Am nächsten Morgen feuerte die *Sirius* dreizehn Salutschüsse ab, die vom Fort beantwortet wurden. Also war der Hafen zur Einfahrt frei. Mittags besuchten Captain Phillip und Leutnant King den holländischen Gouverneur und baten um Erlaubnis, die Flotte mit Lebensmitteln und sonstigen Vorräten ausstatten zu dürfen. Viele der Sträflinge weinten vor Freude, endlich wieder Land zu sehen. Sie freuten sich auch darauf, daß endlich einmal wieder Abwechslung in die eintönige Ernährung käme, die weitgehend aus gesalzenem Fleisch und Erbsensuppe bestanden hatte.

Aber unverständlicherweise dauerte es fast eine Woche, bis das erste Brot, frisches Fleisch und Früchte geliefert wurden. Von da an aber brach die Versorgung nicht mehr ab, und das Problem des Verstauens wurde auf den Schiffen immer vordringlicher. Nicht nur Getreide, Fleisch und Süßwasser wurde geliefert, sondern auch lebende Tiere, die Captain Phillip für die zu gründende Kolonie anschaffte. Irgendwie mußte Platz dafür geschaffen werden.

Brüllendes Vieh, Schafe, Schweine, Ziegen und Verschläge mit Hühnern wurden an Bord gebracht, und selbst als es schien, daß nicht einmal mehr ein Wasserfaß oder ein Hühnerverschlag Platz fände, wurden noch weitere Vorräte am Quai gestapelt, um auf die Schiffe gerudert zu werden. Die Holländer waren geizig und die Preise dementsprechend hoch, aber die Offiziere kauften immer weiter ein, und es überraschte Jenny daher nicht, als beschlossen wurde, die weiblichen Sträflinge der *Friendship* auf anderen Schiffen zu verteilen und in ihrem bisherigen Quartier im Laderaum Schafe unterzubringen.

»Du wirst auf eines der anderen Schiffe verlegt«, teilte ihr Dr. Arndell lächelnd mit. »Ich nehme an, du freust dich darauf, zurück auf die *Charlotte zu* kommen! Du hast dich vorbildlich gut betragen, Jenny – das klappt bestimmt!«

Aber zu seinem Erstaunen schüttelte Jenny entschieden den Kopf. Sergeant Jenkins hatte ihr schon dasselbe vorgeschlagen, und selbst als Olwyn an Bord der *Friendship* gekommen war, um sie doch noch dazu zu überreden, war sie standhaft bei ihrem Entschluß geblieben. Seit dem Mord an Meg plagten sie solche Gewissensbisse, daß sie sich eine Rückkehr zur liebevollen Olwyn Jenkins einfach nicht mehr vorstellen konnte. Außerdem hatte sie von Sergeant Jenkins erfahren, daß Andrew Hawley nach England zurückgeschickt worden war. Jetzt hatte sie keine Hoffnung mehr, durch eine respektable Eheschließung ihr Los zu verbessern.

»Ich bleib bei den anderen, Doktor«, sagte sie. »Ich bin ein Sträfling, keine freie Frau – es ist am besten, wenn ich bleibe, wo ich hingehöre!«

Am 3. November wurde sie mit Melia, Polly und vier weiteren Frauen auf die *Lady Penrhyn* verlegt. Sie wurden von den Frauen auf dem Schiff nicht gerade freundlich begrüßt. Obwohl ein paar Frauen gestorben waren, war der Laderaum noch überfüllt.

Eliza Dudgeon verwickelte sich gleich nach ihrer Ankunft in einen Kampf. Die starke, rothaarige Frau, derem Körper man noch ansah, daß sie früher beim Zirkus gearbeitet hatte, war freundlich und hilfsbereit zu allen, denen es schlechter ging als ihr selbst, aber sie besaß ein leicht erregbares, cholerisches Temperament. Mattie Denver hatte im Laderaum der *Lady Penrhyn* bis zur Ankunft der neuen Frauen geherrscht, und um ihnen das gleich ein für allemal klarzumachen, ergriff sie die erste beste Gelegenheit beim nachmittäglichen Turnen an Deck.

Jenny wußte nicht, wie es zum Streit gekommen war, aber schrille Schreie ertönten, und Jenny trat zu dem Kreis, der sich um die beiden Kämpfenden gebildet hatte.

An diesem Nachmittag hatte Mattie noch mehr Alkohol als sonst getrunken, und viele Schläge, die sie austeilte, trafen Eliza nicht, die so geschickt kämpfte, daß sie ihre Widersacherin bald hoffnungslos an die Wand gedrückt hatte. Zufällig erwischte sie aber Elizas Haar, zog fest daran und zwang die jüngere Frau auf die Knie. Kaum war das geschehen, trat sie ihr kräftig in den Bauch. Das war zuviel für Charlotte und Hannah, die sich in den Kampf einmischten, um Eliza zu helfen. Sie zerrissen Matties Kleid, und als Eliza noch halb betäubt von Schmerz aufstand, mischten sich alle Frauen ein, und Sekunden später war eine Massenprügelei im Gang.

Die Wachposten, die bisher von weitem grinsend zugeschaut hatten, kamen jetzt näher, um der Sache ein Ende zu bereiten, und Jenny, die wußte, daß dann alle bestraft werden würden, bahnte sich einen Weg in die Mitte des Kampfgetümmels.

»Hört sofort auf!« schrie sie verzweifelt. »Wollt ihr denn ausgepeitscht werden? Eliza – Charlotte, haut ab, in den Laderaum... hört um Gottes willen auf, die Rotröcke kommen!«

Ihre warnende Stimme wurde gehört, und Eliza und Charlotte kamen an ihre Seite. Auch Hannah riß sich los und hörte zu kämpfen auf.

Mit Jennys Hilfe war die Ruhe wiederhergestellt, und alle waren knapp einer Bestrafung entgangen. Nach diesem Zwischenfall sonderten sich die sieben Frauen von der *Friend-*

ship so weit wie möglich von den anderen ab. Sie saßen, schliefen und turnten zusammen und sprachen mit den Frauen der *Lady Penrhyn* nur, wenn es sich nicht vermeiden ließ. Zu ihrer eigenen Überraschung wurde Jenny, ohne sich darum bemüht zu haben, von der kleinen Gruppe als Anführerin anerkannt.

Am 9. November kamen Captain Phillip und die dienstältesten Offiziere, die an Land logiert hatten, auf ihre Schiffe zurück, und der letzte Proviant wurde geliefert und verstaut. Am 11. sollte die Flotte lossegeln, aber ein ungünstiger Wind verzögerte ihr Auslaufen bis zum Mittag des nächsten Tages. Bei warmem Sonnenschein und einer angenehmen Brise blieb der letzte Hafen vor dem Ziel ihrer Reise hinter ihnen.

Der gefährlichste Teil ihrer Fahrt ins Unbekannte hatte begonnen. Von Schiffen so gut wie unbefahrene Meere und ein unerforschtes Land warteten auf sie. Die Überfahrt von Rio nach Kapstadt war schwer genug gewesen, aber jetzt stand ihnen eine mindestens zwei Monate lange Reise bevor über Meere, die für ihre schlechten Wetterverhältnisse berüchtigt waren. Sie würden nah an die Antarktis herankommen, bevor sie in östlicher Richtung an das Südkap von Van Diemans Land* kämen.

Nach dem Auslaufen aus Kapstadt kam die Flotte wegen einer starken Dünung kaum voran. Am 16. November entschied Captain Phillip, auf die *Supply* überzuwechseln und mit den drei schnellsten Frachtschiffen – der *Alexander*, der *Friendship* und der *Scarborough* – vorauszufahren, um in der Botany Bay schon mit den ersten Vorbereitungen für die neu zu gründende Kolonie zu beginnen.

»Ich brauche jeden einzelnen Handwerker, den wir unter den Sträflingen haben«, sagte er zu Captain Hunter, der das

* Das heutige Tasmanien. Es ist eine Insel, was damals noch nicht bekannt war.

Oberkommando über den Rest der Flotte übernehmen sollte. »Ich weiß, es gibt nur wenige. Wir müssen die kräftigsten, gesündesten Männer aussuchen, und so viel wie möglich Marineinfanteristen.«

Die Schiffe drehten bei, die Sträflinge wurden ausgetauscht, von morgens bis abends, aber als die neugeschaffenen zwei Abteilungen der Flotte weitersegeln wollten, herrschte Windstille, die bis zum 26. November anhielt. An diesem Tag kam endlich ein frischer Südostwind auf, und bei Sonnenuntergang waren die vier Schiffe, die unter Captain Phillips Oberkommando voraussegelten, außer Sichtweite. Es wurde immer kühler, und Mitte Dezember fingen die Frauen in ihren abgerissenen, dünnen Kleidern wirklich unter der Kälte zu leiden an. Der Wind trieb sie westlich vom Kurs ab. Kein anderes Schiff wurde gesichtet, und ihre einzigen Gefährten waren Wale und Seevögel.

Die Wasserration wurde auf anderthalb Liter pro Kopf reduziert.

Es war unmöglich, Kleider zu waschen, und die Frauen auf der *Lady Penrhyn* beklagten sich unaufhörlich. Sie waren aufsässig und stritten ständig miteinander. Die Versuche, sie durch drastische Strafen wie Peitschenhiebe, Köpfe scheren oder in Kettenlegen zu besserem Verhalten zu zwingen, schlugen fehl.

Der Schiffsarzt Dr. Bowes versorgte sie mit Medizin – die hauptsächlich aus dem in Kapstadt angeschafften Wein bestand – und die meisten der Frauen betranken sich jede Nacht, indem sie ohne Gewissensbisse den Kranken den Wein stahlen.

Die Krankheiten nahmen im Lauf der Reise zu, Todesfälle wurden fast zu etwas Alltäglichem, und die Geburten wurden durch die hohe Kindersterblichkeit oft zu Tragödien. Dr. Bowes, der es mit seiner ärztlichen Pflicht so genau nahm wie Dr. Arndell, war aber weniger mitfühlend, und seine Angewohnheit, seinen Patienten wegen ihrer mangelhaften Moral

Vorhaltungen zu machen, machte ihn bei den meisten überaus unbeliebt.

Eines Nachts Mitte Dezember setzten bei einem knapp siebzehnjährigen Mädchen, Dorcas Finnegan, die Wehen ein. Sie war ein stilles, unaufdringliches Mädchen, das hauptsächlich deshalb bei den anderen beliebt war, weil sie alles tat, was die anderen von ihr verlangten. Aber jetzt schrie die arme Dorcas plötzlich laut vor Schmerzen, und da sie ganz eindeutig in den Wehen lag, versammelten sich alle um sie herum, endlich einmal durch das Mitleid vereint und beflissen, ihr so gut wie möglich beizustehen.

Sie riefen nach dem Arzt und hämmerten mit den Fäusten gegen die verschlossene Luke. Aber Dr. Bowes kam erst zwei Stunden später. Eliza beschimpfte ihn wütend, als er sich endlich dem völlig verzweifelten, schluchzenden Mädchen näherte. Er fuhr Eliza an, sie solle still sein, weil er sich bei diesem Lärm unmöglich auf die Untersuchung konzentrieren könne. Er fragte Jenny, wie lange das Mädchen schon Wehen hätte. Nach der Untersuchung murmelte er, daß er seine Instrumente holen müsse.

»Es ist eine schwierige Steißlage. Betet, wenn ihr das könnt. Ich hoffe, ich kann die Mutter retten, aber für das Kind habe ich keine Hoffnung...«

Selbst die hartgesottene Mattie Denver versuchte, das arme Mädchen zu trösten. »Gebt ihr etwas von meinem Rum – das hilft ihr bestimmt. Sie kann weiß Gott 'ne Stärkung brauchen!« Zwei von Matties Anhängerinnen brachten den Rum und einen Schal, um das Neugeborene damit einzuwickeln. Eine dritte holte ihre eigene Decke. »Die kannste bestimmt brauchen, wenn's vorbei ist!«

Jenny konnte sich über die Veränderung, die plötzlich mit den Frauen vorgegangen war, nicht genug wundern. Dorcas Leiden hatten ihre gefühllosen Herzen erweicht.

Dr. Bowes kam zurück und bat Jenny, Dorcas schmerzgepeinigten Körper festzuhalten. Jenny konnte es kaum ertragen und schloß die Augen. Eliza schob sie beiseite und übernahm ihre Aufgabe. »Hab so was schon mal gemacht«, sagte sie. »Überlaß es mal besser mir!«

Schließlich wurde das Baby geboren, ein schwächliches, kleines Wesen, das keinen Ton von sich gab.

»Es ist tot«, stellte der Arzt fest. »Es hat keinen Sinn, Wiederbelebungsversuche zu machen – es muß schon seit Stunden tot sein!«

Ein paar Frauen fingen laut zu schluchzen an, und der Arzt fuhr sie selbstgerecht an: »Macht doch kein solches Getue! Dieses Kind hatte keinen Vater! Der Tod ist nichts als die gerechte Strafe für die Sünde – und das hier ist der Beweis dafür!«

Dr. Bowes rollte die Hemdsärmel langsam über seine blutbespritzten Arme herab. Er gab noch kurz Anweisungen für Dorcas Pflege und sagte im Gehen, daß er am nächsten Morgen nach ihr schauen würde.

Jenny pflegte mit Melia, Eliza und Charlotte die völlig erschöpfte Dorca aufopferungsvoll, aber sie kam nicht über den Verlust ihres Kindes hinweg und versank in einer tiefen Ohnmacht. Als Dr. Bowes am nächsten Morgen nach ihr sah, stellte er so kaltherzig ihren Tod fest, daß Eliza ihn wütend beschimpfte und ihn ins Gesicht schlug. Der Arzt, der genauso wütend war wie sie, ordnete ihre Arrestierung an.

»Dafür wirst du zehn Tage lang in Ketten liegen, mein Mädchen«, drohte er giftig. »Und der Kopf wird dir geschoren – mal sehn, ob du was daraus lernst!« Er ordnete den Marineinfanteristen an, Eliza abzuführen. »Und was euch betrifft«, sagte er und schaute die anderen Frauen böse an, »auf die Knie mit euch! Betet um Vergebung eurer Sünden – und noch was, es ist heute zu naß, ihr dürft nicht auf Deck!«

Bei schlechtem Wetter wurden die Sträflinge nicht auf Deck gelassen, und selbst wenn es zu regnen aufhörte und der Wind nachließ, war es draußen so kalt, daß man es nur kurze Zeit aushalten konnte.

Aber Jenny fand die körperliche Ertüchtigung so wichtig, daß sie sogar im Laderaum ihre Turnübungen absolvierte, wenn sie nicht an die frische Luft gehen durften.

Als es auf Weihnachten zuging, wurde es immer kälter. Viele der Tiere an Bord starben oder wurden geschlachtet. Trotzdem waren die Mahlzeiten alles andere als üppig, und die Besatzung war fast genauso hungrig und durchgefroren wie die Frauen. Immer wieder flammten Zänkereien wegen nichts auf, und die allgemeine Moral sank auf den Nullpunkt.

Am Weihnachtsabend herrschte Mondfinsternis, und die See war sehr unruhig, aber am ersten Weihnachtsfeiertag erinnerte sich Captain Sever an sein Versprechen und schenkte jedermann an Bord Rum aus. Die Frauen wurden an Deck gebracht, um ihren Anteil und außerdem eine Extraration Zucker zu empfangen. Der Captain, eine hochgewachsene, ehrfurchtseinflößende Gestalt, überwachte die Verteilung selbst und las im Anschluß daran die Weihnachtsgeschichte aus der Bibel vor. Mit seinem schönen Bariton stimmte er danach ein Weihnachtslied an, in das alle einfielen. Trotz dieser gutgemeinten Versuche, die allgemeine Stimmung zu heben, waren die meisten Frauen den ganzen Tag lang sehr bedrückt und flüchteten sich in den Suff.

»Weihnachten war zu Hause so wunderbar und spannend!« flüsterte Melia, die nur selten etwas über sich erzählte, und rollte sich am Fußende von Jennys Koje zusammen. »Die Geschenke waren bunt eingewickelt auf dem Frühstückstisch aufgetürmt... am Abend gab es eine gebratene Gans und einen Kapaun... das ganze Haus war mit Stechpalmen und Mispelzweigen geschmückt, und die Diener –«

Sie unterbrach sich abrupt, unterdrückte einen Seufzer und kletterte in ihre Koje hoch.

»Missus Morgan gab für *ihre* Diener auch 'ne Weihnachtsparty«, sagte Polly zynisch. »Aber das war wohl 'n bißchen anders!«

Jenny erinnerte sich wehmütig an das letzte Weihnachtsfest, das sie mit ihren Eltern verlebt hatte, an den Gang durch den Schnee zur Kirche, an das gemütlich flackernde Kaminfeuer bei ihrer Rückkehr, an die Mutter, die mit mehligen Händen frischgebackenes Brot verteilte, damit der Hunger nicht gar zu groß würde, bis der Lammbraten fertig war.

»Wer weiß«, sagte sie, und zwang sich dazu, ihrer Stimme einen fröhlichen Klang zu geben, »was das nächste Jahr uns bringen wird?«

»Wird auch nicht viel besser sein«, meinte Polly. »Vielleicht sogar schlechter. Mach dir nix vor, Jenny!«

Und tatsächlich wütete am ersten Tag des Jahres 1788 ein schwerer Sturm. Die Brecher rollten über das Schiff. Im Laderaum stieg das Wasser so hoch, daß Jenny nicht mehr in ihrer Koje schlafen konnte. Die Sträflinge waren am Rande der Verzweiflung. Das besserte sich erst, als am 7. Januar die Küste vom Van Diemans in Sicht kam. Nachts waren flackernde Feuer auf den Hügeln und an der Küste zu sehen, ein sicheres Zeichen, daß Menschen dort wohnten.

Am nächsten Morgen segelten sie weiter, und die Frauen versanken in tiefe Lethargie, als das Land langsam außer Sichtweite geriet. Das Essen und das Trinkwasser wurden knapp, und nach einem zweitägigen dicken Nebel, der die Schiffe aufhielt, gerieten sie in einen der schlimmsten Stürme der ganzen Reise. Blitze erhellten den dunklen Nachthimmel, der Donner krachte. Die Grenze zwischen Himmel und Wasser verschwamm.

Am nächsten Tag ging ein Wolkenbruch nieder, der von einem Hagelsturm gefolgt wurde. Orangengroße Hagelkörner bombardierten das Deck und peitschten die See zu weißem Schaum auf.

Jenny lag teilnahmslos in ihrer Koje und hatte im erfolglosen Versuch, sich etwas zu wärmen, die Knie bis zum Kinn hochgezogen. In der Koje über sich hörte sie Melia weinen. Sie setzte sich auf.

»Was ist los, Melia?« fragte sie ratlos. Melia zeigte nur selten ihre Gefühle. Während der ganzen Reise hatte sie sich eisern beherrscht und Jenny bei jeder Auseinandersetzung mit den Frauen auf der *Lady Penrhyn* loyal zur Seite gestanden. Aber jetzt, wo das Ziel der Reise fast schon in Sicht war – sie würden Botany Bay in einer guten Woche erreichen – schluchzte sie so hemmungslos, als würde ihr das Herz brechen. »Was hast du, mein Schatz?« fragte Jenny noch einmal. Sie kletterte in die obere Koje und legte zärtlich einen Arm um die Schultern des etwas älteren Mädchens.

»Dieser gräßliche Doktor Bowes«, stieß Melia hervor. »Er hat mir wieder eine Standpauke gehalten, ganz als wäre ich eine von diesen schrecklichen, armen Frauen! Aber ich bin nicht so eine, bei Gott, ich schwöre es dir!«

Daraufhin erzählte sie Jenny flüsternd ihre eigene Geschichte.

Sie stammte, wie Jenny schon seit langem vermutet hatte, aus einer wohlhabenden Familie. Ein junger, gutaussehender Taugenichts hatte um ihre Hand angehalten, als sie sechzehn war, aber da er keinen Pfennig besaß und keinerlei berufliche Aussichten hatte, war er von Melias Vater abgewiesen worden. Doch Melia, die in ihn verliebt war, brannte mit ihm durch. Sie fuhren nach London, wo sie in einer Pension abstiegen. Im sicheren Vertrauen darauf, daß ihr Vater, jetzt, nachdem sie mit ihrem Liebsten geflohen war, nicht nur der Heirat zustimmen, sondern sie auch in Zukunft finanziell unterstützen würde, hatten die beiden das Geld, daß er von einem Onkel bekommen hatte, in kurzer Zeit ausgegeben. Als Melia von ihm schwanger war, glaubte der junge Mann, daß jetzt der richtige Zeitpunkt gekommen sei, um noch einmal auf ihren Vater zuzugehen. Mit dem letzten Geld mietete er eine Kutsche und fuhr mit ihr nach Hause.

»Als wir dort ankamen«, erzählte Melia mit vor Traurigkeit gebrochener Stimme, »waren alle Vorhänge zugezogen.

Mein Vater war zwei Tage vorher gestorben und meine Mutter – meine Mutter gab mir die Schuld daran. Er sei am Kummer über mich gestorben. Sie schickte uns weg – mit leeren Händen. Mein Vater war ein wohlhabender Mann, und ich war das einzige Kind, aber meine Mutter gab mir keinen Penny. Sie enterbte mich und verbot mir, jemals wieder nach Hause zu kommen.«

»Und was hast du dann gemacht?« fragte Jenny, die ganz entsetzt darüber war, daß eine kultivierte Frau so hartherzig gegen ihre eigene Tochter sein konnte.

Melia seufzte. »Wir fuhren mit der Kutsche nach London zurück. Arnold brachte mich zurück in die Pension und verabschiedete sich von mir. Er versprach mir, so bald wie möglich mit Geld zurückzukommen... aber ich habe ihn nie wiedergesehen. Er verschwand ganz einfach. Und die Besitzerin der Pension wollte endlich Geld sehen... also ging ich auf die Straße und verdiente es dort. Es war wirklich nicht einfach. Und in den letzten Monaten der Schwangerschaft ging nicht mal das mehr. Ich wurde aus der Pension hinausgeworfen. Frag mich nicht, wo ich geschlafen habe... Gott sei Dank war es Sommer. Ich wurde beim Stehlen von Nahrungsmitteln erwischt und verhaftet. Mein Baby – mein armes, totes Baby – wurde im Newgate-Gefängnis geboren.«

Jenny umarmte sie mitleidsvoll. Aber sie fand keine tröstenden Worte. Nach einem kurzen Schweigen schaute Melia sie aus tränennassen Augen an und sagte: »Aber ich komm drüber weg, ganz bestimmt! Jetzt fängt ein neues Leben an. Laß uns zusammenhalten, Jenny, für immer! Natürlich nur, wenn du das auch willst!«

»Ich will es auch«, versprach Jenny feierlich. »Und ich bin stolz auf deinen Vorschlag!«

Am 20. Januar 1788 brachte die *Sirius* den ihr anvertrauten Teil der Flotte in die Botany Bay, wo die *Supply* mit den anderen vorausgefahrenen Schiffen schon vor Anker lag.

Die *Supply* warf am 18. Januar 1788 ihren Anker in der Botany Bay und mit ihr auch die *Scarborough*, die *Friendship* und die *Alexander.*

Stürme, Nebel und starker Gegenwind hatten die Fahrt der voraussegelnden Schiffe verzögert, aber seit zwei Tagen war die Küste von Neusüdwales zu sehen gewesen, und Captain Phillip hatte sie ständig mit seinem Fernrohr abgesucht. Starke Brandung rannte gegen die Felsen an, Möwen und Sturmvögel kreisten, aber er sah keinerlei Anzeichen von menschlichen Behausungen.

Phillip schickte ein leises Dankgebet zum Himmel. Was immer sie in diesem unbekannten Land erwartete, in dem sie, zwölftausend Meilen von zu Hause entfernt, eine Kolonie gründen sollten, würde bestimmt – ganz bestimmt – keine größere Herausforderung bedeuten, als es die Reise hierher gewesen war.

Er sagte zu Lieutenant King, der an seine Seite trat: »Was man von hier aus erkennen kann, sieht nicht gerade vielversprechend aus, oder? Aber wir müssen das Land erkunden, so oder so. Also lassen Sie die Boote ins Wasser, Mister King! Hoffen wir nur, daß die Eingeborenen nichts gegen unsere Landung unternehmen oder uns daran hindern, Trinkwasser zu holen. Sie haben an die Infanteristen genügend Munition ausgegeben?«

»Natürlich, Sir«, versicherte ihm King. »Den Seeleuten auch. Und die Wasserfässser sind schon eingeladen.«

Als die Männer die Boote bestiegen, wandte sich Phillip an Lieutenant Ball. »Falls die anderen Schiffe in meiner Abwesenheit ankommen, sorgen Sie dafür, daß sie in ziemlicher Entfernung von der Küste ankern. Niemand darf an Land gehen. Die Bucht scheint nach Captain Cooks Karte flach zu sein, aber das werden wir selbst noch einmal überprüfen. Falls wir bis zum Einbruch der Dunkelheit nicht zurück sind – oder falls Sie einen längeren Schußwechsel hören – schicken Sie uns bewaffnete Verstärkung!«

»Aye, aye, Sir.« Lieutenant Ball grüßte, und Captain Philipp sprang zu seinen Männern ins Boot.

Die beiden Boote ruderten auf den nördlichen Teil der Bucht zu. Das von dem jungen Lieutenant Dawes befehligte Boot mit den Marineinfanteristen landete zuerst. Dawes schickte seine Männer in Kampfformation an Land, aber niemand tauchte auf, um die Landung zu verhindern. Phillip überquerte den Strand mit King, und die beiden Männer schauten sich um, als sie auf die hochgewachsenen Bäume zugingen.

James Cook war hier vor fast achtzehn Jahren gelandet. Er hatte das Land zum Eigentum des Königs erklärt, und die gesamte östliche Küste ebenso, ein riesiges Gebiet, das er Neusüdwales nannte. In seinem Bericht hatte Cook den fruchtbaren schwarzen Boden beschrieben, außerdem Wälder und saftig grüne Wiesen. Diese Worte hatten sich Phillip unauslöschlich eingeprägt. Jetzt seufzte er tief. Er konnte beim besten Willen nichts entdecken, was zu Cooks Beschreibung dieser Bucht paßte.

Hinter dem sandigen Küstenstreifen, auf denen die beiden Boote der *Supply* gelandet waren, erstreckte sich unfruchtbares Marschland. Beim Weitervorrücken bemerkten sie, daß der Wald verkümmert war, und das Gras nicht grün und saftig war, wie sie es erwartet hatten, sondern hart und struppig. Und jetzt Mitte Januar war es sehr heiß, die Luft schwirrte von Myriaden von Insekten, während unter den Bäumen Hunderte von bunten Vögeln, die wie kleine Papageien aussahen, hin und her flogen und sich ganz offensichtlich von den Eindringlingen gestört fühlten.

Captain Phillip entdeckte keinerlei Hinweise auf Wasser, und er ordnete mit versteinertem Gesichtsausdruck den Rückzug an. Als sie wieder zu den Booten zurückkamen, fand ihre erste Begegnung mit den Aborigines statt.

»Eingeborene, Sir!« rief King warnend aus. »Und sie scheinen sich nicht gerade darüber zu freuen, uns zu sehen.«

Die dunkelhäutigen, bärtigen Eingeborenen wirkten durchaus feindselig. Sie hatten ihre nackten Körper anscheinend freiwillig mit Lehm eingeschmiert, der zu grauem Staub eingetrocknet war, und ihr Haar war wirr und ungekämmt. Alle waren mit Speeren und Keulen bewaffnet, und sie schwangen sie beim Näherkommen durch die Luft und stießen dabei unverständliche Worte aus, deren unfreundliche Bedeutung trotzdem ganz klar war.

»Und jetzt zurück«, ordnete Captain Phillip an. »Wir müssen versuchen, uns auf freundlichen Fuß mit ihnen zu stellen, falls das möglich ist.«

Er ging allein und unbewaffnet langsam auf die bedrohlich wirkende kleine Gruppe zu, bot den Männern bunte Perlen und einen kleinen Spiegel an und versuchte ihnen durch Zeichensprache verständlich zu machen, daß er Wasser suche. Es dauerte eine Zeitlang, bis sich ihr Mißtrauen legte, aber schließlich begriffen sie und führten die Fremden zu einem Bach. Das Wasser schmeckte klar, die Fäßchen wurden gefüllt, und alle ruderten auf die *Supply* zurück.

Am nächsten Tag entdeckten sie zwei weitere kleine Bäche, aber sonst herzlich wenig. King und Dawes stießen mit ein paar Marineinfanteristen tiefer ins Inland vor. Bei ihrer Rückkehr erzählten sie Captain Phillip, was sie erlebt hatten.

»Der Boden war sehr fruchtbar, Sir, und etwas weiter entfernt fing gutes Weideland an, aber wir konnten nicht hin, um es uns genauer in Augenschein zu nehmen, weil etwa sechzig Eingeborene uns umringten und uns unmißverständlich bedeuteten, zum Boot zurückzukehren. Wir versuchten ihnen Perlen und bunte Bänder zu schenken, aber sie nahmen nichts an, und als sie anfingen Speere auf uns zu werfen, zogen wir uns lieber zurück. Trotzdem sieht es nicht mehr so schlecht aus wie gestern –«

Major Ross unterbrach ihn. Er war erst am Morgen auf der *Scarborough* angekommen, aber er war schon entschieden dagegen, hier eine neue Siedlung aufzubauen.

»Tut mir leid, daß ich ganz anderer Ansicht bin. Es gibt nicht genug Wasser, der Boden ist schlecht, und außerdem können die Schiffe in dieser flachen Bucht nicht ankern.«

Captain Phillip war drauf und dran, dieser pessimistischen Meinung zuzustimmen. Aber er wollte die Botany Bay noch ein oder zwei Tage lang kennenlernen, und sich dann auch sein Urteil bilden. Natürlich war ein guter Hafen das allerwichtigste – da hatte Ross ganz recht. Die Botany Bay aber war nicht nur flach, sondern auch den Südostwinden ausgesetzt, außerdem nicht groß genug, um die gesamte Flotte aufzunehmen.

Am dritten Tag erkannte Arthur Phillip, daß sich die Botany Bay wirklich nicht für die neu zu gründende Kolonie eignete.

Das Marschland würde weder Kühe noch Schafe ernähren. Außerdem gab es noch mehr feindliche Eingeborene, als Captain Cook bei seiner Entdeckung gefunden hatte. Als Gouverneur von Neusüdwales unterstand Phillip ein riesiges Gebiet, und er würde sich mehr Zeit nehmen, um einen passenden Platz für den Wohnort der achthundert ihm anvertrauten Menschen zu finden. Er vertraute seine Entscheidung Hunter an, und an diesem Abend brüteten die beiden Offiziere auf der *Sirius* lange über den Landkarten und diskutierten ernsthaft und ausführlich über neue mögliche Siedlungsplätze.

»Ich bin ziemlich sicher, daß es richtig ist, daß wir uns woanders umschauen«, sagte Phillip. Er deutete weiter nördlich auf zwei Buchten, die Cook Port Jackson und Broken Bay genannt hatte. »Die sehen vielversprechender aus, oder?«

»Das finde ich auch«, stimmte Hunter zu. »Wie wäre es, wenn wir uns gleich morgen Port Jackson ansehen? Die Bucht liegt nur ein paar Stunden weit weg.«

»Keine schlechte Idee«, meinte Captain Phillip. Und er fügte nachdenklich hinzu: »Wenn ich keinen besseren Ort als diesen hier für unsere neue Kolonie finde, dann helfe uns Gott, John!«

Er schien das zwar leichthin auszusprechen, aber John Hunter wußte, unter welch großem Druck er stand.

Am Morgen des 21. Januar segelten sie mit einer Gruppe von Marineinfanteristen los, die unter dem Kommando von Captain Collins standen. Es war ein warmer, schöner Tag. Sie erreichten Port Jackson kurz nach Mittag und fanden dort den schönsten natürlichen Hafen vor, den sie jemals gesehen hatten. Die Einfahrt wurde von zwei Felsen gebildet, und wenn man diese hinter sich hatte, breitete sich die stille, blaue Wasserfläche aus. Kein hoher Seegang oder schweres Wetter würden die Schiffe in dieser Bucht je gefährden.

Captain Phillips Herz schlug höher, als er das sah, und auch die Offiziere, die ihn begleiteten, äußerten ihre Freude und ihre Erleichterung.

»Hier können mehr als genug große Segelschiffe vor Anker gehen«, bemerkte Hunter und schaute durch sein Fernglas. »Da drüben kommt ein Leuchtfeuer hin, und auf die Felsen am Eingang ein Fort zur Verteidigung, falls das notwendig scheint.«

»Es ist gar kein Vergleich zur Botany Bay«, erklärte David Collins mit Begeisterung.

»Es ist – es ist hier ja wie im Paradies, Sir!« rief der junge William Dawes aus, und Phillip lächelte erleichtert...

»Dem Allmächtigen sei Dank«, sagte er mit bewegter Stimme, »daß er uns von der anderen Seite der Welt bis hierher begleitet hat!« Sein Gesichtsausdruck entspannte sich, und er fügte hinzu: »Hier in diesem Paradies werden wir mit Gottes Hilfe unsere neue Kolonie aufbauen. Wir müssen nur noch den genauen Ort dafür bestimmen.«

Die Entscheidung wurde mit der begeisterter Zustimmung aller Beteiligten am nächsten Tag gefällt, als sie auf der südlichen Seite des natürlichen Hafens eine kleine Bucht entdeckten, in die ein Flüßchen einmündete. Das Wasser war so tief, daß die Flotte nah am Ufer ankern konnte.

Phillip fuhr mit seinen Männern zur Botany Bay zurück, um den anderen die erfreuliche Nachricht mitzuteilen.

Am nächsten Tag lichtete die gesamte Flotte schon kurz nach Sonnenaufgang die Anker. Captain Phillip erklärte: »Ich werde als erstes einen formalen Anspruch auf das Land erheben... die Flagge hissen und sie von einem Posten bewachen lassen, für alle Fälle. Jetzt, da wir den Platz für unsere neue Niederlassung gefunden haben, will ich unsere Leute so schnell wie möglich an Land bringen.«

Alle waren an Deck, als sie in den neuentdeckten Hafen einfuhren, von dem sie so viel Gutes gehört hatten. Kurz vor Sonnenaufgang ankerte die Flotte an dem Küstenstreifen, den der Gouverneur für die neue Siedlung gewählt hatte.

Vom ersten Morgendämmern an waren die kräftigsten Männer unter den Sträflingen an der Arbeit, um neben dem kleinen Fluß einen Platz von Bäumen und Gestrüpp zu roden, wo die ersten Hütten gebaut werden sollten. Der Ort gefiel den Sträflingen genauso wie den Männern, die ihn entdeckt hatten, und sie arbeiteten fleißig, fällten Bäume und stellten als erstes einen Flaggenmast auf. Axtschläge und begeisterte Rufe erfüllten die Luft.

Die kleinen Boote fuhren ständig zwischen den Schiffen und der Küste hin und her und brachten Werkzeuge und Proviant an Land. Die Flagge Seiner Königlichen Majestät lag bereit, um gehißt zu werden.

Ein paar Sträflinge machten mittags Feuer und freuten sich nach dem ewigen Eingepökelten auf frisches Fleisch, aber die drei Marineinfanteristen, die zum Jagen ausgeschickt worden waren, kamen mit leeren Händen zurück.

»Wir ham nur diese dunkelhäutigen Kerle gesehn«, meldete einer von ihnen. »Und sie wirkten nicht grade freundlich!«

Die Begeisterung legte sich. Die Männer waren schon am Nachmittag erschöpft. Nach der monatelangen Seereise waren sie noch nicht an Land gewöhnt; und die Schwerarbeit bei der großen Hitze schwächte auch die Kräftigsten unter ihnen. Als Captain Phillip das bemerkte, ließ er die Arbeit einstellen.

»Den ersten Tag haben sie gut genug gearbeitet«, sagte er zu Lieutenant King, der ihm dabei half, den Grundriß für die geplante Siedlung zu entwerfen. »Sie können sich eine Stunde lang ausruhen, und dann wünsche ich, daß die Mannschaft und die Marineinfanteristen sich um den Flaggenmast versammeln und daß die Flagge gehißt wird.«

Kurz vor Sonnenuntergang versammelten sich alle. Die britische Nationalflagge wurde feierlich gehißt, und Phillip nannte in seinem ersten offiziellen Akt als Gouverneur die neue Siedlung Sydney Cove. Die Marineinfanteristen feuerten drei Salven ab, und die Offiziere stießen auf Seine Majestät König Georg III. an, in dessen Namen Anspruch auf das Land erhoben wurde.

Fruchtbare Ebenen

Während der nächsten zehn Tage gingen die Bauarbeiten zügig voran. Immer mehr männliche Sträflinge wurden an Land gebracht und unter Bewachung zu Arbeitsgruppen zusammengestellt. Als erstes wurde eine Schmiede gebaut. Dann wurde mit der Errichtung einer Kaimauer begonnen. Die Arbeit begann früh am Morgen und dauerte bis zum Einbruch der Dunkelheit. Nur mittags wurde eine kurze Pause gemacht.

Das Gelände wurde nach dem Plan Captain Phillips abgesteckt. Die Marineinfanteristen wohnten fürs erste in Zelten westlich des kleinen Flusses, die Sträflinge in neu errichteten Hütten auf dem östlichen Ufer. Eine provisorische Krankenstation, fürs erste aus Zeltplanen, sollte zwischen dem Camp der Marineinfanteristen und der Stelle eingerichtet werden, auf der eine Sternwarte vorgesehen war.

Ganz im Osten sollte eine kleine Festung gebaut werden, in der zwei Kanonen der *Sirius* aufgestellt werden sollten. Das Regierungsgebäude der neuen Kolonie – zur Zeit noch ein großes Zelt – sollte zwischen der Kaimauer und dem Fahnenmast entstehen. Arbeiter fingen an, das Land hinter dem Regierungszelt zu ordnen, um einen Garten anlegen zu können, an dem sich eingezäuntes Weideland für die aus Kapstadt mitgebrachten Kühe und Schafe anschloß.

Rückschläge waren unvermeidlich, und Captain Phillip kochte innerlich, während er nach außen hin eine zuversichtliche Miene zur Schau stellte, wenn er durch die miserable Qualität der Werkzeuge an die Knausrigkeit der heimatlichen Regierung erinnert wurde.

»Die Äxte und Spaten«, beschwerte er sich bei Hunter, »sind die schlechtesten, die ich je gesehen habe – noch schlechter als jene, die den Eingeborenen im Pazifik als Kaufobjekte angeboten wurden!«

Mit ganz wenigen Ausnahmen brachten ihn die Sträflinge an den Rand der Verzweiflung. Es waren hauptsächlich Städter, die keine körperliche Arbeit gewohnt waren, und sie waren überdies auch noch unwillig, solche Arbeiten zu erlernen. Die primitiven Hütten, die sie bauten, bestanden aus vier Eckpfosten, Wänden aus geflochtenen Ästen, die mit Lehm beworfen wurden, und einem Dach aus Palmenblättern. Sie konnten Wind und Wetter nicht standhalten, und das einheimische Holz, das leicht entzündbar war, eignete sich aus diesem Grunde nicht als Bauholz.

Täglich wurde eine Gruppe von Jägern ausgeschickt, aber sie kamen jedesmal enttäuscht zurück und berichteten, daß es so gut wie kein eßbares Wild zu jagen gäbe. Ein paar Känguruhs wurden erlegt, denn meist gab es nichts als das eingepökelte Rind- und Schweinefleisch, von dem sie sich schon in den letzten acht Monaten hauptsächlich ernährt hatten. Die lebenden Tiere wurden zur Zucht gebraucht und konnten nicht geschlachtet werden. Die einzige frische Nahrung bestand aus Fischen, ein paar Pflanzen und Beeren, die Doktor White zu seiner Skorbutbehandlung benutzte.

Der Garten des Gouverneurs – immer noch erst halb gerodet und überwuchert von wilden Pflanzen – sollte so schnell wie irgend nur möglich fertig werden. Captain Phillip übertrug seinem Diener, Edward Dodd, diese Aufgabe und stellte ihm eine große Gruppe von Arbeitern zur Verfügung. Da die meisten Offiziere Kühe, Obstbäume und Saat zu ihrem eigenen Gebrauch gekauft hatten, fing er an, jedem, der danach fragte, ein Stück eigenes Land zuzuteilen.

Das war ein wichtiger Beginn. Denn viele der männlichen Sträflinge, die diese neue Siedlung mit aufbauen sollten, litten unter Ruhr und Skorbut und waren unfähig, einen langen Arbeitstag durchzuhalten. Die jüngeren und gesünderen Marineinfanteristen durften von ihrem Kommandenten aus nur Wachdienst leisten, und das war ein paar Tage nach der

Landung der Grund für die erste ernsthafte Auseinandersetzung zwischen Captain Phillip und Major Ross.

»Meine Männer sind Soldaten, Captain Phillip«, sagte der Offizier mit eisiger Würde. »Sie sind hier, um die neue Siedlung zu beschützen. Sie stehen zu dieser Pflicht. Ich werde keinesfalls erlauben, daß sie die Arbeit der Sträflinge beaufsichtigen, und sie können auch nicht für körperliche Arbeiten herangezogen werden – jedenfalls nicht im Dienst. Ich habe ihnen erlaubt, daß sie ihren Offizieren beim Roden und Bebauen des Landes behilflich sind. Selbstverständlich auf rein freiwilliger Basis, was diese Angelegenheit betrifft. Ich wünsche Ihnen einen guten Tag.«

Ohne Phillips Antwort abzuwarten, ging er davon und wurde wie immer von seinem Sohn und Lieutenant Leach begleitet, die etwa gleichaltrig waren und sich inzwischen angefreundet hatten.

»Was kann ich, um Gottes willen, mit diesen gräßlichen Typen anfangen, John?« fragte der neue Gouverneur hilflos seinen Stellvertreter John Hunter. »Unsere Matrosen arbeiten härter als die Sträflinge und beklagen sich mit keinem einzigen Wort, aber Ross verbietet seinen verdammten Rotröcken, auch mal zuzugreifen! Und wir brauchen doch jeden einzelnen Mann!«

»Lesen Sie Ihren Amtsauftrag, Sir«, antwortete Captain Hunter unbewegt. »Sie sind der Gouverneur, und deshalb unterstehen Major Ross und seine Leute eindeutig Ihrem Kommando.«

»Das ist richtig«, stimmte Arthur Phillip zu. »Aber zuerst müßten alle Leute – einschließlich der Frauen – an Land sein. Und das geht zum jetzigen Zeitpunkt noch nicht, so wahr uns Gott helfe!«

Es waren Zelte für die Familien der Infanteristen aufgeschlagen – für achtundzwanzig Ehefrauen mit ihren Kindern – aber die Krankenstation war immer noch nicht viel mehr als ein provisorischer Unterschlupf, der genau wie die

Hütten aus Ästen, Lehm und Palmenblättern gebaut war. Es regnete hinein, und es gab nur wenig Decken, mit denen sich die Fieberkranken zudecken konnten, die dort in ihrem Elend lagen. Die für die Frauen vorgesehenen Hütten waren erst halb fertig, mit dem Bau der Latrinen war noch nicht einmal begonnen worden... Phillip seufzte.

Sein eigenes großes Zelt, das hundertfünfundzwanzig Pfund gekostet hatte, war nicht wasserfest, und beim geringsten Windstoß geriet es ins Wanken. Aber bis die Siedler all diese Mißstände behoben hätten, würden Unbequemlichkeiten nicht zu vermeiden sein. Letzten Endes würden nur die Gesündesten überleben, und selbst das würde das Äußerste von allen verlangen – von den Offizieren, den Infanteristen und den Sträflingen – wenn die Schiffe und die Matrosen wieder nach Hause segelten. Und er mußte ihnen diese bittere und unangenehme Wahrheit irgendwie beibringen... Wieder stieß er einen tiefen Seufzer aus und griff nach Papier und Federkiel.

Mit tief gebeugter Stirn setzte er die Rede auf, die er nach seiner offiziellen Amtsübernahme als Gouverneur halten wollte. Im flackernden Schein einer Kerze arbeitete er bis weit nach Mitternacht...

Am 5. Februar wurde den weiblichen Sträflingen neue Kleidung ausgehändigt, und es wurde ihnen mitgeteilt, daß sie am nächsten Tag an Land gebracht werden würden.

Zuerst wurden die Frauen und Kinder der Marineinfanteristen an Land gerudert. Die meisten von ihnen waren auf der *Prince of Wales* gereist, und nach ihnen kamen die fünfzig weiblichen Sträflinge aus dem Lagerraum dieses Schiffes an die Reihe. Die Frauen von der *Lady Penrhyn* – es waren fast hundert, mit einem halben Dutzend Kindern und ein paar Babys – mußten auf Deck zwei Stunden warten, bevor die Boote ins Wasser gelassen wurden, und der erste Maat den Befehl zum Einsteigen gab.

Jenny stand mit Melia, Polly, Eliza und Charlotte am Ende der langen Schlange, und zu ihrer großen Überraschung sah sie Hannah Jones, die ehemalige Busenfreundin der alten Meg, auf sie zukommen.

»Sieht nich grad vielversprechend aus, oder?« quengelte sie ungefragt los, sprach niemanden speziell an und deutete mit dem Kopf in Richtung der Küste.

Jenny, die sich an der Schönheit des bewaldeten Küstenstreifens erfreut hatte, schaute sie vorwurfsvoll an, sagte aber nichts. Diese Bucht würde zu ihrer Heimat werden, und sie wollte das Beste daraus machen, daß sie eine gewisse Freiheit genießen würden, sobald sie an Land kämen. Aber ... sie unterdrückte einen Seufzer. Sie waren kaum als Frauen zu erkennen. Sie selbst steckte in einem Seemannsanzug. Eliza und Charlotte ebenfalls, nur hatten sie darüber noch ihre abgerissenen Umhängetücher gebunden. Polly trug ein Kleid, war aber barfuß. Und Melias schlanker, schöngewachsener Körper steckte in grobem Segeltuch.

Trotzdem waren alle, von Hannah abgesehen, guter Stimmung, freuten sich darauf, endlich an Land zu kommen und den schwierigen Bedingungen zum Trotz, ein eigenes Heim zu gründen.

Der Erste Maat sagte: »Es gibt noch lange nicht genug Hütten für euch alle. Wenn ihr eine wollt, müßt ihr sie euch selbst bauen. Und das heißt«, fügte er moralisierend hinzu, »daß ihr nüchtern sein müßt, sonst schafft ihr's nicht!«

Dieser Rat kam allerdings zu spät. Als Jenny hinter Melia in eines der überfüllten Boote stieg, bemerkte sie, daß Mattie Denver und viele andere Frauen alles andere als nüchtern waren. Diesmal hatte der Alkohol ihre Stimmung eher gedrückt als gehoben.

»Wärn wa bloß im Newgate-Gefängnis geblieben«, meinte eine hohlwangige Frau finster, als sich das Boot dem Landungskai näherte. Mehrere Frauen stimmten lauthals zu.

»Das sind ja *Palmen!* Ich wett, die ham uns nach Indien gebracht, nich nach Neusüdwales!«

»Der Höllenhitze nach könnt's Indien sein. Und die schwarzen Kerle, die an der Botany Bay vorbeigepaddelt sind – das waren doch Inder, oder?«

»Jawoll... und sie schneiden uns die Kehle durch, wenn wir schlafen... ich wär lieber im Schiff geblieben.«

»Die wollen uns zum Arbeiten zwingen, wenn wir auf dem Land sind«, beschwerte sich Mattie Denver. Sie zog eine Flasche aus ihrem früher einmal eleganten Samtkleid, ignorierte die neidischen Blicke der anderen, und trank durstig. »Na ja, was mich betrifft, ich bau keine Hütten, egal was die sagen. Das ist Männerarbeit.«

Polly sagte verärgert: »Hör mal, was die sagen, Jenny, ich könnt laut schreien, wenn ich das hör! *Überall* geht's uns besser als im Newgate-Gefängnis, und immer isses an Land sicherer als auf 'nem Schiff.«

Das Boot stieß auf Grund, und die Frauen wateten zur Küste. Dort mußten sie sich in einer Schlange aufstellen, wurden von einem der Offiziere abgezählt und einem der wachhabenden Marineinfanteristen übergeben.

»Zweiundfünfzig Frauen, acht Kinder, Sergeant. Bitte unterschreiben Sie hier!«

Der winkte zwei seiner Männer heran. »Bringt sie so schnell wie möglich ins Camp hierher zurück.«

Auf dem Weg ins Camp mußten die Frauen durch die bewundernden und verächtlichen Zurufe der Sträflinge hindurch Spießruten laufen. Jennys Mut sank, als sie alles um sich herum aufnahm.

Am vorigen Tag war ein Wolkenbruch niedergegangen, und alle Hütten und Unterstände waren beschädigt. Ein Teil eines Weidezauns war eingestürzt, und zwei Sträflinge mit mürrischem Gesichtsausdruck schauten in aller Ruhe zu, wie das Vieh langsam davontrottete. Ein Marineinfanterist, der sowohl auf die Sträflinge als auch auf die Tiere aufpassen [illegible] Hilfe, aber die Männer ignorierten ihn und [illegible] auf die Frauen von der *Lady Penrhyn* zu. Sie [illegible]it obszönen Gesten und Angeboten, und das [illegible]ehs schien ihnen vollkommen gleichgültig zu [illegible]

[illegible]te sich daran, wie oft sie mit ihrem Vater ausgebrochene Pferde wieder eingefangen hatte. Sie war sicher, daß dieses arme Vieh hier mit großer Sicherheit verenden würde, wenn es nicht zurück in die Umzäunung gebracht würde.

»Komm!« rief sie Polly zu. »Wir fangen die Tiere ein und bringen sie zurück, bevor sie sich verirren!«

Polly kicherte, und die beiden Mädchen rannten barfuß über den sandigen Boden los, um das ausgebrochene Vieh einzufangen. Als sie alle bis auf zwei Rinder wieder zurückgetrieben hatten, beteiligten sich die beiden Sträflinge endlich an der Jagd.

»Warum flickt ihr euren Zaun nicht?« fuhr Jenny sie an. »Das wäre weniger Arbeit, als sie immer wieder einzufangen!«

Die Frauen beglückwünschten sie zu ihrem Einsatz.

»Gut gemacht!« rief Eliza sarkastisch aus. »Vielleicht wird jetzt alles besser, nachdem sie uns an Land gebracht haben.«

Aber schon am Abend waren die meisten Frauen enttäuscht und ihrer Hoffnung beraubt. Die für sie gebauten Hütten waren primitiv, und trotzdem gab es Streit bei der Verteilung. Nach der Arbeit kamen ein paar Matrosen mit Weinfäßchen an, wurden aber gleich von einer Gruppe männlicher Sträflinge vertrieben, die sich johlend auf den Wein stürzten.

Ein großes Feuer wurde entzündet, und der Alkohol floß reichlich, und die Marineinfanteristen waren so sehr in der Minderzahl, daß sie völlig machtlos waren. Jenny, die mit ihren Freundinnen in einer Hütte saß, freute sich, als sie Sergeant Jenkins mit bewaffneter Verstärkung herankommen sah.

»Gott sei Dank, daß ich dich gefunden habe, mein Mädchen!« stieß der alte Sergeant aus. »Die Dinge geraten außer Kontrolle. Der Gouverneur bietet jeder Frau seinen Schutz an, die das möchte. Hilf mir, diese Frauen zu finden! Aber schnell – ich befürchte das Schlimmste.« Zu Jennys Erstaunen gesellten sich außer den Müttern mit Kindern auch ein paar der hartgesottenen *Lady-Penrhyn*-Frauen zu ihr. Es waren insgesamt etwa zwanzig Frauen, die, geschützt durch die Marineinfanteristen, dem freigelassenen Mob entflohen.

Jenny warf noch einen Blick zurück. Sie sah das riesige Feuer, um das die betrunkenen Männer und Frauen herumstanden, grölten, einander in den Armen lagen und tanzten. Viele von ihnen waren nackt. Jenny zitterte vor Entsetzen. Neben ihr stieß ein junger Marineinfanterist einen Seufzer aus.

»Wir hatten während der Reise acht Monate Galgenfrist«, sagte er. »Und zwar genauso lange, wie die Sträflinge in Ketten lagen. Jetzt sind sie an der Reihe, sie haben lange genug drauf warten müssen. Wir können sie nicht zur Vernunft bringen – sie sind wie Tiere!«

Sie kamen an Captain Phillip und einigen seiner Offiziere vorbei, und Jenny sah, daß das Gesicht des neuen Gouverneurs totbleich und seine Schultern von Sorgen gekrümmt waren, als ob die von den Sträflingen gefeierte Orgie sein Fassungsvermögen überstiege.

Am nächsten Tag ließ er sämtliche Bewohner der neuen Kolonie sich am Fahnenmast versammeln. Er sagte mit ernster, entschiedener Stimme: »Ihr wißt, wer ich bin. Ich habe nicht nur den Wunsch und die Pflicht, den Gutmeinenden unter euch jedwede Hilfe zukommen zu lassen, sondern auch das Recht, jeden zu bestrafen, der unsere gemeinsame Aufgabe, eine neue Kolonie für Seine Majestät, den König von England zu errichten, stört oder behindert. Ich werde alle positiven Bemühungen belohnen und alle schändlichen Handlungen streng bestrafen, vergeßt das nicht.«

Nach dem Essen sagte Melia zu Jenny: »Ich habe darüber nachgedacht, was der Gouverneur gesagt hat. Es läuft letzten Endes auf nichts anderes hinaus, als daß er bereit ist, gutes Verhalten mit Begnadigung zu belohnen.«

Jenny nickte, und ihre niedergeschlagene Stimmung hob sich etwas.

»Ja, ich bin sicher, daß er das gemeint hat«, stimmte sie zu.

»Und was das fruchtbare Land betrifft, so läuft das wohl darauf hinaus, daß wir verhungern werden, wenn wir nicht *selbst* Gemüse und Früchte anbauen. Du bist doch auf einer Farm aufgewachsen, oder? Du weißt doch, wie das alles geht!«

»Ich hab's mal gewußt, Melia. Aber es ist schon lange her, daß ich mit meinem Vater auf der Farm gearbeitet habe und –«

Polly und Eliza unterbrachen sie. »Du weißt verdammt viel mehr als wir alle zusammen«, meinte Eliza mit Überzeugung.

Und Polly fuhr fort: »Aber wenn wir alle zusammenhalten und einen Garten so bebauen, wie du es uns sagst, dann würde es doch klappen, oder? Und wir bekommen bestimmt ein Stück Land und etwas Saatgut, wenn sie merken, daß wir bereit sind, auch richtig darauf zu arbeiten.«

Jenny schaute ihre Freundinnen an, und als sie die Entschlossenheit in ihren Gesichtern sah, faßte sie wieder Mut. Sie wußte, daß manche von ihnen seit ihrer Kindheit ihren Körper verkauft hatte. Andere hatten als Taschendiebinnen gearbeitet. Und die meisten von ihnen wußten aus eigener Erfahrung, was Hunger bedeutete. Aber wenn sie bereit waren, zu arbeiten … »Wir haben keine Pflüge«, sagte sie. »Wir müssen Bäume fällen und die Wurzelstöcke ausgraben, bevor wir überhaupt anfangen können, und dann müssen wir den Boden mit Hacken umgraben. Es wird nicht leicht sein.«

»Das wissen wir«, versicherte ihr Charlotte ernst. Sie wandte sich an die anderen. »Wer von euch hat jemals auf einer Farm gearbeitet?«

Nur eine Frau antwortete. Ann Innert war ein stilles, hübsches Mädchen, die auf einem der anderen Schiffe gereist war, sich aber der kleinen Gruppe am vorigen Abend angeschlossen hatte. »Das hab' ich«, gab sie zu. »Aber ich fahre freiwillig mit Mister King auf die Insel Norfolk, wo er eine Siedlung gründen wird. Sechzehn von uns fahren mit der *Supply*, und wir haben gehört, daß wir nächste Woche weiterfahren. Ich arbeite aber gern eine Woche mit, wenn euch das etwas hilft.«

»Ich werde mit Sergeant Jenkins sprechen«, versprach Jenny, »und ihn bitten, uns ein Stück Land zuzuweisen. Wenn wir es bekommen, bevor du absegelst, Ann, dann ist uns deine Hilfe natürlich sehr willkommen.«

Es ging alles ganz einfach. Tom Jenkins sprach mit Captain Tench, und vierundzwanzig Stunden später wurde Jenny, Melia, Polly und Ann Innert Land angeboten, und nachdem sie es sich gründlich angeschaut hatten, entschieden sie sich für ein hochgelegenes Stück Land, das an der nächsten kleinen Bucht östlich der Hauptniederlassung lag. In dieser Gegend hatten die Offiziere Land bekommen, um Getreide anbauen zu können, das sie für ihr Vieh brauchten, und Jenny hoffte, aus Erfahrung klug geworden, daß ihr Gartengrundstück durch die Gegenwart der Offiziere vor Dieben sicherer wäre als anderswo.

Es gab auch andere Vorteile. Das Grundstück reichte bis ans Meer hinunter, so daß sie dort fischen könnten. Ein kleiner Bach floß zwischen diesem und dem Nachbargrundstück hindurch und würde sowohl für frisches Wasser als auch für einen hinreichenden Abfluß sorgen. Und es gab nur wenige Bäume, die hauptsächlich auf der der See zugewandten Seite wuchsen, wo sie einen willkommenen Schutz vor der Sonne bildeten.

Eine Arbeitsgruppe rodete unter Sergeant Jenkins strengem Auge an einem einzigen Tag das Gelände. Jenny bestand darauf, daß die Bäume an der seewärts gelegenen Seite nicht gefällt wurden. Hier bauten sich die Frauen mit unglaublicher Mühe, nur unterstützt vom Schreiner der *Charlotte* und zwei Matrosen, drei kleine, aber stabile Hütten, die sie bezogen. Die *Supply* segelte zur Insel Norfolk weiter und beraubte sie Ann Innerts großer Hilfe, aber die beiden Matrosen von der *Charlotte* blieben da und bewohnten mit Polly und Eliza eine der Hütten, und da beide anständige, hart arbeitende Männer waren, hatte Jenny nichts gegen diese neuen Freundschaften einzuwenden. Auf jeden Fall war Polly jetzt glücklicher als jemals auf der Reise, und ihr Matrose machte sich ans Werk, Tische und Stühle für die kleine Gruppe zu zimmern – Möbelstücke, die er mit großem Geschick und aus der *Charlotte* gestohlenem Holz anfertigte.

Um auch etwas für die Allgemeinheit zu tun, beschäftigte sich Elizas neuer Freund mit Fischen, und er brachte durch Krabben, Hummer und dickhäutige, aber eßbare Fische eine willkommene Abwechslung in ihre übliche Ernährung, die aus gepökeltem Fleisch, Mehl, getrockneten Erbsen und inzwischen ranzig gewordener Butter bestand, auf die jeder Siedler – ob er nun frei war oder ein Sträfling – ein Anrecht hatte.

Wenn Jenny während der ersten arbeitsreichen Wochen irgend etwas bedauerte, dann war es nur das Verhältnis, was Jenkins betraf. Sergeant Jenkins hatte gleich zu Beginn versucht, sie zu überreden, wieder mit ihm und Olwyn zu leben, und jetzt erwähnte er das nie mehr. Er war verletzt, das wußte Jenny, und die freundliche Olwyn war es noch mehr. Aber so sehr sie das auch schmerzte, war sie doch fest entschlossen, ihr Leben mit den Sträflingen zu verbringen und keinerlei Privilegien für sich selbst in Anspruch zu nehmen, die die anderen nicht genossen.

Olwyn Jenkins einziger Besuch bei der fleißigen kleinen Gruppe in der westlichen Bucht verschärfte nur die Kluft, die zwischen ihnen aufgebrochen war. Sie ging weinend von dannen und kam nie wieder…

Am 11. Februar trat der neuernannte Gerichtshof zum ersten Mal zusammen, und alle Sträflinge waren gespannt auf den Ausgang.

Der erste Fall, der verhandelt wurde, betraf einen Sträfling namens Samuel Barsby, der beschuldigt wurde, am Tag, an dem die Frauen an Land gebracht worden waren, einen Tambourmajor der Marineinfanteristen mit einem Beil bedroht und Wachposten wüst beschimpft zu haben. Barsby bestritt nichts. Er wurde schuldig gesprochen und ließ den Kopf hängen, als er aufgefordert wurde, strafmildernde Gründe zu nennen. Er murmelte unglücklich: »Ich bin auf der *Alexander* gereist, Sir. Wir haben keine Frau gesehen, seit wir England verlassen haben, kein einziger von uns. Als ich dann diese Püppchen frei herumlaufen sah, drehte ich schier durch, Sir, und das ist die reine Wahrheit. Ich erinnere mich nicht mehr richtig an das, was ich gemacht hab, Sir.«

»Aber Sie haben den Tambourmajor angegriffen?« fragte Captain Meredith streng. »Daran erinnern Sie sich?«

»Ja, Sir«, gab Barsby zu. »Es tut mir leid, Sir.«

Er wurde zu hundertfünfzig Stockschlägen verurteilt, beklagte sich nicht, und wurde abgeführt.

Der nächste Prozeß wurde Thomas Hill gemacht, der schuldig gesprochen wurde, einem Sträfling seine Ration Schiffszwieback gestohlen zu haben. Seine Strafe beschränkte sich darauf, daß er eine Woche lang bei Wasser und Brot auf einer kleinen, felsigen Insel in Ketten gelegt werden sollte.

Der dritte und letzte Fall, der an diesem Tag verhandelt wurde, war der eines Mannes namens William Cole. Auch er wurde des Diebstahls bezichtigt, aber als er vorgeführt wurde, um die Fragen, der Richter zu beantworten, war sehr bald klar, daß er nicht der Allerklügste war. Er grinste liebenswürdig und gab zu, zwei hölzerne Balken – Regierungseigentum – geklaut zu haben, konnte aber keine Antwort geben, warum er das getan hatte.

»Ich wollt se gar nich, Sir – hatte nix damit vor, dacht halt nur... na ja, sie wären vielleicht ganz praktisch.«

Als er abgeführt wurde, grinste er noch immer, und das Gericht beriet sich. David Collins meinte: »Er hat seine Tat zugegeben. Aber – in diesem Fall wäre ein Gnadengesuch an den Gouverneur wohl angebracht.«

Captain Hunter nickte. »Also fünfzig Stockschläge, meine Herren, mit einem Gnadengesuch – sind Sie einverstanden?« Alle nickten zustimmend mit dem Kopf.

Die Neuigkeit, daß der Gouverneur William Cole seine Strafe erlassen hatte, breitete sich schnell unter den Sträflingen aus. Die Stimmung hob sich und wurde noch besser, als bekannt wurde, daß einer der verhaßten Marineinfanteristen, ein Mann namens Bramwell, der ins Frauencamp eingebrochen war und Elizabeth Needham belästigt hatte, zu zweihundert Stockschlägen verurteilt worden war.

Durch die Hoffnung der Sträflinge, Strafmilderung zu erhalten, nahmen die Diebstähle zu, die Marineinfanteristen wurden von den Frauen beschimpft, und Matrosen, die versuchten bis zu ihnen vorzudringen, wurden von männlichen Sträflingen angegriffen und auf ihre Schiffe zurückgejagt. Major Ross, der die scheinbare Milde des Gouverneurs gegen die Sträflinge ablehnte, berichtete ihm, daß seine Marineinfanteristen ganz genauso dächten.

»Es müssen wohl leider Exempel statuiert werden«, sagte Phillip zu David Collins. »Es ist furchtbar, ich bedauere es zutiefst, aber diese Leute scheinen nichts anderes zu verstehen. Sie halten Milde für Schwäche.«

Das Gericht trat zum zweiten Mal am 27. Februar zusammen. Drei Sträflinge – Thomas Barret, Henry Lovell und Joseph Hall wurden schuldig befunden, gemeinsam Proviant gestohlen zu haben, und wurden zum Tode verurteilt. Thomas Barret war Phillip bereits bekannt, er war in Rio de Janeiro wegen Falschmünzerei ausgepeitscht worden. Es wurden noch vier weitere Übeltäter wegen Diebstahls zum Tode verurteilt, und noch am selben Abend mußten sich alle versammeln, um der Hinrichtung beizuwohnen.

Als Galgen diente der Ast eines hohen Baumes. Ein Sergeant der Marineinfanteristen und zwei Tambouren hatten den Befehl erhalten, die Rolle der Henker zu übernehmen. Alle drei sahen blaß und ängstlich aus. Thomas Barret – trotz des Rufes eines hartgesottenen Kriminellen fast noch ein Knabe – wurde unter Bewachung mit verbundenen Augen und einem Strick um den Hals unter den Baum geführt.

Der Kaplan Reverend Richard Johnson ging neben ihm her und las aus der Bibel vor. Die Zuschauer verstummten, als der Verurteilte das Wort an sie richtete.

Er sagte mit fester Stimme: »Nun Kumpel und« – er verbeugte sich in Richtung der Frauen – »*meine Damen*... die machen mich hier fertig, wie ihr seht. Und eigentlich geschieht's mir ganz recht, weil ich 'n Monster für die Art Leute sein muß, die das Sagen haben. Na ja, ich bin schuldig. Der Prozeß war gerecht. Aber schreibt's euch hinter die Ohren, meine Freunde – laßt euch meinen Tod 'ne Warnung sein. Wenn ihr lange Finger macht, paßt auf, daß ihr nicht erwischt werdet.«

Der Pfarrer murmelte etwas und schaute ihn mit unverhohlenem Ärger an. Barret grinste zurück. »Ich mach Ihnen noch 'ne Freude: Ich empfehle meine Seele der allmächtigen Gnade Gottes, möge er mir gnädig sein.« Er wandte sich dem Henker zu, dessen Gesicht inzwischen totenbleich geworden war.

Die Exekution wurde ungeschickt ausgeführt, die Frauen kreischten entsetzt auf, als Barret, schon in der Luft hängend, um sich schlug und zuckte, bis sich die Schlinge endlich geschlossen und ihn erdrosselt hatte. Gouverneur Phillip ordnete an, daß die anderen Exekutionen verschoben würden.

Melia griff nach Jennys Arm. »Es wird doch immer dasselbe sein, Jenny, oder?« fragte sie verzweifelt. »Die Bestrafungen, die Brutalität... was immer wir auch tun, es wird sich kaum was daran ändern. Egal wie schwer wir in unserem Garten arbeiten, wir erlangen unsere Freiheit nie mehr, oder?«

»Aber wir brauchen nicht zu hungern«, sagte Jenny, »das frische Gemüse verhindert, daß wir krank werden.«

»Wenn überhaupt was wächst«, murmelte Melia. »Wir haben tagelang in der Hitze gearbeitet und den Boden mit diesen miserablen Hacken umgegraben, und trotzdem ist es noch nicht soweit – selbst wenn wir überhaupt Saatgut hätten.«

»Es wird schon kommen«, gab Jenny zurück. »Ich habe welches bestellt. Ich habe um Saatgut für einen halben Morgen Land gebeten. Und«, fügte sie hinzu, »Captain Tench hat mir erlaubt, den Hühnermist aus seinem Stall zu holen und –«

»Hühnermist?« Melia schaute sie ungläubig an. »Sollen wir den etwa selbst zusammenkratzen? Ach, Jenny, ich bitte um Nachsicht – das traue ich mir nicht zu, selbst für dich nicht!«

Jenny lächelte. »Gut«, sagte sie. »Du kannst die Fischreusen überwachen. Aber ich sammle den Hühnermist, und wenn ich es allein machen muß. Das Land ist nicht fruchtbar, wenn es nicht gedüngt wird. Und auf unserem Land soll Weizen und Gemüse wachsen.«

Während der nächsten beiden Tage wurde der Hühnermist gesammelt und im Garten verteilt, und am dritten Tag kamen zwei männliche Sträflinge und brachten das versprochene Saatgut. Jenny öffnete den ersten Sack und starrte ungläubig hinein. Sie erinnerte sich schmerzhaft an einen Morgen vor langer Zeit, als Lord Braxtons Männer das Saatgut für das Weizenfeld ihres Vaters in den Bach geschüttet hatten. Wie damals waren auch jetzt die Körner verquollen, und Ameisen krochen zu Tausenden in dem Sack herum und fraßen die Keime ab. Es hatte keinen Sinn, dieses Zeug auszusäen.

»Bitte tragt die Säcke zurück«, bat sie die Männer. »Es ist nichts wert. Ich muß darum bitten, daß ich besseres Saatgut bekomme.«

Die Männer schüttelten den Kopf und wandten sich zum Gehen.

»Bring's selber zurück«, brummte der ältere der beiden grimmig. »Aber du bekommst nix anderes – wenn das hier nix mehr wert ist, dann ist alles verdorben. Ich wette, es wurde während der Reise naß. Und dann die Hitze in den Laderäumen. Und die Ameisen haben es völlig unbrauchbar gemacht.«

Sollte all ihre Arbeit umsonst gewesen sein? fragte sich Jenny, als die Männer davongingen.

Sie ließ ihren Blick über den frisch umgegrabenen halben Morgen Ackerland gleiten, und ihr Entschluß festigte sich. Mit Pollys Hilfe trug sie die Saatsäcke zurück in den von Marineinfanteristen bewachten Laden, und erhielt nach einer hitzigen Debatte zwei Säcke voll Mais und ein paar Feigen- und Orangensetzlinge, die die Reise von Kapstadt hierher knapp überstanden hatten.

Bei Sonnenuntergang säten und pflanzten die Frauen alles aus, und Jenny betete beim Arbeiten leise.

»Lieber Gott, laß die Saat aufgehen! Bitte, lieber Gott, laß sie Frucht tragen.«

In der folgenden Nacht wurde sie von zwei Helferinnen verlassen, die in das Camp der Frauen zurückkehrten. Eine dritte, Ann French, die eine nimmermüde Arbeiterin gewesen war, floh mit ihrem Liebhaber auf eines der beiden Schiffe des französischen Forschers Lapérouse, der in der benachbarten Botany Bay ankerte.

Während der nächsten sechs Monate lebte Gouverneur Phillip sehr isoliert. Seine Autorität wurde nicht nur ständig von den Sträflingen und den Eingeborenen untergraben, sondern zu seinem Leidwesen auch von einer ganzen Anzahl seiner eigenen Marineinfanterieoffiziere, allen voran Major Ross.

Trotzdem gab es mehr Grund zu Hoffnung als zu Beginn. Der loyale Captain Hunter unternahm mit der *Sirius* ein paar erfolgreiche Forschungsreisen. Und der Kapitän des Flaggschiffs, James Keltie, und sein Erster Offizier, William Bradley, unterstützten Hunter bei seiner Aufgabe, den Hafen auszuloten und eine genaue Karte anzufertigen. Jede Bucht, jeder Bach und jede kleine Insel erhielten einen Namen, der auf der Karte verzeichnet wurde. Das felsige Inselchen, auf dem die störrischeren der Sträflinge bestraft wurden, wurde von ihnen »Zwickfels« genannt und – es machte diesem Namen leider alle Ehre.

In Sydney Cove wurden die wenigen guten Handwerker – einschließlich der Handwerker unter den Matrosen, deren Abreise unumgänglich war – beauftragt, die notwendigen öffentlichen Gebäude zu errichten. Eine Bäckerei wurde gebaut, Brennöfen für die Herstellung von Ziegelsteinen erstellt, und in einem Steinbruch wurden Steine für größere Gebäude zurechtgehauen.

Gouverneur Phillip lag es besonders am Herzen, daß ein den großen Anforderungen genügendes Krankenhaus gebaut würde. Sein Besuch in dem provisorisch gleich nach der Landung aufgestellten Krankenzelt hatte ihn tief schockiert. Der ausgezeichnete Arzt Doktor White hatte alles getan, was in seiner Macht stand, um die Übergangssituation für alle Beteiligten erträglich zu gestalten, aber es hatte ganz einfach viel zu viele Kranke gegeben … Phillip seufzte, als er sich daran erinnerte.

Während seines Besuches hatte es geregnet, und er hatte selbst gesehen, daß das Palmblätterdach nicht dicht gewesen war und das Wasser einfach hindurchließ.

»Wir haben ein paar Zeltplanen erhalten«, hatte der Arzt ihm berichtet, »und wenn dieser Wolkenbruch aufhört, lasse ich sie über das Dach legen. Sie können sich vorstellen, Sir, daß mir auch Leute, die nicht schwerkrank sind, unter den hier herrschenden Bedingungen einfach wegsterben – ohne Decken, und der eindringenden Feuchtigkeit schutzlos ausgesetzt. Die Sträflinge haben zudem sehr wenig Abwehrkräfte – und mir fehlt es darüber hinaus auch noch an Medizin. Die Kranken sind am Rand der Verzweiflung, Sir.«

Beim Gedanken an die mageren, kaum bekleideten Sträflingsfrauen fühlte sich der Gouverneur sehr niedergeschlagen. Ihre blassen, resignierten Gesichter hatten ihn noch Tage nach diesem ersten Besuch verfolgt, und diese Frauen hatten keinerlei Ähnlichkeit mehr mit den frechen, keifenden Weibern, die ihn an Bord des Schiffes so angeekelt hatten und die im Frauencamp noch genauso waren. In dem armseligen Unterschlupf aus mit Lehm beworfenen geflochtenen Zweigen, der alles war, was die Siedlung den Kranken anzubieten hatte, waren sie zu Mitleid erregenden Wesen geworden, und sie belasteten sein Gewissen, denn er konnte den Gedanken nicht loswerden, daß er zu wenig für sie getan hatte. Sein Plan für die Zukunft war ein vierundachtzig mal vierundzwanzig Fuß langer Steinbau mit leicht sauberzuhaltenden Böden aus Ziegelstein und einer Arzneimittelausgabestelle. Aber die Ziegel mußten erst noch hergestellt, Holzschindeln für das Dach zugeschnitten werden. Und die Männer, die an diesem Projekt arbeiteten, waren alles andere als eifrig bei der Sache ... während die Anzahl der Kranken, selbst unter den Marineinfanteristen, in erschreckender Weise anstieg.«

Tatsächlich, so überlegte der Gouverneur mit dem instinktiven Mißtrauen eines Seemanns gegen das feste Land, waren weniger Menschen auf der Reise von Europa hierher gestorben als jetzt, obwohl die Kolonie erst ein paar Monate alt war. Es gab viele Fälle von Skorbut, und er drang darauf, daß mehr Gemüse angebaut werde und daß der Garten des Gouverneurs vergrößert würde, dessen Erträge jedermann zur Verfügung stehen sollten.

Die meisten Offiziere hatten ihre eigenen Gärten und Hühnerställe, und er versuchte erfolglos, auch die Sträflinge dazu zu bringen, sich kleine Gärten anzulegen. Aber sie waren faul und apathisch und zogen es vor, in ihrer geringen freien Zeit im angrenzenden Buschland nach eßbaren Pflanzen zu suchen.

Von einer dieser Pflanzen, einer kleinen purpurrot blühenden Ranke aus der Sarsaparillafamilie, wurden viele von ihnen geradezu abhängig. Sie kochten daraus einen süßschmeckenden Tee.

Vorhandene, oder besser gesagt, nicht vorhandene Nahrungsmittel bildeten das größte Problem. Der meiste frischgefangene Fisch wurde ins Krankenhaus geliefert, genauso wie das wenige erjagte Wild. Alle anderen, Sträflinge genauso wie Infanteristen, mußten sich mit gepökeltem Fleisch begnügen. Die mitgebrachten lebenden Tiere, die zur Zucht vorgesehen gewesen waren, starben durch die Überfälle wilder Hunde, durch Unwetter oder ganz einfach an Hunger. Das Saatgut ging nicht auf, es gab nur sehr wenig Wild, und die Feindseligkeit der Eingeborenen machte das Leben auch nicht gerade leichter. Gouverneur Phillip hatte alles in seiner Macht Stehende getan, um freundschaftliche Beziehungen mit ihnen herzustellen, aber die Haltung der Marineinfanteristen und der Sträflinge durchkreuzte seine Pläne. Die Marineinfanteristen feuerten beim geringsten Anlaß auf sie, und die Sträflinge luchsten ihnen ihre Speere ab und stahlen ihnen ihre Kanus. Die Eingeborenen rächten sich, indem sie jeden Weißen töteten, der allein in die Wildnis vordrang, in der sie lebten.

Die Franzosen, die immer noch die Botany Bay untersuchten, hatten mit den Eingeborenen so große Schwierigkeiten, daß sie mehr als einmal ihre kleine Kanone auf sie abfeuerten, und das trug verständlicherweise zu deren

Bedürfnis bei, sich ohne Unterschied an allen weißen Eindringlingen zu rächen.

Die britischen und französischen Offiziere hatten freundschaftliche Beziehungen zueinander aufgenommen, und Lapérouse hatte sich so mitfühlend für alle Probleme der neuen Kolonie interessiert, daß es für Gouverneur Phillip einen echten Verlust bedeutete, als die Franzosen Ende März den Anker lichteten.

Auch die Frachtschiffe, die nach China weitersegeln sollten, stachen bald danach in See, die *Scarborough*, die *Charlotte*, und die *Lady Penrhyn*. Eine Anzahl Gesuche von Seeleuten dieser Schiffe, die Sträflingsfrauen heiraten und sich in der Kolonie niederlassen wollten, mußten abgelehnt werden, da Phillip unmöglich die Mannschaft der Schiffe dezimieren konnte, aus welchem Grund auch immer.

»Das sind alles Männer, die ich liebend gern hierbehalten würde«, gab der Gouverneur zu, als Captain Collins ihm die Gesuche vorlegte. »Und trotzdem muß ich sie fortschicken. Es sind ausnahmslos fähige Männer, und sie haben uns beim Überwachen der Sträflingsarbeit wertvolle Dienste geleistet. Der Kommandant der Marineinfanteristen verbietet ihnen ja leider, das gleiche zu tun. Ich würde liebend gern zehn Sträflinge – oder auch zehn Marineinfanteristen – für jeden von ihnen eintauschen. Die Hälfte unserer Zimmerleute kam von diesen Schiffen, und wir brauchen fähige Zimmerleute mehr als alles andere!«

Die Rückkehr der *Supply* von der Insel Norfolk hob seine gedrückte Stimmung. Außer guten Nachrichten über die Siedlung, die Lieutenant King dort gegründet hatte, brachte Captain Henry Ball fünfzehn Riesenschildkröten mit, die die Schiffsmannschaft während der Rückfahrt auf einer Insel gefangen hatte. Die Schildkröten bildeten eine sehr willkommene Abwechslung auf dem eintönigen Speiseplan. Gouverneur Phillip befragte Captain Ball gründlich über die Insel Norfolk.

»Sie ist etwa dreizehn Quadratmeilen groß, Sir«, berichtete Ball. »Sie ist dicht bewaldet – es wachsen dort die besten Pinien, und der Boden besteht aus schwerem, schwarzem Humus. Ich wage zu sagen, daß das Getreide dort gut wachsen wird. Es gibt wenig Grasland, aber die Tiere, die wir an Land brachten, fressen die frischen Blätter von den Bäumen und Büschen ab und gedeihen gut. Es gibt viele Fische dort, und viele verschiedene Vögel – so zahm, Sir, daß man sie fast im Flug fangen kann. Die Landung war schwierig – die Küste ist felsig, und selbst bei ruhigem Wetter herrscht eine starke Brandung. Aber Mister King überquerte die Insel, während wir unsere Leute und alle Waren an Land brachten, und er fand einen guten Landeplatz auf der Südwestseite, Sir – eine Bucht, vor den Stürmen durch ein Riff geschützt. Dort hißten wir unsere Flagge am 6. März und nannten die Bucht nach dieser hier – Sydney, Sir.«

Phillip stellte ihm viele Fragen und beglückwünschte ihn zu dem großen Erfolg. »Ich schicke Sie mit weiteren Arbeitskräften wieder hin, sobald Sie wieder losfahren können, Captain Ball«, sagte er und fügte hinzu. »Also, wenn es uns nicht gelingt, hier Getreide anzubauen, müssen wir vielleicht alle auf die Insel Norfolk umsiedeln, um nicht dem Hungertod ausgeliefert zu sein. Und ich muß die Leute trotz ihrer Trägheit irgendwie davon überzeugen, sich so gut wie möglich anzustrengen, damit sie wenigstens eine Hütte haben, wenn das kalte Wetter hereinbricht. Die Schiffe segeln los – wenn sie überleben wollen, müssen sie jetzt alles selbst in die Hand nehmen!«

Nach der Abfahrt der Frachter wurden die Bauarbeiten fortgesetzt, wenn auch langsamer als bisher. Der Bauplatz für das Regierungsgebäude wurde bestimmt. Die Kaimauer wurde verlängert, eine Brücke über den Bach geschlagen und mit dem Bau eines Wasserspeichers begonnen, für den es jetzt genügend Ziegelsteine gab. Wenn die Baracken der Marineinfanteristen bei dem jetzt hereinbrechenden Winter schon fertig gewesen wären, dann wäre der Gouverneur ganz zufrieden gewesen. Aber die Verzögerung – die bedeutete, daß die Marineinfanteristen auch während des kalten Wetters weiterhin in Zelten kampieren mußten – war durch ihren eigenen Kommandanten Major Ross entstanden, der ihre Arbeitskraft zum Bau seines eigenen Steinhauses in Anspruch genommen hatte.

»Es würde mir ja alles nicht soviel ausmachen, John«, sagte Phillip, unfähig seine Wut zu verhehlen, als Hunter seiner Einladung zum Abendessen nachgekommen war, »aber dieser unmögliche Kerl bestand darauf, daß seine Männer für den Bau ihrer eigenen Baracken einen extra Lohn erhalten, und daß ihnen außerdem Sträflinge bei der Arbeit helfen. Ich war damit nur deshalb einverstanden, weil ich wirklich keine andere Wahl hatte – ihre Zelte konnten die Kälte nicht abhalten und verhinderten nicht, daß sie krank wurden. Aber jetzt, wo die verdammten Baracken wegen des völlig mangelnden Arbeitseifers seiner Männer immer noch keine Dächer haben, kann man auch nichts anderes vorschlagen, als die Zeltplanen mit Palmenblättern zu verstärken, um sie regensicher zu machen. Eine Arbeit, die, wie er meint, von Sträflingen geleistet werden soll!« Er deutete auf die Wände seines eigenen Zeltes, das schon feuchte Stellen aufwies. »Ich könnte ihm sagen, daß unsere mitgebrachte Zeltplanenleinwand undicht ist und daß Palmenblätter die Feuchtigkeit auch nicht abhalten werden!«

Hunter starrte ihn erstaunt an. »Ehrlich gesagt, Sir«, gab er zu, »kann ich überhaupt nicht verstehen, wie Sie diesen Major Ross so lange ausgehalten haben. *Ich* hätte das überhaupt nicht geschafft. Der Mann ist brutal und ohne jede Liebenswürdigkeit und einer der unangenehmsten Zeitgenossen, die mir je über den Weg gelaufen sind. Und davon abgesehen, ist er unloyal – seit unserer Landung hat er nichts getan, als sich unaufhörlich zu beschweren und alles zu kritisieren. Können Sie nicht einen Grund finden, ihn zurück nach England zu schicken?«

»Es könnte soweit kommen«, sagte der Gouverneur nikkend, »weil meine Geduld allmählich zu Ende geht! Er weiß nichts davon, daß Sie im Ernstfall mein Nachfolger werden, und er glaubt, daß er der Gouverneur wird, wenn mir etwas zustößt. Er läßt keine Gelegenheit aus, seine Autorität zu stärken, selbst wenn es auf Kosten der meinigen geht.«

Noch lange, nachdem Hunter sich verabschiedet hatte, brütete er über den Problemen, die er mit Major Ross hatte, nach, und ihm war klar, daß es über kurz oder lang zu einer ernsthaften Auseinandersetzung zwischen ihm und dem Kommandanten der Marineinfanteristen kommen mußte.

Phillips größte Sorge zu dieser Zeit war aber das schnelle Schrumpfen der Lebensmittelvorräte. Und im Garten wuchs kein Getreide heran, um die Kolonie mit eigenem Mehl zu versorgen. Die lebenden Tiere, die aus Kapstadt mitgeführt worden waren, starben mit der Ausnahme von Schweinen und Geflügel fast alle, und die Zuchtergebnisse waren sehr enttäuschend. Von der Herde von fünfzig Mutterschafen war jetzt nur noch eines am Leben und gesund, und das gesamte Vieh war ausgebrochen und verschwunden. Als das Wetter kälter wurde, gab es noch weniger Fische als zuvor.

Ein paar Gärten der Offiziere und auch ein paar der Sträflinge gediehen gut, besonders einer, der von ein paar Frauen fleißig bearbeitet wurde, was der Gouverneur mit Freude sah, aber es war ihm klar, daß er sich dennoch nichts vormachen durfte. Er mußte die fast tausend Münder füttern, und falls nicht bald neuer Proviant aus England einträfe oder Mehl und lebendige Tiere aus Batavia oder Kapstadt, würde in der neuen Kolonie bald eine ganz reale Hungersnot ausbrechen. Er brauchte die *Sirius* dringend, um die Küste nach nutzbarem Weideland abzusuchen, aber wenn die heimatliche Regierung sie im Stich ließ, was er durchaus für möglich hielt, dann müßte er Hunter noch vor Ablauf dieses Jahres mit diesem Schiff losschicken, um Vorräte einzukaufen.

In der Hoffnung, dies vermeiden zu können, schickte er mit jedem Schiff, das den Hafen verließ, dringende Appelle an Lord Sydney und Sir Evan Nepean. Da ihm aber bewußt war, daß ein Jahr vergehen würde, bevor er irgendeine Reaktion erhielte, rationierte er Fleisch und Mehl. Voller Skrupel wegen dieser schwerwiegenden Entscheidung machte er seine privaten Vorräte – die er mit seinem eigenen Geld eingekauft hatte – der Allgemeinheit zugänglich und teilte sich genausoviel Nahrungsmittel von den schrumpfenden Vorräten zu, wie jedem anderen auch. Er schickte die besten Bauern unter den Sträflingen in ein sechzehn Meilen entfernt liegendes Gebiet, wo der Boden besser zu sein schien, und nannte es nach Sir George Rose, dem er seine Ernennung zum Gouverneur verdankte, Rose Hill. Das letzte Saatgut wurde dort gesät, und als der sich stark engagierende Dodd berichtete, daß es gekeimt hatte, wurde jeder männliche Sträfling, der Erfahrungen mit der Landarbeit hatte, dorthin geschickt, um auf dem bebauten Land zu arbeiten. Marineinfanteristen unter Captain Meredith bewachten sie. Im Regierungsgarten von Sydney Cove wurde Gemüse angebaut, das dort besser wuchs als Getreide.

Aber Phillip machte sich immer noch Sorgen, die in seinen Briefen an Lord Sydney und Sir Nepean Ausdruck fanden. Nachdem er ihnen von seinem Plan berichtete, die *Sirius* nach Kapstadt zu schicken, wenn Nachschub aus England nicht zum Jahresende ankäme, schrieb er an Sir Nepean:

Alle restlichen Vorräte, von denen unsere weitere Existenz abhängt, bis der Nachschub aus England eintrifft, sind in zwei hölzernen Gebäuden untergebracht, die nur mit Palmenblättern bedeckt sind. Ich bin mir dieses Risikos voll bewußt, weiß aber keine Abhilfe. In diesem Land hier gibt es bis zum jetzigen Zeitpunkt außer Fisch nicht die ge-

ringsten Nahrungsmittel, und auch Fische gab es in der letzten Zeit so wenige, daß selbst die Eingeborenen große Schwierigkeiten haben, sich zu ernähren.

An Lord Sydney schrieb er:

Ihre Lordschaft wird, so nehme ich an, von der Notwendigkeit überzeugt sein, uns vier oder fünf Jahre lang regelmäßig Männer- und Frauenkleider, Schuhe und Uniformen zukommen zu lassen. Die zum Roden des Landes und zur Feldarbeit notwendigen Werkzeuge, die wir mitgebracht haben, werden allerhöchstens so lange halten, bis frischer Nachschub kommt...

Dann fügte er eine oft wiederholte Bitte hinzu:

Ich hoffe inständig, daß uns in der gegenwärtigen, schwierigen Situation kaum neue Sträflinge geschickt werden, außer Zimmerleuten, Maurern und Bauern, die sich und andere hier ernähren können. Wir haben hier mehr als genug Leute, die nichts gelernt haben und unfähig für harte Arbeit sind, und unglücklicherweise haben wir nicht genügend Leute, die Arbeit selbst von jenen Leuten zu überwachen, die sich nützlich machen könnten...

Zu der Zeit, als der Gouverneur diese Briefe schrieb, lag ihm ein Bericht von Doktor White vor, aus dem hervorging, daß sechsunddreißig Marineinfanteristen und sechsundsechzig Sträflinge im Krankenhaus lagen und daß zweiundfünfzig weitere aus Altersgründen oder wegen chronischer Krankheit unfähig zur Arbeit seien, und über fünfzig Menschen gestorben waren. Aber das Krankenhaus war jetzt fertiggestellt. White freute sich darüber, nur fehlte es weiterhin an Decken für seine Patienten, und seine Arzneimittelvorräte waren fast aufgebraucht.

»Es sterben immer noch mehr Menschen, als notwendig wäre, Sir«, berichtete der Arzt bedrückt. »Und es sind nicht nur die Alten und Schwachen – diese Woche, Sir, starben zwei gesunde, junge Männer an Ruhr, einer davon war ein Marineinfanterist. Und ein Kind starb an Lungenentzündung. Ich hatte keine Arzneimittel für sie, außer Wein ... und selbst der wird allmählich knapp.«

Er mußte die *Sirius* noch vor Ende des Jahres nach Kapstadt losschicken, das war Gouverneur Phillip klar. Die Männer konnten bei der stark rationierten Ernährung nicht mehr hart arbeiten – Major Ross hatte sich schon darüber beschwert. Die Angst, Hunger zu leiden, trieb selbst die Ehrlichsten der Sträflinge zum Diebstahl. Trotz der drohenden, harten Strafen plünderten sie Gärten aus, stahlen Hühner und raubten fast regelmäßig die Provianthütten aus. Viele, die die wöchentliche Ration schon nach drei Tagen aufgegessen hatten, stahlen ganz einfach, um überleben zu können – und nur wenige wurden dabei erwischt. Zusätzlich richteten Ratten und Tausende von Ameisen großen Schaden an.

Nur ungern gab Gouverneur Phillip den Befehl, die *Sirius* für die lange Reise gründlich zu überholen.

»Wenn es zum Schlimmsten kommt, bevor Sie zurück sind, John«, sagte er zu Captain Hunter, »dann müssen wir alle auf die Insel Norfolk übersiedeln, wo die Erde nach Meinung von Henry Bali gut genug ist, um uns alle zu ernähren.« Er schüttelte hilflos den Kopf. »Verdammt noch mal, wenn ich diesen Leuten nur verständlich machen könnte, daß sie *arbeiten* müssen, um überleben zu können und daß der Diebstahl von Lebensmitteln letzten Endes nur ihnen selbst schadet!«

»Man kann ihre Natur nicht verändern«, meinte Hunter. »Sie sind eben hier, weil sie Schurken und Spitzbuben sind, jedenfalls die meisten – und bei den Frauen ist es genauso. Sie haben zu Hause vom Stehlen gelebt – sie haben, mit ein paar Ausnahmen, nichts anderes gelernt.«

Der Gouverneur nickte mit dem Kopf. »Ja, ich fürchte Sie haben ganz recht. Strafen lösen das Problem auch nicht, aber... vielleicht würden Belohnungen für gutes Verhalten etwas bewirken. Was glauben Sie? Ich habe versucht, sie durch Geschenke zum Heiraten zu überreden, aber nur vierzehn Paare sind darauf eingegangen. Und sie quälen und provozieren weiterhin die armen Eingeborenen, mit denen ich immer versucht habe, gut auszukommen – Gott ist mein Zeuge! Wir haben ein Dutzend oder sogar mehr Sträflinge durch ihre Hand verloren – die Narren laufen in die Wälder, und die Eingeborenen rächen sich für die letzten an ihnen verübten Verbrechen durch grauenhafte Mordtaten. Aber die Sträflinge scheinen unfähig zu sein, daraus eine Lehre zu ziehen.« Er seufzte, und Hunter, der sein zerfurchtes, erschöpftes Gesicht betrachtete, fiel auf, wie sehr er in den letzten Monaten gealtert war.

»Sie haben alles getan, was ein Mann in dieser Situation nur tun kann, Sir«, sagte er mit vollem Ernst.

Captain Phillip meinte: »Ich habe es noch nicht mit Belohnungen versucht. Am 4. Juni ist der Geburtstag Seiner Majestät. Da ließe sich vielleicht etwas machen. Wir zünden ein großes Freudenfeuer an, die Militärkapelle soll spielen, und jeder Bewohner der Kolonie bekommt kostenlos Alkohol ausgeschenkt – die Sträflinge genauso wie alle anderen auch! Sie sollen auf die Gesundheit Seiner Majestät anstoßen, und ich schicke und beauftrage MacEntire und seine Leute, Känguruhs und Emus zu schießen, so daß wir uns an diesem Tag einmal richtig satt essen können.« Er lächelte breit und erwärmte sich für diesen Plan. »Und all jene sollen begnadigt werden, die für geringere Vergehen zur Verbannung verurteilt worden sind, denn um ehrlich zu sein, ich weiß nicht, wohin ich sie in die Verbannung schicken soll, außer auf die kleine Strafinsel im Hafen. Dann wird auch ein Gottesdienst im Freien abgehalten, mit besonderen Bittgebeten für das Wohlergehen dieser Siedlung... es soll ein Tag werden, an den man sich erinnert. Ich glaube, das würde die Moral etwas heben, meinen Sie nicht auch?«

»Es ist eine ganz ausgezeichnete Idee«, stimmte Hunter zu. »Und warum soll an diesem Tag nicht der Grundstein für das Regierungsgebäude gelegt werden?«

»Fänden Sie das nicht etwas verfrüht? Den Grundstein für ein Gebäude zu legen, das frühestens in einem Jahr fertig werden könnte, außer wenn Sir Nepean die englischen Gefängnisse nach Handwerkern absucht?«

»Es könnte eine gewisse Hoffnung wecken.«

»Ja, das wäre möglich – aber nur bei denen, die die prekäre Lage unserer Situation nicht kennen.« Der Gouverneur hörte zu lächeln auf. »Ich wünsche, daß das Krankenhaus und die Unterkünfte für die Marineinfanteristen zuerst fertiggestellt werden. Aber..., was die Belohnungen betrifft, John, haben wir, wie Sie wissen, Straferlasse für gutes Verhalten angekündigt. Doch bevor ich dieses Versprechen in die Tat umsetzen kann, muß ich wissen, was sie eigentlich getan haben, oder für wieviel Jahre sie in die Verbannung geschickt worden sind. Sie erzählen mir das zwar auch selbst – aber einige, da bin ich ganz sicher, haben mich angelogen.«

»Aber doch nicht alle, Gouverneur?« fragte Hunter, »Sie müssen doch wissen, daß Sie die Wahrheit herausfinden, da Sie Einsicht in die Gerichtsurteile nehmen können.«

»Ja, natürlich«, meinte der Gouverneur. »Und wir haben es unzweideutig klargemacht, daß jeder, der diesbezüglich lügt, eine strenge Strafe zu erwarten hat. Wie auch immer, ich wage es nicht, mit den Strafmilderungen zu großzügig zu verfahren. Es würde mir als Schwäche ausgelegt.«

»Denken Sie schon an jemand Bestimmtes?«

Phillip nickte mit dem Kopf. »Ja – ich denke an Bloodworthy, der mit großem Fleiß die Ziegeleiöfen gebaut hat, an MacEntire für seinen Einsatz beim Jagen. Und an die jungen Frauen, die so hart und erfolgreich ihren Garten bebauen. Es sind nur etwa ein Dutzend, aber ihre Anführerin – die zufälligerweise ein etwa sechzehnjähriges Mädchen ist – wuchs auf einem Bauernhof auf. Wenn wir uns ihre gärtnerischen Erfolge anschauen, bleibt uns allen nichts anderes übrig, als uns zu schämen – selbst der gute Dodd gibt das zu. Sie hat ein kleines Maisfeld angelegt, kann schon Gemüse ernten, und einige der Fruchtbäume sind bei ihr angegangen, die wir in Kapstadt gekauft haben. Dodd hat das nicht geschafft.«

Hunter lächelte. »Sie muß eine Frau mit starkem Charakter sein. Wie heißt sie denn, Sir?«

»Ich kann mich nicht mehr an ihren Namen erinnern – aber David Collings oder Brewer weiß ihn ganz bestimmt.« Phillip ging zu der Tür in der Zeltwand, die sein Büro von dem des Advokaten abtrennte, schlug sie zurück und fragte nach dem Namen des Mädchens. Sowohl Collins als auch Brewer waren im Büro, und sie schauten einander erstaunt an.

»Dann haben Sie davon gehört, Sir?« fragte Collins. Er erhob sich, einen Stapel Papiere in seiner Hand, und kam mit Brewer in das Büro des Gouverneurs.

»Wovon gehört?« fragte Gouverneur Phillip.

»Nun, über Jenny Taggart, Sir.«

»Natürlich habe ich das, mein Guter. Und wie ich Captain Hunter sagte, habe ich das Gefühl, daß ihr Einsatz beim Bebauen ihres Gartens eine Anerkennung verdient.« Er äußerte seinen Wunsch, derlei Anerkennung am Geburtstag des Königs öffentlich zu verteilen, und unterbrach sich plötzlich, als er sich an etwas erinnerte. »Verdammt noch mal, John«, sagte er zu Hunter. »Das ist doch das Mädchen, das mein ehemaliger Diener Hawley heiraten wollte ... Jenny Taggart. Ich erinnere mich jetzt genau an ihren Namen. Bevor wir Rio erreichten, kam es wegen des Mädchens zu einem Zusammenstoß zwischen Lieutenant Leach und Hawley. Ich schickte Hawley mit einem Invalidentransport nach England zurück, um ihm weitere Schwierigkeiten zu ersparen – es scheint, wie sich die Dinge hier entwickeln, ein Fehler gewesen zu sein, Hawley war ein verdammt guter Mann, und ich hätte ihn hier sehr gut gebrauchen können – auch er ist auf einer Farm aufgewachsen.«

»Verzeihen Sie mir, Sir«, warf Collins unglücklich ein. »Ich fürchte, daß das Mädchen in Schwierigkeiten ist – in großen Schwierigkeiten, Sir. Brewer kann Ihnen das alles erzählen, Sir.«

Brewer nickte mit dem Kopf. »Das Taggart-Mädchen hat vorletzte Nacht den Marineinfanteristen Bulmore mit einer Hacke angegriffen. Sie hat ihn ziemlich schwer verletzt, Sir. Eine der anderen Frauen, Hannah Jones, holte die Wache, und Jenny Taggart wurde abgeführt. Sie behauptete, daß Bulmore und zwei weitere Infanteristen Gemüse aus ihrem Garten gestohlen haben und daß sie bewaffnet waren, Sir... aber alle drei stritten das ab. Sie stritten es unter Eid ab, Sir, vor dem Militärgericht –«

»Das Mädchen ist also verhört worden?« unterbrach ihn Phillip scharf. »Vom Militärgericht?«

»Ja, Sir«, antwortete Collins. Er schaute in die Papiere, die er mitgebracht hatte. »In der fraglichen Nacht war Lieutenant Leach Befehlshaber der Wachgarde. Er behauptet, daß nur die Wachhabenden selbst Flinten trugen.«

»Leach?« wiederholte Gouverneur Phillip und zog seine Stirn in Falten.

»Ja, Sir.« Collins warf wieder einen Blick in seine Papiere. »Das Gericht sprach den Angeklagten Bulmore frei, und er wurde ins Krankenhaus gebracht. Dann wurde Jenny Taggart verhört und in zwei Punkten für schuldig befunden. Weil sie den Marineinfanteristen Bulmore ohne Grund angegriffen und verletzt hat, und weil – aber schaun Sie selbst, Sir.« Er reichte Phillip die Papiere. »Hier ist alles schwarz auf weiß nachzulesen. Der Prozeß fand gestern vormittag statt. Mister Brewer hat mir gerade die Prozeßakte gegeben. Da ich selbst nicht dabei war, hatte ich gerade angefangen sie zu lesen, als

Sie mich riefen. Aber –« er zögerte. »Der Prozeß weist einige Ungereimtheiten auf, und auch der Urteilsspruch macht mir gewisse Sorgen, deshalb wollte ich Ihnen ohnehin davon erzählen.«

Der Gouverneur musterte ihn fragend, und der Rechtsanwalt tauschte mit Gendarm Brewer einen Blick aus, bevor er weitersprach. »Das Mädchen wurde zu einer Woche auf der Strafinsel verurteilt«, sagte er schließlich. »Und Mister Brewer hat...«

»Ich habe sie gestern nachmittag dort hingebracht, Sir«, bestätigte Brewer. »Aufgrund der Tatsache, daß sie eine Frau ist, hielt ich es für meine Pflicht, Captain Collins davon zu informieren und ihn zu bitten, den Fall Ihnen vorzulegen. Und einige der Frauen – die mit Jenny Taggart zusammen den Garten bebauen – bitten um eine Audienz bei Ihnen, Sir.«

Der grauhaarige Brewer war nicht so leicht zu beeindrucken, dachte Phillip, aber jetzt sah er ganz eindeutig verwirrt aus.

»Ich möchte die Frauen heute abend sprechen – inklusive Jenny Taggart«, sagte der Gouverneur.

»Und die an der Geschichte beteiligten Marineinfanteristen möchten ich sofort sehen. Und Mister Brewer, schicke Sie ein Boot auf die Strafinsel und bringen Sie Jenny Taggart sofort zurück.«

»Aye, aye, Sir«, sagte Brewer. »Ich erlaube mir, diesen Befehl selbst auszuführen.«

»Nun«, fuhr der Gouverneur in seiner üblichen, ruhigen Art fort, »jetzt sollten wir die Pläne bezüglich des Geburtstages Seiner Majestät zu Ende besprechen. Ich wüßte gern, was die Eingeborenen davon halten würden, wenn wir ein paar von ihnen zu den Feierlichkeiten einladen würden?«

»Das ist eine so verrückte Idee«, rief Hunter lachend aus, »daß sie vom Kommandanten der Marineinfanteristen, Major Ross, stammen könnte!«

Phillip erwiderte: »Sie haben vollkommen recht, John... ich mache mir immer noch Illusionen. Vor ein paar Minuten habe ich sogar an meiner Entscheidung gezweifelt, den guten Hawley zu seinem eigenem Besten nach Hause geschickt zu haben! Nun ja, man lernt nie aus, nicht wahr?«

Nachdem Hunter sich verabschiedet hatte, dachte der Gouverneur weiter an Corporal Hawley. Im Interesse der Aufrechterhaltung der Disziplin hatte er keine andere Wahl gehabt, als den unglücklichen Mann zu degradieren und ihn nach England zurückzuschicken. Aber welchem Schicksal hatte er ihn überlassen?

Er bedeckte das Gesicht mit seinen Händen und betete.

Der Adressat der Gedanken des Gouverneurs, der gemeine Soldat Andrew Howley, war in der Kaserne der Marineinfanteristen in Chatham zur Wache eingeteilt. Als er vor seinem Wachhäuschen hin und her marschierte, war er wütend und aufgebracht. Die Disziplin an Land war hart, und er sehnte sich nach dem aktiven Leben zur See. Auf einem Schiff war das Leben zwar auch hart, aber es fiel ihm doch leichter – die Zeit verging schnell und es gab nur wenig Freizeit, in der man etwas bedauern konnte.

Aber wie anders wäre sein Leben verlaufen, wenn Captain Phillip erlaubt hätte, die Reise nach Botany Bay fortzusetzen! Er hätte Jenny heiraten können... Er hätte sie *tatsächlich* geheiratet, egal, welche Widerstände er hätte überwinden müssen. Und wenn sie erst einmal verheiratet gewesen wären, hätten sie ein Stück Land beantragen und es bebauen können, so wie sie es beide in ihrer Kindheit gelernt hatten.

Er hatte die verschiedensten Pläne durchdacht, die ihn auch jetzt noch nach Neusüdwales bringen könnten. Er könnte desertieren, ein Verbrechen begehen, das ihm die Verbannung einbringen würde, oder sich als Matrose auf einem der Frachter anheuern lassen, die zur neugegründeten Kolonie fuhren... er blieb stehen. Allein schon der Gedanke daran, zu desertieren, ging ihm gegen den Strich – er war stolz auf das Marinekorps und, von einer einzigen Ausnahme abgesehen, auch auf sein eigenes Verhalten. Und wie könnte er desertieren, jetzt wo Krieg in der Luft lag? Er hatte seine Pflicht getan, er hatte geschworen, König und Land zu verteidigen. Selbst für die kleine Jenny Taggart würde er diesen Schwur nicht brechen. Und würde sie auf ihn warten?

Verdammt noch mal, es gab keine Möglichkeit für ihn, das herauszufinden. Die Botany Bay Flotte war irgendwo auf See, nur offizielle Fracht kam hin und wieder an, und die wenigen Zeitungen, die er in die Hand bekam, berichteten so gut wie nichts über die neue Kolonie, dafür um so mehr über die Kriegsgefahr, die durch die Revolution in Frankreich heraufgezogen war. Andrew nahm seinen Wachgang wieder auf und stampfte vor lauter ohnmächtiger Wut bei jedem Schritt stärker auf den Boden, als das eigentlich nötig war.

Jenny trat, am ganzen Leibe zitternd, nah an den schmalen Felsgrat heran, an dem sie angekettet war, und gab sich ihrer Verzweiflung hin. Die Siedlung lag nur etwa vier Meilen entfernt, aber selbst wenn sie nicht gefesselt gewesen wäre, war ihr klar, daß eine Flucht von der trostlosen Felseninsel unmöglich war, da es im Wasser vor Haien nur so wimmelte. Das Entsetzen hatte sie gepackt, als Major Ross das Urteil verlas, da sie den schlimmen Ruf der Strafinsel kannte. Ein paar Männer hatten dort schon den Verstand verloren. Keiner hatte jemals die schreckliche Zeit auf der Insel vergessen. Und nur ein einziger Mann, ein guter Schwimmer, hatte sich befreien und zur Küste schwimmen können – aber er starb, und niemand wußte, ob ihn die Eingeborenen oder die Haie so böse zugerichtet hatten.

Der Prozeß war der reinste Hohn gewesen. Nur die Marineinfanteristen waren zu Wort gekommen, und sie hatten einander natürlich geholfen und beschworen, daß Bulmore unbewaffnet gewesen war. Natürlich hatte er seine Flinte fallen lassen, nachdem sie ihn mit ihrer Hacke angegriffen hatte. Aber das hatte sie erst getan, nachdem er sie und Hannah mit dem Gewehr bedroht hatte, als die beiden Frauen ihn auf frischer Tat beim Plündern des Gartens erwischt hatten.

Aber Hannahs Aussage, Hannahs völlig wirre Aussage, hatte schließlich den Ausschlag gegeben. Jenny unterdrückte ihr Schluchzen. Während der letzten sechs Monate war Hannah Jones eine ihrer besten Hilfen gewesen. In der Londoner Innenstadt aufgewachsen und nicht mehr ganz jung, hatte Hannah härter als alle anderen zugelangt und war eine fähige und zuverlässige Gärtnerin geworden. Sie hatte den Busch nach eßbaren Pflanzen und Fruchtbäumen abgesucht, hatte sie ausgegraben und ihren Garten mit großer Liebe gepflegt.

Als Polly ins Hauptlager der Frauen zurückzog, weil sie traurig und wütend war, daß sie ihren Matrosen nicht heiraten durfte, war Hannah dageblieben. Als mehr und mehr Frauen die Kolonie verließen, hatte Hannah unbeirrbar weitergearbeitet, und sie hatte sich zusätzlich intensiv damit beschäftigt, ihre Hütte regensicher und gemütlich zu machen.

Und trotzdem... als Bulmore verletzt zu Boden gesunken war, hatte Hannah wüste Beschimpfungen gegen sie ausgestoßen und hatte sie vor Gericht wiederholt. Jenny überlegte sich, ob sie vielleicht nur eine Gelegenheit abgewartet hatte, den Tod der alten Meg zu rächen? Konnte irgend jemand zu einem solchen Verrat fähig sein? Da der Garten so gut gedieh, daß Diebe zu befürchten waren, hatten die Frauen abwechselnd nachts Wache gehalten. Und da sie Frauen waren und die meisten Diebe Männer, waren sie auch übereingekommen, sich mit Hacken zu bewaffnen.

Sie hatten von dem Gerücht gehört, daß die Marineinfanteristen besonders oft stahlen, und sie hatten auch gehört, daß ihr Kommandant Major Ross, weit davon entfernt sie zu bestrafen, ihnen tatsächlich geraten hatte, von ihren Bajonetten Gebrauch zu machen, falls sie angegriffen wurden.

Jenny schaute auf ihren rechten Arm. Melia hatte die Wunde verbunden, die sie von Bulmores Bajonett davongetragen hatte, aber trotz der offensichtlichen Tatsache, daß Blut den Verband durchnäßte, hatte Major Ross sie immer wieder der Lügen bezichtigt, als sie versucht hatte, seine Aufmerksamkeit auf ihre Verletzung zu lenken. Und Lieutenant Leach hatte ausgesagt, daß er in Bulmores Quartier weder eine Flinte noch ein Bajonett gefunden hatte.

Er hatte auch die Vermutung geäußert, daß der Marineinfanterist den Garten nicht betreten hatte, um zu stehlen, sondern um – wie hatte er sich noch ausgedrückt? – »Um sich mit einer der Huren dort das übliche Vergnügen zu verschaffen.«

Wenn nur Sergeant Jenkins in dieser Nacht Wache gehabt hätte!

Oder Andrew... Lieber Gott, warum war Andrew nur nach England zurückgeschickt worden? Um ihn daran zu hindern, eine Gefangene zu heiraten, das war die einzige Erklärung, die sie verstehen konnte – genau wie Pollys Matrose und Elizas Schreiner auf die *Charlotte* zurückgeschickt wurden, obwohl sie nichts lieber gewollt hätten, als dazubleiben. Sträflinge konnten untereinander heiraten, aber sonst niemanden, und Polly trieb es jetzt mit jedem Mann, der sie begehrte, und kam nie mehr in den Garten, wo sie so glücklich gewesen war.

Jenny veränderte ihre Lage auf dem harten Felsen und fühlte, wie die eisernen Handschellen ihre Gelenke aufschabten. In der Bucht flammten kleine Feuer auf, als die Sträflinge – auf Anordnung des Gouverneurs außerhalb der leicht brennbaren Hütten – ihr Abendessen kochten. Sie stellte sich vor, wie Eliza den großen, rußgeschwärzten Topf mit Knochenbrühe, getrockneten Erbsen und Blättern der spinatähnlichen Pflanze, die wild an der Küste hier wuchs, umrührte und manchmal ein Stück gepökeltes Fleisch hineinwarf, um der Suppe den Geschmack zu geben, den Melia lachend als »Körper« bezeichnete. Und sie sah auch Melia vor sich, wie sie die kleine Mehlration zu einem Teig verarbeitete, der auf einem heißen Stein zu einem Fladenbrot gebacken wurde. Das Brot in die Suppe gebrockt, verbesserte ihren Geschmack und stillte den Hunger für ein paar Stunden. Jetzt im Winter war Fisch zu einer Seltenheit geworden, aber ihre Krabben- und Hummerfallen sorgten hin und wieder für eine willkommene Abwechslung auf dem Speiseplan.

Aber hier auf diesem nackten Felsen stillte nichts, außer einem kleinen Steinkrug voll Wasser und einem trockenen Brotlaib, Jennys Hunger. Das war alles, was sie in den nächsten vierundzwanzig Stunden zu erwarten hatte, und kein Gefangener, der auf die Strafinsel verbannt war, bekam mehr als das. Trotz seines steifen, zugeknöpften Betragens hatte Brewer sie nicht unfreundlich behandelt. Tatsächlich hatte er ihr beinahe auf eine Art aus dem Boot herausgeholfen, als sei sie eine Lady, und ihr beim Abschied zugesichert, daß er dem Gouverneur über ihren Fall berichten werde.

»Ich glaube nicht, daß er dich lange hierläßt, mein Mädchen. Bis jetzt war noch keine Frau auf der Strafinsel, und ich bin sicher, daß du die erste ... und zugleich die letzte sein wirst. Ich wollte, ich könnte dir eine Decke hierlassen, aber das ist verboten. Bleib unter dem Schutz des überhängenden Felsens und paß auf, daß deine Kette nirgends hängenbleibt!«

Es fing zu regnen an, und ihr aus Säcken zusammengenähtes Kleid hielt die Kälte nicht ab und war bald durchnäßt. Als es dunkel wurde, verdeckten schwere Gewitterwolken die aufblitzenden Sterne, und es fing leise zu donnern an. Aber da war noch ein anderes Geräusch, das nichts mit Wind und Wetter zu tun haben konnte. Ja – sie hörte so etwas wie leises Geflüster. Jenny erstarrte, hielt den Atem an und lauschte mit vorgestrecktem Kopf.

Es war ein Boot, das sich sehr langsam der Insel annäherte. Aber sie hörte keine Ruderklampen quietschen, und keine Befehle, wie es auf einem von Matrosen geruderten Boot üblich gewesen wäre. Dieses Boot glitt über das Wasser und wurde gepaddelt, was bedeutete... sie schrie fast vor Entsetzen auf. Aber wenn es tatsächlich ein Eingeborenenkanu war, würde es vielleicht vorüberfahren, ohne sie zu entdekken, denn dafür war die Nacht schon zu dunkel. Aber sie konnten auch beobachtet haben, wie Mister Brewer sie hier lange vor Einbruch der Dunkelheit abgesetzt hatte...

Jenny zitterte am ganzen Leib, verbarg ihr Gesicht in den Händen und betete, daß die Eingeborenen sie nicht gesehen hätten, daß sie vorbeifahren würden, aber als sie ihre Augen wieder öffnete, war es klar, daß ihr verzweifeltes Gebet nicht erhört worden war. Auf dem regengepeitschten Wasser konnte sie einen Schatten ausmachen, der viel schwärzer war als der Schatten, den die Felsen warfen, und sie erkannte den Umriß eines Kanus mit drei oder vier dunklen Gestalten darin, die kräftig paddelten. Sie waren immer noch ziemlich weit entfernt. Dann hörte der Regen so plötzlich auf, wie er begonnen hatte, die Wolken rissen auf, und ein wäßriger Mond warf einen sanften, silbrigen Schimmer über das ruhige Wasser. Ein paar Minuten später knirschte der Kiel des Kanus auf dem flachen Felsen auf, den auch Mister Brewers Boot als Landeplatz benutzt hatte, und zwei Männer stiegen leichtfüßig an Land.

Sie gingen direkt auf sie zu, und Jenny starrte sie vollkommen entsetzt an. Es war zu dunkel, um ihre Gesichter deutlich erkennen zu können, aber beide trugen Speere. Der eine schien einen weißen Bart zu haben und alt zu sein, und der andere wirkte jünger. In kurzer Entfernung von ihr blieben sie stehen, machten keinen Versuch sie anzurühren oder irgendwie zu belästigen, und sprachen sie mit sanftklingenden Worten an, die sie nicht verstand. Mit trockenem Mund und zitternden Lippen zwang sich Jenny dazu, diesen Gruß zu erwidern. Jetzt kam der jüngere der beiden Männer vorsichtig näher und berührte mit einer Hand ihre Ketten. Als er sich davon überzeugt hatte, daß sie sich wegen dieser Ketten nicht von der Stelle bewegen konnte, erklärte er das aufgeregt seinem Begleiter, und beide schüttelten sehr verwundert den Kopf.

Dann versuchte der jüngere der beiden mit aller Kraft, die Kette aus dem eisernen Ring herauszureißen, der im Felsen verankert war. Aber ihr gegenüber wandten sie keinerlei Gewalt an. Ihre Stimmen klangen sanft und freundlich, wenn sie sie ansprachen, und sie verlor allmählich die Angst vor ihnen. Die beiden sprachen auf sie ein, und sie versuchte erfolglos, darauf zu antworten. Schließlich deutete sie mit dem Finger auf sich selbst und wiederholte ein paar mal ihren Namen, und nach einiger Zeit schien der Jüngere zu verstehen, was sie meinte, denn er sagte sehr langsam: »Jen-nee… Jen-nee.«

Sie nickte, und er lächelte sie freundlich an, deutete sich auf die eigene Brust und verkündete, stolz: »Ban-ee-Ion!«

Der ältere Mann folgte lächelnd seinem Beispiel und nannte seinen eigenen Namen: »Col-bee.«

Dann wurden sie dieses Spieles plötzlich überdrüssig. Sie rannten zurück zum Kanu. Jenny hörte sie mit den beiden anderen flüstern, die dort zurückgeblieben waren. Colbee stieg ins Kanu, und der junge Baneelon beugte sich herunter, um etwas hochzuheben. Ein paar Augenblicke später war er wieder bei ihr und bedeutete ihr, daß sie ihre Hand ausstrecken solle. Er legte etwas Rundes, Dunkles hinein, führte seine eigene Hand zum Mund und bedeutete ihr damit, daß sie es essen solle.

Es war Fleisch, und sie aß es mit großem Hunger. Baneelon lächelte, und seine Zähne glänzten weiß im Mondlicht. Dann holte er im Kanu eine Handvoll wilde Feigen, legte sie neben sie und verabschiedete sich von ihr, indem er seine Hand hob.

Das sanfte Geräusch der Paddel im Wasser verlor sich langsam, und Jenny war wieder allein. Aber dieser unerwartet freundliche Besuch hatte ihr neue Hoffnungen gemacht. Sie aß die Feigen, machte es sich auf dem Fels so bequem wie möglich und schlummerte ein.

Der gemeine Soldat der Marineinfanteristen Robert Sibley saß in seinem Zelt und tat so, als ob er seine Flinte reinigte, aber in Wirklichkeit horchte er mit seiner ganzen Aufmerksamkeit auf die Rückkehr der vier Wachposten, mit denen er das heiße, schlecht gelüftete Zelt teilte.

Er hatte mit diesen vier Männern auch schon die Reise an Bord der *Prince of Wales* nach Botany Bay gemacht. Sie waren in der gleichen Kompanie und hatten seit der Ankunft in Sydney Cove in diesem Zelt zusammen gewohnt, so daß man wohl sagen konnte, daß die Männer seine engsten Freunde waren. Aber inzwischen – seit er wußte, wie sie wirklich waren – wünschte er sich, er hätte sie niemals gesehen ... und am wenigsten von allen Joe Hunt. Oder auch diesen verlogenen, verrückten Jake Bulmore, mit seinen ewigen Weibergeschichten, seinem ständigen Gesaufe, der ihn damit schon in die übelsten Geschichten hineingezogen hatte.

Sibley holte tief Luft und fuhr unachtsam mit seinem öligen Lappen weiter über die Flinte und lauschte dabei konzentriert auf die Geräusche, die von draußen hereindrangen.

Er würde sie natürlich kommen hören, denn sie wären wie üblich stockbetrunken – wie jedesmal, wenn Joe Hunt Wache vor dem Regierungsladen an der Kaimauer hatte. Dann benutzte er seinen Schlüssel, und alle vier bedienten sich mit allem, wonach ihnen gerade der Sinn stand, mit Alkohol, Pökelfleisch, Reis oder Mehl. Sibley war davon überzeugt, daß das irgendwann herauskommen würde – denn diesem Spitzbuben von einem Schmied, der den Schlüssel nachgemacht hatte, war nicht zu trauen – er würde sie bei der erstbesten Möglichkeit verpfeifen.

Er fragte sich, ob er es wagen könne, sich auf die Insel Norfolk versetzen zu lassen, ohne daß Joe Hunt die wahren Gründe dafür erraten würde. Wenn er es jemals herausfände, würde Joe ihm bestimmt eine unangenehme Lektion erteilen – alle vier Männer würden gegen ihn vorgehen, aber... irgendwie mußte er es schaffen, von ihnen wegzukommen, weil er sonst durch sie über kurz oder lang in noch größere Schwierigkeiten geraten würde. Das nächste Mal käme er sicher nicht mehr so glimpflich davon wie kürzlich, als Joe und Jake den Garten der Frauen ausgeräubert hatten. Er hatte sich auf Joes Befehl rechtzeitig davongemacht. Joe hatte ihm das blutverschmierte Bajonett in die Hand gedrückt und ihm zugeflüstert: »Laß uns verschwinden – hau ab, die verdammte Wache kommt!«, und das hatte er sich nicht zweimal sagen lassen.

Aber, so wahr ihm Gott helfe, diese Geschichte hatte ihm ganz und gar nicht gefallen. Die Frauen hatten monatelang in diesem Garten Schwerarbeit geleistet, und ihm tat das junge Mädchen leid, das Jake Bulmore mit seinem Bajonett am Arm verletzt hatte und das sich trotzdem mit aller Kraft gegen ihn verteidigt hatte.

Und weil alle, auch er, vor Gericht gelogen hatten, war dieses junge Mädchen für eine Woche auf die Strafinsel geschickt worden... eine Frau ganz allein auf diesen kahlen Felsen draußen im Meer! Er zuckte unwillkürlich zusammen. Sie war jetzt da draußen, er hatte gesehen, wie das Boot mit ihr ablegte, er... eine laute, Obszönitäten von sich gebende Stimme unterbrach seine Gedanken. Er hörte ein grölendes Gelächter, eindeutig Joe Hunt.

Er müßte sich eigentlich gegen sie wehren – sie waren eine vollkommen gewissenlose Bande –, viel schlimmer als einige von diesen armen Teufeln von Sträflingen. Aber... er hatte nicht nur Angst vor ihnen. Er schuldete ihnen auch eine ganze Menge. Sie hatten sich um ihn gekümmert, als er zu den Marineinfanteristen eingezogen worden war, hatten ihn verteidigt wenn es nötig war, und versorgten ihn zusätzlich mit Eßbarem und Alkohol. Und er hatte es angenommen, obwohl er wußte, wo es herkam – und er hatte auch Jake Bulmores Bajonett genommen und es versteckt, und während des Prozesses hatte er die Wahrheit verschwiegen. Er hatte sich also mitschuldig gemacht, ob ihm das gefiel oder nicht...

Die vier angetrunkenen Männer stolperten hinein und erzählten ihm lachend ihren neuesten Plan, den sie noch in dieser Nacht ausführen wollten. Sie wollten sich für die Wunde rächen, die Jake Bulmore davongetragen hatte, und den Garten der jungen Frauen verwüsten. Sibley versuchte, sie von diesem Plan abzuhalten, aber es war alles vergebens. Schließlich beruhigte er sein Gewissen mit dem Rum, den sie ihm anboten.

Sie stampften auf den Gemüsebeeten herum, und rissen alles aus, was sie in die Hände bekamen. Die Frauen erwachten, riefen um Hilfe und kamen aus ihren Hütten gerannt, aber zwei von den betrunkenen Eindringlingen, Hunt und Dempsey, scheuchten sie mit aufgestellten Bajonetten zurück in die Hütten.

»Geht zurück ins Bett!« schrie Dempsey sie an. »Wenn wir hier fertig sind, kommen wir noch kurz zu euch rein, um uns aufzuwärmen!«

Aber die Frauen blieben verängstigt vor der Hütte stehen und schluchzten fassungslos. Sibley plagte wieder sein schlechtes Gewissen. Er hatte nicht so viel wie die anderen getrunken – er hatte einfach nicht so viel Zeit dazu gehabt. Er senkte seine Flinte – warum hatte er sie nur gereinigt? Und blickte zu der kleinen Gruppe von Frauen hinüber.

Sie schauten tatenlos zu, wie ihre monatelangen Bemühungen innerhalb weniger Minuten zerstört wurden, aber sie wagten es nicht einzugreifen, weil eine von ihnen, die es vor ein paar Tagen versucht hatte, jetzt auf der Strafinsel schmachten mußte.

Sibley hatte Mitleid mit ihnen und bat sie, doch in die Hütten zurückzugehen. »Ihr könnt überhaupt nichts machen«, sagte er ihnen. »Aber ich passe auf, daß die Kerle euch nichts antun. Das verspreche ich euch.«

Die Frauen sagten zwar kein Wort, verschwanden aber in den Hütten.

Am folgenden Nachmittag fuhr ein Boot zur Strafinsel hinüber.

Henry Brewer sprang an Land. Er sagte, steif wie immer: »Durch Befehl Seiner Exzellenz des Gouverneurs... werden Sie schon jetzt freigelassen, da er meint, daß Sie genügend für Ihr Vergehen bestraft worden sind.« Als er Jennys Ketten löste, fühlte er, wie eiskalt ihre Arme waren. »Mein armes Kind«, rief er plötzlich mit einer ganz anderen, mitfühlenden Stimme aus. Er hängte ihr seinen schweren Mantel um und trug sie zum Boot.

Als sie, immer noch steif vor Kälte, neben ihm saß, legte er einen Arm um ihre Schultern.

»War es so schrecklich?« fragte er nach einer Weile mitfühlend, als die Seeleute sich in die Ruder legten.

Unfähig, das Zittern zu beherrschen, nickte Jenny mit dem Kopf. Sie fing an, ihm von dem Besuch der Eingeborenen zu erzählen, aber da sie an seinem Gesichtsausdruck ablas, daß er ihr nicht glauben konnte, unterbrach sie sich selbst. »Aber vielleicht war es auch ein Traum, Mister Brewer. Ich – ich bin nicht ganz sicher...«

»Das war ein Alptraum«, meinte Brewer. »Und das versteh ich gut, weil du allein und verängstigt auf der Insel warst.«

Er zögerte und zog dann eine kleine Flasche aus seiner Jackentasche. »Rum«, sagte er verlegen grinsend. »Den sollte ich dir natürlich nicht anbieten, aber... er wird dir wahrscheinlich besser bekommen als die drei Feigen aus deinem Alptraum, mein Mädchen, also trink ruhig ein paar Schluck! Seine Exzellenz wünscht dich und die anderen Frauen zu sehen, die in den unglücklichen – äh – Vorfall mit den Soldaten verwickelt waren.«

Jenny starrte ihn ungläubig an. »Der Gouverneur will uns sehen – mich sehen, Mister Brewer? Aber ich dachte, ich wäre schon begnadigt?«

»Ich habe die Begnadigung im gewissen Sinne schon vorweggenommen«, gab Brewer zu. »Aber hab keine Angst, ich bin ganz sicher, daß es so kommen wird. Auf jeden Fall wirst du nicht auf die Strafinsel zurückgeschickt – das ist ganz einfach kein Platz für Frauen.«

Es trat so ein, wie Brewer es vorhergesagt hatte. Jenny wurde begnadigt. Als sie endlich zurück nach Hause kam, wurde es schon dunkel, und ihre Freundinnen kochten gerade auf dem offenen Feuer das Abendessen. Alle wirkten bedrückt und unglücklich, und Melias Augen waren vom Weinen gerötet. Hannah war nicht da und Eliza sagte: »Sie weiß genau, daß sie sich nicht mehr hier sehen lassen kann, diese böse alte Hexe!«

Sie warf einen Teigfladen auf den flachen Stein, der ihnen als Backblech diente und schaute zufrieden in den Kochtopf. »Fisch, Jenny«, verkündete sie stolz. »Und zwar gleich drei! Charlotte hat sie im Netz gefangen. Wir haben diesmal nicht wie sonst die Hälfte des Fanges im Krankenhaus abgegeben, weil wir glaubten, daß du ein gutes Essen mehr verdienst als Bulmore, dieses verlogene Schwein!«

Alle aßen mit gutem Appetit und versuchten fröhlich zu wirken. Aber Jenny spürte, daß etwas nicht in Ordnung war, und fragte deshalb: »Hier stimmt doch irgend etwas nicht, oder? Sagt's mir ruhig!«

Melia stand auf. Sie sagte kleinlaut: »Komm her Jenny. Es ist besser, wenn du es mit deinen eigenen Augen siehst«, und führte sie in den Garten.

Selbst jetzt in der Nacht war die Verwüstung nicht zu übersehen. Die Maisstauden lagen auf dem sandigen Boden, von den jungen Obstbäumen waren die Äste abgerissen, das Kartoffel- und das Kürbisfeld waren zertrampelt.

»Wer war das?« fragte Jenny außer sich. »Die Soldaten?«

»Ja«, antwortete Melia. »Es ist letzte Nacht passiert, nach Einbruch der Dunkelheit – es waren sieben oder acht. Und als wir versuchten, ihnen Einhalt zu gebieten, machten sie sich über uns lustig und drohten, wir sollten es nicht wagen sie anzugreifen, es sei denn, wir hätten Lust, dich auf der Strafinsel zu besuchen. Sie waren natürlich allesamt bewaffnet, auf den Flinten waren die Bajonette aufgepflanzt, wir konnten also wirklich nichts machen, selbst wenn wir es gewollt hätten. Wir standen hilflos da und mußten zuschauen.«

Jenny hatte das Gefühl, keine Luft mehr zu bekommen. »Wir müssen den Garten sofort wieder in Ordnung bringen«, sagte sie grimmig entschlossen. »Gleich morgen früh, und zwar wir alle, Melia! Ich werde mich um neues Saatgut kümmern. Wenigstens werden wir dieses Mal zur richtigen Zeit einsäen – es wird bald Frühling, und Mais braucht mehr Sonne, um reif zu werden. Und ich werde mit Sergeant Jenkins über seine Männer sprechen – er wird schon einen Weg wissen, sie davon abzuhalten, so etwas jemals wieder zu tun.«

»Lohnt sich das denn?« antwortete Melia. »Lohnt es sich wirklich, noch einmal ganz von vorne anzufangen?«

»Und wie es sich lohnt«, sagte Jenny mit großer Überzeugung. »Wenn wir hier überleben wollen, müssen wir Land bebauen, wir haben gar keine andere Wahl! Und ich lass' mich von gemeinen, betrunkenen Idioten wie Bulmore und seinen Freunden nicht davon abhalten. Wenn wir schon den Rest unseres Lebens hier verbringen müssen, dann wollen wir doch versuchen, uns eine Heimat zu schaffen, in der wir glücklich sein können und nicht hungern müssen.« Die anderen starrten sie erstaunt an.

»Man hört, daß Jenny grade beim Gouverneur war!« rief Charlotte aus. Alle lachten, und Eliza legte Jenny liebevoll einen Arm um die Schultern.

»Du bist zwar nur 'n kleines Persönchen«, sagte sie, »aber du hast mehr Grips als wir alle zusammen, findste nich? Und du hast recht – wir haben gar keine Wahl, wirklich nich, wir müssen diesen Saustall aufräumen und wieder ganz von vorn anfangen. Und ich mach mit, daß du's nur weißt.«

Am nächsten Morgen kamen Polly und zwei andere junge Frauen, die ein paar Monate vorher weggegangen waren, wieder zu ihnen zurück. Mittags stieß eine kleine Gruppe Matrosen von der *Sirius* zu ihnen und bot ihnen ihre Hilfe an, und Tom Jenkins brachte ein paar Säcke voll Mais aus dem Regierungsladen. Er krempelte seine Hemdsärmel hoch und half im Garten, bis es dunkel wurde. Innerhalb einer Woche war der Garten wieder frisch eingesät.

Der Geburtstag des Königs wurde in aller Form am 4. Juni gefeiert, und der Gouverneur hielt sein Versprechen ein und tat alles, um diesen Tag so schön wie möglich zu gestalten. Von der *Sirius* wurden Kanonenschüsse abgefeuert. Ein Gottesdienst fand unter freiem Himmel statt, die Kapelle der Marineinfanteristen spielte auf, und der Gouverneur lud alle seine Offiziere zum Mittagessen ein. Am Abend wurden Freudenfeuer angezündet. Da MacEntire trotz tagelanger Pirschgänge nur vier Känguruhs erlegt hatte, wurden ein paar Schafe und Schweine geschlachtet, damit sich alle einmal an frischem Fleisch satt essen konnten. Es wurde auf die Gesundheit des Königs angestoßen und das häßliche Gespenst des Hungers wenigstens für diesen einen Tag verscheucht.

Aber es kam allzu bald zurück und bereitete Gouverneur Phillip die größten Sorgen. Die Mehlvorräte waren fast völlig aufgebraucht, und selbst bei drastisch verkleinerten Rationen würden sie spätestens in sechs Monaten gänzlich verbraucht sein. Die Überholungsarbeiten auf der *Sirius* waren abgeschlossen. Es war Phillip klar, daß es jetzt keinen Grund mehr gab, das Schiff nicht sofort nach Kapstadt loszuschikken, um neue Vorräte zu holen.

Er sagte zu Captain Hunter: »Ich kann mir nur schwer vorstellen, ohne Sie und Ihre gute Mannschaft auszukommen, John, aber es muß sein – wir müssen die Erforschung der Küste verschieben. Sie müssen sofort lossegeln, da Sie in dieser Jahreszeit ohnehin nicht vor einem halben Jahr zurück sein können.«

Er seufzte.

»Ich werde Sie lange entbehren müssen, mein Freund. Gott alleine weiß, ob wir es schaffen zu überleben.«

Auch Hunter seufzte. »Ich werde so schnell wie möglich zurückkehren, Sir«, versprach er und studierte besorgt das angespannte, unglückliche Gesicht des Gouverneurs. Von allen anderen Sorgen abgesehen, machte ihm Major Ross unaufhörlich zusätzliche Schwierigkeiten. Die Diebstähle in den Gärten wurden nicht nur von Sträflingen verübt, aber Ross duldete keinerlei Anschuldigungen gegen seine Männer – im Gegenteil, der Gouverneur glaubte, daß er seine Leute sogar dazu ermutigte, sich auf eigene Faust zusätzliche Nahrungsmittel zu verschaffen.

Hunter räusperte sich und fragte leise: »Sie haben doch vor, die *Golden Grove* mit einer Gruppe Sträflingen auf die Insel Norfolk zu schicken, nicht wahr?«

»Ja, sie wird auf dem Weg nach China dort vor Anker gehen«, bestätigte Phillip, »mit etwa fünfzig Sträflingen und fünfundzwanzig Marineinfanteristen. Dadurch wird unser Versorgungsproblem etwas verringert. Vielleicht schick ich auch mehr Leute auf die Insel, ich habe mich noch nicht endgültig entschlossen.«

»Warum schicken Sie nicht Ross auf die Insel?« fragte Hunter geradeheraus. »Sie haben doch sicher schon daran gedacht, oder?«

»Ich habe schon oft daran gedacht, das gebe ich zu. Aber ich könnte ihn nicht auf die Insel schicken, solange die Marineinfanteristen dem von mir sehr geschätzten Phillip King unterstehen. Und er leistet auf der Insel Norfolk einfach zu gute Arbeit, als daß ich ihn zurückholen könnte. Aber – Major Ross denkt immer wieder daran, selbst Land zu bebauen – und wenn er das wirklich will, bin ich der letzte, der etwas dagegen hat.«

Mit dieser Auskunft mußte sich John Hunter zufriedengeben. Die *Sirius* stach am 1. Oktober in See, die *Supply* und die *Golden Grove* segelten am gleichen Tag mit Kurs auf die Insel Norfolk los, und im Hafen von Port Jackson lag zum erstenmal seit Ankunft der Sträflingsflotte kein einziges Schiff.

Der Juli und der August waren kalt und feucht gewesen, der September und der Oktober waren schon wieder viel milder, und im November wurden die Temperaturen sommerlich und die Sonne stand hoch am blauen, wolkenlosen Himmel. Die Ernteaussichten waren gut, ganz besonders auf Rose Hill, wo sich Major Ross nach wie vor ein Stück Land anschaffen wollte. Edward Dodd hatte dort trotz des mangelnden Arbeitseifers der meisten Sträflinge wahre Wunder vollbracht.

Gouverneur Phillip schöpfte neue Hoffnung. Bald mußten aus England die Frachtschiffe ankommen, die er so inständig in seinen Briefen an Lord Sydney und Sir Evan Nepean angefordert hatte. Wenn die Lebensmittelvorräte wieder aufgefüllt wären, dann könnte die Kolonie überleben. Es gab zwar immer noch Krankheitsfälle, aber Doktor White und seine fähigen, jungen Mitarbeiter hatten wildwachsende Kräuter und Früchte entdeckt, die bei der Bekämpfung von Skorbut gute Dienste leisteten. Diese Pflanzen wurden jetzt in dem Krankenhausgarten gezüchtet. Die Arbeit im Freien hatte die Gesundheit der meisten Sträflinge verbessert.

Viel ernstzunehmender als die eigenen Krankheiten waren der Meinung des Gouverneurs nach der Ausbruch von Pockenerkrankungen unter den Eingeborenen. Er konnte sich nicht erklären, wie die Krankheit hierher gefunden hatte, denn die Siedler hatten sie nicht eingeschleppt. In einem erneuten Versuch, ein freundlicheres Klima unter ihnen herzustellen, schickte Phillip zwei Ärzte zu den Kranken, die damit einverstanden waren, daß die Weißen ihre Kunst an ihnen versuchten. Aber das waren nur wenige, und viele mußten sterben. Die Ärzte konnten keinen einzigen retten, und als sie zurückkamen, schoben sie diese traurige Tatsache zumindest teilweise auf die Schwierigkeiten, sich verständlich zu machen.

»Es ist vollkommen hoffnungslos, bis wir ihre Sprache lernen oder wenigstens einen oder zwei Dolmetscher ausbilden, Sir«, sagte Doktor Arndell. »Sie verstehen unsere medizinischen Anweisungen einfach nicht, und sobald wir gegangen sind, ziehen sie wieder ihren alten Hexenzauber zu Rate.«

Der Gouverneur antwortete: »Wenn das so ist, dann ist es das beste, ein paar Eingeborene einzufangen. Wenn wir sie gut behandeln und gut ernähren, legen sie nach ihrer Rückkehr sicher bei ihren Leuten ein gutes Wort für uns ein.«

Bald darauf nahmen die Marineinfanteristen tatsächlich einen Eingeborenen gefangen und brachten ihn in die Siedlung.

Er war etwa dreißig Jahre alt, klein, aber robust gebaut. Er wurde in das halbfertige Ziegelsteingebäude gebracht, in das Gouverneur Phillip schon seit einiger Zeit eingezogen war. Er interessierte sich sehr für dieses Haus und trat, als ihm auf Befehl des Gouverneurs seine Fesseln abgenommen wurden, mit hocherhobenem Haupt hinein. Phillip begrüßte ihn freundlich und bot ihm etwas zu essen an. Er schien sich darüber zu freuen, nahm aber nur Fisch zu sich. Das eingepökelte Fleisch, das Brot und den Alkohol versuchte er noch nicht einmal.

Nach dem Essen wehrte er sich nicht, als ihm der graue Lehmstaub von seinem Körper abgewaschen wurde, und er schien auch nichts dagegen zu haben, als sein Bart abrasiert und sein Haar kurz geschnitten wurde. Als Läuse gefunden wurden, verzehrte er sie mit offensichtlichem Vergnügen und als man ihm ein Hemd und eine Hose reichte, zog er sie an. Er schaute in einen Spiegel, und sein verändertes Aussehen schien ihm gut zu gefallen.

Phillip lag sehr daran, sich mit ihm gut anzufreunden, bevor er zu seinen eigenen Leuten zurückging. Deshalb verbrachte er so viel Zeit wie möglich mit dem Gefangenen. Auch Captain Tench war oft mit ihm zusammen, weil er es sich zum Ziel gesetzt hatte, die Sprache der Eingeborenen zu lernen. Die Verständigung war am Anfang sehr schwierig, und da es sogar unmöglich war, seinen Namen herauszufinden, nannte ihn Tench einfach Manly, und er hörte auf diesen Namen, obwohl sein durchaus intelligent wirkendes Gesicht jedesmal einen verwirrten Ausdruck annahm. Er strengte sich sehr an, alles so gut wie möglich zu verstehen, war besonders höflich zu jeder Frau und zeigte seine Zuneigung zu Kindern ganz offen, als ihn Watkin Tench durch das Lager führte. Nur einmal, als Phillip ihn an einer Hand fesseln ließ, um zu verhindern, daß er vorzeitig floh, wirkte Manly mürrisch und feindselig... aber sobald er wieder losgebunden worden war, lächelte er und war wieder genauso umgänglich wie zuvor.

Nach einer Woche gab er zu verstehen, daß er Arabanoo hieß, und brachte Phillip und allen Offizieren, die gerade anwesend waren, alle möglichen Worte seiner Sprache bei. Er hatte einen Riesenappetit, aß aber nur frische Lebensmittel. Nach wie vor nahm er kein Pökelfleisch zu sich. Er hatte eine schnelle Auffassungsgabe und eignete sich in kurzer Zeit so gute Tischmanieren an, daß er ohne weiteres täglich mit am Tisch des Gouverneurs sitzen konnte. Tench freute sich darüber, wie schnell er es gelernt hatte, eine Serviette zu gebrauchen und geschickt mit Messer und Gabel umzugehen. Wenn ihm ein Abendessen zu lange dauerte, streckte er sich auf dem Boden aus und schlief sofort ein, ganz gleich, wie laut es um ihn herum zuging. Captain Tench schloß den merkwürdig zivilisierten Wilden bald ins Herz und bedauerte es aufrichtig, als der Gouverneur Arabanoo erlaubte, zu seinem Stamm zurückzukehren.

»In letzter Zeit wirkte er nervös auf mich, und es ist wichtig, daß wir seine Leute davon überzeugen, daß wir ihm nichts Böses angetan haben«, erklärte Phillip. »Vielleicht erreichen wir es, daß sie uns vertrauen – und das müssen sie auch, wenn wir in Frieden mit ihnen zusammenleben wollen.«

Sein wohldurchdachter Plan nahm jedoch eine unvorhergesehene Wendung. Als der Gefangene noch vom Boot aus, Captain Tench an seiner Seite, seine an der Küste versammelten Stammesbrüder ansprach, redeten sie zwar mit ihm. Aber als Tench sich von ihm verabschiedet hatte und er durch das flache Wasser an Land watete, wendeten sie sich von ihm ab, und es war offensichtlich, daß sie nichts mehr mit ihm zu tun haben wollten.

Der arme Arabanoo weinte und bettelte. Aber seine ehemaligen Freunde schienen taub zu sein, und es blieb nichts anderes übrig, als ihn wieder mit zurück in die Siedlung zu nehmen.

»Wir versuchen es noch einmal«, versprach der Gouverneur, aber Arabanoo hörte nicht zu weinen auf und senkte seinen geschorenen Kopf, als ob er sich schäme. Aber der zweite Versuch schlug genauso fehl wie der erste. Die reichen Geschenke, die er seinen Leuten anbot, wurden nicht einmal angeschaut. Die Eingeborenen standen einfach da und warteten darauf, daß er sich wieder entfernen würde.

Arabanoo war sich völlig klar darüber, was das für sein weiteres Leben bedeutete, und fand sich erstaunlich schnell damit ab. Er reichte dem Gouverneur die Hand und bedeutete ihm lächelnd, daß er bereit sei, mit ihm in die Siedlung zurückzukehren. Von dem Tag an lebte er in einer eigens für ihn gebauten kleinen, hölzernen Hütte und verbrachte die meiste Zeit in Begleitung von Phillip und seinen Offizieren, und aß auch sämtliche Mahlzeiten mit ihnen zusammen.

Mit wachsender Ungeduld wartete Phillip auf die Rückkehr der Schiffe. In regelmäßigen Abständen schickte er Marineinfanteristen zur Botany Bay, um zu verhindern, daß ein Schiff dort vor Anker ging, weil der Kapitän nicht wußte, daß die Siedler inzwischen nach Port Jackson umgesiedelt waren.

Aber kein Segel tauchte am Horizont auf, und als das Jahr sich seinem Ende zuneigte und die Temperaturen anstiegen, verließ Phillip langsam jeglicher Mut. Die Sträflinge liefen vollkommen zerlumpt herum, nur wenige hatten Schuhe, und selbst die Marineinfanteristen paradierten oft barfuß. Ihre scharlachroten Uniformjacken verblaßten und wurden fadenscheinig, und ihre Moral sank langsam auf den Tiefpunkt.

»Wir müssen Weihnachten so schön wie möglich feiern, David«, sagte Phillip zu Rechtsanwalt Collins. »Und wir müssen Gott um unsere Rettung anflehen, denn es scheint, daß nur noch Gott uns helfen kann. Ich fürchte wirklich, daß uns unsere Regierung zu Hause vergessen hat!«

Für Jenny war das Weihnachtsfest 1788 das traurigste in ihrem ganzen Leben.

Olwyn Jenkins war drei Wochen vorher krank geworden. Sie klagte nicht, nahm die Sache leicht und rief nicht einmal nach dem Arzt. Als sie aber immer schwächer wurde, bat Sergeant Jenkins Jenny, sie zu pflegen, und Olwyn hustete schon Blut und konnte ihren Kopf kaum mehr von dem zusammengerollten Mantel heben, der ihr als Kopfkissen diente, als Jenny sie zum erstenmal nach langer Zeit wieder sah. Doktor Arndell, der schließlich doch zu Rat gezogen wurde, schüttelte bedauernd seinen Kopf. Er hatte keine Medizin, die er ihr geben konnte, denn die Vorräte des Krankenhauses waren schon im letzten September aufgebraucht gewesen, und außerdem gestand der zuverlässige junge Arzt ein, daß es in Olwyns Fall ohnehin keine Hilfe mehr gab.

Sie war schwach, hatte aber keine Schmerzen, außer wenn die Hustenanfälle sie schüttelten, und sie begrüßte Jenny in ihrer Hütte so herzlich, als sei es ihre eigene Tochter, und erwähnte die Entfremdung, die seit der Landung zwischen ihnen eingetreten war, mit keinem Wort. Jenny versuchte, geplagt von schlechtem Gewissen, ihr zu erklären, warum sie es vorgezogen hatte, mit den anderen Sträflingen zu arbeiten und zu leben, aber Olwyn unterbrach sie freundlich.

»Aber mein Schatz, die Hauptsache ist doch, daß du jetzt hier bist, oder? Du bist gekommen, als ich dich gebraucht habe, und du bleibst bei mir, bis der Lord mich zu sich nimmt!«

Jenny nickte unglücklich mit dem Kopf, und Olwyn lächelte sie mit der alten Herzlichkeit an.

»Du bist ein gutes Mädchen, das habe ich immer gewußt. Und du hast es bewiesen. Tom hat mir erzählt, wie hart du gearbeitet hast und was für ein gutes Beispiel du den anderen gegeben hast.«

»Ja, aber... ich habe die alte Meg getötet, Mistress Jenkins«, sagte Jenny angespannt, weil es ihr sehr wichtig war, daß die freundliche Frau sie verstand.

»Deshalb konnte ich nicht mehr mit Ihnen und Sergeant Jenkins leben, deshalb mußte ich bei den Sträflingen bleiben. Verstehen Sie das?«

»Ich verstehe jetzt viel mehr als früher, Jenny«, sagte die kranke Frau und lächelte sie liebevoll an. »Der gütige Gott schenkt den Menschen Hellsicht, wenn sie ihrem Ende nahe sind..., und ich weiß, wenn du diese gräßliche alte Frau auf der *Friendship* nicht getötet hättest, dann hätte sie dich umgebracht. Deshalb bist du noch lange keine Mörderin, mein liebes Kind!«

Olwyns Kräfte ließen sehr rasch nach, und sie kämpfte auch nicht dagegen an. Sie besaß einen tiefen Glauben und hatte deshalb keine Angst zu sterben... Jenny hatte sogar manchmal den Eindruck, als ob sie den Tod als Erlösung von einem inzwischen unerträglich gewordenen Leben empfände.

»Dieses abenteuerliche Leben hier ist nichts für mich«, sagte sie eines Abends, als sie allein waren. »Ich hatte keine Ahnung, was auf mich zukäme, als Tom mir von seinem Plan erzählte, sich hier niederzulassen. Ich stellte mir vor, auf einer hübschen, kleinen Farm zu leben wie die, auf der ich aufgewachsen bin, mit den üblichen Arbeiten einer Farmersfrau. Ich hatte keine Ahnung, wie anders Neusüdwales sein würde. Es ist ein grausamer Ort, Jenny, und ich bin froh, ihn hinter mir zu lassen – oder besser gesagt, ich wäre es, wenn Tom nicht wäre. Ich mache mir nur Sorgen wegen Tom... versprichst du mir, daß du ihm so gut hilfst, wie du kannst? Daß du dich um ihn kümmerst, wenn ich nicht mehr bin?«

Jenny fühlte, wie ihr die Tränen in die Augen traten, und nickte wortlos.

Olwyn schaute sie prüfend an. »Mein Tom ist ein guter Mann«, sagte sie leise.

»Ja, das weiß ich«, stimmte Jenny zu. »Ich bin ihm sehr dankbar – und Ihnen auch, Mistress Jenkins.« Sie beugte sich vor und wischte Olwyn den Schweiß von der Stirn. Sie war entsetzt, als sie spürte, wie heiß sie war. »Sie sollten jetzt etwas schlafen«, drängte sie. »Ich bin bestimmt hier, wenn Sie aufwachen.«

Aber Olwyn hatte noch nicht alles gesagt, was ihr auf dem Herzen lag. Sie schloß für ein paar Sekunden die Augen, um neue Kraft zu schöpfen und flüsterte dann: »Tom wird nächsten April entlassen. Und er hat schon Land beantragt, um sich darauf als freier Siedler niederzulassen.«

»Ja, Mistress Jenkins, das hat er mir erzählt.« Da sie ahnte, was Toms Frau sagen wollte, bot ihr Jenny Wein an, die einzige Medizin, die Doktor Arndell noch für seine Patienten hatte.

Olwyn trank durstig ein paar Schluck und schob dann das Glas beiseite. »Ich weiß, daß er alt genug ist, um dein Vater zu sein, meine Liebe«, fuhr sie mit sanfter Stimme fort, »aber er hat dich genauso gern wie ich und... als freier Siedler könnte Tom heiraten, wen er will. Wenn du ihn heiraten würdest, dann wäre das – ach eben das, was man eine Vernunftehe nennt, oder? Du würdest Straferlaß bekommen, da bin ich ganz sicher, und ihr beide könntet das Land bebauen, nicht wahr?« Jenny antwortete nicht. Sie fühlte, wie ihr die Röte ins Gesicht stieg. Sie stand auf, um das Weinglas auf den Tisch zurückzustellen.

»Nein, hör mich zu Ende an, mein Schatz. Wenn Andrew noch hier wäre, hätte ich dir niemals so etwas vorgeschlagen. Aber er ist weit weg, Jenny – und wird wohl auch nicht mehr zurückkommen. Und du... nun, du brauchst einen Mann, der sich um dich kümmert, so wie mein armer Tom eine Frau braucht, verstehst du mich?«

Vielleicht hatte sie recht, dachte Jenny. Die Ehe mit einem Mann, der so angesehen war wie Tom Jenkins – einem pensionieren Sergeanten der Marineinfanteristen – würde ihr sehr viel helfen. Und es wäre, wie Olwyn ganz richtig gesagt hatte, eine Vernunftehe, Tom würde sie weiterhin wie seine Tochter behandeln und – Andrew fiel ihr ein, und sie sah sein männliches, gebräuntes Gesicht vor sich, vernahm den Klang seiner Stimme, fühlte die Berührung seiner Hände. Es hatte noch nie jemand anderen für sie gegeben. Im Gegensatz zu den meisten anderen Frauen hatte sie sich keinen Liebhaber genommen.

Plötzlich fing Olwyn entsetzlich zu husten an, und als der Anfall vorüber war, war ihr Nachthemd von Blutflecken übersät. Sie nippte etwas an dem Wein, den Jenny ihr reichte, und kam dann sofort auf ihr Anliegen zurück.

»Ich möchte nicht in dem Gefühl sterben, daß mein Tom allein zurückbleibt, Jenny«, flüsterte sie angestrengt. »Oder daß er eine von diesen Huren im Lager zur Frau nehmen muß. Bitte sag mir, daß du ihn nicht zurückweist, wenn er dir einen Heiratsantrag macht!«

Es war Jenny einfach unmöglich, ihr nicht das zu sagen, was sie hören wollte. Sie nahm die todkranke Frau in ihre starken, jungen Arme und versprach es ihr.

Am Neujahrstag verschied Olwyn Jenkins friedlich im Schlaf. Tom Jenkins saß an ihrer Seite. Er trauerte über ihren Tod so sehr, als ob es für ihn niemals eine andere Frau gegeben hätte oder niemals eine andere geben würde.

Jenny tat alles, was notwendig war, begleitete Tom zum Begräbnis auf den Friedhof und kehrte dann mit schwerem Herzen und ganz allein in die Hütte zurück, die sie mit Melia und den drei anderen Mädchen teilte.

Der Garten war in der Zwischenzeit wieder ausgeplündert worden, und Hannah Jones war zurückgekommen. Sie hatte das Geschehene so sehr bedauert, daß alle ihr Glauben schenkten. Jenny sollte die erste Nacht des Jahres 1789 niemals vergessen – denn es war die Nacht, in der ihr das kostbare Medaillon gestohlen wurde.

Der Neujahrstag war heiß und drückend, und kaum ein Lüftchen wehte. Das Silvesterfest hatte bis zum frühen Morgen gedauert, und nachdem Jenny und Melia den ganzen Tag über im Garten gearbeitet hatten, zogen sie sich früh in ihre Hütte zurück. Eliza und Charlotte, die auch dort wohnten, waren noch nicht aus dem Hauptlager zurückgekommen.

Durch ihre abgelegene Wohnlage waren sie bisher nur von Dieben belästigt gewesen, die es auf ihr Gemüse abgesehen hatten – noch nie hatte jemand versucht, in die Hütten einzudringen – und deshalb fühlten sie sich ziemlich sicher. Melia und Jenny waren müde, und sie legten sich voll bekleidet zum Schlafen nieder. Nachthemden und Kerzen gehörten so sehr der Vergangenheit an, daß sie sie schon gar nicht mehr vermißten.

Jenny schlief tief und traumlos. Auch das entfernte Donnergrollen störte sie nicht. Sie erwachte erst voller Entsetzen, als sie keine Luft mehr bekam, weil zwei Hände ihr die Kehle zusammendrückten.

Sie hörte ein brüchiges Lachen, die Stimme einer Frau stieß Obszönitäten aus, und als alles um Jenny herum in einem roten Nebel verschwand, lockerte eine der Hände den Griff, um an der rauhen Schnur zu reißen, an der – da das Samtband längst zerrissen war – das wertvolle Medaillon von Ned Munday an ihrem Hals hing.

Sie spürte, wie der Faden einschnitt und dann riß, hörte wie aus großer Ferne Hannahs triumphierende Stimme Gotteslästerungen ausstoßen, und dann drückten ihr wieder beide Hände die schmerzende Kehle zu. Der rote Nebel hüllte sie ganz ein, und sie wurde ohnmächtig.

Als sie wieder erwachte, hatte sich der Dieb verzogen, und Melia schlief noch immer ahnungslos. Jenny schnappte nach Luft und setzte sich auf. Sie stand mit großer Mühe auf und tastete, als die Erinnerung zurückkehrte, nach dem Medaillon im Ausschnitt ihres Kleides, weil sie – bis sie spürte, daß es fehlte – unsicher war, ob es nicht vielleicht ein Alptraum gewesen war. Sie mußte husten, und der Hals tat ihr entsetzlich weh.

»Jenny... bist du das?« fragte Melia und setzte sich auf. Als sie Jennys weißes Gesicht im Mondlicht sah, schrie sie auf. »Was ist denn los? Du siehst ja furchtbar aus, als ob – hat jemand versucht einzubrechen?«

»Es war Hannah. Sie – sie versuchte, mich zu erwürgen.« Mühsam krächzend sagte Jenny: »Melia, sie hat mein Medaillon gestohlen!«

Melia kam skeptisch und mit weit aufgerissenen Augen zu ihr, aber sie entdeckte gleich die roten Würgemale an Jennys Hals. »Bist du sicher, daß es Hannah war?« fragte sie.

»Ich glaube ja – ich hab' ihre Stimme gehört. Und sie wußte, daß ich das Medaillon hatte ... sie wußte, wie sehr ich es liebe.«

»Ja, aber« – Melia untersuchte die blutunterlaufenen Stellen. »Bist du sicher, daß es kein Mann war?«

Jenny trank einen Schluck Wasser. »Ein Mann hätte ganze Arbeit geleistet«, stieß sie voller Schmerzen hervor. »Ein Mann hätte mich getötet.«

»Aber, warum sollte Hannah versuchen, dich zu töten? Ich könnte es noch verstehen, daß sie dir das Medaillon stehlen will, Jenny – es ist ein wunderschönes, wertvolles Schmuckstück. Aber ... ich glaube nicht, daß Hannah dich haßt. Genug haßt, um hier einzubrechen und dich zu erdrosseln.«

Jenny entgegnete bitter: »Ich glaube, sie wollte den Tod der alten Meg rächen, aber ... warum hat sie so lange gewartet, Melia? Und man kann doch nicht behaupten, daß sie Meg geliebt hat, oder?«

»Auf ihre Art vielleicht schon«, meinte Melia. »Aber als sie gestern zu uns zurückkam, schien es ihr wirklich leid getan zu haben, daß du wegen ihr auf die Strafinsel gebracht wurdest. Ich glaubte es ihr, das muß ich zugeben, und die anderen auch. Polly meinte, daß sie nicht gewußt hätte, was sie getan hat. Es ist ja auch kein Wunder, wenn hier jemand verrückt wird ...« Sie zögerte. »Zeigst du sie an, für diesen Überfall heute nacht?«

Jenny zuckte mit den Schultern. »Das würde doch gar nichts nützen. Ich kann nichts beweisen, und selbst wenn ich es könnte, würde es keinem von uns etwas helfen, wenn Hannah bestraft wird, oder? Ich versuche, mein Medaillon zurückzubekommen, aber ... wir müssen zusammenhalten und durch gutes Betragen Strafminderung bekommen, wenn wir jemals aus unserem Leben etwas machen wollen. Ich möchte *frei* sein, Melia ....« Bis jetzt hatte sie noch niemandem etwas von dem letzten Wunsch Olwyn Jenkins erzählt, aber ihr Wunsch, sich jemandem anzuvertrauen, wurde plötzlich übermächtig. Noch immer vor Schmerzen flüsternd, erzählte sie Melia von ihrem Versprechen und sah, wie das ältere Mädchen sie mit vor Staunen aufgerissenen Augen anschaute.

»Aber Sergeant Jenkins ist ein Marineinfanterist, Jenny!« rief sie aus. »Bekäme er denn die Erlaubnis, dich zu heiraten?«

»Wenn er seine Dienstzeit abgeleistet hat, dann ja.«

»Aber er könnte dein Vater sein!«

»Ich weiß. Das ist er für mich auch – oder so etwas wie ein Onkel.« Jenny lächelte. »Es wäre keine richtige Ehe, Melia – Olwyn Jenkins, Gott geb ihr die ewige Ruhe, wußte das ganz genau.«

»Und als seine Frau würdest du frei sein«, sagte Melia mit einem leichten Anflug von Neid in der Stimme. »Und du wärest sicher, und hättest jemanden, der dich beschützt. Aber du bist sehr jung, Jenny – und du hast niemals die Liebe kennengelernt, oder?«

Jenny dachte wieder an Andrew, aber ihr Entschluß stand fest.

Was hatte es für einen Sinn, jetzt an Andrew zu denken?

»Nein«, gab sie zu. »Aber ich bin mir nicht so sicher, daß ich das überhaupt will. Andere Dinge scheinen viel wichtiger zu sein – Freiheit, genug zum Essen zu haben, mit Respekt behandelt zu werden. Was spielt Liebe denn für eine Rolle?«

Am nächsten Tag, als die beiden Seite an Seite im Garten arbeiteten, kam Melia auf das Gespräch zurück.

»Ich finde, wenn du Sergeant Jenkins heiraten könntest, Jenny, dann solltest du das wirklich tun.«

Jenny machte eine Pause und wischte ihr erhitztes Gesicht mit dem Ärmel ab. »Findest du wirklich?«

»Ja«, sagte Melia. »*Ich* würde ihn heiraten, wenn ich an deiner Stelle wäre – selbst wenn der Mann dein Großvater sein könnte!« Plötzlich schwang sie ihre Hacke wütend durch die Luft. »Hannah ist wieder verschwunden – hat es dir Eliza erzählt? Also muß sie es gewesen sein, die dich letzte Nacht angegriffen hat… Eliza sagte, sie hätte sich sehr seltsam benommen. Ich glaube, sie muß wirklich irgendwie verrückt geworden sein – das ist die einzige Erklärung.«

Am nächsten Tag besuchte Jenny Hannah Jones, aber bekam nichts heraus. Die alte Hexe kreischte sie an, daß sie das Medaillon nie im Leben gesehen hätte und regte sich so auf, daß Jenny ihre Hütte fluchtartig verlassen mußte, weil ihre hysterischen Drohungen und Anschuldigungen die anderen Frauen fast dazu brachten, sich in die Auseinandersetzung einzumischen. Jenny zitterte zwar am ganzen Körper, drehte sich aber nicht noch einmal nach der alten, kreischenden Hexe um und ging mit hoch erhobenem Kopf davon.

Als der Streit begann, war Rob Sibley betrunken, und es war ein richtiggehender Kampf zwischen Joe Hunt und Jake Bulmore im Gang, bevor es ihnen klar wurde, wie gefährlich das Ganze war. Jake war an diesem Tage aus dem Krankenhaus entlassen worden. Er trug noch einen Verband um den Kopf. Als er ins Zelt gekommen war, hatten sie sich alle bemüht, ihm einen schönen Empfang zu bereiten. Joe und Seamus O'Halloran holten eine Flasche Rum aus dem Versteck, sehr guten Rum, grade das Richtige für Jake, um seine Sorgen zu vergessen.

Statt dessen war er aber auftrumpfend und bösartig geworden, stieß gegen alle und gegen Joe im besonderen Verwünschungen aus, beschwerte sich über seine Schmerzen am Kopf und darüber, daß sie unwahre Sachen über ihn beim Gouverneur von sich gegeben hätten.

»Ihr habt mich reingelegt, ihr alle habt so getan, als ob nur ich den Garten der Frau ausgeraubt hätt. Und dann seid ihr abgehauen, als mir das miese Stück die Hacke übergehauen hat. Ihr seid so richtige Dreckskerle, das seid ihr!«

»Nee, sind wir nich«, protestierte O'Halloran, und Dempsey fluchte wild drauf los.

»Jetzt aber still!« zischte Joe Hunt. »Wollt ihr unbedingt, daß die verdammten Sergeants hier reinkommen? Wenn du dich unbedingt prügeln willst, Jake Bulmore, gehen wir runter an die kleine Bucht, wo wir das immer machen. Da kann uns niemand hören.«

»In Ordnung«, sagte Bulmore. Sie gingen los. Als sie in der Bucht ankamen, blieb Joe Hunt stehen und knöpfte seine verblichene Uniformjacke auf.

»Gut!« sagte er. »Wenn du's unbedingt willst, Jake, dann kann's losgehen!«

Es war Sibley und den anderen klar, daß Joe einen fairen Kampf wollte. Sie stellten sich im Kreis um die beiden Streithähne auf. Aber Jake Bulmore wurde plötzlich klar, daß er im Zweikampf mit dem viel kräftiger gebauten Joe den kürzeren ziehen mußte. Er pflanzte blitzschnell sein Bajonett auf und raste auf seinen Gegner zu. Vollkommen überrascht sprang Hunt gerade noch zur Seite, und die Spitze des Bajonetts verletzte ihn am Arm, statt in seine Brust einzudringen.

»Der Bastard muß verrückt geworden sein!« schrie Joe. »Helft mir, um Gottes willen, und nehmt ihm das Bajonett ab!«

O'Halloran und Dempsey warfen sich auf den rasenden Bulmore, traktierten ihn mit Fäusten und Stiefeln, und Hunt nahm ihm mit seiner unverletzten Hand das Bajonett ab. Bulmore kämpfte mit aller Kraft, aber schließlich stürzte er hin. Tommy Ray, der normalerweise ziemlich friedfertig war, schlug außer sich mit einem Stück Holz auf ihn ein, das er eben am Strand aufgelesen hatte und jetzt als Keule benutzte.

Als die Wut der Männer verraucht war, standen sie auf. Dann kniete sich Sibley neben das Opfer. Seine tastenden Hände spürten keinen Herzschlag.

»Herr Gott!« schrie er und schaute hilfesuchend zu seinen Freunden auf. »Er ist tot! Tot, ich sag's euch!«

Joe Hunt faßte sich als erster. »Das kann doch gar nicht sein!« protestierte er. »Laß mich mal nachschaun.«

»Er ist tot«, wiederholte Sibley. Er rang nach Atem, als ihm langsam bewußt wurde, was sie getan hatten. Joe, dafür werden sie uns – hängen. Wir –«

»Wenn sie uns erwischen«, grinste Joe Hunt. »Los, hebt ihn hoch… wir tragen ihn etwas weiter weg, da wo die Frauen ihre Fischnetze haben. Dann glauben sie, daß die Frauen ihn getötet haben… oder die Eingeborenen.«

Sie gehorchten ihm aufs Wort und bewegten sich schweigsam wie Schlafwandler. Nur das unzeitgemäße Auftauchen der Wachtruppe der Sträflinge hinderte sie daran, den Toten bis zu den Fischnetzen zu tragen.

Die Entdeckung der Leiche des gemeinen Soldaten Bulmore sorgte in der Siedlung für große Aufregung. Zuerst fiel der Verdacht auf die Eingeborenen, aber Arabanoo erklärte mit großer Überzeugungskraft, daß seine Leute immer mit Speeren töteten. Es war aber keine Speerwunde festzustellen… Bald fand ein Angehöriger der Sträflingswachtruppe ein Bajonett mit Blutspuren in einer Bucht ganz in der Nähe.

Am nächsten Tag wurden unter dem ausdrücklichen Protest ihres Kommandanten fünf von Bulmores Kameraden verhaftet und des Mordes bezichtigt. Sie wurden augenblicklich vom Kriegsgericht verhört, dem außer Major Ross weitere Offiziere der Marineinfanteristen angehörten. Alle fünf wurden wegen Mangels an Beweisen freigesprochen.

Jenny brachte dieser Prozeß erneut in Schwierigkeiten, da Major Ross zu Protokoll gegeben hatte, daß die Wunden, die sie Bulmore kurze Zeit zuvor mit der Hacke beigebracht hatte, auch zu seinem Tod mit beigetragen hätten.

Ob Sergeant Jenkins nun davon gehört hatte oder nicht, jedenfalls tat er alles, um ihr aus dem Weg zu gehen, und

Jenny empfand große Bitterkeit, als sie von Polly erfuhr, daß der Sergeant sich öfters mit Missus Davis traf, der ehemaligen Bordellbesitzerin von der Charlotte.

Sie sagte enttäuscht zu Melia: »Jetzt brauch' ich mir wegen des Versprechens, das ich der armen Olwyn gegeben habe, keine Gedanken mehr zu machen. Wenn der Sergeant sich nach einer anderen Frau umsieht, dann fällt seine Wahl ganz bestimmt nicht auf mich.«

Aber trotz ihrer schwindenden Hoffnungen arbeitete sie weiter fleißig im Garten, und es war eine große Befriedigung für sie, daß die Maisernte sowohl an Qualität als auch an Menge bei weitem die beste der ganzen Kolonie war. Kohl, Melonen und Kürbisse gediehen gut, und dank des Einsatzes der Sträflingswachtruppe wurden kaum noch Einbrüche in die Gärten verübt.

Es war eine Gruppe von Freiwilligen, die sich durch gute Führung ausgezeichnet hatten. Sie waren mit Stöcken bewaffnet und machten während der ganzen Nacht Kontrollgänge unter der Leitung eines Sträflings namens Tich Keelan.

»Dieser arme Teufel hat keinen einfachen Job«, meinte Eliza, als die Frauen um ihr Feuer saßen und das Abendessen zubereiteten. »Der Gouverneur hat ihn gewarnt, sich nicht mit Matrosen oder Rotröcken einzulassen, und« – sie rührte in der Suppe und schmeckte sie ab – »und wenn er einen von ihnen nach Einbruch der Dunkelheit bei den Sträflingen antrifft oder auf frischer Tat beim Stehlen erwischt, dann soll er ihn nicht verhaften, sondern den Marineinfanteristen übergeben.«

»Hat Keelan dir das gesagt?« fragte Melia neugierig.

Eliza nickte. »Ja. Das macht ihm große Sorgen. Wir wissen ja schließlich, wer am häufigsten Gast im Frauenlager ist und am meisten klaut, oder?«

Eliza schnitt einen Kürbis in die Suppe. »Wie ihr euch vorstellen könnt«, fuhr sie fort, »war er einer der ersten, der beim Klauen erwischt wurde, ein Rotrock. Zum Glück für

Tich Keelan war er allein, so daß kein Kampf stattfand – er ließ sich widerstandslos zum Wachhaus der Marineinfanteristen abführen. Er schien sich keine großen Sorgen zu machen. Major Ross würde ihn schon laufen lassen – und Keelan dachte dasselbe.«

»Und stimmte das?« fragte Jenny.

Eliza nickte entrüstet. »Na klar ließ er ihn laufen! Und nicht nur das – er ging zum Gouverneur. Keelan erzählte, daß Ross es als eine Beleidigung des Marineinfanteristenkorps empfand, daß ein Sträfling einen Rotrock verhaften darf!«

Charlotte meinte streitlustig: »Aber wenn ein Rotrock das Gesetz bricht, dann ist es doch nur recht und billig, ihn einzusperren, oder?«

»Nicht, wenn ihn ein *Sträfling* verhaftet«, antwortete Eliza lakonisch. »Das meint jedenfalls der Major. Aber der Gouverneur stellte sich auf die Seite von Keelan. Er ist ein strenger Mann, aber er ist fair, das muß man ihm lassen. Und er ist im Gegensatz zu Major Ross davon überzeugt, daß gleiches Recht für alle gilt, also für die Rotröcke genauso wie für uns.«

Die Meinung hinsichtlich der Sträflingswachtruppe ging aber selbst unter den Sträflingen sehr auseinander. Die Anständigeren unter ihnen und jene, die eigene Gärten bewirtschafteten, traten natürlich dafür ein. Andere fanden aus naheliegenden Gründen, daß die Wache der Marineinfanteristen während der Dunkelheit völlig ausreiche, und waren ganz entschieden gegen die zivile Wachtruppe. Die lautesten Proteste kamen aus dem Frauenlager, in dem die Marineinfanteristen zu den beliebtesten nächtlichen Besuchern zählten, da sie jetzt, nachdem die Schiffe mit den Matrosen losgesegelt waren, die einzigen waren, die den verbotenen Alkohol einschmuggeln konnten.

Es kam, wie es kommen mußte: Etwa einen Monat später wurden ein paar Marineinfanteristen von der Sträflingswachtruppe auf frischer Tat beim Klauen von Alkohol und

Tabak im Regierungsladen an der Kaimauer überrascht. Klugerweise riefen die zivilen Wachleute die Wache der Marineinfanteristen zu Hilfe, und die Diebe wurden von dem wachhabenden Offizier verhaftet.

Diese Neuigkeit breitete sich wie ein Lauffeuer aus. Polly kam aus dem Frauenlager angelaufen und erzählte atemlos: »Sieben Infanteristen sind in den Diebstahl verwickelt. Und zwar sind es die, die vor dem Laden Wache standen. Einer von ihnen war im Besitz eines passenden Schlüssels.«

»Es war Joe Hunt«, wußte Eliza zu berichten. »Ein richtiger Spitzbube, wenn es jemals einen gegeben hat! Zwang vor acht Monaten einen Sträfling, einen Schmied, dazu, ihm den Schlüssel zu fabrizieren. Kein Wunder, daß sie mit Alkohol und Tabak nur so um sich schmissen... jedesmal wenn einer von ihnen vor dem Laden Wache hatte, schlossen sie in aller Ruhe auf und holten sich, was sie brauchten.«

»Und wir haben dir noch gar nicht das Beste erzählt, Jenny«, sagte Polly ganz aufgeregt. »Die Diebe sind genau die, die wegen des Mordes an Bulmore verhört worden sind! Damals haben sie Glück gehabt, aber diesmal wird es nicht so glimpflich abgehen!«

Sie lachte verächtlich. »Major Ross wird sie nicht ein zweites Mal heraushauen können!«

Jenny dachte, daß das einen Schlag für Major Ross bedeuten würde, feststellen zu müssen, daß seine eigenen Marineinfanteristen nicht viel besser waren als die Diebe und Mörder, die sie bewachen sollten.

Eliza berichtete: »Alle sieben werden am Montag verhört. Joe Hunt hat schon gestanden... in der Hoffnung, daß er dadurch straffrei ausgeht, dieser Feigling! Ich fände es richtig, wenn er aufgehängt wird. Stehlen ist eine Sache, aber deine Kumpels verpfeifen ist eine andere.«

Major Ross hielt sich in seinem Zelt auf, als Jeremiah Leach direkt aus der Gerichtsverhandlung zu ihm kam, um ihm den Ausgang mitzuteilen.

»Nun?« fragte der Kommandant mit rauher Stimme. »Ich nehme an, daß der Gerichtigkeit alle Ehre angetan worden ist?«

Leach, den die Formulierung der Frage etwas verwirrte, räusperte sich nervös und wußte nicht, was er antworten sollte.

»Zum Teufel, mein Junge!« meinte Ross. »Welche Urteile sind verhängt worden?«

»Sibley wurde freigesprochen, Sir. Aber –« Leach straffte sich und wappnete sich für den Ausbruch des Majors, den er jetzt erwartete. »Die anderen wurden schuldig gesprochen, Sir. Nur einer der Richter war dagegen... Captain Cample, Sir.«

Der erwartete Wutausbruch fand nicht statt. Major Ross beherrschte sich mühsam und fragte: »Wurden sie zu Tode verurteilt?«

»Ja, Sir. Mit Ausnahme des gemeinen Soldaten Hunt. Er bekommt siebenhundert Peitschenschläge. Die Hinrichtungen finden schon in einer Stunde statt, Sir.«

»Dann mach ich mich am besten fertig, um ihnen beizustehen«, sagte Ross steif. Er schaute auf die Uhr und seufzte tief, bevor er sich nach Einzelheiten der Gerichtsverhandlung erkundigte. Leach erzählte ihm den genauen Verlauf. »Wie Sie schon dem Gouverneur gesagt haben, ist es eine Beleidigung für die Marineinfanteristen –«

Major Ross unterbrach ihn. »So lange, wie Captain Phillip Gouverneur ist, ist das seine Entscheidung und nicht meine, Jeremiah. Ich habe meinen Protest angemeldet, mehr kann ich nicht tun.«

Kurz nach der Hinrichtung der Marineinfanteristen fand ganz in der Nähe der Botany Bay ein Kampf zwischen Sträflingen und Eingeborenen statt. Ein paar Sträflinge, die den Kampf überlebten, flohen in das Lager zurück und erzählten, daß sie grundlos von den Eingeborenen angegriffen worden seien, und obwohl der Gouverneur das nicht ganz glauben konnte, schickte er Captain Meredith mit einer Gruppe bewaffneter Marineinfanteristen zu dem Kampfplatz, um die Toten und die Verwundeten zu bergen.

Als Reaktion darauf wurde allen, außer den Offizieren, jeglicher Verkehr mit den Eingeborenen untersagt ... Ein Verbot, das Jenny noch am selben Tag, an dem es in Kraft trat, unbeabsichtigt übertrat.

Jenny war um die Mittagszeit, als die Hitze am größten war und die Arbeit im Garten ruhen mußte, auf der Suche nach neuen Angelplätzen an der Küste östlich der kleinen Bucht. Kaum jemand war am Strand, und sie genoß das Alleinsein.

Die kleine Bucht war von Felsen eingerahmt, und auf der Suche nach Krabben und Herzmuscheln watete sie bis übers Knie durch das kühle Wasser. Es war keine Brandung. Der goldene Sandstrand reichte bis zu den baumbewachsenen Klippen hin, in deren Schatten sie sich ausruhen konnte, wenn sie ihren Korb gefüllt hätte. In der Siedlung herrschte immer noch große Angst vor einer Hungersnot. Die Rationen an Salz, Pökelfleisch, Mehl und Reis wurden weiter gekürzt, und alle zusätzlichen Nahrungsmittel waren sehr begehrt.

Sie hatte den Korb voll eßbarer Krabben gesammelt und zwei kleine Fische gefangen und ging gerade, zufrieden mit ihrem Fang, zur Küste zurück, als sie ein Kanu mit Eingeborenen um den Fels herumkommen sah. Es saßen vier Männer darin, und sie paddelten schnell in die Bucht hinein, zogen das Kanu an Land und wateten, mit Fischspeeren bewaffnet, durch das Wasser. Sie saß schon im Schatten, aber die Männer sahen ihre Fußspuren im feuchten Sand, und zwei von ihnen kamen auf sie zugerannt.

Jennys Hoffnung, wie durch ein Wunder doch nicht entdeckt zu werden, zerschlug sich sehr schnell. Einer der beiden rief die anderen, und bald war sie von allen umringt, die ihr jede Möglichkeit zu fliehen abschnitten. Plötzlich erkannte sie einen der pockennarbigen Männer. Es war der junge Mann, der ihr auf der Strafinsel Fleisch und Feigen gebracht hatte.

»Baneelon!« rief sie erleichtert auf. Und gleich darauf erkannte sie den älteren, graubärtigen Mann. »Colbee!«

Die abweisenden Mienen der beiden Männer wichen einem strahlenden Lächeln. Baneelon ging auf sie zu, zeigte auf ihre Handgelenke und deutete mit Zeichen die Handschellen an, die sie das letzte Mal getragen hatte. Jenny hatte keinerlei Angst vor ihnen. Sie waren so freundlich zu ihr gewesen, und doch hatte sie halb geglaubt, daß es ein Traum gewesen sei... ein Alptraum.

»Jen-nee!« rief der grauhaarige Mann aus.

Die beiden stellten ihre Begleiter vor, aber ihr freudiger Wortschwall war so überschwenglich, daß Jenny nicht einmal deren Namen verstand. Doch alle wirkten sehr freundlich. Etwas später bog ein kleineres Kanu in die Bucht ein. Der Mann und die beiden Frauen, die darin saßen, kamen ebenfalls sofort heran und stellten sich der weißen Fremden vor. Eine der Frauen, die jung und schüchtern war, deutete auf sich und sagte: »Barangeroo.« Sie schien Baneelons Frau zu sein. Sie schauten in Jennys Korb und schüttelten die Köpfe, als ob sie ihren Fang nicht für gut befänden. Baneelon bedeutete Jenny, mit ihm zum Rand der kleinen Bucht zu gehen.

Er stellte sich auf einen Felsen und biß in das ledrige, rohe Fleisch einer Herzmuschel. Er kaute darauf herum, spuckte es aus und warf es dann in das glasklare Wasser. Der Schaft seines Speeres bestand aus Holz, und die drei Widerhaken sahen so aus, als wären sie aus Knochen. Als ein Fisch aus seinem Versteck zwischen den Felsen herausschoß, um den Köder zu fressen, stieß Baneelon geschickt zu und hob den am Speer zappelnden Fisch aus dem Wasser.

Auf diese Weise fing er geschickt und scheinbar ganz mühelos noch weitere Fische. Wenn er seinen Speer nach einem entfernteren Fisch warf und die hölzerne Waffe dann mit dem aufgespießten Fisch an der Wasseroberfläche schwamm, holte er sie mit einem langen Stock an Land zurück. Dabei achtete er sehr darauf, daß sein mit getrocknetem Schlamm bedeckter Körper nicht naß wurde.

Die beiden Frauen fischten währenddessen nicht mit Speeren, sondern mit Angeln vom Kanu aus im tieferen Wasser.

Als es anfing dunkel zu werden, wollte Jenny nach Hause gehen, aber sowohl Colbee als auch Baneelon bedeuteten ihr dazubleiben. Die Frauen sammelten Holz und entfachten am Strand mit der in einem Tonkrug mitgebrachten Glut ein Feuer. Sie warfen die ungeputzen Fische hinein. Nach kurzer Zeit holten sie die leicht angesengten Fische mit Hilfe eines Stockes wieder heraus, zogen die Haut ab, nahmen sie aus und legten sie wieder zurück auf die Glut.

Trotz der primitiven Zubereitungsart schmeckte es dann sehr gut. Es wurde dunkel, bevor sie mit dem Essen fertig waren. Jenny wurde unruhig und machte den anderen durch Zeichen verständlich, daß sie um diese Uhrzeit eigentlich schon zurück in der Siedlung sein müßte. Sie versuchten nicht, sie zu halten. Colbee und die ältere der beiden Frauen begleiteten sie ein Stück nach Hause zurück, und sie verabschiedeten sich schließlich sehr freundschaftlich von ihr. Sie gaben ihr deutlich zu verstehen, daß sie sich immer freuen würden, sie wiederzusehen.

Jenny erzählte ihren Freundinnen nichts von ihrem Abenteuer, und erst eine Woche später suchte sie wieder die kleine Bucht auf, traf dort jedoch niemanden an. Am nächsten Tag tauchten Baneelon und seine Frau auf und erlaubten ihr wieder, sie beim Fischen zu begleiten. Sie fingen diesmal aber keinen einzigen Fisch und gaben ihre erfolglosen Versuche nach einer Stunde auf. Baneelon entdeckte an der Küste ein merkwürdig aussehendes Tier im hohen, harten Marschgras. Das

Nest bestand aus zusammengedrehtem Gras und war mit Moos und Federn ausgelegt. Er spießte die wie Ratten aussehenden Jungen der Reihe nach auf seinen Speer auf.

Sie gingen zurück in die Bucht, entzündeten wiederum ein Feuer, und Barangeroo warf die rattenähnlichen Tiere mitten hinein.

»*Wurra*«, sagte Baneelon und sah sehr zufrieden aus. »*Bun-ye-ree!*«

Jenny verstand nichts, lächelte ihn aber an und schaute zu, wie Barangeroo die Tiere nach einer Weile wieder aus dem Feuer holte, sie häutete und ausnahm. Dann packte sie die kleinen Tiere in Lehm und warf sie in die Glut zurück. Frisches Fleisch war jetzt eine große Seltenheit für die Siedler geworden, und Jenny genoß die Mahlzeit sehr.

Von diesem Tag an ging sie trotz des Verbotes täglich in die Bucht, und zwei- oder dreimal in der Woche kamen Colbee und Baneelon mit ihren Frauen und anderen Mitgliedern ihres Volksstammes dazu. Jedem, der sie noch nicht kannte, wurde sie als diejenige beschrieben, die gefesselt gewesen war, und Baneelon führte dann jedesmal eine regelrechte Pantomime auf, knurrte, rollte die Augen und deutete hinüber zur Strafinsel. Dadurch gewann Jenny ohne ihr Zutun die Zuneigung aller Eingeborenen, die sie kennenlernte. Sie lernte viel von ihnen, angefangen von der Herstellung ihrer Fischspeere bis zu der Art, wie die Frauen den Bast eines bestimmten Busches klopften und ihn schließlich zu Angelschnüren drehten. Die Schnüre und die Haken wurden von den Frauen hergestellt. Rinde von Bäumen, Äste und Blätter dienten ihnen zu vielerlei verschiedenen Zwecken. Schlingpflanzen wurden zu Seilen verflochten. Aus Muscheln schnitzten sie Messer, Angelhaken und Trinkgefäße. Ihre Kanus und Hütten bauten sie aus gespaltenen Baumstämmen und aus Röhricht und dünnen Zweigen einfache, aber wirksame Vogelfallen. Mit großem Vergnügen verzehrten sie Schlangen und Insekten – Raupen galten als ganz besondere Delikatesse.

Sie nahmen, was ihnen das unfruchtbare Land schenkte, und es reichte nur deshalb aus, weil sie weiterzogen, wenn es in einem Gebiet keine Nahrungsmittel mehr gab. Sie hatten nie versucht, das Land zu bebauen, und Jennys Versuche, es ihnen zu erklären, stieß anfangs auf höfliches Interesse. Aber schließlich machte Colbee ihr klar, daß sein Volksstamm schon lange weitergezogen wäre, bevor das Getreide reif zur Ernte wäre.

Die Freundschaft mit ihnen wurde durch den Einbruch kälteren Wetters plötzlich unterbrochen. Sie hatte schon seit längerem eine unklare Unruhe bei ihnen wahrgenommen. Aber die Verständigung war immer noch sehr schwierig, obwohl sie ein paar Worte ihrer Sprache gelernt hatte. Am letzten Apriltag, als sie zur Küste hinuntergingen, waren dort nur Colbee und Baneelon. Colbee gab ihr einen Fischspeer und bedeutete ihr, daß das sein Abschiedsgeschenk sei. Sie zögen weiter, würden aber wieder zurückkehren, wenn es wieder wärmer würde.

Auf einem Fels stehend beobachtete Jenny, wie sie davonpaddelten und empfand eine merkwürdige Traurigkeit. Sie winkte ihnen mit hocherhobener Hand nach und sah, wie Baneelon zurückwinkte. Plötzlich hörte sie Schritte hinter sich, die sich schnell näherten. Sie drehte sich erschrocken um und sah Lieutenant Leach.

Jeremiah Leach kam gerade vom Wachdienst und freute sich nach einer anstrengenden Nacht auf das Frühstück, als eine Sträflingsfrau auf ihn zutrat und ihn mit seinem Namen ansprach.

Er erkannte die Frau, die in dem Prozeß gegen Jenny Taggart ausgesagt hatte, ließ sich das aber nicht anmerken und schob sie ungeduldig zur Seite. Sie gab aber nicht auf, lief hinter ihm her und sprach ihn immer wieder an. Als er bemerkte, daß die Wache neugierig herüberschaute und versuchte, etwas von ihren Worten aufzuschnappen, sagte er ihr, daß sie ihm zu seinem Zelt folgen solle. Er ließ sie draußen stehen, wusch und rasierte sich und rief sie erst herein, als ihm sein Diener das Essen serviert hatte, in Suppe aufgeweichten Schiffszwieback.

»Ich bin Hannah Jones, Sir«, sagte die Frau. »Sie erinnern sich an mich, oder?«

Leach trank einen Schluck Porterbier und nickte. Sie schaute gierig auf den Suppenteller vor ihm, aber die Tatsache, daß sie offensichtlich Hunger hatte, reichte nicht aus, um sein Mitgefühl zu erregen. Verdammt noch mal, dachte er, jeder in der ganzen Siedlung war hungrig, er selbst eingeschlossen – diese gräßliche Hexe war keine Ausnahme. Sie war allem Anschein nach zu faul, um zu arbeiten, zu alt und häßlich, um etwas nebenher zu verdienen, indem sie ihren Körper verkaufte, was die meisten der Frauen hier machten.

»Nun?« fragte er kurzangebunden. »Was wollen Sie?«

»Ihnen einen Dienst erweisen, Mister Leach«, antwortete die Frau.

»Was für eine Art von Dienst?« fragte Leach und ärgerte sich, daß er sie nicht zum Teufel gejagt hatte. Er löffelte ein Stück von dem aufgeweichten, geschmacklosen Zwieback und freute sich, als er sah, wie sie sich den Mund leckte und dann wegschaute, als könne sie es nicht ertragen, ihm beim Essen zuzusehen. Dann sagte sie mit leiserer Stimme: »Sie haben doch Jenny Taggart nicht vergessen, Sir?«

Leach antwortete nicht, aber er war jetzt schon interessierter. Natürlich hatte er Jenny Taggart nicht vergessen und erinnerte sich an das letzte Zusammentreffen mit ihr, als sie sich vor Gericht geweigert hatte, ihre Mitschuld am Tod des gemeinen Soldaten Bulmore einzugestehen... eine Weigerung, die auch Major Ross sehr verärgert hatte.

»Ich war dabei, Mister Leach«, sagte Hannah. »Ich habe es mit meinen eigenen Augen gesehen. Und wir sind auch auf demselben Schiff gereist, auf der *Friendship*... sie ist wirklich 'n böses Luder, kriegt höllische Wutanfälle, das weiß ich selbst am besten. Dabei schaut sie so unschuldig aus, deshalb kommt se immer glimpflich davon. Und –«

»Fassen Sie sich kurz, Frau!« herrschte Leach sie an. »Ich habe die ganze Nacht Wache gehabt und bin müde.«

Aber Hannah Jones nahm sich Zeit. »Hat Ihnen auch Schwierigkeiten gemacht, als sie auf der *Charlotte* war, oder? Das wird jedenfalls erzählt. Ich hab' gehört, daß Sie sie haben wollten, aber daß *sie* einen der Rotröcke heiraten wollte. Und der wurde ausgepeitscht, weil er ihnen 'nen Schlag versetzt hat.«

Leach errötete vor Ärger. Mein Gott, war diese Geschichte auch bei den Sträflingen bekannt? »Ich hab' noch nie so einen Unsinn gehört! Wo, zum Teufel, haben Sie diese Lügengeschichten her?«

»Lügen, Sir? Na gut. Aber ich dachte bloß ... was ist denn, wenn Jenny Taggart vom Gouverneur verbotene Sachen machen würde, und zwar regelmäßig, und ich das wüßte ... dann müßt ich sie doch anzeigen, oder, Sir?«

Jeremiah Leach zuckte mit gut gespieltem Desinteresse mit den Schultern. Sein Gesicht war immer noch gerötet, und er wußte, daß die Frau das bemerkt hatte. »Natürlich, natürlich. Aber doch nicht bei mir. Beim Richter oder beim wachhabenden Offizier wären Sie an der richtigen Adresse – bei mir nicht. Also gehen Sie jetzt endlich und stehlen Sie mir nicht weiter die Zeit.«

Hannah tat so, als ob sie nicht verstünde, was er meinte. »Sie verkehrt mit den Eingeborenen!« sagte sie. Da schaute Leach sie zum erstenmal an.

Da sie spürte, daß sie endlich sein Interesse gewonnen hatte, beschrieb sie ihm ganz genau, was das Mädchen in der kleinen, abgelegenen Bucht tat. »Geht jeden Nachmittag hin, tut so, als ob sie Fischen geht. Macht's auch, Mister Leach, aber eben mit Eingeborenen. Ißt auch mit ihnen ... ich weiß es, weil ich ihr mal nachgegangen bin, um zu sehn, was sie da eigentlich treibt.«

»Dann erzählen Sie das doch dem Richter. Es geht mich nichts an, was sie tut«, erwiderte Leach, aber es klang selbst in seinen eigenen Ohren unglaubwürdig.

Hannahs schmale Lippen verzogen sich zu einem häßlichen Lächeln. Sie kramte etwas aus ihrer Rocktasche, wickelte es aus den Blättern aus, die es einhüllten, und legte ein feingeschmiedetes Medaillon so auf den Tisch vor Leach hin, daß er es betrachten konnte.

»Das hab' ich gefunden, Sir«, berichtete sie ihm. »Gehört der Taggart und is ihr ein und alles. Muß es verloren haben, als sie da in der Bucht mit den Eingeborenen rumgerannt is. Oder vielleicht hat einer versucht, es zu klauen. Ich glaub', sie gäbe alles in der Welt dafür, das zurückzukriegen. Nich so schnell, Mister Leach!«

Leach hatte versucht, das Medaillon an sich zu nehmen. Es verwirrte ihn, daß ein kleines, verblichenes Stückchen von einem blauen Band darin lag, statt das übliche Miniaturbild. Aber Hannah war schneller als er, und ihre knochigen Finger umschlossen besitzergreifend das Medaillon.

»Das kostet nämlich was«, forderte sie, immer noch lächelnd.

»In Ordnung – wieviel?« fragte er kurz. »Du willst sicher Alkohol, nehm ich an – Rum ist das einzige, was ich habe.«

»In Ordnung, Sir«, versicherte ihm Hannah. Sie mußte handeln, verließ Leach aber schließlich mit eben der Menge Alkohol, die sie sich ausgerechnet hatte. Leach legte sich auf sein schmales Feldbett, konnte aber nicht einschlafen. Nachdem er das übliche, miserable Mittagessen in der Offiziersmesse zu sich genommen hatte, ging er zu der kleinen Bucht und nahm zwei Marineinfanteristen als Begleitung mit. Zuerst hatte er allein gehen wollen, aber dann befürchtete er, daß die Eingeborenen ihn angreifen könnten, und außerdem konnte er gut zwei Zeugen brauchen, um das Vergehen Jenny Taggarts beweisen zu können.

Die Männer kamen gerade rechtzeitig in der Bucht an.

Hannah Jones Beschuldigungen hatten tatsächlich Hand und Fuß. Hinter den Bäumen versteckt, beobachteten sie, wie zwei Eingeborene ihr Kanu an den Strand zogen, sahen, wie sie auf das Mädchen zugingen, das dort auf sie wartete, und wie sie nach einem offensichtlich freundlichen Abschied wieder davonfuhren. Als Leach ganz sicher war, daß die beiden Eingeborenen nicht zurückkommen würden und daß sich keine anderen in der Bucht aufhielten, schickte er die beiden Marineinfanteristen ins Lager zurück und ging selbst langsam an den Strand. Das Mädchen stand da, winkte den wegfahrenden Eingeborenen zu und merkte nicht, daß er näher kam.

Als er Jenny unbemerkt beobachtete, fühlte er, daß sie ihn immer noch sehr anzog. Sie war viel hübscher, als sie auf der *Charlotte* ausgesehen hatte. Jetzt glich sie trotz der Lumpen, in die sie eingehüllt war, einer jungen Wassernymphe, die dem Meer entstiegen war, um ihn zu verführen, und Jeremiah Leach fühlte sein Herz schneller schlagen. Ihr Haar flog im leichten Wind, ihre Haut war von der Sonne gebräunt, und das junge Mädchen von der *Charlotte* war in der Zwischenzeit zu einer begehrenswerten jungen Frau herangewachsen.

Er hielt den Atem an, vergaß einen Augenblick lang, warum er hier war, und sprach ihren Namen sanft und mit Hochachtung aus, ganz anders, als er normalerweise die Sträflingsfrauen ansprach.

»Jenny! Jenny, du bist so schön…«

Sie drehte sich überrascht, aber nicht verängstigt zu ihm um.

»Mister Leach… was machen Sie denn hier? Warum sind Sie hergekommen?«

»Um dich zu suchen«, gab Leach zu. Immer noch überrascht über ihr verändertes Aussehen, zog er ohne zu überlegen das Medaillon aus der Brusttasche seiner Jacke und hielt es ihr entgegen. »Und um dir das zurückzugeben. Du hast es verloren, oder?«

Jenny strahlte vor freudiger Überraschung. »Ja, das stimmt. Das heißt –« Ihre anfängliche Freude verging schnell. Leach wußte nicht warum, aber plötzlich schaute ihn Jenny mißtrauisch und ablehnend an. »Also so haben Sie mich gefunden! Sie haben das Medaillon von Hannah bekommen, nicht wahr – von Hannah Jones? Sie hat mich hierher verfolgt.«

Leach gab sich nicht die Mühe, das abzuleugnen. »Die Frau sagte, daß sie das Schmuckstück hier am Strand gefunden hat. Du hättest es verloren – als du mit Eingeborenen hier am Strand gewesen bist. Du hast dich mit ihnen angefreundet, oder?«

»Ja«, gestand Jenny. Aber sie gab keine Erklärung ab, und Leach beschloß, seinen Vorteil aus dieser Geschichte zu ziehen.

»Es ist den Sträflingen streng verboten, einen wie auch immer gearteten Kontakt zu den Eingeborenen aufzunehmen«, erinnerte er sie. »Das weißt du doch bestimmt?«

»Ja, das weiß ich. Aber ich habe nichts Schlimmes getan. Ich habe sie weder bestohlen, noch betrogen – es sind meine Freunde, sie und ihre Frauen. Sie –«

»Trotzdem«, unterbrach Leach sie, »könnte ich dich dafür verhaften und bestrafen lassen. Wenn ich wollte, Jenny, könnte ich dich in Ketten legen, und auf die Insel Norfolk verbannen lassen. Ich könnte dich sogar auspeitschen lassen. Aber das will ich gar nicht.« Er streckte seine Hand aus, um ihre Wange zu berühren, dann ließ er sie wieder sinken, griff nach ihrer Schulter und zog sie näher zu sich heran. Jenny leistete keinen Widerstand, aber ihr schlanker Körper versteifte sich, obwohl sie ihren Kopf weiterhin hoch erhoben hielt. »Kann ich jetzt bitte mein Medaillon haben?« fragte sie. »Sie sagten doch, Sie seien hergekommen, um es mir zurückzugeben.«

»Ja, aber nicht ohne Gegenleistung, mein liebes Kind!« Er lachte genüßlich. »Verdammt noch mal, der Klunker hat mich eine Wochenration Rum gekostet! Die gräßliche, alte

Hexe, die es gefunden hat, wollte es nicht für weniger rausrücken.«

»Sie hat es nicht gefunden – sie hat es mir gestohlen«, protestierte Jenny. »Und es gehört mir, Mister Leach. Es ist das einzig Wertvolle, was ich jemals in meinem Leben besessen habe.«

Er war wirklich von dem Mädchen beeindruckt, ohne daß er genau hätte sagen können, warum, und gab ihr das Medaillon zurück.

Er zwang sich zu lächeln und sagte: »Hier hast du es!«

»Vielen Dank.« Sie befestigte es mit einem Stück der von den Eingeborenen geflochtenen Fischleine und band es sich um den Hals. Es rutschte unter ihrem sackleinenen Kleid zwischen ihre festen, jungen Brüste.

Jeremiah Leach bemerkte es, und sein Puls jagte. Er hatte an Bord der *Charlotte* verschiedene Frauen gehabt, und seit ihrer Landung hatte es auch andere gegeben, Huren aus dem Frauenlager, deren Schamlosigkeit ihn angeekelt hatte, sobald die reine Begierde befriedigt gewesen war. Viele von ihnen waren in London seit ihrer Kindheit auf den Straßenstrich gegangen, und ihr Atem stank immer nach Alkohol... mit einigen von ihnen hatte er nicht einmal geschlafen, sondern sie nur geschlagen, so groß war seine Verachtung für sie. Aber dieses Mädchen war anders. Es wirkte sauber und gesund, seine Haut duftete nach Meerwasser und war von der Sonne erwärmt, sein Körper war schmiegsam und kräftig. Natürlich war sie von niedrigerer Herkunft als er und mußte auch so behandelt werden, aber das Mädchen hatte gute Manieren, sogar Würde und Mut. Man sagte von ihm, daß es leicht Wutanfälle bekam – der arme Bulmore hatte das am eigenen Leib erfahren, aber... er fuhr sich mit der Zunge über die Lippen, die plötzlich trocken geworden waren und griff nach ihr. Sein ganzer Körper verlangte danach, sie zu besitzen.

»Bekomme ich keine Belohnung, Jenny?« fragte er mit rauher Stimme. »Für das Medaillon, dafür, daß ich dich nicht anzeige – gibst du mir nicht einmal einen Kuß, um deine Dankbarkeit zu zeigen?«

Sie wich seinem Griff aus und wirkte ängstlich wie ein kleines wildes Tier. Er sah, daß sie in der Hand einen Fischspeer hielt – sie hielt ihn zwar nicht drohend gegen ihn gerichtet, aber der Speer war eine gefährliche Waffe.

»Sie wollen mehr als einen Kuß, Mister Leach«, sagte sie angespannt. »Und ich bin keine Hure. Bitte... lassen Sie mich in Ruhe.«

Sie dachte an Flucht. Leach fielen die Verletzungen von Bulmore ein, und er versuchte, im Guten zum Ziel zu kommen.

»Die Frau eines Offiziers genießt viele Privilegien, Jenny... und ich brauche eine Frau, die für mich kocht und mein Haus in Ordnung hält, wenn es erst einmal gebaut ist. Ich würde dich gut behandeln – mein Gott, es wäre doch viel besser als diesen armseligen Garten zu bestellen, oder? Viel besser als mit Huren in einer jämmerlichen Hütte zu leben, oder? Du hast doch nichts zu verlieren... wenn du mir gefällst, dann nehme ich dich als meine Frau, das schwöre ich dir. Mein Gott, du bist doch keine Jungfrau, oder? Wie steht's denn mit Hawley? Du –« In diesem Augenblick rannte Jenny los, und Jeremiah Leach verfolgte sie laut fluchend.

Nach einem atemlosen Kampf warf er sie zwischen den Felsen auf dem Strand nieder. Der Fischspeer versetzte ihm einen Stich in den Schenkel, bevor er ihn ihrer Hand entwinden konnte, und der Schmerz der kleinen Wunde entflammte seine Leidenschaft noch mehr, als daß er ihn abkühlte. Er schlug sie mit seinen Fäusten so brutal, bis sie sich nicht mehr wehrte, und als sie schluchzend am Boden lag, riß er ihr das Kleid vom Leib und nahm sie mit großer Grausamkeit. Zu seiner nicht unangenehmen Überraschung bemerkte er dabei, daß sie tatsächlich noch eine Jungfrau war...

Kurz bevor es dunkel wurde, kam Leach ins Lager zurück.

Er wusch sich, zog sich um und trank ein Glas Brandy. Dann machte er sich auf den Weg zu dem Zelt, das dem Richter Captain Collins und dem Gendarmen Brewer als Büro diente. Leach wollte sich so gut wie möglich absichern – wer weiß, welcher Untat diese kleine Hexe ihn beschuldigen würde, wenn sie wieder bei Sinnen wäre.

Mit der Miene eines Mannes, der eine unangenehme Pflicht zu erfüllen hat, zeigte er Jenny Taggart an, Umgang mit Eingeborenen gepflegt zu haben.

Richter Captain Collins, der schweigend zugehört hatte, blickte von seinem Papierstapel auf, als Leach seinen Bericht beendet hatte. »Schon wieder das Taggart-Mädchen«, bemerkte er. »Das ist seltsam... aber Sie sagen, Sie haben Zeugen, und außerdem würde das Mädchen die Freundschaft mit den Eingeborenen zugeben?«

Leach nickte. »Ja – zwei Infanteristen waren dabei. Sie werden bestätigen, was ich Ihnen erzählt habe. Und – äh –«, er zögerte, weil er fühlte, daß Collins noch immer nicht ganz überzeugt war. »Das Mädchen versuchte mir weiszumachen, daß es mit den Eingeborenen auf freundschaftlichem Fuß steht, aber Sie werden selbst mit einem Blick sehen, daß sie nicht gerade danach aussieht. Auf mich wirkte es, als ob sie von ihnen angegriffen worden sei – das wird sie natürlich nicht zugeben. Sie wissen ja, wie diese Frauen sind – es sind Huren und Lügnerinnen, die meisten zumindest. Aber ich glaube doch, daß auch die allerverworfensten sich nicht mit einem Eingeborenen einlassen würden, oder?«

Aus seinen Worten ging deutlich hervor, was er eigentlich meinte, und David Collins zog überrascht seine Augenbrauen in die Höhe. »Watkin Tench, der inzwischen ein Experte in allen Eingeborenenfragen ist, ist ganz sicher, daß sie nicht im geringsten an unseren Frauen interessiert sind«, widersprach er. »Und wie wir wissen, schaut Arabanoo sich nie nach ihnen um. Es hat etwas mit dem Geruch zu tun, meint Tench – wir finden sie genauso abstoßend wie sie uns.

Deshalb kann ich kaum glauben, daß sie sich dem Mädchen in sexueller Absicht genähert haben.«

»Nun, sie hatte einen ihrer Fischspeere bei sich«, sagte Leach schnell. »Sie hat ihn vielleicht gestohlen, und sie haben sich dafür gerächt.«

»Das ist möglich«, gab Collins zu. »Wie Sie wissen, dürfen die Sträflinge eben deshalb nicht mit den Eingeborenen Umgang pflegen – weil sie garantiert stehlen würden. Und das können wir nicht zulassen, wenn wir jemals ein gutes Verhältnis mit ihnen haben wollen – und der Gouverneur tut alles, um das zu erreichen. Da der Getreideanbau für uns eine Lebensnotwendigkeit bedeutet, fürchtet er, daß die Eingeborenen unsere Felder verwüsten, wenn sie mit unseren Sträflingen nicht zurechtkommen.«

»Was wird mit dem Mädchen geschehen?« fragte Leach neugierig.

»Sie meinen, weil sie sich mit ihnen getroffen hat? Nun, vielleicht wird sie auf die Insel Norfolk geschickt – das würde der gegenwärtigen Politik entsprechen. Mister King braucht gute Arbeitskräfte dort, und wir können hier keine Leute gebrauchen, die Ärger machen.« Collins nickte und stand auf. Er sagte verabschiedend: »Gut, Leach – vielen Dank. Wir werden uns darum kümmern.«

»Wo ist das Mädchen, Mister Leach?« fragte Brewer mit unerwarteter Schärfe. »Sie haben sie zurückgebracht, oder?«

»Nein, ich – das heißt…« Jeremiah Leach war nicht auf diese Frage gefaßt gewesen und fühlte sich einen Augenblick lang dadurch verwirrt. Aber die Eingeborenen würden für alle Verletzungen verantwortlich gemacht werden, die das arme Mädchen erlitten hatte. Mit diesem Gedanken tröstete er sich und zuckte in gespielter Gleichgültigkeit mit den Schultern. »Sie rannte davon und versteckte sich zwischen den Felsen. Sie wird ganz bestimmt bis zum Zapfenstreich zurück sein – sie war nicht wirklich verletzt.«

Als er gegangen war, rief Brewer wütend aus: »Ich kann

diesen jungen Mann nicht ausstehen! Und ich vertraue ihm auch nicht!«

Collins schaute ihn nachdenklich an. »Warum nicht, Henry?«

»Er hat einen sehr schlechten Ruf, ganz besonders bei den Frauen«, sagte Brewer. »Und er ist ein mieser, kleiner Lügner. Ich glaub nicht die Hälfte von dem, was er uns gerade erzählt hat – Jenny Taggart gehört nämlich zu den wenigen anständigen Frauen, die es hier gibt. Sie ist respektabel und arbeitet hart. Sie –«

»*Respektabel?*« wiederholte der Richter mit zweifelnder Stimme. »Dieses Wort trifft doch wohl für keine einzige dieser Frauen zu! Und was war das für eine Geschichte, als sie mit einer Hacke auf einen Marineinfanteristen losging?«

»Er war bewaffnet und stahl Gemüse aus ihrem Garten.«

»Na gut, aber –«

»Sie ist keine Hure«, sagte Brewer mit ruhiger Überzeugung. »Mir als Gendarm kommt viel zu Ohren, Captain Collins. Die Frauen, die mit ihr zusammen den Garten bearbeiten, verehren Jenny Taggart geradezu, und diese Frauen sind mit allen Wassern gewaschen und fallen nicht so leicht auf jemanden herein. Das Schlimmste, was sie über sie sagen, ist, daß sie ziemlich wütend werden kann, wenn sie provoziert wird – und selbst eine Heilige würde sich an diesem Ort hier provoziert fühlen!«

»Sie mögen das Mädchen, oder?« fragte Collins. »War es nicht die Frau, die vor einiger Zeit kurz auf der Strafinsel war?«

Henry Brewer nickte mit seinem grauhaarigen Kopf. »Jawohl, das war genau die. Und damals hat sie mir irgend etwas von Eingeborenen erzählt, die ihr etwas zu essen gebracht hätten. Ich glaubte ihr nicht und sagte ihr, daß das wohl ein Alptraum gewesen sei, weil man noch nie gehört hat, daß Eingeborene so etwas tun, oder? Aber auf der anderen Seite haben wir auch noch nie eine Frau gefesselt auf die Strafinsel gebracht, oder? Vielleicht hatten sie *tatsächlich* Mitleid mit ihr, und sie hat sich seitdem ein paarmal wieder mit ihnen getroffen.«

»Mit denselben? Das wäre doch ein ziemlicher Zufall, oder?«

»Nun, vielleicht hat sie ihre Furcht vor ihnen abgelegt. Wenn sie es geschickt angestellt hat, dann könnte es doch sein, daß sie sich tatsächlich mit ihnen angefreundet hat, oder?«

Captain Collins hob hilflos die Hände. »Und daß sie als Resultat davon jetzt große Schwierigkeiten bekommt, Henry! Denn *wenn* sie sich mit den verdammten Eingeborenen angefreundet hat, dann wird sie auf die Insel Norfolk geschickt. In diesem Punkt ist der Gouverneur sehr unnachgiebig – die Sträflinge sollen unter keinen Umständen etwas mit den Eingeborenen zu tun haben. Und wenn sie, was Leach glaubt, versucht hat, sie zu bestechen, dann wird dieses kleine Früchtchen mit der nächsten Gruppe von Sträflingen auf der *Supply* landen.«

Er seufzte und meinte: »Ich glaube, es ist besser, wenn ich sie vernehme. Aber nicht mehr heute abend – es war ein langer Tag. Wie wäre es mit morgen früh?«

»Ich bringe sie zu Ihnen, Sir«, versprach Brewer.

Lange nach dem Zapfenstreich schleppte Jenny sich unter großen Schmerzen zurück in die Siedlung. Sie fühlte sich so erniedrigt und gedemütigt, daß sie glaubte, den anderen nie mehr in die Augen schauen zu können. Hinter Baumstämmen verborgen wartete sie, bis das Abendessen vorbei war und die Frauen sich auf den Weg in das Hauptlager machten.

Selbst als sie ihre sich entfernenden, lachenden Stimmen nicht mehr hörte, wartete sie noch ab und hoffte, daß sich

Melia schon schlafen legen würde, damit sie ungesehen in ihre gemeinsame Hütte gehen konnte, aber schließlich siegten Schmerzen und Durst über ihre Skrupel, und sie ging doch schon nach Hause.

Melia wartete schon voller Angst auf sie. »Jenny!« rief sie erleichtert aus. »Ich habe mir Sorgen gemacht. Sergeant Jenkins hat nach dir gefragt und –«, sie unterbrach sich, als sie im schwachen Mondlicht Jennies verkratztes und blutendes Gesicht und das zerrissene Kleid sah, das sie mit ihren Händen an den Körper gepreßt hielt. »O Gott im Himmel – was ist passiert?« Sie starrte Jenny mit weit aufgerissenen Augen an. »Jenny, waren das diese Eingeborenen – die, mit denen du gefischt hast?«

Jenny schüttelte wortlos den Kopf. Sie versuchte, den Wasserkrug an den Mund zu führen, aber ihre Hände zitterten zu stark. Melia half ihr liebevoll. Als Jennys Durst gestillt war, half das ältere Mädchen ihr, das zerrissene, blutbefleckte Kleid abzustreifen und hüllte sie in eine Decke ein.

»Wer war es dann, wenn es die Eingeborenen nicht getan haben?« fragte sie, sah dann das Medaillon an Jennys Hals hängen und meinte: »Es war doch nicht wieder *Hannah?*«

»Nein, Hannah war es nicht. Ich …« Jenny erzählte ihr mit gebrochener unglücklicher Stimme die Wahrheit. »Niemand anderer soll es wissen«, flüsterte sie. »Niemand, außer dir, Melia. Und du darfst es niemandem erzählen – versprich es mir. Bitte – gib mir dein Wort darauf.«

»Gut«, willigte Melia zögernd ein. »Aber du zeigst ihn doch an, oder? Du –«

»Ich würde mich zu Tode schämen«, sagte Jenny, warf sich ihrer Freundin in die Arme und schluchzte hemmungslos.

»Aber dieses Schwein von Leach geht dann ungestraft aus, wenn du es nicht meldest, Jenny«, gab Melia zu bedenken.

»Das ist mir egal. Gott wird ihn strafen. Aber wenn er mich jemals wieder anrührt, dann bringe ich ihn um … selbst wenn ich dafür gehängt werde!«

Melia schaute in das zerkratzte, unglückliche Gesicht ihrer Freundin und glaubte ihr. Sie berührte die Wunden. »Aber wie willst du das da erklären? Du kannst es doch nicht verstecken.«

»Ich sage einfach, ich bin gefallen«, meinte Jenny. Sie wischte die Tränen ab. »Ich bin von einem Felsen abgerutscht, als ich beim Fischen war – das werde ich sagen. Und du mußt es bestätigen.«

Melia seufzte. »Und was ist mit Sergeant Jenkins?«

»Was soll mit ihm sein?«

»Ich habe dir doch gesagt, daß er nach dir gefragt hat. Jenny, seine Dienstzeit läuft nächsten Monat aus, und er bekommt ein Stück Land, das er als freier Siedler bebauen will. Er will auch die Erlaubnis einholen, dich heiraten zu dürfen und –«

»Hat er dir das gesagt?« fragte Jenny ungläubig.

»Ja«, antwortete Melia. »Und er sagte mir auch, daß er jetzt langsam über den Tod seiner Frau hinwegkommt. Es hat ihn sehr mitgenommen, aber jetzt wird es allmählich besser, und er möchte ihren letzten Wunsch erfüllen, dich zu heiraten. Das ist eine einmalige Gelegenheit für dich – eine Chance, endlich frei zu sein, Jenny, und sicher vor solchen Schweinen wie Lieutenant Leach. Du –«

»Ich kann ihn jetzt nicht mehr heiraten«, sagte Jenny traurig. »Nicht nach dem ... was Leach getan hat, nicht, ohne ihm das zu erzählen. Und ich könnte es ihm niemals erzählen. Ich ... ich könnte es ihm einfach nicht erzählen, Melia, und wenn mein Leben davon abhinge. Und außerdem bin ich ganz sicher, daß er lieber eine Frau heiraten möchte, die im Alter besser zu ihm paßt, eine Frau wie Missus Davis. Er hat seine ganze freie Zeit seit Olwyns Tod mit ihr verbracht, oder?«

»Sie hat ihn mit Alkohol versorgt«, sagte Melia lakonisch. »Er war kaum jemals nüchtern, seit seine Frau gestorben ist. Manche Männer reagieren so ... das hast du doch gewußt, Jenny, oder?«

Sie ließ sich an Jennys Seite auf die Knie nieder und wischte ihr behutsam die Tränen ab. »Und ich verarzte dich jetzt, Jenny! Ich gebe etwas Öl auf diese Kratzer da, obwohl ich fürchte, daß es nicht viel helfen wird. Dieser Leach ist … Gott möge ihm verzeihen, er muß ja ein Tier sein, dich so zugerichtet zu haben!«

Jenny zitterte, als die alptraumartigen Erinnerungen sie wieder übermannten. Aber sie sagte nichts. Ihre Hand umschloß das Medaillon. Wie lange war es her, daß ihr Vater ihr den mit diesem Samtband aufgeputzten Hut geschenkt hatte? Wie lange war es her, daß ihr Ned Munday das Medaillon geschenkt hatte, als sie in Doll Pruntys Küche gearbeitet hatte?

Es war so lange her – sie mußte direkt etwas lächeln – so lange her, daß sie sogar freundlich an Ned denken konnte, obwohl er die Schuld daran hatte, daß sie in die Verbannung geschickt worden war. Und sie war sicher, daß Ned sie nie so mißbraucht hätte wie Lieutenant Leach, obwohl er nur ein einfacher Taschendieb war.

Melia sah, daß Jenny lächelte und bewunderte ihren Mut. »Jenny«, drang sie in sie. »Du mußt Sergeant Jenkins überhaupt nichts erzählen. Heirate ihn ganz einfach wegen der vielen Vorteile, die du davon hast.«

»Und wenn ich ein Kind bekomme«, gab Jenny bitter zurück. »Könnte ich erwarten, daß dieser gute und freundliche Mann den Vater für Leachs Bastard spielt? Ohne es ihm zu sagen?«

»Es ist ja gar nicht sicher, daß du ein Kind bekommst.«

»Es ist aber auch nicht sicher, daß ich keins bekomme, sowenig ich das auch möchte. Bitte sprich nicht mehr von dem, was passiert ist, Melia«, bat Jenny. »Ich bin beim Fischen auf den Felsen ausgerutscht – mehr braucht niemand zu wissen.«

»In Ordnung«, sagte Melia zustimmend. Sie küßte Jenny, und ihre Augen füllten sich mit Tränen. »Wenigstens kannst du sicher sein, daß dieses miese Schwein namens Leach dieser Version der Geschichte nicht widersprechen wird. Das wird er nicht wagen.«

»Ja.« Jenny legte sich aufstöhnend zurück und schloß die Augen. »Ja, da bin ich ganz sicher, Gott sei Dank!«

Aber am nächsten Tag, als Gendarm Brewer kam und sie zum Verhör abholte, wurde ihr gleich klar, daß sich ihre Hoffnungen nicht bestätigten. Krank vor Abscheu über Lieutenant Leachs Gemeinheit ließ sie die Fragen über ihr Verhältnis zu den Eingeborenen über sich ergehen. Sie gab es gleich zu, mit ihnen befreundet zu sein und erhob keinerlei Anschuldigungen gegen Leach. Eine Mischung aus Stolz und Schamgefühl hielt sie davon ab.

Captain Collins war streng, aber nicht unfreundlich, Gendarm Brewer hingegen zeigte offen seine Sympathie, ermunterte sie, die Wahrheit zu sagen und schien trotz ihrer gegenteiligen Beteuerungen zu spüren, was in Wirklichkeit vorgefallen war. Aber Jenny ließ sich nicht beeinflussen, und selbst die Drohung, auf die Insel Norfolk verbannt zu werden, brachte sie nicht dazu, die Ereignisse so zu erzählen, wie sie wirklich vorgefallen waren.

»Ich habe den Eingeborenen nichts gestohlen, Sir«, beteuerte sie immer wieder dem Richter. »Es waren meine Freunde. Colbee und Baneelon und ihre Frauen brachten mir bei, wie sie fischen und jagen. Sie schenkten mir zum Abschied einen Fischspeer, weil sie erst hierher zurückkommen, wenn der Winter vorbei ist. Und sie haben mich auch nicht angegriffen. Ich bin beim Fischen ausgerutscht und auf einen Felsen gestürzt.«

Niemand brachte trotz aller Fragen mehr aus ihr heraus, und schließlich ließen sie sie gehen. Collins seufzte auf.

»Nun, glauben Sie ihr ihre Geschichte immer noch, Henry?« fragte er.

Henry Brewer zog die Stirn in Falten. »Ich will es einmal so sagen, Captain Collins – ich glaube ihr jedes Wort, das sie hinsichtlich ihres Verhältnisses zu den Eingeborenen ausgesagt hat. Ich glaube, daß sie sich mit ihnen *wirklich* angefreundet hat... verdammt noch mal, sie kennt ja sogar ihre Namen! Aber ich glaube nicht, daß sie die Wahrheit sagt, was ihre Verletzungen betrifft – und in dieser Hinsicht glaube ich auch Mister Leachs Geschichte kein Wort.«

Collins schwieg, als er die Bedeutung von Brewers Worten begriff. »Wenn ich sie richtig verstehe, dann –«, begann er.

»Wir werden es niemals beweisen können, Sir«, unterbrach Brewer. »Und das Mädchen hat seine Gründe, nicht sprechen zu wollen... wahrscheinlich Stolz. Ich habe Ihnen schon gesagt, daß Jenny sehr respektabel ist. Vielleicht ist Norfolk wirklich der beste Platz für sie, obwohl sie die Strafe eigentlich nicht verdient hat, dort hingeschickt zu werden.«

»Vielleicht«, erwiderte Collins. »Aber seit heute morgen gibt es eine neue Komplikation.« Er schaute seine Papiere durch. »Ja, da haben wir's. Es ist ein Bittgesuch an den Gouverneur, das Taggart-Mädchen heiraten zu dürfen. Der Marineinfanterist Sergeant Thomas Jenkins hat es eingereicht. Seine Dienstzeit läuft Ende dieses Monats ab. Er ist Witwer – zu Weihnachten hat er seine Frau verloren.«

Brewer zeigte seine Überraschung, indem er einen leisen Pfiff ausstieß. »Nun, er kann sie nicht heiraten, wenn sie auf die Insel Norfolk verbannt wird, oder?«

»Nein«, antwortete der Richter. »Dann kann er es nicht. Aber der Gouverneur wird diese Angelegenheit entscheiden müssen – ich kann ihn nur über alle mir bekannten Tatsachen informieren.«

»Die Beschuldigungen von Mister Leach eingeschlossen?«

»Und die gegenteilige Version von dem Mädchen, Henry. Diese Jenny streitet ja ab, daß sie von den Eingeborenen angegriffen worden ist.«

»Ja, Sir, aber –«

Collins zuckte mit den Schultern. »Sie hat doch Mister Leach keines Vergehens beschuldigt, oder? Stellen Sie sich vor, Ihre Vermutung wäre unrichtig – und es wären tatsächlich die Eingeborenen gewesen, die ihr diese Wunden beigebracht hätten?«

»Sie wäre nicht mehr am Leben«, meinte Brewer. »Sechs Eingeborene und ein junges Mädchen, das knapp achtzehn Jahre alt ist... sie wäre tot, Sir. Sie –« Er wurde durch ein Stimmengewirr außerhalb des Zeltes unterbrochen, und ein Wachtposten kam hereingerannt und rief aufgeregt: »Sir – ein Schiff ist in Sicht! Informieren Sie bitte den Gouverneur! Es scheint die *Sirius* zu sein... dem Himmel sei Dank!«

Es war tatsächlich die *Sirius*, und alle Bewohner der neuen Kolonie standen an der Kaimauer und schauten zu, wie sie sich langsam ihrem gewohnten Ankerplatz näherte.

Gouverneur Phillip stand mit seinen Leuten auf dem leicht erhöhten Platz vor dem Regierungsgebäude. Mit Hilfe eines Fernrohres entdeckte er, daß die Galionsfigur fehlte und daß ein Notmast aufgerichtet war. Als sie näher kam, konnten selbst Leute, die nichts von Schiffen verstanden, erkennen, daß sie sehr tief im Wasser lag.

»Ist sie überladen, Sir?« fragte Augustus Alt, ein alter Regierungsbeamter neugierig, und beschattete seine kurzsichtigen Augen mit einer Hand.

Ohne das Fernglas von den Augen zu nehmen, verneinte der Gouverneur seine Frage.

»Nein, das Schiff ist nicht überladen, Mister Alt. Es scheint leck zu sein, es wird ja gepumpt. Ich fürchte, daß Captain Hunter eine schwierige Überfahrt gehabt hat, aber Gott sei Dank ist er jetzt hier, und wir haben wieder für ein paar Monate Lebensmittel. Und vielleicht hat er aus Kapstadt Post aus England für uns mitgebracht.«

Das stimmte tatsächlich. Sir Evan Nepean informierte Gouverneur Phillip darüber, daß die Guardian gerade überholt würde und Ende des Jahres in Neusüdwales erwartet werden könne. Sie würde alles bringen, worum Phillip gebeten hatte.

»Mir wurde zu verstehen gegeben, Sir«, sagte Hunter, »daß Sir Joseph Banks das Verladen der Pflanzen und des Saatgutes überwacht, und daß die *Guardian* ausschließlich verurteilte Handwerker und Bauern mitbringt, die speziell nach Ihren Bedürfnissen ausgewählt wurden. Es werden auch viele Haustiere verladen, und die Regierung hat ausreichend Arzneimittel und Kleider bestellt. Und außerdem sehr viele Werkzeuge, um die Voraussetzung für gute Arbeitsleistungen zu schaffen.«

Die *Sirius* brachte einen für vier Monate ausreichenden Vorrat an Mehl, Haustieren und ausreichend Proviant, daß ihre eigene Schiffsmannschaft ein Jahr lang davon leben konnte... aber die Fahrt von Kapstadt bis hierher war ein einziger Alptraum gewesen. Als sie alle vor einem offenen Kaminfeuer in dem kürzlich fertiggestellten Empfangsraum des Regierungsgebäudes saßen und Tee aus feinen Porzellantassen tranken, erzählte der Kapitän der *Sirius*, daß das Schiff in einem orkanartigen Sturm beinahe untergegangen wäre.

Er selbst hätte alle Hoffnungen schon aufgegeben gehabt und nur noch gebetet; als ein Brecher nach dem anderen jegliche Arbeit an Deck unmöglich gemacht hatte.

Nachdem er seinen Bericht beendet hatte, ergriff Gouverneur Phillip seine Hand. »Seien Sie versichert, daß alle Bewohner dieser Kolonie Ihnen immer dankbar bleiben werden für das, was Sie geleistet haben, mein lieber John. Wenn die *Sirius* untergegangen wäre, dann fürchte ich, daß nur wenige von uns die Ankunft der *Guardian* Ende dieses Jahres hätten erleben können.«

Hunter blickte ihn forschend an. »Stehen die Dinge denn wirklich so schlecht?«

Der Gouverneur nickte. »Wie Sie wissen, haben wir Proviant für zwei Jahre mitgebracht..., und er ist jetzt fast schon aufgebraucht.«

»Aber das Regierungsgebäude ist schon fast fertiggestellt.«

»Ja«, stimmte Phillip zu. »Aber auch das ist fast ein Wunder. Es ist nur durch den Einsatz einiger guter Arbeiter möglich gewesen. Und ich setze auch große Hoffnungen auf die Farm in Rose Hill – der tüchtige Dodd rechnet damit, daß er zweihundert Scheffel Weizen, Mais und Hafer ernten wird. Aber das wird erst im September sein. Aber wir planen eine Halle, die schon vorher fertig sein soll, und in der, wenn Gott will, unser Weizen gelagert wird.«

»Ich finde, daß einige Gärten in der Bucht sehr gut aussehen«, sagte Hunter.

»Sie brauchen ständige Pflege. Die Frauen, die mit dem Taggart-Mädchen zusammenarbeiten, haben wahre Wunder geleistet, aber auch sie sind durch Diebe um die Frucht ihrer Arbeit betrogen worden. Aber« – das zerfurchte, angestrengte Gesicht des Gouverneurs entspannte sich etwas – »Phillip King hat auf Norfolk gute Erfolge. Das Getreide gedeiht, und die Tiere entwickeln sich gut.«

»Es war nicht gerade leicht für Sie, oder, Sir?« fragte Hunter mitfühlend.

»Jetzt, da Sie wieder hier sind, wird es leichter sein«, hoffte Phillip. »Ich möchte, daß die Umgebung weiter erforscht wird, John – die Broken-Bay-Bucht und die beiden Flußarme, die wir entdeckt haben. Wir haben sie Hawksbury und Nepean genannt, aber ich vermute, daß sie in Wirklichkeit nur zwei Arme desselben Flusses sind. Schauen Sie her – ich möchte Ihnen die Karte zeigen, die Captain Tench angefertigt hat. Tench macht sich sehr nützlich – er und der junge Arndell haben mit mir an verschiedenen Expeditionen teilgenommen ... ›Vergnügungsfahrten‹, wie unser Freund Ross sie zu nennen pflegt!«

Hunter verzog sein Gesicht. »Es klingt so, als ob Sie immer noch viel Ärger mit ihm haben.«

»Mit Major Ross? Ja natürlich.« Gouverneur Phillip hatte die Karte gefunden, die er gesucht hatte, schob die Teetassen zur Seite und faltete sie auf dem Tisch aus. Er deutete auf verschiedene Punkte, nannte die Namen, die er ihnen gegeben hatte und beschrieb sie kurz. »Wir müssen Gelände finden, auf dem Getreide wächst – das ist lebenswichtig für uns. Und diese Berge da nannte ich Carmarthen-Berge. Wir haben es noch nicht geschafft, nah an sie heranzukommen – ich möchte versuchen, sie entweder zu überqueren oder sie zu umgehen. Das Küstenland hier ist sehr arm … es reicht nicht einmal als Weideland für Kühe oder Schafe aus. Aber weiter im Landesinneren wird der Boden sehr viel besser. Es könnte sein, daß gleich auf der anderen Seite dieses Gebirgszuges der Boden schwer und fruchtbar ist.«

Hunter betrachtete die skizzierte Karte mit wachsendem Interesse.

»Wenn mein Schiff überholt ist, werde ich glücklich sein, Sie auf eine der – wie nannte Ross sie? Vergnügungsreisen, oder? – zu begleiten. Wann wollen Sie losfahren?«

»Ende Juni«, antwortete Phillip. »Wenn die größte Hitze vorüber ist. Denn jetzt sind die Insekten mörderisch. Aber im Juni oder Juli wird die Witterung ganz angenehm. Der junge Dawes will uns gern begleiten. Sie wissen ja« – er zog die Augenbrauen hoch – »sowohl Tench und ich rätseln immer noch, warum Sir Joseph Banks in seiner Beschreibung die Botany Bay so sehr gepriesen hat. In dem ganzen Gebiet dort haben wir nämlich keine zweihundert Morgen Land gefunden, das sich als Ackerland eignet.«

Hunter studierte weiter die Karte. »Was haben wir von den Eingeborenen zu erwarten, wenn wir ins Landesinnere vordringen, Sir?« fragte er. »Sieht es so aus, als ob sie uns Schwierigkeiten machen?«

Der Gouverneur lächelte. »Wir haben einen Eingeborenen hier bei uns – vielleicht haben Sie ihn schon gesehen. Er schlief neben dem Feuer, als Sie hierher gekommen sind. Er heißt Arabanoo, und ich möchte ihn als Dolmetscher mitnehmen, um Schwierigkeiten zu vermeiden. Die armen Teufel! Bei ihnen ist eine schwere Pockenepidemie ausgebrochen und hat viele Opfer gefordert. Wir haben versucht, ihnen zu helfen. Ich habe unsere Ärzte hingeschickt, aber sie haben immer noch Angst vor uns. Und Sträflinge tragen auch nicht gerade dazu bei, daß sich die Verhältnisse entspannen. Es ist einfach unmöglich, sie am Stehlen zu hindern – sie klauen ihre Kanus, ihre Speere, manchmal sogar ihre Nahrungsmittel. Und selbstverständlich rächen sich die Eingeborenen dafür. Ich habe mich gezwungen gesehen, jeglichen Kontakt der Sträflinge mit den Eingeborenen zu verbieten.« Er erhob sich und unterdrückte ein Gähnen. Hunter rollte die Karte zusammen.

»Morgen fange ich an, die Ladung löschen zu lassen, Sir«, versprach er. »Und dann lasse ich mit Ihrer Erlaubnis das Schiff überholen.«

Phillip reichte ihm die Hand. »Schön, daß Sie wieder da sind, John«, sagte er mit großem Ernst. »Sie und das Schiff... Gott sei Dank sind Sie sicher zurückgekehrt!«

»Amen, Sir«, fügte Hunter ebenso ernst hinzu.

Die zweite Flotte – 1790

Jenny lehnte sich auf ihre Hacke und betrachtete stolz die Früchte ihrer einjährigen Arbeit.

Frischer Weizen, der erst im Februar ausgesät worden war, bedeckte schon den Boden. Hafer und Mais standen sogar noch höher, und vor einer Woche waren die Rodungsarbeiten von vier Morgen Land beendet worden, auf dem sie aussäen würde, was immer sie im Regierungsladen erhalten würde.

Es war ein hartes Jahr gewesen, aber kein unglückliches, weder für Tom Jenkins noch für sie selbst. Die Arbeit war eine große Befriedigung und ließ sie schlimme Erlebnisse aus der Vergangenheit vergessen. Sie lächelte und schaute zu ihrem kleinen Haus hinüber. Rauch stieg aus dem Ziegelschornstein auf, und die geweißelten Lehmwände glänzten in der Nachmittagssonne und erinnerten sie an das väterliche Bauernhaus in Yorkshire, das allerdings viel größer gewesen war. Der Bau des kleinen Hauses war ihre erste Aufgabe gewesen, und sie hatten es im Schweiße ihres Angesichts mit zwei älteren Sträflingen erbaut, die Tom als Arbeiter zugeteilt worden waren ... genau wie sie selbst auch.

Jenny holte tief Luft. Der Gouverneur hatte das nach vielen Überlegungen so geregelt. Statt sie auf die Insel Norfolk zu verbannen, hatte er ihr ein Jahr Bewährungsfrist gegeben. Während dieser Zeit sollte sie für ihren späteren Ehemann arbeiten, und er durfte sie – wenn ihr Verhalten gut gewesen war – nach Ablauf dieser Zeit heiraten. In diesem Falle würde das ihm zugesprochene Land von hundertdreißig auf hundertfünfzig Morgen vergrößert werden.

Und sie hatte alles getan, was sie vermochte. Das zwei Meilen von der Regierungsfarm in Rose Hill gelegene Land war fruchtbar, aber bewaldet. Die beiden Sträflinge waren, obwohl sie arbeitswillig waren, dennoch unfähig, schwere

Arbeiten zu verrichten, so daß Tom und sie das meiste leisteten. Sie hatten Bäume gefällt, Wurzelstöcke ausgegraben, Holz verbrannt und die Asche als Dünger untergegraben. Dann mußten die Felder gehackt werden, eine schwere Arbeit, die sie zuerst mit Tom und den beiden Sträflingen und später, als die Sträflinge abgezogen wurden, mit Tom verrichtet hatte, und schließlich allein, als Tom mit Ruhr auf dem Krankenbett lag.

Aber jetzt war das Jahr endlich um. Auf seinen zweiten Antrag hin hatte Tom Jenkins die Erlaubnis erhalten, sie zu heiraten. Die Eheschließung war für den nächsten Sonntag geplant. An diesem Tag hielt Pfarrer Richard Johnson seinen zweimonatlichen Gottesdienst in Rose Hill ab. Und sie würde diese Heirat niemals bedauern, sagte sich Jenny beim Weiterhacken. Es gab keinen freundlicheren Mann als Tom, keinen einzigen – nicht einmal Doktor Fry – dem sie so völlig vertrauen konnte, oder für den sie so gerne sorgte.

Toms Einstellung ihr gegenüber war immer väterlich geblieben. Er behandelte sie so gut wie an Bord der *Charlotte*, nur war er jetzt, noch geschwächt von seiner Krankheit, von ihrer Pflege abhängig. Aber das tat sie auch gern. Sie war jung und stark und verdankte ihm sehr viel. Er hatte niemals versucht, den Namen des Mannes herauszubekommen, der sie mißbraucht hatte, nachdem sie ihm die schlimme Geschichte gestanden und ihn um Verzeihung gebeten hatte. Tom war nicht dumm, aber wenn er es ahnte, dann sagte er kein Wort darüber. Seine freie Zeit verbrachte er mit Edward Dodd, dem fähigen Gutsverwalter der Regierungsfarm, und mit alten Freunden aus seiner Infanteristenzeit, mit denen er hin und wieder gern ein Glas in ihrer kürzlich fertiggestellten Baracke trank. Manchmal – wie heute, ging er mit ihnen auf Känguruhjagd, von der er meistens ein Stück Fleisch mitbrachte, das eine willkommene Abwechslung zu der fast vollkommen vegetarischen Kost bildete. Es gab fast überhaupt kein Pökelfleisch mehr. Und obwohl freie Siedler das

Recht hatten, eine kleine Ration aus dem Regierungsladen abzuholen, verzichtete Tom oft freiwillig darauf.

»Andere haben noch weniger als wir«, sagte er. »Die sollen unseren Anteil haben. Solange auf unserem Land Kohl und Kartoffeln wachsen und ich hin und wieder einen Vogel schießen kann, brauchen wir nicht zu hungern.« Jenny seufzte, schaute zum Himmel auf und schätzte am Stand der Sonne, wieviel Uhr es war. Tom jagte gern. Es strengte ihn weniger an als die eintönige Landarbeit, aber Jenny wünschte sich, daß sie noch die Hilfe der Sträflinge hätte ... vielleicht wäre Mister Dodd einverstanden, daß der alte Reuben White wieder zu ihnen zurückkäme, sobald die Arbeit auf seinem eigenen Land bestellt wäre. Reuben war zwar ein langsamer Arbeiter, aber er war zuverlässig gewesen und konnte sie und Tom vertreten, wenn sie nicht da waren. Selbst hier gab es Diebe. Der Gemüsegarten stellte für einige Männer, die auf der Rose-Hill-Farm arbeiteten, eine so große Versuchung dar, daß sie gern die zwei Meilen auf sich nahmen, um einen Sack Kartoffeln oder ein paar Kürbisse zu stehlen. Deshalb mußte immer jemand nach Einbruch der Dunkelheit wachen. Diebstahl wurde weiterhin schwer bestraft, aber das hielt die hungrigen Menschen nicht davon ab, und hier draußen gab es natürlich keine Soldaten als Wache.

Die Sonne sank tiefer, und Jenny arbeitete weiter, bis sie unterging. Tom würde noch nicht so bald zurück sein, denn am erfolgreichsten fand die Känguruhjagd erst nach Einbruch der Dunkelheit statt, und diesmal waren sie außerdem weiter ausgezogen als normalerweise. Sie wollten für das bevorstehende Hochzeitsfest am Sonntag genügend Wild erlegen. Jenny schulterte ihre Hacke, machte sich auf den Weg nach Hause zurück und fühlte, wie ihr die Tränen in die Augen stiegen.

Denn für die Frauen der anderen Marineinfanteristen war sie eine Außenseiterin, eine lebenslänglich verbannte Strafgefangene, und als solche nicht gesellschaftsfähig, so gut wie ihr Betragen jetzt oder in Zukunft auch sein mochte. Es gab nur fünfundzwanzig verheiratete Frauen, die mit ihren Männern aus England herübergekommen waren, aber die hatten die Moral gepachtet. Für sie würde Jenny niemals etwas anderes als eine Hure sein.

Jenny wischte sich mit dem Handrücken den Schweiß von der Stirn und kämpfte mit den Tränen. Es war leider so, daß es in den Augen der Frauen überhaupt nichts ausmachte, wenn Tom sie jetzt heiratete. Für sie zählte nur, daß Jenny das letzte Jahr über als Magd für ihn gearbeitet hatte.

Wenn Olwyn noch gelebt hätte, dann könnte es anders gelaufen sein. Dann würden die Frauen sie vielleicht als Adoptivtochter akzeptiert haben. Aber Olwyn war tot, und obwohl Tom Jenkins alt genug war, um ihr Vater sein zu können, erschien er niemandem so. Er war ein Mann, und sie war ein Sträfling, eine Hure, die ihm den Haushalt führen und ihm bei der Landwirtschaft zur Hand gehen mußte.

Sie betrat das kleine Haus, sie war trotz aller bitterer Gedanken stolz darauf. Das Haus bestand aus drei Zimmern. Im größeren kochte und schlief sie. Tom hatte mit viel Liebe die Möbel gebaut, und obwohl sie sehr einfach waren, sahen sie wirklich gut aus. In der Mitte des Raumes stand ein Tisch mit vier Stühlen. Einer davon war ein Schaukelstuhl, mit dem er sich besonders viel Mühe gegeben hatte. Abends setzte er sich darin vor die Tür, rauchte eine Pfeife und genoß die kühle Luft.

Jenny ging zu der Feuerstelle, schmeckte den Inhalt des einzigen Eisentopfes ab, den sie besaß, schürte das Feuer und trug dann Toms Schaukelstuhl vor die Tür.

Am Abend war es hier sehr einsam, und sie vermißte nicht zum erstenmal die Gesellschaft ihrer Freundinnen in ihrem alten Garten. Sie war jetzt nur sechzehn Meilen weit von ihnen entfernt. Seit die erste Kutsche regelmäßig zwischen Sydney und der Flußmündung von Rose Hill verkehrte, war die Reise weniger beschwerlich. Aber Sträflinge erhielten nur selten die Erlaubnis, einander zu besuchen.

Sie hatte Melia zum letztenmal vor drei Monaten gesehen, als Tom sie mitgenommen hatte, um einen Teil ihrer ersten Ernte im Regierungsladen abzugeben. Aber die Zeit hatte nicht gereicht, da sie beim Aufladen des neuen Saatguts und der Werkzeuge geholfen hatte, die sie mit zurücknehmen sollten. Melia hatte versprochen, sich um eine Erlaubnis zu bemühen, sie zur Hochzeit in Rose Hill zu besuchen, und vielleicht würde es klappen, da die Hochzeit am arbeitsfreien Sonntag gefeiert wurde. Jenny dachte traurig an Andrew Hawley. Wieviel lieber hätte sie ihn geheiratet, aber ... das sollte eben nicht sein. Sie zwang sich, wieder an Melia und die anderen Frauen zu denken.

»Wir arbeiten immer noch im Garten, wie du siehst«, hatte das ältere Mädchen gesagt. »Aber ohne deine Anleitung ist es ganz etwas anderes. Wir bedauern alle, daß du weg bist, Jenny. Aber trotzdem«, hatte sie selbstlos hinzugefügt, »bin ich froh für dich. Wenn du erst einmal mit dem guten Sergeanten Jenkins verheiratet bist und dein eigenes Land bebaust, wird der Gouverneur dich ganz bestimmt begnadigen.«

Jenny hoffte, daß Melia recht behalten würde. Sie sank in Toms Schaukelstuhl, setzte ihn sanft in Bewegung und schloß die Augen. Sie hatte nicht vor einzuschlafen, aber der lange Arbeitstag hatte sie erschöpft, und innerhalb weniger Minuten schlummerte sie traumlos ein.

Sie erwachte vom Geräusch sich nähernder Schritte. Sie bemerkte, daß inzwischen die Dunkelheit hereingebrochen war. Großer Gott, sie mußte mehrere Stunden geschlafen haben, denn die schmale, zunehmende Mondsichel stand schon hoch am nächtlichen Himmel. Tom würde zu einem seit langem erloschenen Feuer und einem kalten Essen heimkommen, das sie für ihn bereitet hatte. Als sie gerade ins Haus zurückgehen wollte, stutzte sie plötzlich und blieb stehen. Sie spürte, daß Gefahr im Anzug war. Sie wußte, daß Tom allein zurückkommen würde, aber sie hörte, daß es mehrere Männer sein mußten... und zwar vorsichtig, denn sie sprachen leise und hatten keine Laterne bei sich. Da das Feuer erloschen war, war das Haus auch unbeleuchtet und daher in der dunklen Nacht nicht zu sehen.

Als Jenny, unsicher, was sie machen sollte, in der offenen Tür stand, hörte sie, wie jemand ungeduldig sagte: »Zum Teufel, wo ist denn dieses gottverdammte Haus hin verschwunden? Es soll doch nicht mehr als zwei Meilen weg sein? Und wir sind bestimmt schon drei Meilen gegangen!«

Jemand stolperte auf dem unebenen Boden, und Jenny hörte das klirrende Geräusch von Ketten. Es mußten Sträflinge sein, die wegen einer kürzlich begangenen Straftat in Ketten gelegt waren. Es sah mehr danach aus, daß sie auf der Flucht waren, als daß sie ihr Kartoffelfeld plündern wollten. Vielleicht wollten sie sich auch in dem kleinen Haus verstekken.

Zuerst wollte Jenny die Flucht ergreifen, aber dann zögerte sie doch, da sie daran dachte, daß Tom bald zurückkehren würde. Wenn sie ihn nicht warnte, würde er nichtsahnend direkt in ihre Arme laufen, und, bewaffnet wie er war, sie aufzuhalten versuchen. Und sie würden ihn überwältigen – sie schätzte, daß es mindestens vier oder fünf Männer waren. Sie würden verzweifelt versuchen, ihre neugewonnene Freiheit zu verteidigen.

Sie schlich geduckt um die Hausecke und lauschte auf jedes Geräusch, das bedeuten könnte, daß ihre Anwesenheit bemerkt worden sei.

Die Stimmen kamen näher, aber sie drangen von der Vorderseite des Hauses herüber, und Jenny hörte am metallischen Klirren der Ketten, daß die Männer sich ziemlich schnell bewegten.

»Da ist das Haus!« rief einer der Männer erleichtert aus. »Und es sieht ganz so aus, als ob niemand zu Hause ist. Los – gehen wir rein! Ich will diese verdammten Ketten loswerden.«

Das wollten sie also, dachte Jenny ... sie wußten bestimmt, daß Tom Werkzeug besaß, Hammer und Feilen. Vielleicht wollten sie nichts anderes, als sich von ihren Ketten zu befreien und würden dann ihre Flucht fortsetzen.

Sie sah mit klopfendem Herzen, wie fünf mit Keulen bewaffnete Männer im Haus verschwanden. Als sie das kreischende Geräusch der Feile hörte, nützte sie den Lärm aus und rannte los, um Tom zu warnen. Aber schon nach ein paar Schritten wurde sie von zwei kräftigen Männerarmen gepackt.

»Immer mit der Ruhe!« rief jemand warnend aus. »Wir wollen uns noch 'n bißchen unterhalten, bevor du wegrennst, mein Mädchen.«

Er hob sie hoch, und Jenny konnte sich nicht befreien, sosehr sie es auch versuchte. Sein Gesicht war schwarz, seine Arme auch – es mußte der große, kräftige Neger sein, von dem sie schon allerlei gehört hatte. Er war als ein sehr guter Arbeiter und als der Mann bekannt, der in der neuen Kolonie am häufigsten einen Fluchtversuch unternommen hatte.

»Sei still«, beruhigte er sie. »Ich hab nich vor, dir was anzutun.«

Da gab Jenny ihren Widerstand auf, und er trug sie ins Haus und setzte sie vor dem Feuer ab, das einer der Sträflinge in der Zwischenzeit wieder angefacht hatte. Jenny sah, daß sie eifrig damit beschäftigt waren, sich gegenseitig die Ketten abzufeilen.

»Wer is 'n das?« fragte ein dunkelhaariger Mann und schaute Jenny mit unverhohlener Abneigung an.

»Nur 'n kleiner Vogel, der grad wegfliegen wollte, Ned«, antwortete der Neger, der Caesar genannt wurde. »Is vielleicht besser, wenn se hier bei uns bleibt, statt Mister Dodd zu verraten, wo wir sind.«

»Wie heißt du denn, Mädchen?« fragte Ned kurz angebunden. Jenny nannte ihm ihren Namen, und er fragte sie, wo Tom sei und wann sie ihn zurückerwarte.

»Wir wollen nichts anderes, als unsre Fesseln loswerden«, sagte er. »Und 'n bißchen Proviant brauchen wir auch. Es geschieht dir nichts, wenn du dich still verhältst. Du kannst das Essen aufwärmen, wir haben den ganzen Tag nichts gehabt und sind hungrig. Und mach uns auch 'ne Kanne Tee, wenn du schon dabei bist – los, beeil dich! Wir haben keine Zeit zu verlieren.« Jenny gehorchte. Der Mann, der das Feuer wieder entfacht hatte, trat zur Seite, als sie Wasser aufsetzte. Er war jung und sah, obwohl er unrasiert war und trotz der langen, ungekämmten Haare gut aus. Er hatte ein mutiges, heiteres Gesicht, trotz der tiefen Striemen, die die Ketten in seine Handgelenke gegraben hatten. Er und der schwarze Caesar paßten gut zusammen, dachte sie. Ihre Sehnsucht nach der Freiheit war so groß, daß sie alles dafür geben würden. Und obwohl Jenny wußte, daß es ihre Absicht war, den Proviant zu stehlen, den sich Tom und sie mit so viel Mühe beschafft hatten, fühlte Jenny doch so etwas wie Bewunderung für diese Männer – und wünschte ihnen sogar, daß ihre Flucht erfolgreich sein würde.

Als der junge Mann sich umdrehte, um etwas zu den anderen zu sagen, sah sie unter dem zerfetzten Hemd rote Striemen. Er war vor kurzem ausgepeitscht worden. Sie sagte nichts, aber er richtete den Blick aus seinen mutigen, blauen Augen auf sie, als ob er ihr Mitleid gefühlt hätte.

»Ich hab' nichts zu verlieren... Hab' zweihundert übergezogen gekriegt und sollte ein Jahr lang die Ketten tragen.«

»Ja... nur Ihr Leben haben Sie zu verlieren. Es gibt im Busch kaum Nahrung, und ihr könnt von hier nicht fliehen.«

»Ach!« Er lachte schallend. »Wir bleiben nicht lange im Busch, meine Schöne. Ich bin ein Seemann, und ich weiß, wie wir von hier wegkommen. Wir haben vor, ein Boot zu klauen und damit nach Timor zu segeln. Wir –«

»Halt's Maul, Johnny!« fuhr ihn der Anführer namens Nat barsch an. »Du willst doch nich, daß dieses Weib unsere Pläne verrät?«

»Aber sie ist doch eine von uns, Nat. Sie –«, wandte Johnny unsicher ein.

»Sie führt 'nem verdammten Rotrock den Haushalt«, meinte Nat. »Nimm Caesar die Ketten ab, wenn du nix Besseres zu tun weißt, und dann will ich, daß ihr beide rausgeht und aufpaßt. Und du, Mädchen – mach 'n bißchen schneller, wenn du nich willst, daß dein Rotrock uns hier antrifft.«

Da Jenny sich der Gefahr bewußt war, in der Tom schwebte, tat sie, wie ihr befohlen war. Sie tischte das Essen auf, und alle sechs Männer aßen wie hungrige Wölfe. Anschließend füllten sie zwei Säcke mit Nahrungsmitteln. Dann gingen Caesar und drei der anderen in den Garten hinter dem Haus, um alles Gemüse zu pflücken.

Als Jenny die Männer in der Dunkelheit auf den jungen Pflanzen herumtrampeln hörte, die sie mit so viel Liebe gepflegt hatte, mußte sie an sich halten, um ihre Wut nicht laut hinauszuschreien. Aber da sie wußte, daß das alles nur noch schlimmer machen würde, beherrschte sie sich, räumte den Tisch ab und hoffte auf eine Gelegenheit zur Flucht.

Als Nat auf einen leisen Ruf von Caesar hin das Haus verließ, trat Johnny zu ihr, packte sie am Arm und drehte sie in seine Richtung. »Versuch nich wegzulaufen«, warnte er sie. »Nat könnte sehr unangenehm werden. Hab Geduld – wir bleiben nicht mehr lange hier.«

»Aber was wollt ihr denn noch?« fragte Jenny verzweifelt. »Ihr habt doch schon alles genommen, was wir haben.« Er antwortete nicht, und sie schaute ihm in seine blauen Augen.

Wer weiß, vielleicht würde er es bis Timor schaffen! Sie sagte: »Bitte laß mich gehen. Ich verrate euch nicht, bestimmt nicht. Aber –«

»Du zitterst ja«, sagte er. »Wir tun dir doch nichts, Jenny! Wir sind doch keine Untiere, sondern Männer, die die Gefangenschaft nicht länger ertragen können. Ich weiß, wir haben dich ausgeraubt, aber wir müssen ein paar Wochen lang im Busch überleben, bevor wir unsere Pläne ausführen können..., und wir haben auch nur das genommen, was wir wirklich brauchen. Also« – seine Hand ließ ihren Arm los, und er streichelte ihre Wange – »sei ganz still, bis wir hier fertig sind, dann passiert dir nichts. Ich geb dir mein Wort darauf und –«

Jenny unterbrach ihn. »Bis ihr hier fertig seid?« wiederholte sie seine Worte. »*Womit denn?* Was machen denn Nat und die anderen noch... wo sind sie denn hingegangen?«

»Wir brauchen eine Flinte«, antwortete er. »Die anderen sind los, um eine zu beschaffen. Reuben White hat uns gesagt, daß der alte Rotrock, für den du arbeitest, noch eine für die Jagd hat, und da sie nicht hier ist, muß er sie bei sich haben. Deshalb will Nat –« Er unterbrach sich, als er Jennys weißes Gesicht sah. »Um Gottes willen, der alte Rotrock kann dir doch nicht so viel bedeuten?«

»Er... ich verdanke ihm alles.« Jenny unterdrückte einen Schrei. »Ich will ihn heiraten. Ihr wollt doch kein Blut vergießen, oder? Tom Jenkins gibt seine Flinte nicht so einfach aus der Hand... Er ist ein guter Mann, und er kennt seine Pflicht. Bitte laß mich fort – laß mich versuchen, ihn zu warnen!« Sie war außer sich. Tom hätte keine Chance gegen die fünf... aber selbst wenn sie ihn aus dem Hinterhalt überfielen, würde er sich trotzdem noch wehren. In diesem Augenblick krachte durch die Nacht ein Schuß. Sie befreite sich blitzschnell und rannte zur Tür.

»Jetzt ist es zu spät, mein Mädchen.« Er stand mit seinem kräftigen, muskulösen Körper neben ihr und lauschte angestrengt in die Dunkelheit hinaus. Ein unterdrückter Schrei war zu hören, Rufe, und dann Schritte. Nat war als erster zurück, und Jenny sah, daß er triumphierend eine Flinte hochhielt.

»Wir mußten ihm eins überziehen«, sagte er atemlos. »Aber wir haben die Flinte... und ein paar Enten, die er geschossen hatte.« Er grinste. »Die schmecken uns bestimmt gut.«

Jenny starrte ihn entgeistert an. Hatten sie ihn nur für eine Flinte und zwei armselige Enten umgebracht? Johnny fragte: »Aber ihr habt ihn nicht getötet, oder?«

»Das glaub ich nicht«, meinte Nat. »Aber frag Caesar – er hat dem alten Burschen mit der Keule eins übergezogen. Aber was soll das, Johnny, wir brauchen doch die Flinte!«

Er beugte sich näher zu Johnny und flüsterte ihm etwas zu. Jenny erriet, daß es sich um sie handelte. Sie hatte Angst, daß die Männer es zu gefährlich finden könnten, eine Zeugin zurückzulassen. Sie fürchtete, daß sie gezwungen würde, die Männer auf ihrer Flucht zu begleiten. Deshalb riß sie sich von Johnny los und verschwand in der Dunkelheit. Sie hatte den Vorteil, daß sie jeden Schritt hier kannte. Die Männer verfolgten sie nur halbherzig. Sie hatten eigentlich alles, was sie brauchten und waren begierig darauf, ihre Flucht fortzusetzen. Nach zehn Minuten rief Johnny ihr zu, wo sie Tom Jenkins finden könnte.

Aber das war in der Dunkelheit schwieriger, als sie sich vorgestellt hatte. Schließlich fand sie die Stelle, wo der Kampf stattgefunden haben mußte, aber von Tom keine Spur. Und auf ihr Rufen kam keine Antwort. Vielleicht war er gar nicht so schwer verletzt und schon nach Hause zurückgegangen, um sicherzugehen, daß ihr nichts geschehen war!

Und wirklich, Tom saß in seinem Schaukelstuhl, der sich aber nicht bewegte. Als sie sich besorgt über ihn beugte, sah Jenny, daß sein weißes Haar blutdurchtränkt war. Er stammelte mit zitternder Stimme: »Dir fehlt... nichts, Jenny, Gott sei Dank. Ich... hatte solche Angst um dich.«

»Und ich um dich! O Tom, bist du schwer verletzt? Was kann ich für dich tun?« Die Tränen rannen über ihre Wangen.

»Nichts. Sie haben mich... erledigt, und... laß mich einfach hier sitzen... jede Bewegung tut so weh.« Nach einer kurzen Pause sagte er: »Geh nicht weg, Jenny... ich muß mit dir sprechen. Über das... Land. Ich will, daß du es bekommst, als ob wir verheiratet gewesen wären.«

Sie streichelte seine Hand. »Sag nichts, Tom, und mach dir keine Sorgen um das Land. Ohne dich will ich es nicht haben. Ich hol dir was zu trinken und eine Decke.«

»Eine Tasse Wasser«, sagte er. »Und einen Federhalter und Papier. Du weißt... wo es ist, mein Kind.«

Jenny gehorchte. Tom trank ein paar Schluck Wasser, ließ sich seinen Militärmantel um die Knie legen und bat sie dann, das aufzuschreiben, was er ihr diktierte.

»Schreib: Testament von Sergeant Thomas Jenkins. Hast du das?« Seine Stimme klang jetzt stärker. »Es ist wichtig.«

Jenny stellte das Tintenfaß auf den Boden vor sich, legte ein Stück Papier auf die Bibel, die Olwyn gehört hatte, und schrieb mit traurigem Herzen alles, was er diktierte, bis die Kerze heruntergebrannt war und sie die Worte nicht mehr sehen konnte, die sie geschrieben hatte. Tom hatte für Männer, die in den Krieg zogen, schon mehr als einmal ein Testament aufgesetzt, und er kannte die richtigen Formulierungen, aber die Kraft verließ ihn, bevor er sein eigenes zu Ende diktiert hatte. Als sie ihm schließlich auf seine Bitte hin das Papier reichte, damit er seine Unterschrift darunter setzen konnte, vermochte er seinen Namen schon nicht mehr zu schreiben. Unter großen Schmerzen setzte er ein Kreuz unter das Blatt und flüsterte, daß sie seinen Namen darunter schreiben solle.

Tom lag im Sterben. Sie blieb bei ihm und wiegte ihn in ihren Armen und tat alles, was in ihrer Macht lag, um ihm die Schmerzen zu lindern.

Als sein Herz im Morgengrauen aufgehört hatte zu schlagen, ging Jenny traurig und niedergeschlagen nach Rose Hill. Ihr Bericht beschränkte sich darauf, daß er in der Dunkelheit gestürzt und an den Folgen einer Kopfwunde verblutet sei. Sie sagte sich, daß der arme Tom so oder so jetzt tot sei, die Verfolgung und Bestrafung von Johnny Butcher und den anderen Männern ihn auch nicht zum Leben erwecken könne. Captain Meredith fragte nach einer durchzechten Nacht nicht nach Einzelheiten.

Sie zeigte ihm das Testament nicht, da sie wußte, daß es unvollständig war. Aber sie bat um die Erlaubnis, nach Sydney Cove zurückkehren zu dürfen, und es wurde ihr gewährt.

Die Marineinfanteristen feuerten bei Toms Begräbnis eine Salve über seinem Grab ab, und danach fuhr Jenny – am Tag, der ihr Hochzeitstag hätte sein sollen – in der Kutsche nach Sydney Cove zurück. Aber sie war glücklich darüber, wieder bei Melia sein zu können und freute sich über den herzlichen Empfang, als Melia sie in der Abenddämmerung in die Hütte führte.

Nach ein paar Tagen kam es ihr so vor, als ob sie nie von hier abwesend gewesen wäre oder als ob sie aus einem langen Traum erwacht sei, der ihr die Freiheit vorgegaukelt hatte...

Am Morgen des 5. April überbrachte Captain Tench dem Gouverneur die Nachricht, daß der Marinewachposten auf dem Südkap die Fahne gehißt habe. Seit vor einem Monat die *Sirius* und die *Supply* zur Insel Norfolk gesegelt waren, war der Hafen verlassen, und Gouverneur Phillip hatte fast schon die Hoffnung aufgegeben, daß die lang erwartete *Guardian* mit dem versprochenen Proviant überhaupt noch kommen würde.

Die Siedlung war der Hungersnot näher als jemals zuvor. Das unerklärliche Verschwinden von Thaddeus Slack, einem Gehilfen des Proviantkommissars und einer Gruppe von Sträflingen, die eine große Menge Pökelfleisch und Mehl gestohlen und mitgenommen hatten, hatten den Gouverneur härter getroffen als alle bisherigen Unglücksfälle. Die flüchtigen Sträflinge hatten sich zwar gestellt, als der gestohlene Proviant zu Ende gegangen war, aber ihre hartnäckige Behauptung, auch nicht das geringste mit dem Mord an dem unglücklichen Thaddeus Slack zu tun zu haben, wurde ihnen nicht geglaubt. Die Anführer wurden gehängt und die anderen ausgepeitscht, aber das konnte die geplünderten Vorräte auch nicht ersetzen – oder Slack wieder zum Leben erwekken.

Der Gouverneur seufzte bedauernd auf. Es war notwendig gewesen, zweihundert Sträflinge und zwei Kompanien Marineinfanteristen mit der *Sirius* auf die Insel Norfolk zu schicken, wo das Land so fruchtbar war, daß es fast die verdoppelte Bevölkerung ernähren konnte. Er hatte in der Zwischenzeit Lieutenant King zurückbeordert, um ihn nach England zurückzuschicken und durch sein persönliches Auftreten dort zu bewirken, daß die Regierung ihre nachlässige Haltung aufgeben und der neuen Kolonie endlich Proviant zukommen lassen würde. Durch den Abzug von Lieutenant King von der Insel Norfolk war es ihm möglich gewesen, den nach wie vor unerträglichen Major Ross als stellvertretenden Gouverneur abzustellen. Die *Sirius* wurde mit King erwartet und sollte dann nach China fahren, um dort die allernötigsten Nahrungsmittel zu erwerben.

Als Watkin Tench den Gouverneur an diesem Morgen davon informierte, daß die Flagge auf dem Südkap gehißt sei, sagte er: »Ich fürchte, es ist nicht die sehnlichst erwartete *Guardian*, Tench... sondern Captain Hunter, der jetzt unsere letzte Hoffnung ist. Kann das Schiff schon ausgemacht werden?«

Tench schüttelte seinen Kopf. »Nein, Sir. Ich konnte durch das Fernrohr nur erkennen, daß der Wachposten, nachdem er die Flagge gehißt hat, scheinbar völlig unbeteiligt hin- und hergeht.«

Nur die Rückkehr eines der eigenen Schiffe konnte den Wachposten dermaßen unbeteiligt lassen, dachte Phillip traurig – ein fremdes Segelschiff hätte für viel mehr Aufregung gesorgt. Sie hatten jetzt schon über zwei Jahre lang auf die Ankunft von Proviantschiffen aus England gewartet...

und auch ihre Gebete schienen nicht erhört worden zu sein. Aber es wäre ein unfreundlicher Akt, Lieutenant King nicht willkommen zu heißen.

Er zwang sich zu einem Lächeln. »Ich fahre ihm in einem Boot entgegen«, sagte er. »Das ist das mindeste, was Mister King von mir erwarten kann. Möchten Sie mitkommen?«

»Danke, Sir – ja, gern«, antwortete Captain Tench.

Die Barkasse des Gouverneurs – ein schönes Segelboot, mit dem er seine Forschungsfahrten unternahm – hatte, vom Steuermann geschickt geführt, schon zwei Meilen durch das Hafenbecken zurückgelegt, als ein Boot von der nördlichen Küste her auftauchte. Phillip und Tench schauten durch ihr Fernglas.

»Das ist das Beiboot der *Supply*«, sagte der Gouverneur. »Und Henry Ball und King sind an Bord.« Als die Entfernung zwischen den beiden Booten sich verringerte, war zu erkennen, daß der Kommandant der *Supply* verzweifelte Gesten mit den Händen vollführte.

»Sir«, rief Tench aus, »machen Sie sich auf schlechte Nachrichten gefaßt!«

Phillip schwieg, aber er erblaßte. Was konnte passiert sein, was für ein Unglück hatte jetzt zugeschlagen? Die *Supply* war zurückgekehrt, ihr Kommandant Ball gesund, aber ... was war mit der *Sirius* geschehen? Das Segel der Barkasse war gerefft, das Beiboot legte an, und seine schlimmsten Befürchtungen wurden wahr, als Henry Ball ihm mit ernster Miene die Mitteilung machte, daß die *Sirius* vor siebzehn Tagen bei der Insel Norfolk auf ein Riff aufgelaufen war.

»Niemand kam ums Leben«, fügte Ball hinzu. »Und wir konnten die meisten Vorräte retten. Aber die *Sirius* ist ein totales Wrack – sie lief auf das Riff in Sydney auf.«

Major Ross hatte so schnell wie möglich an Land gehen wollen, und als Hunter die *Sirius* wegen des Windes nicht von Süden in die Sydney Bay segeln lassen konnte, versuchte er es von Westen her. Dieser Versuch führte zur Katastrophe. Die *Sirius* lief auf ein noch unbekanntes, knapp unter der Wasseroberfläche befindliches Riff auf. »Und wie wurden die Leute an Land gebracht?« fragte Phillip.

King und Ball erzählten die Einzelheiten. Hunter hatte die Masten der *Sirius* kappen lassen. Dann arbeiteten sich die Menschen mühsam, einander an den Händen haltend, durch die starke Brandung, die manchmal über ihren Köpfen zusammenschlug, bis hin zum Strand.

»Viele kamen halb ertrunken und mit Schürfwunden an«, sagte King. »Captain Hunter verließ als letzter das Schiff, und er wurde von der Rettungsleine weggespült, die wir zwischen dem Wrack und der Küste aufgespannt und auf die Felsen geworfen hatten. Wir fürchteten um sein Leben, Sir, aber er schaffte es irgendwie, die Rettungsleine wieder zu fassen, und er erreichte schließlich die Küste. Die Rettungsarbeiten dauerten die ganze Nacht, und ich muß sagen, Sir, daß einige der Sträflinge dabei sehr gute Arbeit geleistet und großen Mut bewiesen haben, sowohl in dieser Nacht als auch am nächsten Tag, als sich das Wetter beruhigte und wir die Ladung und die Tiere an Land brachten. Ich habe ihre Namen aufgeschrieben, Sir, falls Sie ihnen eine Anerkennung zukommen lassen wollen.«

»Natürlich«, stimmte Philipp zu. Ihn schwindelte noch von der Nachricht, und es war ein großes Unglück, mehr noch für seine eigenen Leute als für die Leute auf der Insel Norfolk, die sich inzwischen schon fast selbst versorgen konnten. Aber seine Leute würden Hunger leiden müssen. Nach dem Verlust der *Sirius* konnte er niemanden mehr nach England entsenden. Und auch die Fahrt nach China versprach kaum noch etwas, da das einzig übriggebliebene Schiff, die kleine Brigg *Supply*, weniger als hundertsiebzig Tonnen Ladung aufnehmen konnte.

Er unterbrach Kings Beschreibung des Wracks und sagte: »Heute abend werde ich alle meine Offiziere versammeln,

Gentlemen. Die Lage hat sich jetzt hier so zugespitzt, daß ich mich außerstande sehe, allein zu entscheiden, was getan werden muß.«

Während all der Jahre, die King ihn kannte, hatte er es kein einziges Mal erlebt, daß Arthur Phillip nicht alleine zu einer Entscheidung gelangt wäre, wie schwierig die Lage auch gewesen war. Die letzten zwei Jahre hatten Phillip als Gouverneur dieser vom Unglück verfolgten Kolonie immer wieder bis an den Rand seiner Kraft gefordert.

»Ich werde alles tun, was ich kann, um Ihnen behilflich zu sein«, sagte King mit großer Anteilnahme, und auch Ball bot seine Hilfe an.

Der Gouverneur dankte ihnen. »Ich will die Verantwortung nicht länger allein tragen, ich bin am Rand der Verzweiflung, wenn ich erfahre, daß unsere Vorräte von den Leuten gestohlen werden, denen ich zu helfen versuche. Wann können Sie mit der *Supply* auslaufen, Henry?«

Henry Ball zögerte. Er dachte an sein arg mitgenommenes Schiff und an seine erschöpfte Mannschaft und fragte dann leise: »Wie lange soll die Reise dauern, Sir?«

»Nach Batavia«, sagte Phillip.

»Innerhalb von acht bis zehn Tagen, Sir, wenn das Schiff abgedichtet ist. Aber Sie kennen es ja – ich habe nur sehr wenig Platz für Frachtgut.«

»Sie müssen von den Holländern ein Schiff mieten, um das Frachtgut hierher zu schaffen, Henry... natürlich so billig wie möglich.« Er wandte sich an Captain King. »Und Sie, mein Lieber, fahren mit einem holländischen Schiff weiter nach England, um der Regierung unsere verzweifelte Lage darzustellen, was nur einer der direkt Betroffenen wirklich vermag.« King nickte niedergeschlagen, und Phillip stieß einen langen, unglücklichen Seufzer aus. »Und ich werde Ihnen mein Abdankungsschreiben mitgeben, das Sie persönlich Lord Sydney überbringen sollen.«

Beide Offiziere starrten ihn entgeistert an. »Aber das können Sie doch nicht tun, Sir«, protestierte King verblüfft. »Ohne Sie... mein Gott!«

Der Gouverneur blickte ihn erschöpft an. »Ach, verstehen Sie mich richtig, ich werde bis zum Ende auf meinem Posten ausharren. Das Abdankungsschreiben soll nur meiner Verzweiflung Ausdruck verleihen, wenn Sie so wollen. Aber ich hoffe, daß Lord Sydney dann endlich begreift, wie dringend wir Hilfe brauchen. Nun« – er stand steif auf – »es wird mindestens sechs Monate dauern, bis Sie Ihre Mission erfüllt haben. Ich werde mir vom Proviantkommissar eine genaue Liste der noch vorhandenen Nahrungsmittel aufstellen lassen, aber ich kann Ihnen jetzt schon sagen, daß sie keinesfalls für sechs Monate reichen werden. Wir werden die Rationen noch einmal einschränken müssen – und selbst die jetzigen Rationen sind so klein, daß man damit harte Arbeit kaum überstehen kann.«

Als später am Tag alle Offiziere zusammensaßen und die kritische Lage berieten, wurde die wöchentliche Ration pro Kopf auf zweieinhalb Pfund Mehl, zwei Pfund Pökelfleisch, ein halbes Pfund Erbsen und ein Pfund Reis festgesetzt, und außerdem wurde die Rumration der Marineinfanteristen halbiert. Der Gouverneur stiftete seine letzten privaten Vorräte – dreihundert Pfund Mehl – für die Allgemeinheit und ordnete an, daß die Sträflinge ab sofort nur noch bis ein Uhr mittags statt bis zum Sonnenuntergang arbeiten mußten.

Danach informierte Phillip die Offiziere von seinem Plan, die *Supply* nach Batavia zu entsenden, und die Offiziere stimmten einhellig zu. Trotzdem sah Phillip schweren Herzens die Brigg am 17. April den Anker lichten. Das Schiff war die letzte Hoffnung der neuen Kolonie... und er betete, daß sie wohlbehalten ihr Ziel erreichen möge.

In der Zeit nach der Abfahrt des Schiffes gab es nichts zu tun als abzuwarten. Die mageren Rationen wurden unter strenger Bewachung ausgegeben. Alle Bewohner der Kolonie mußten auf Fischfang gehen, sämtliche Ruderboote wurden dafür freigegeben, und selbst die Offiziere mußten sich daran beteiligen. Täglich wurden Gruppen von Sträflingen und Marineinfanteristen zum Jagen in den Busch geschickt. Krähen und Hyänen gehörten zu dem beliebtesten Wild – und wenn einmal ein Känguruh geschossen wurde, dann war das der Anlaß zu einem kleinen Fest.

Ende April kamen schwere Stürme auf. Die Tage vergingen, und die ersten drei Junitage waren verregnet und windig – aber am Morgen des 3. Juni hißte der Marinewachposten auf dem Südkap eine Signalflagge, daß ein Schiff in Sicht war. Im strömenden Regen versammelte sich eine große Menschenmenge an der Küste, und die Offiziere konnten mit Hilfe ihrer Ferngläser ausmachen, daß die Wachposten auf dem Südkap vor Freude tanzten.

Der Gouverneur, der inmitten seiner aufgeregten Offiziere stand, erkannte bald, daß es sich um ein großes Schiff handelte, das unter britischer Flagge lief. Als es zwischen den Felsen in den Hafen einlief, hatte das Schiff so schwer mit dem Sturm zu kämpfen, daß es in arge Bedrängnis geriet.

»Sir.« Watkin Tench stellte sich neben ihn und mit ihm David Collens und der Arzt John White. »Wenn das Schiff jetzt sinken sollte, dann würde ich um meine geistige Gesundheit fürchten.«

»Ich auch um meine«, gab Phillip zu und brachte vor Erregung kaum ein Wort heraus. »Wir fahren dem Schiff mit einem Boot entgegen und lotsen es in den Hafen, statt hier vor Anspannung verrückt zu werden!«

Bei dem stürmischen Wetter war die kleine Mannschaft in dem Boot bald bis auf die Haut durchnäßt. Aber die Matrosen ruderten mit aller Kraft, und bald war das Boot nahe genug herangekommen, um den Namen des Schiffes, *Lady Juliana*, *London*, lesen zu können.

Doch bald darauf folgte eine bittere Enttäuschung. Es war kein Frachtschiff, das den lang ersehnten Proviant brachte, sondern an Bord des Schiffes befand sich ein neuer Sträflingstransport, zweihundertfünfundzwanzig Frauen, und der mitgebrachte Proviant reichte knapp für sie selbst.

Der Gouverneur erfuhr zu seinem Entsetzen, daß drei weitere Transportschiffe mit Sträflingen unterwegs waren und daß die *Guardian* – das Kriegsschiff, das Fleisch, Mehl, Arzneimittel, Werkzeug und Kleidung hatte bringen sollen – bereits im vorigen Dezember auf einen Eisberg aufgelaufen war. Glücklicherweise war das Schiff noch in der Lage gewesen, ohne Ruder ein paar Wochen später doch in Kapstadt einzulaufen, aber die halbe Mannschaft war bei dem Unglück umgekommen, und nur ein kleiner Teil ihrer Ladung konnte gerettet werden. Und mit einer zweiten Flotte waren über tausend Sträflinge in die Verbannung geschickt worden und hatten England bereits verlassen.

In der Überzeugung, daß das Schicksal ihn strafen wollte, ließ Gouverneur Phillip seine Offiziere an Bord gehen, wo sie die Post durchschauten und sich nach Neuigkeiten aus England erkundigten. Er selbst kehrte in seinem Boot nach Sydney Cove zurück. Am Kai waren viele Menschen versammelt, die mit großem Hurra das Schiff aus der Heimat begrüßten.

Jeremiah Leach kehrte von einem Jagdausflug zurück. Er konnte zwar kein erlegtes Wild vorweisen, brachte aber zwei entflohene Sträflinge mit, auf die die Jäger zufällig östlich der Botany Bay gestoßen waren.

Die geflohenen Männer waren zu sechst gewesen, vier Männern war es gelungen, der Festnahme zu entgehen, aber dank des schnellen Einsatzes der Marineinfanteristen, die Leach begleitet hatten, war es möglich gewesen, einen riesenhaften Neger namens Caesar zu fangen. Der andere Mann, der James Clarke hieß, war durch einen Kampf mit Eingeborenen verletzt gewesen und hatte sich kampflos ergeben.

Sehr zufrieden mit sich selbst, übergab Leach die beiden Gefangenen der Wache und erfuhr dort von der Ankunft der *Lady Juliana*. Der wachhabende Offizier, Lieutenant Poulden, sagte: »Sie hatte über zweihundert Frauen an Bord. Die meisten sind alt und zur Arbeit untauglich. Aber es kam auch Post, und ich möchte schwören, daß ich einen Brief gesehen habe, der an Sie adressiert war.«

Leach machte sich freudig erregt daran, seinen Brief zu lesen, aber obwohl er mit »Mein lieber Jeremiah« begann, war der Brief, den sein Vater ihm geschrieben hatte, alles andere als erfreulich. Nachdem er ihm mitgeteilt hatte, daß eine Revolution in Frankreich ausgebrochen war, riet er seinem Sohn, sich nach Ablauf seiner Dienstzeit in Neusüdwales niederzulassen. Er würde ihm das nötige Geld zukommen lassen, um als freier Siedler dort ein zufriedenes Leben führen zu können. In einem zweiten Abschnitt erfuhr Leach, daß sich sein Bruder Francis so gut im väterlichen Geschäft eingearbeitet hatte, daß er jetzt als vollgültiger Partner dort eingestiegen sei.

Leach las den Brief nicht zu Ende, sondern knüllte ihn wütend zusammen und warf ihn zu Boden. Sein mieser kleiner Bruder hatte es doch tatsächlich geschafft, ihn um sein Erbe zu betrügen! Und es wurde auch noch von ihm erwartet, daß er den Rest seines Lebens an diesem gottverdammten Ort hier verbringen sollte! Und sein Vater hatte ihm keinen Penny zukommen lassen, nein, nur das vage Versprechen. Hatte er überhaupt eine Summe genannt? Leach hob den Brief wieder auf, strich ihn glatt und las ihn noch einmal. Natürlich hatte das alte Schlitzohr, vorsichtig wie er immer war, keine bestimmte Summe genannt.

Leach saß in seinem Zelt und stieß laut blasphemische Flüche aus. Es war ihm ganz egal, ob jemand sie hören würde. Er stopfte den Brief seines Vaters in die Jackentasche. Er war so entsetzlich hungrig, daß er die versprochene Geldsendung seines Vaters für ein ordentliches Essen hergegeben hätte. Zum Beispiel für einen frischen, saftigen Schweinebraten... also eine Mahlzeit, verdammt noch mal, die seinem Vater und Francis jeden Tag aufgetischt wurde. Wußten sie überhaupt, oder wußte irgend jemand in England, daß diese armselige Kolonie am Rand einer Hungersnot stand? Die Berichte in den englischen Zeitungen, die sein Vater erwähnt hatte, mußten ganz einfach falsch und irreführend sein, denn warum, um alles in der Welt, hätten sonst neue Sträflingstransporte losgeschickt werden können?

Sein Diener kam herein. »Captain Collins möchte mit Ihnen wegen der beiden Sträflinge sprechen, die Sie eingefangen haben. Der –«

»Sagte er auch – wann?« unterbrach ihn Leach nervös.

Der Diener beobachtete ihn genau, er kannte sein reizbares Temperament.

»Sofort, Sir«, sagte er. »Das heißt, vor dem Essen. Ich habe Ihr Rasierwasser mitgebracht, Sir.«

Leise vor sich hinschimpfend, rasierte Leach seinen acht Tage alten Stoppelbart, wechselte sein fadenscheiniges, verschwitztes Hemd gegen ein frischgewaschenes, aber ebenso fadenscheiniges und lief durch die Dunkelheit zum Regierungsgebäude. Er mußte warten. Er erfuhr von dem diensthabenden Sergeant, daß Captain Collins mit dem Gouverneur und dem Captain der *Lady Juliana* eine Unterredung hatte, daß es aber nicht mehr lange dauern würde.

Als er ungeduldig im kleinen Vorzimmer auf und ab schritt, kam der Dolmetscher des Gouverneurs herein. Er ging arrogant vor seinem Diener her, einem Sträfling, der nur ihm zu Diensten stand. Der erste sogenannte Dolmetscher, Arabanoo, war vor fast einem Jahr an Pocken gestorben, und von den beiden anderen Eingeborenen, die auf Anordnung des Gouverneurs gefangen worden waren, war einer entflohen. Der andere Mann war ein stämmiger, etwa fünfundzwanzig Jahre alter Bursche, der über und über von Narben übersät war. Er hieß Baneelon. Leachs Meinung nach behandelte der Gouverneur ihn mit geradezu unbegreiflicher Nachsicht.

Baneelon liebte Alkohol und war kaum satt zu kriegen. Auf beides wurde Rücksicht genommen. Es kam vor, daß Offiziere hungrig vom Tisch aufstanden oder nicht ihre volle Alkoholration erhielten, aber der Eingeborene bekam alles, was er wollte. Er trank Tee und aß am Tisch des Gouverneurs.

Seit seiner Gefangennahme, die er mit ebensolcher stoischen Ruhe hingenommen hatte wie sein Vorgänger Arabanoo, hatte Baneelon schon sehr gut Englisch gelernt. Er trug europäische Kleidung. Nur Schuhe wollte er nicht anziehen und ging immer barfuß. Er bewegte sich frei und ohne jede Einschränkung in der Siedlung und behandelte den Sträfling, der ihn bewachen sollte als Diener. Den Gouverneur aber nannte er »Vater« in seiner Muttersprache.

Leach konnte ihn nicht leiden, er konnte überhaupt keinen einzigen Eingeborenen leiden und mißtraute allen, aber Baneelon, der die Weißen jetzt für seine Freunde hielt, ging lächelnd und mit ausgebreiteten Armen auf ihn zu und hatte offensichtlich vor, ihn zu umarmen. Wütend über die Vertraulichkeit dieses Menschen wich Leach seiner Umarmung aus und begrüßte ihn nur äußerst knapp. Baneelons strahlendes Lächeln wich aus seinem Gesicht.

Er wandte sich mit fragendem Gesichtsausdruck an den Sergeant, der hinter ihm stand. Der legte einen Arm um seine Schultern und sagte tadelnd: »Sie müssen Baneelon nicht so abweisend behandeln, Mister Leach. Er ist wie ein Kind, verstehen Sie, und fühlt sich sehr leicht verletzt.«

»Er ist ein schmutziger Wilder!« gab Leach zurück. »Und ich sage Ihnen eines, Sergeant – wenn ich Gouverneur wäre, würde ich ihn nicht dermaßen hofieren. Und ganz bestimmt würde ich ihm nicht die vierfache Essensration zukommen lassen.«

»Nun, Sir«, meinte der Sergeant diplomatisch, »das ist Politik, sonst nichts. Der Gouverneur möchte nicht, daß die

Eingeborenen wissen, wie wenig Lebensmittel wir haben. Wenn dieser Junge hier so wenig bekäme wie wir, könnte es sein, daß er es seinen Leuten erzählte. Das würde sie dazu ermutigen, uns anzugreifen, weil sie wüßten, daß wir zu schwach sind, um uns wehren zu können. Ich möchte übrigens wetten, daß er schon früher Kontakt mit Leuten von uns gehabt hat. Vielleicht mit Sträflingen, vielleicht waren es Frauen. Er fragte immer wieder nach einer Jenny und suchte sie auch längere Zeit. Aber er hat sie nicht gefunden und hat es jetzt aufgegeben, nach ihr zu fragen, als ob ... was ist denn los, Sir? Sie sind ja plötzlich so weiß wie ein Laken!«

Leach riß sich zusammen und war wütend auf sich selbst, daß er seine Gefühle gezeigt hatte. Es mußte ein Dutzend Jennys unter den Sträflingsfrauen geben, und in jedem Fall hatte er von dem häßlichen dunkelhäutigen Menschen nichts zu befürchten. Selbst wenn er es war, der mit Jenny Taggart befreundet gewesen war, konnte er nichts gesehen haben. Die Eingeborenen waren schon lange davongepaddelt, bevor er zur Küste gegangen war, und Jenny Taggart hatte auch keine Anschuldigungen gegen ihn erhoben – sie war mit dem alten Jenkins nach Rose Hill gezogen, und er hatte sie schon fast ein Jahr lang nicht mehr gesehen.

Er antwortete dem Sergeant grimmig: »Es ist der Hunger, nehme ich an. Ich war über eine Woche lang in den Wäldern und habe gejagt, und wir hatten nicht gerade reichlich Proviant dabei. Und wir haben nichts außer ein paar mageren Krähen und eine Ente geschossen. Warum –«

Baneelon unterbrach ihn. Der Eingeborene trat auf ihn zu, befreite sich aus der freundlichen Umarmung des Sergeants und sagte langsam und deutlich: »Jen-nee, wo Jen-nee ist? Du sehen Jen-nee?«

Dieses Mal ließ sich Leach nichts anmerken.

»Ich habe keine Ahnung, mein schwarzer Freund«, meinte er herablassend. »Ich kenne niemanden, der Jenny heißt, also kann ich dir auch nicht sagen, wo du sie finden kannst.«

Baneelon wechselte in seine eigene Sprache über. »*Wee-ree!*« rief er aus und näherte nach einer unverständlichen Tirade sein Gesicht dem von Leach. Er spuckte ihn fast an und sagte wütend: »*Go-nin Pa-ta!*«

»Was meint er denn, zum Teufel, Sergeant?« fragte Leach, der vor der Wut des Eingeborenen zurückgewichen war.

»Nun, Sir«, antwortete der Sergeant entschuldigend, »ich fürchte, daß er nicht sehr viel von Ihnen hält. Ich verstehe nur wenig von ihrer Sprache, aber ich weiß, daß *Wee-ree* böse heißt und – äh – daß das letzte Wort – nun, nicht gerade sehr höflich gemeint war, Sir. Gott weiß, was ihn aufgebracht hat – vielleicht hat er gehört, daß ich über Jenny sprach. Aber zerbrechen Sie sich deshalb nicht den Kopf, Mister Leach – manchmal bekommt er solche Anfälle. Ich weiß, wie ich ihn beruhigen kann.« Er grinste Baneelons Wächter an. »Geben Sie ihm besser etwas von seiner Medizin, was, Jack?«

Der Sträfling nickte. Er nahm ein Glas vom Regal hinter sich. Der Sergeant goß großzügig vom Wein des Gouverneurs ein und reichte Baneelon das Glas. Jeremiah Leach konnte seinen Abscheu kaum verbergen, als der Eingeborene das Glas hob und mit ernster Stimme einen Toast ausstieß. »Lang lebe König Georg!« sagte er und leerte das Glas auf einen Zug.

Leach starrte den jetzt lächelnden, schwarzen Gesellen kalt an und wurde dann zu seiner Erleichterung von Gendarm Brewer in das Büro des Richters gebeten.

»Es tut mir leid, daß Sie warten mußten, Leach«, begann Captain Collins und bot ihm einen Stuhl an. »Aber ich möchte mit Ihnen über die beiden Ausreißer sprechen, die Sie mitgebracht haben. Es handelt sich« – er las die Namen von einem Papier auf seinem Tisch ab – »um James Clarke und den Neger Caesar, die beide von Rose Hill geflohen sind. Wo sind Sie genau auf sie gestoßen?« Leach erzählte ihm alles, was er wußte.

»Sie haben nicht bemerkt, ob die beiden irgendwelche Vorräte bei sich hatten?« fragte Brewer. »Säcke voll Gemüse und Mehl? Oder...«, er machte eine Pause, »eine Flinte?«

Leach dachte über die Frage nach und schüttelte dann wieder den Kopf. »Nein, ich habe nichts gesehen. Wie ich Ihnen schon gesagt habe, war es in der Abenddämmerung. Natürlich können sie etwas bei sich gehabt haben. Die vier, die fliehen konnten, werden bestimmt etwas bei sich gehabt haben. Wir waren ziemlich erschöpft, verstehen Sie – wir hatten keine Kraft mehr, sie zu verfolgen. Die meisten Flüchtlinge kommen ja sowieso in die Siedlung zurück und ergeben sich, wenn ihr Hunger zu groß wird, oder?« Er zog die Stirn in Falten, als er die Bedeutung von Brewers Frage richtig verstand. »Zum Teufel... Sie haben nach einer Flinte gefragt! Wie kommen Sie denn darauf?«

David Collins antwortete ihm. »Kürzlich sind mehrere Leute aus Rose Hill geflüchtet. Eine Gruppe raubte das Haus eines freien Siedlers aus, stahl Gemüse aus seinem Garten und schlug ihn zusammen, als die Männer seine Flinte stehlen wollten.« Er seufzte. »Der Siedler war ein alter Marinesergeant – ein sehr guter Mann namens Jenkins. Thomas Jenkins. Ich nehme an, daß Sie ihn kannten. Er reiste auf der *Charlotte*. Der arme Kerl starb an den Verletzungen, die diese Schurken ihm beigebracht haben, und deshalb sind wir sehr daran interessiert, die Männer dieser Tat überführen und sie vor Gericht stellen zu können.«

Zum zweitenmal an diesem Abend verlor Jeremiah Leach vor Überraschung seine Fassung und zitterte so stark, daß es niemandem entgehen konnte. Sergeant Jenkins ist tot, dachte er. Recht geschah es diesem selbstgerechten, alten Schurken!

»Und was ist mit seiner Frau?« fragte er mit belegter Stimme. »Er heiratete doch eine Sträflingsfrau, oder?«

Brewer entgegnete: »Sie meinen das Taggart-Mädchen? Nein, zu ihrem Unglück starb der arme Jenkins ein paar Tage vor ihrer Hochzeit. Sie kennen sie doch, oder? Sie haben doch Anzeige erstattet, daß sie mit Eingeborenen Umgang pflegte.«

Leach fühlte, wie eine verräterische Röte in seine Wangen stieg, aber dennoch stritt er alles ab. »Nein«, sagte er. »Daran kann ich mich nicht mehr erinnern, Mister Brewer. Wie sollte ich auch? Es ist schon lange her, und das Mädchen ist eine verlogene Hure, wie die meisten anderen auch, oder?«

Collins nahm seine Papiere zusammen und schaute zu Brewer hinüber, der sich erhob. »Wir wollen Sie nicht länger aufhalten, Leach. Vielen Dank für Ihre Hilfe.« Dann entspannte er sich und lächelte. »Der Captain der *Lady Juliana* brachte uns gute Nachrichten. Außer den Transportschiffen mit den Sträflingen ist auch ein Frachtschiff zu uns unterwegs – die *Justinian*. Und wenn sie vor den Sträflingen hier ankommt, dann können wir uns endlich einmal wieder sattessen! Das sind doch gute Aussichten, oder?«

Vielleicht, dachte Jeremiah Leach, als er zu seiner Behausung zurückging, obwohl er das sichere Gefühl hatte, daß er nichts Gutes zu erwarten hatte. Und das sollte auch so eintreten.

Das Frachtschiff *Justinian* lief am Morgen des 20. Juni in den Hafen ein. Sie war weniger als fünf Monate von Falmouth unterwegs gewesen, und mit ihrer Ankunft war die Gefahr einer Hungersnot in der Kolonie erst einmal gebannt. Es war klar, daß das Versorgungsproblem damit nicht endgültig aus der Welt geschafft war, aber durch den Proviant, den die *Justinian* an Bord hatte, hatte man Zeit gewonnen, und die Fleisch- und Mehlrationen wurden sofort wieder auf das Normalmaß erhöht.

Pfarrer Johnson hielt einen Dankgottesdienst ab, und Jenny betete aus ganzem Herzen mit allen anderen.

Bei ihrer Rückkehr in den Garten hatte sich einiges geändert. Polly hatte in der Zwischenzeit einen netten, jungen

Sträfling namens John Williams geheiratet, der als gelernter Schreiner für sich und seine junge Frau eine eigene Hütte gebaut und die der anderen Frauen mit Schindeldächern und gemauerten Kaminen versehen hatte. Polly war glücklich und schwanger, und sie sprach sehr optimistisch davon, in Rose Hill ein Stück Land zu bebauen, sobald ihr Ehemann seine siebenjährige Strafe hinter sich gebracht hätte.

»Der gute Gott hat uns hierher verschlagen, obwohl wir das überhaupt nicht wollten«, sagte sie Jenny lächelnd, »und wenn er ein uns verborgenes Ziel damit verfolgt, dann können wir uns doch genausogut darauf einrichten, unser Leben hier zu verbringen. Unsereins kann doch sowieso schlecht zurück, oder?«

Eliza und Charlotte hatten zwar die Hoffnung noch nicht ganz aufgegeben, einmal nach England zurückkehren zu dürfen, dachten aber auch daran, sich zu verheiraten – beide waren mit Matrosen von der *Sirius* verlobt.

»Er sitzt jetzt auf der Insel Norfolk fest und kommt nicht weg, ob er will oder nicht. Aber ich bin ihm natürlich treu«, erzählte Eliza stolz. »Er kommt bestimmt so bald wie möglich hierher zurück. Du kannst auf mich und Charlotte rechnen, liebe Jenny, wenn du unsern Garten wieder in Schuß bringen willst. Und ehrlich gesagt ist es höchste Zeit, daß du wieder da bist. Im letzten Jahr haben wir viele Enttäuschungen erlebt. Nur der Tabak ist gut gewachsen – aber den kann man ja nich essen, oder?« Sie warf Melia einen vorwurfsvollen Blick zu.

»Ist ja richtig, es war *meine* Idee, Tabak anzupflanzen«, gab sie zu. »Ich hoffte, wir könnten ihn gegen Fleisch und Mehl eintauschen. Aber dann sagte uns der Proviantkommissar, daß die ganze Ernte an den Regierungsladen verkauft werden muß und daß es noch nicht sicher ist, ob wir in Zukunft überhaupt Tabak anbauen dürfen. Aber es ist vom Alkohol abgesehen das einzige, was Männer unbedingt haben wollen!«

»Hannah hat immer für uns den Tabak verkauft«, warf Charlotte ein. »Aber seit sie tot ist, sind wir ziemlich darauf sitzen geblieben.«

»Hannah ist *tot*?« rief Jenny überrascht und zugleich ungeheuer erleichtert aus.

Eliza erzählte ohne eine Spur von Bedauern: »Ja – vor zwei Monaten ist sie gestorben, die diebische alte Hexe! Sie hat sich zu Tode gesoffen. Aber nicht hier«, fügte sie hinzu. »Im Hauptlager. Sie verließ uns endgültig, als wir keinen Tabak mehr verkaufen durften. Und keiner hat danach mehr was von ihr gesehen. Du kannst dir sicher denken, warum, oder?«

Natürlich konnte sich Jenny den Grund denken. Ihre Finger umfaßten das Amulett, das Ned Munday ihr geschenkt hatte. Das hatte Hannah Lieutenant Leach sicher nur gegen Alkohol überlassen und sich über die möglichen Konsequenzen ihrer Handlung keine Gedanken gemacht.

»Hannah fehlt uns wirklich nicht«, meinte Melia später, als sie alleine zusammensaßen, »aber wir brauchen zwei oder drei gute neue Arbeiter, Jenny, wenn wir gute Ernten im Garten erzielen wollen. Wenn die neuen Sträflingstransporte ankommen, lernen wir vielleicht ein paar Frauen kennen, die auf dem Land auf Farmen gearbeitet haben. Oder …« Sie zögerte und schaute Jenny beobachtend an. »Oder Männer.«

»Aber ich hab gedacht –«, meinte Jenny unbestimmt. »Ich dachte, wir – das heißt –«

»Ich weiß, was du dachtest«, und jetzt sprach Melia sie mit plötzlich barschem Ton an. »Aber über Arnold bin ich endlich weg, Jenny – genauso wie du über Andrew Hawley weggekommen bist – und ich fühle mich sehr allein. Vielleicht ist der Grund, weil ich Polly und diesen jungen Will ständig sehe, oder vielleicht« – ihre Stimme wurde plötzlich sehr sanft – »vielleicht fühl ich mich so allein, weil sie ein Baby erwartet, ich weiß es nicht. Aber sie hat in einem recht – wir können nicht mehr nach England zurück, oder? Das ist verrückt, noch darauf zu hoffen.«

War es auch verrückt, dachte Jenny, daß sie noch immer hoffte, Andrew eines Tages wiederzusehen? Und war sie, wie Melia annahm, »darüber hinweggekommen«? Johnny Butchers und seine Freunde fielen ihr ein, die davon geträumt hatten, nach Timor zu segeln, aber dann nickte sie doch zustimmend. Es *war* tatsächlich verrückt und sinnlos zu hoffen, daß jemand von ihnen England wiedersehen würde oder daß Andrew sich so sehr nach ihr sehnte, daß er sich nach Neusüdwales versetzen lassen würde. Hatte sie das nicht schon gewußt, als sie sich entschlossen hatte, den armen Tom zu heiraten?

Melia meinte nachdenklich: »Polly und Will wollen sich hier niederlassen. Eliza und Charlotte wahrscheinlich auch, falls ihre Matrosen sie nicht mit nach England zurücknehmen dürfen. Ich möchte auch gern Kinder haben, Jenny, und einen anständigen Mann. Jetzt gibt es hier, weiß Gott, nicht viele davon, aber« – sie lächelte – »wer weiß, was für Männer mit der zweiten Flotte hier ankommen?«

Drei Tage später wurde auf dem Südkap die Signalflagge gehißt, daß ein Schiff in Sicht sei, und am Nachmittag lief der Transportfrachter *Surprise* im Hafen ein. Kurz darauf folgten die *Neptun* und die *Scarborough*.

Als die ersten Boote auf die Küste zuruderten, ahnte noch niemand der in freudiger Erwartung am Strand Versammelten, welches entsetzliche Elend sie zu sehen bekommen würden. Die armen Wesen, die aus eigener Kraft an Land gehen konnten, waren verschmutzt, zu Skeletten abgemagert und halb nackt und brachen zusammen, als sie ein paar Schritte auf dem kürzlich fertiggestellten Kai gingen. Sie bettelten um Wasser und etwas zu Essen und waren unfähig weiterzugehen. Diejenigen, denen es noch schlechter ging, wurden von den Seeleuten an Land getragen und dort wie Säcke abgesetzt. Die erste Frau, auf die Jenny mit ihrem Wasserkrug zuging, sah wie ein Geist aus. Die Knochen schienen durch die durchsichtige Haut durchzuscheinen. Sie trank ein paar kleine Schluck Wasser und fiel dann erschöpft zurück, und als Jenny und Melia sie hochzuheben versuchten, bemerkten sie, daß sie tot war.

»O Gott im Himmel!« flüsterte Melia entsetzt. »Was ist denn mit denen passiert?«

Diese Frage stellten sie sich immer wieder, als sie, krank vor Mitleid, die zu Tode erschöpften Sträflinge an der Küste empfingen: Männliche Sträflinge aus dem Lager taten sich in Gruppen zusammen und trugen die Kranken, die nicht gehen konnten, ins Krankenhaus. Die Frauen, unter ihnen Jenny, stützten andere, die vor Schwäche zitterten, und brachten ihnen Suppe und heißen, süßen Tee. Selbst die Marineinfanteristen erhielten von ihren Offizieren die Erlaubnis, ihren Wachdienst zu unterbrechen, um den hilflosen Menschen beistehen zu können.

Knapp eine Stunde später ließ sich der Gouverneur mit wutverzerrtem Gesicht zur *Neptun* hinüberrudern. Diejenigen, die ihn beobachteten und den Zweck seines Besuches auf dem Transportschiff errieten, riefen ihm zu, daß er den Kapitän hängen lassen sollte.

Phillip war wütender als jemals in seinem Leben zuvor. Zu David Collins, der ihn begleitete, sagte er nur: »Hören Sie, was die Leute rufen? Mein Gott, ich wünsche, ich *könnte* diesen Verbrecher hängen lassen! Aber so weit gehen meine Machtbefugnisse leider nicht.«

Collins preßte die Lippen aufeinander und nickte.

Captain Trail war nicht an Deck, als das Boot an der *Neptun* anlegte, aber er kam eilig heran, als die laute Stimme des Gouverneurs sein sofortiges Erscheinen forderte. Er war ein magerer, hohlwangiger Mann Ende Vierzig. Seine Perücke saß ihm schief auf dem Kopf, und seine blaue Jacke war nicht zugeknöpft, und man sah, daß er keine Zeit gehabt hatte, sich für den unvorhergesehenen Besuch zurechtzumachen. Da er seine Kapitänsmütze nicht trug, gab er sich mit der Andeutung einer Verbeugung zufrieden, statt zu salutieren, wie es sich bei der Begrüßung eines Gouverneurs gehörte und fragte aggressiv: »Welchem Umstand verdanke ich diese Ehre, Sir?«

Er sprach ein schlechtes Englisch, und sein Atem roch nach Rum. Der Gouverneur schaute ihn voller Abscheu an und sagte mit schneidender Stimme: »Ich möchte Ihnen persönlich erklären, Captain Trail, daß Sie der niederträchtigste und verantwortungsloseste Schurke sind, dem ich jemals begegnet bin! Sie haben gegen die Ihnen anvertrauten Menschen Verbrechen begangen, die jeder Beschreibung spotten – mein Gott, die Leute haben mir zugerufen, daß ich Sie hängen lassen soll!«

Captain Trail wich einen Schritt zurück. »Ich kann Ihren Ausbruch nicht ganz verstehen, Sir«, stieß er hervor. »Wessen beschuldigen Sie mich eigentlich? Ist es etwa meine Schuld, daß diese niederträchtigen, kleinen Verbrecher, die ich in Ihre Strafkolonie bringen sollte, mein Schiff schon schwerkrank betreten haben, so daß ihnen die Voraussetzungen fehlten, die Härten der Reise unbeschadet zu überstehen?«

»Es ist Ihre Schuld, daß diese armseligen Kreaturen fast verhungert sind«, sagte Phillip. »Ein paar sind schon gestorben, sobald sie an Land gebracht wurden. Um Gottes willen, Captain, haben Sie denn keinen Funken Mitgefühl? Diese Männer und Frauen sind *Engländer*.«

»Es sind Sträflinge, Sir. Und denen auf den anderen Schiffen geht es kaum besser. Sie –«

»Die meisten der Toten und Sterbenden stammen von Ihrem Schiff, Captain«, entgegnete Phillip kalt. »Wie viele sollten Sie herbringen?«

Trails mageres Gesicht war naß von Schweiß. Er schüttelte abwehrend den Kopf. »Etwa fünfhundert. Einhundertfünfzig starben auf der Überfahrt – verdammt noch mal, Sir, sie waren schon krank, als sie an Bord kamen!«

»Doppelt so viele werden tot sein, bevor dieser Tag zu

Ende geht –, und Sie werden für jeden einzelnen von ihnen zur Verantwortung gezogen, das verspreche ich Ihnen, Captain Trail.« Der Gouverneur wandte sich an Collins und fügte mit mühsam beherrschter Stimme hinzu: »Ich wünsche, daß dieser Mann an Bord seines Schiffes unter Arrest gestellt wird, Captain Collins. Es soll ihm nicht erlaubt werden, an Land zu gehen. – Die Regierung zahlte Ihnen siebzehn Pfund Sterling pro Mann für die Ernährung, Captain Trail. Ich brachte siebenhundertfünfundsiebzig mit der ersten Flotte hierher, und nur vierundzwanzig Menschen starben während der Überfahrt – obwohl ich für ihre Verpflegung sehr viel weniger Geld zur Verfügung hatte als Sie.«

»Sie können mich nicht hier festhalten, Sie können mich nicht daran hindern, an Land zu gehen«, schimpfte Trail. »Sie mögen der Gouverneur von diesem gottverlassenen Ort sein, aber Sie –«

»Als Gouverneur habe ich das Recht, das anzuordnen«, beschied Phillip ihm kurz, dann legte er seine Hand auf Collins Arm. »Wir statten auch den anderen Schiffen einen Besuch ab, David.«

Immer noch wurden Sträflinge auf kleinen Booten an Land gerudert, jetzt von der *Scarborough* und der *Surprise*, unglückliche, bleichgesichtige Kreaturen, die mit rotgeränderten Augen in die Sonne blinzelten, als ob sie zum erstenmal seit Antritt ihrer langen grausamen Reise Tageslicht zu sehen bekämen.

Die Frauen von der *Lady Juliana* waren – obwohl ihre Überfahrt volle zehn Monate gedauert hatte – gesund und bei Kräften gewesen, aber diese armen Menschen hier, die England erst im Januar verlassen hatten, wirkten nur noch wie Schatten ihrer selbst.

Und es wurden immer noch mehr an Land gebracht. Das Krankenhaus war bereits überfüllt. Die dreißig zusätzlich errichteten Zelte und alle benachbarten Hütten waren ebenfalls voll belegt.

»Wir müssen ein paar dieser armen Geschöpfe mit zu uns nehmen«, schlug Jenny verzweifelt vor. »Wenigstens so lange, bis genügend Zelte aufgebaut worden sind. Wir können sie unmöglich einfach unter freiem Himmel sterben lassen.«

Sie kniete sich neben einen Mann, der es mit letzter Kraft geschafft hatte, ein paar Schritte auf sie zuzukriechen, und erschrak entsetzlich, als der ausgemergelte Mensch seinen Kopf erhob und mit krächzender Stimme ihren Namen aussprach.

»Jenny ... Jenny Taggart! Das ist ja ein Wunder ... du bist es doch wirklich, oder?«

Das abgemagerte, unrasierte Gesicht, die eingesunkenen Augen, die zitternden Lippen kamen ihr nicht bekannt vor, und doch war dieser Mann kein Fremder, das wußte sie. Das Medaillon war aus ihrem Ausschnitt gerutscht, als sie sich über ihn beugte, und als er es in die Hand nahm, wußte sie, wer er war, noch bevor er mit rauher Stimme sagte: »Das hab ich dir gegeben ... damals in der Küche von der Gastwirtschaft. Erinnerst du dich nicht?«

»Ned – *Ned Munday!*« Tränen des Mitleids, die sie während des ganzen Tages mühsam zurückgehalten hatte, rannen ihr nun hemmunglos über die Wangen, als sie den armen alten Freund anschaute. »O Ned ... armer, lieber Ned ... mein Gott, was haben sie mit dir gemacht!« Sie umarmte ihn, und er klammerte sich mit letzter Kraft an sie.

Melia trat zu ihnen und sagte: »Ist das ein alter Freund, Jenny?«

»Ja«, entgegnete Jenny aufgewühlt. »Aus meiner Kindheit. Wir müssen ihm helfen, Melia. Er stirbt, wenn wir ihm nicht helfen. Er –«

»Faß ihn unter den Arm«, unterbrach Melia. »Wir tragen ihn zu unserer Hütte.«

Sie schafften es, den vor Schwäche schwankenden Mann bis zu ihrer Hütte zu bringen. Obwohl sie ihm viele Pausen gegönnt hatten, war er zu Tode erschöpft, als sie dort ankamen und fiel erschreckend blaß und nach Atem ringend auf Jennys Bett.

»Er ist entsetzlich schwach, Jenny«, meinte Melia. »Ich habe in meinem ganzen Leben noch keinen Mann in seinem Alter so ausgemergelt und so schwach gesehen. Ich mache ihm Tee – er tut ihm sicher gut.«

Als sie mit dem dunklen, dampfenden Getränk zurückkam, gab sie Jenny die selbstgeformte Tasse aus Ton in die Hand und sagte mit mühsam unterdrückter Wut: »Das sind Mörder auf diesen Schiffen, Jenny – Mörder! Unsere Leute hatten ganz recht, als sie dem Gouverneur zuriefen, daß die Kapitäne gehängt werden sollen – sie haben diesen armen Geschöpfen so viel Leid zugefügt, daß sie wirklich nichts anderes verdienen. Das ist ja... unmenschlich ist ja gar kein Ausdruck dafür!« Jenny hielt Ned Munday die Tasse an die Lippen und flößte ihm ein paar Schlucke ein.

»Ein Mann, dem ich geholfen habe, ins Krankenhaus zu gehen, hat mir eine entsetzliche Geschichte erzählt«, fuhr Melia fort. »Er sagte, sie hätten so wenig Lebensmittel bekommen, daß sie nicht gemeldet hätten, wenn einer von ihnen gestorben sei, damit sie seine Essensration weiter erhielten. Stell dir das mal vor – ein verwesender Körper zwischen den Lebendigen, nur damit sie seine schmalbemessene Mahlzeit bekamen! Es ist kaum zu glauben, oder?«

»Aber *warum* war es so?« fragte Jenny, noch immer außer sich. »Warum wurden sie so schlecht behandelt?«

Ned trank durstig und schob dann die Tasse beiseite. Er beantwortete ihre Frage mit schwacher Stimme. »Sie hatten gehört, daß es in der Kolonie wenig Nahrungsmittel gibt. Also gaben sie uns so wenig wie möglich, um noch etwas übrig zu haben, was sie hier verkaufen wollten... und den Profit wollten sie natürlich in die eigene Tasche stecken. Ihr werdet sehen, daß das stimmt, wenn sie morgen oder übermorgen damit anfangen, Nahrungsmittel zu verkaufen.«

Dann fuhr er flüsternd fort: »Ich war... auf der *Neptun.* Captain Trail... hat früher einmal ein Sklavenschiff von Afrika in die Karibik kommandiert, und er kennt alle dreckigen Tricks, Leute schlecht zu behandeln. Er hat uns alles weggenommen, was wir hatten... selbst unsere Kleidung und unsere Schuhe. Wir mußten für Nahrungsmittel zahlen... um am Leben bleiben zu können. Es waren über fünfhundert... als wir lossegelten. Höchstens die Hälfte ist lebendig hier angekommen... Jenny.«

Jenny starrte ihn ungläubig an. Sie blickte zu Melia hinüber und sah, daß auch das ältere Mädchen die Ungeheuerlichkeit kaum glauben konnte, die Ned berichtete.

»Ihr werdet es ja selbst sehen«, meinte Ned ärgerlich, denn er spürte, daß sie ihm nicht recht glauben konnten, »wenn dieses Schwein die Nahrungsmittel verkauft, die er uns vorenthalten hat.« Er fluchte leise. »Schaut mich doch an... bin ich nicht der lebende Beweis dafür? Oder muß ich sterben, um euch von der Wahrheit zu überzeugen?« Dann lehnte er sich entkräftet zurück und schloß die Augen. »Mein Gott – ich bin zu müde, um mir noch über irgend etwas Sorgen zu machen. Aber ich hoffe, daß ich lange genug lebe, um diesen Verbrecher Trail hängen zu sehen.«

Melia führte die in Tränen aufgelöste Jenny aus der Hütte hinaus. »Laß den armen Kerl schlafen«, riet sie schwesterlich. »Das ist das beste für ihn – wie heißt er noch?«

»Ned Munday.«

Melia schaute sie nachdenklich an. »Ich erinnere mich, daß du diesen Namen schon ein paarmal erwähnt hast. Ist das nicht der Bursche, wegen dem du verhaftet und schließlich in die Verbannung geschickt worden bist?«

»Ja«, gab Jenny zögernd zu. »Aber er hatte keine Schuld – er konnte nicht wissen, daß ich mit dem Geldbeutel erwischt würde, und ich hege keinerlei Groll mehr gegen ihn, wirklich nicht. Ich weiß, daß er ein Taugenichts ist, aber er erinnert mich an meine Mutter und an bessere Zeiten, und...

und ganz davon abgesehen, kann ich ihn nicht einfach sterben lassen.«

Jenny blieb die ganze Nacht an Neds Seite. Er war so schwach, daß sie oft fürchtete, er hätte sein Leben ausgehaucht. Sie betete – wie sie auch für Tom gebetet hatte, daß er am Leben bleiben würde. Bei Tagesanbruch erwachte er, und sie konnte ihm etwas von Melias gekochter Fleischbrühe einflößen. Am folgenden Abend bekam er hohes Fieber und versank in ein Delirium, das fast vierundzwanzig Stunden lang anhielt.

Von anderen Frauen erfuhren sie, daß die meisten der Neuankömmlinge inzwischen schon gestorben waren. Aber diese traurige Tatsache rettete die Kolonie vor der Hungersnot. Vierhundert Kisten voll eingepökeltem Rindfleisch und zweihundert Kisten mit eingepökeltem Schweinefleisch waren schon an Land gebracht worden, und so viele Mehlsäcke, daß zum erstenmal seit einem Jahr Brot gebacken wurde und alle zum erstenmal so viele Nahrungsmittel bekamen, wie am Anfang nach der Landung in Sydney Cove. Eliza berichtete: »Der Kapitän der *Neptun* ist eingesperrt worden, aber die anderen Kapitäne haben einen Einkaufsladen eröffnet. Dort kann man Schuhe, Kleider, Alkohol und frisches Fleisch kaufen, wenn man es bezahlen kann.«

»Schuhe?« wiederholte Melia sehnsüchtig. »Und *Kleider?*«

»Jawohl«, bestätigte Eliza. »Und das ganze Zeug ist den Sträflingen geklaut worden. Den weitaus größten Teil der Reise mußten sie gefesselt unter Deck verbringen…, alle, auch die Frauen. Wenn du Ned durchbringen willst, dann mußt du dich nur noch um ihn kümmern. Er ist ja ganz schlecht dran.«

In dieser Nacht folgte die Krise. Obwohl sein abgemagerter Körper im Fieber glühte, klagte Ned, daß es ihn friere, und das Zittern hörte auch nicht auf, als sie ihn mit zerlumpten Kleidern zudeckten. Sie hatten keine Decken, und

Jenny legte sich verzweifelt neben ihn, nahm ihn in die Arme und betete, daß die Wärme ihres eigenen gesunden Körpers ihm etwas helfen würde.

Sie fühlte tiefes Mitleid mit ihm, und sie kämpfte mit all ihrer Kraft um sein Leben. Es hing lange Zeit an einem seidenen Faden, selbst als das Fieber gewichen war. Aber dann kam er ganz langsam wieder zu Kräften und konnte wieder feste Nahrung zu sich nehmen. Jeden Tag wurde sein Appetit besser, und schließlich verschlang er so große Mengen, daß sie ihm auch einen Großteil ihrer eigenen Ration abgab.

Melia, Charlotte und Eliza halfen ihr bei seiner Pflege, sie sammelten im Wald die Beeren, aus denen sie Tee zubereiteten, ernteten aus dem Garten das Gemüse, und Eliza riskierte es sogar, heimlich Tabak gegen frischen Fisch einzutauschen.

Ned konnte schon vor die Tür der Hütte gehen, um sich im warmen Sonnenschein zu erholen. Der Frühling stand vor der Tür. Er zeigte nur wenig Dankbarkeit für ihre aufopfernde Pflege und machte nicht die geringste Anstrengung, ihnen auch nur leichte Arbeiten abzunehmen. Als er schließlich gesund war, merkte Jenny, daß seine ständigen Forderungen eine große Belastung für die anderen Frauen darstellten.

Eliza meinte, direkt wie immer, daß Ned Munday doch jetzt gefälligst für sich selbst sorgen solle.

»Er macht dich zu seiner Sklavin, Jenny, wenn du nicht aufpaßt«, warnte sie. »Und du wirst viele Schwierigkeiten wegen ihm bekommen, das sag' ich dir. Er ist wirklich ein knallharter Bursche... ich wette, daß er sofort zurückschlägt, wenn ihm irgend etwas nicht paßt – ob es jetzt ein Rotrock oder der Gouverneur Phillip selbst ist –, und du weißt, was das heißt. Du hast ihm das Leben gerettet, du schuldest ihm nichts. Schick ihn zurück ins Lager, wo alle anderen auch sind.«

Jenny wußte, daß Eliza vollkommen recht hatte, trotzdem vermochte sie ihren gut gemeinten Rat nicht zu befolgen. Das

Schicksal hatte ihr Ned zurückgegeben, und jetzt hatte sie nicht die Kraft, sich noch einmal von ihm zu trennen. Er stellte die einzige Verbindung zu ihrer Vergangenheit dar... einer Vergangenheit, an die sie sich immer weniger erinnern konnte. Ned half ihr, diese Erinnerung wachzuhalten.

Sobald er wieder ganz bei Kräften wäre, würde ihm, wie allen anderen Männern auch, täglich ein bestimmtes Pensum an Arbeit abverlangt. Aber Jenny wußte, daß ihm das sehr schwerfallen würde. Er konnte immer noch kaum über etwas anderes sprechen, als über die schreckliche Behandlung während der Überfahrt. Sein brennendster Wunsch war es, sich an Captain Trail zu rächen. Er wußte zwar, daß der Kapitän auf Anordnung von Gouverneur Phillip auf der *Neptun* gefangengehalten wurde und in England vor Gericht gestellt werden sollte, aber das beschwichtigte Neds Wut nicht im geringsten.

Jenny hatte es längst aufgegeben, ihn von seinen Racheplänen abzubringen. Er hörte einfach nicht zu. Und da war noch etwas. Er hatte mehrfach erfolglos versucht, Jennys Liebhaber zu werden. Sie hatte sich seinen Versuchen nicht widersetzt, weil sie hoffte, ihre Liebe könnte seine Heilung beschleunigen.

Aber seine mangelnde Zärtlichkeit ließ sie wünschen, sie hätte sich ihm verweigert. Dennoch versuchte sie, ihm so gut wie möglich zu helfen, und wenn sie ihn ernähren sollte, weil er nicht bereit war zu arbeiten, dann würde sie das auch noch schaffen, zumindest so lange, bis seine Gesundheit vollständig wieder hergestellt wäre... ob nun die anderen Frauen ihr dabei behilflich wären oder nicht. Hatten ihr nicht Baneelon und Colbee das Jagen und das Fischen beigebracht?

Die Arbeit im Garten endete um die Mittagszeit. Nach einem kargen Mahl ging Jenny zum erstenmal wieder in die kleine Bucht, wo sie vor über einem Jahr die dunkelhäutigen Eingeborenen kennen und schätzen gelernt hatte.

Die schreckliche Erinnerung an Lieutenant Leach veranlaßte sie, sich auf dem Weg dorthin ein paarmal umzublikken. Aber niemand verfolgte sie, und als sie die Bucht erreichte, lag sie verlassen da. Sie sammelte Muscheln, spießte sie als Köder auf die Angelhaken auf und fischte so, wie Baneelon es ihr gezeigt hatte. Und sie hatte es noch nicht verlernt. Bald lagen ein halbes Dutzend Fische in ihrem Korb. Sie war froh und zufrieden und wollte gerade nach Hause zurückgehen, als sie bemerkte, wie ein Kanu in die Bucht einfuhr. Es kam schnell näher. Jenny sah, daß nur ein Mensch darin saß – ein Mann, der ein weißes Hemd anhatte. Etwas weiter draußen trieb ein zweites Kanu mit eingezogenen Paddeln auf dem Wasser, als ob die Insassen auf das erste Kanu warteten. Während Jenny noch versuchte, sich einen Reim darauf zu machen, hörte sie eine fröhliche Stimme »Jennee!« rufen.

Sie erkannte Baneelon, wunderte sich aber, wie verändert er aussah. Er war frisch rasiert, und sein krauses Haar war kurz geschnitten und ordentlich gekämmt. Aber noch mehr überraschte es sie, als er sie in einem einigermaßen gut verständlichen Englisch ansprach.

»Wo du gehst?« fragte er und hielt ihr die Hand hin. »Ich schaue – ich frage – aber nicht finde Jen-nee.«

Sie versuchte ihm zu erklären, daß sie abseits des Hauptlagers wohnte, er nickte und schien sie zu verstehen. Dann deutete er in Richtung der Siedlung. »Ich wohne *Wee-rong* viele Tage. Gouverneur gut – *bud-ye-ree*. Er Vater – *beenena.*«

»Ach, Baneelon – da hast du die Kleider her?« Jenny deutete auf sein weißes Hemd und lächelte, als sie den Stolz in seinem dunklen Gesicht sah. »Hat es dir der Gouverneur geschenkt?«

»Gouverneur, ja.« Aber dann hörte Baneelon abrupt zu lächeln auf. »Ich renne – nicht bleibe bei Gouverneur. Schlimme Leute kommen, sehr krank.«

»Das heißt, daß du weggelaufen bist?« fragte Jenny erstaunt und entsetzt zugleich.

»Weggerannt, ja. Geh zurück zu meinen Leuten. Du nichts sagen?«

»Nein«, versicherte ihm Jenny.

Baneelon deutete auf das zweite Kanu. »Colbee... Barangeroo... Daringa!« Jenny erinnerte sich, daß das die Namen von seiner und Colbees Frau waren. Sie hob ihre Hand und winkte grüßend zum Kanu hinüber, und Colbee hob grüßend sein Paddel. Als Baneelon den Inhalt von Jennys Korb sah, grinste er breit. »Viele Fische... bud-ye-ree!«

Neid schwang in seiner Stimme mit, und Jenny hielt ihm, ohne zu überlegen, den Korb hin. »Willst du ein paar Fische, Baneelon, nimm dir, was du brauchst.« Baneelon grinste noch breiter. Er suchte sich drei Fische aus, legte sie in sein Kanu, und zog dann, immer noch grinsend, sein Hemd aus und gab es ihr. Bevor Jenny ihm danken konnte, hatte er sich schon vom Ufer abgestoßen und war davongepaddelt.

Lange nach dem Zapfenstreich kam Jenny zu Hause an. Die Frauen saßen aufgeregt um das Feuer herum. Als sie eintrat, schwiegen sie und vermieden es, sie anzuschauen. Jenny stellte ihren Korb ab. »Was ist los?« fragte sie. Und dann, als sie Neds Abwesenheit bemerkte, sagte sie: »Hat es was mit Ned zu tun? Ist ihm etwas passiert?«

Melia antwortete ihr. »Ja, Jenny – sogar etwas sehr Schlimmes. Er haute ab, nachdem du weggegangen warst... niemand von uns hat es bemerkt. Und als wir es dann merkten, dachten wir, daß er nicht weit weggegangen sein konnte. Aber das stimmte nicht – er klaute ein Boot und versuchte, zur *Neptun* hinüberzurudern.«

»O nein!« rief Jenny entsetzt aus, als sie sich an Neds Drohungen erinnerte, sich am Kapitän der *Neptun zu* rächen. »Aber er war doch bestimmt zu schwach, um bis zum Schiff zu rudern?«

»Er wurde gleich erwischt und gefangengenommen«, berichtete Melia. »Von Lieutenant Leach, Jenny... und morgen wird er vor Gericht gestellt, weil sie glauben, daß er einen Fluchtversuch unternommen hat. Er wird mindestens für eine Woche auf die Strafinsel verbannt werden.«

»Er hat ihnen nicht gesagt, warum er zur *Neptun* wollte, oder?« fragte Jenny ängstlich.

Melia schüttelte ihren Kopf. »Nein. Aber das würde ihn auch nicht vor Strafe schützen. Er kommt bestimmt auf die Strafinsel.«

Und sie sollte recht behalten – Ned wurde für eine Woche auf die Strafinsel verbannt. Er kam mehr tot als lebendig zurück, und wieder mußte Jenny um sein Leben kämpfen, und wieder weigerte sie sich, ihn ins Krankenhaus zu schicken.

Der Garten der Frauen wurde vergrößert. Also hackte Jenny den halben Tag lang frisch gerodetes Land um und widmete sich anschließend der Pflege des todkranken Mannes. Aber es war eine undankbare Aufgabe, denn Ned hatte jeden Lebenswillen verloren und vegetierte nur apathisch vor sich hin.

Jenny saß stundenlang neben ihm, gab ihm Fleischbrühe oder gesüßten Tee ein, versorgte seine Wunden, die er sich im Kampf mit den Marineinfanteristen bei seiner Verhaftung zugezogen hatte, und versuchte, ihm durch Gespräche neuen Lebensmut zu geben.

Ein paar Tage später vertraute er ihr ein Geheimnis an. »Weißt du, ich habe im Gefängnis einen Neger kennengelernt. Er war durch einen dummen Zufall auf der Flucht erwischt worden. Er erzählte mir, daß er und fünf andere es geschafft hatten, wochenlang in der Wildnis zu überleben. Er hat vor, sobald wie möglich noch einmal zu fliehen, seine Kumpel zu treffen, ein Boot zu stehlen und bis Timor zu rudern.«

Das mußte Caesar sein, dachte Jenny, der schwarze Caesar. Er war offenbar gefangen worden, aber die anderen,

Johnny Butcher und der Mann, den sie Nat genannt hatten, waren offenbar noch auf freiem Fuß...

»Ich habe vor, mich ihnen anzuschließen«, sagte Ned mit leicht arroganter Stimme. »Sie können jede Hilfe brauchen. Ich habe nichts zu verlieren als mein Leben.«

Jenny überlegte verzweifelt, wie sie ihn davon überzeugen könnte, diesen unsinnigen Plan aufzugeben. Polly und Will fielen ihr ein, und sie sagte impulsiv: »Sträflinge werden dazu ermuntert, zu heiraten, Ned. Wenn wir heiraten würden, könnten wir uns um ein Stück Land bemühen. Es wäre zwar klein, nur ein paar Morgen, aber –«

Sie könnte vielleicht den Garten bekommen, wenn Eliza und Charlotte ihre Matrosen heirateten, sobald die Mannschaft der gestrandeten *Sirius* hier ankäme.

»Das wäre dann ein freieres Leben, Ned. Und wir –«

Ned unterbrach sie. »Du würdest *mich* heiraten?« Er setzte sich auf, und seine Augen glänzten im Fieber. »Trotz allem, was mir angetan worden ist? Und obwohl du weißt, verdammt noch mal, daß ich die Ehe nicht vollziehen kann? Mein Gott, wenn ich an die Frauen denke, mit denen ich es getrieben habe, dann könnte ich heulen!«

Die bittere Enttäuschung, die Jenny aus seiner Stimme heraushörte, berührte sie tief. Sie kniete sich neben sein Bett, umarmte ihn und bedeckte sein Gesicht mit Küssen. Sie spürte plötzlich wieder die ganze Zuneigung, die sie als Kind für ihn empfunden hatte.

»Lieber Ned, es geht bestimmt vorüber, mach dir keine Sorgen. Das ist nur, weil du so lange gehungert hast. Aber du wirst wieder stark, stark und lustig, so wie du früher warst..., und du wirst auch wieder glücklich sein, selbst hier. Bitte, wirf dein Leben nicht weg.«

Neds Mund fand den ihren. Er küßte sie hungrig, seine Hände streichelten ihre Brüste, und er zog sie neben sich aufs Bett.

»Mein Gott, du hast recht!« rief er plötzlich aus. »Du hast

recht, Jenny ... es ist vorbei. Es ist vorbei, hörst du? Gott sei Dank, meine Schwäche ist vorbei!«

Er warf sich auf sie, riß ihr das Kleid vom Leib, und sie spürte, wie sein schmaler Körper sich lustvoll gegen sie preßte.

»Du bist die meine, Jenny!« rief er aus, legte sich auf ihren nackten, zitternden Körper, und begrub sie atemlos unter sich. »Du bist mein, und niemand darf dich mir wegnehmen!«

Gouverneur Phillip wartete auf das Boot, das ihn zur Inspektionsfahrt zum Südkap hinüberrudern sollte. Er schaute über den Hafen hinweg, in dem wieder einmal keine Schiffe ankerten, und stieß einen müden Seufzer aus.

Er hatte die *Justinian* und *Surprise* mit dort dringend benötigten Werkzeugen Ende Juli zur Insel Norfolk geschickt, und die *Scarborough* und die *Lady Juliana* waren eine Woche später Richtung Canton abgesegelt. Als letztes Schiff hatte die *Neptun* den Hafen verlassen, weil ihr Kapitän, ein wirklicher Verbrecher, alles getan hatte, um die Abreise hinauszuzögern und um dem Prozeß in England zu entgehen, der dort auf ihn wartete.

Donald Trail hätte auch die härteste Strafe verdient, dachte der Gouverneur grimmig, und er bedauerte nicht zum erstenmal, daß seine Befugnisse nicht so weit reichten, um den ehemaligen Sklavenhändler hier in der Kolonie abzuurteilen.

Als die Barkasse schon über das Wasser dahinglitt, sagte der junge Lieutenant Waterhouse: »Eine Signalflagge wird auf dem Südkap hochgezogen, Sir.« Phillips Frage vorwegnehmend, fügte er hinzu: »Aber es ist nicht die ›Schiff in Sicht‹-Flagge, Sir.« Denn die Rückkehr der *Supply* aus Batavia wurde täglich erwartet. »Um ehrlich zu sein, ich kann aus dieser Signalflagge nicht schlau werden. Aber ich glaube, es hat etwas mit Captain Tenchs Exkursion zu tun. Sie wissen doch, Sir, daß er mit Captain Nepean und Doktor White in Manly an Land gesetzt wird und zu Fuß nach Broken Bay vordringen möchte.«

Der Gouverneur nickte, und Waterhouse fuhr fort: »Unter den Fischern geht das Gerücht um, daß ein toter Wal an die Manlyküste angeschwemmt worden ist. Ich weiß nicht, ob es wahr ist, weil einer der Fischer behauptete, daß er vor drei oder vier Tagen einen Wal ziemlich ziellos vor der Küste hin und her schwimmen hat sehen.«

Der Gouverneur meinte: »Wenn das stimmt und der Wal wirklich auf die Manlyküste geschwemmt worden ist, dann nehme ich an, daß alle Eingeborenen aus der Gegend sich dort versammelt haben, um sich mit den eßbaren Teilen des Fisches zu versorgen. Vielleicht wollen uns die Wachposten auf dem Südkap davon verständigen.«

»Sollen wir nach Manly fahren, um es herauszufinden, Sir?« fragte Waterhouse.

Phillip deutete, das Fernglas vor seinen Augen, geradeaus. »Ein Boot fährt auf uns zu. Wir werden sehen, was es für Neuigkeiten gibt.«

Der Steuermann erstattete aufgeregt Bericht, sowie die beiden Boote in Rufweite kamen. Er hatte Captain Tench und seine Leute in Manly abgesetzt, und Captain Nepean hatte ihn zurückgeschickt, um den Gouverneur informieren zu können.

»Es ist ein toter Wal an die Küste geschwemmt, Sir, die Verwesung hat schon eingesetzt, aber etwa zweihundert Eingeborene sind dabei, ihn zu zerschneiden. Ich nehme an, daß sie ihn noch verzehren wollen.« Mit offensichtlichem Abscheu deutete er auf ein eingewickeltes Päckchen, das neben ihm lag. »Das ist ein großes Stück Fleisch für Sie, Sir. Dieser Eingeborene namens Baneelon hat mich gebeten, es Ihnen als persönliches Geschenk zu überreichen, Sir.«

Also war er von seinen Leuten wieder aufgenommen worden, dachte Phillip erleichtert. Und das Geschenk bewies, daß er die Zeit mit dem Gouverneur nicht vergessen hatte.

»Sind die Eingeborenen feindlich oder freundlich gesinnt, Steuermann?«

Der Matrose kratzte sich am Kopf. »Das ist schwer zu beurteilen, Sir«, gab er zu. »Baneelon und sein Freund Colbee – die sind zwar freundlich. Aber der Rest... nun, sie sind alle bewaffnet, und ich könnte nicht sagen, daß sie Freudensprünge gemacht haben, als sie sahen, daß wir an der Küste landeten.« Er zögerte und fuhr dann fort: »Die Offiziere und die Eingeborenen sprachen viel miteinander, und zwar über das Fischgerät, das die Sträflinge den Eingeborenen gestohlen haben sollen. Sie forderten Beile als Ersatz dafür. Es wurde gesagt, wenn Sie selbst hinkämen, Sir, dann würde Baneelon mit Ihnen zurück nach Sydney Cove fahren, um die Beile abzuholen.«

Ein paar Beile wären nichts gegen Baneelons Rückkehr und seine erneuerte Freundschaft, dachte der Gouverneur. Die Sträflinge raubten die Eingeborenen bei jeder Gelegenheit aus, und so bildeten sich Feindschaft und Mißtrauen zwischen ihnen und den Eingeborenen. Phillip befahl Waterhouse, zum Südkap weiterzufahren.

»Wir nehmen dort eine oder zwei Flinten an Bord«, sagte er. »Nur für alle Fälle. Aber sie sollen auf keinen Fall zu sehen sein, während ich mit Baneelon spreche.«

Nach einer Stunde anstrengenden Ruderns erreichte die Barkasse das Südkap. Gouverneur Phillip inspizierte die gemauerte Säule, die kürzlich hier errichtet worden war, um den Schiffen die Einfahrt in den Hafen zu erleichtern. Dann aß er etwas, während die anderen sich auf die Suche nach überzähligen Waffen machten. Vier Flinten und eine Pistole wurden gefunden und in der Barkasse versteckt, und die Mannschaft legte sich wieder ins Ruder, während Lieutenant Waterhouse Richtung Manly steuerte.

An der Küste waren jetzt mehr als zweihundert Eingeborene versammelt, die sich aufgeregt um den Kadaver des Wales scharten, und denen der faulige Geruch, der davon aufstieg, offenbar nichts ausmachte. Sie ließen sich von der näher kommenden Barkasse nicht stören, und der Gouverneur bat Waterhouse, ihn an Land zu rudern.

»Die Flinten müssen unbedingt versteckt bleiben«, warnte er und erlaubte David Collins nicht, ihn zu begleiten. »Es ist, glaube ich, am besten, wenn ich allein gehe, David. Und machen Sie sich keine Sorgen – sobald ich Baneelon gefunden habe, besteht für mich keine Gefahr mehr.«

Er ging zuversichtlich den Strand entlang und näherte sich langsam den Eingeborenen, die er nach Baneelon fragte. Baneelon tauchte in der Menge auf, machte aber keine Anstalten, sich dem Gouverneur zu nähern. Er sah auf den ersten Blick, daß mit dem jungen Eingeborenen eine große Veränderung vorgegangen war. Er war stark abgemagert, und außer einem langen Bart hatte er eine noch kaum verheilte Narbe über seinem linken Auge und eine klaffende Wunde in seinem rechten Oberarm.

Er beantwortete die Fragen des Gouverneurs nach der Herkunft der Wunden nur mürrisch und sagte nicht mehr, als daß er sie sich in der Botany Bay während eines Kampfes zugezogen hätte.

Als Colbee zu ihm trat, wurde er etwas freundlicher, und schließlich kamen beide Männer mit ausgestreckten Händen auf ihn zu und ließen ihre Speere zurück. Als Baneelon Lieutenant Waterhouse neben der an den Strand gezogenen Barkasse stehen sah, rannte er zu ihm hinüber und küßte ihn auf beide Wangen.

Der Gouverneur war erleichtert, daß das gute Verhältnis wieder hergestellt war, und rief den Matrosen zu, daß sie die Nahrungsmittel heranschaffen sollten, die sie als Gastgeschenke für die Eingeborenen mitgebracht hatten. Es war wenig genug, aber eine Flasche Wein war dabei, und Collin öffnete sie, schenkte zwei Gläser ein und bot eines davon Baneelon an.

»Auf den König!« sagte er ernst.

»Auf den König!« wiederholte Baneelon strahlend, erhob sein Glas und trank es glücklich lächelnd auf einen Zug aus. Collins und Waterhouse verteilten die anderen Nahrungsmittel unter den nächststehenden Eingeborenen. Ein Mann, der ein Stück gepökeltes Schweinefleisch bekam, warf es angewidert zu Boden. Als er statt dessen ein Messer erhielt, prüfte er vorsichtig die Schärfe der Klinge und nahm es zögernd an. Er zeigte es Baneelon und überschüttete ihn mit einem aggressiv klingenden, unverständlichen Wortschwall. Die anderen Eingeborenen schienen ihn lauthals in dem zu bestätigen, was er sagte. Baneelon wandte sich an Phillip, und seine Stimme klang plötzlich aggressiv.

»Er sagt, will Beile. Viele Beile.«

»Wir haben keine bei uns, Baneelon«, antwortete Phillip. Aus dem Augenwinkel heraus beobachtete er, daß die Eingeborenen sich in zwei Gruppen teilten und seine eigenen Männer langsam umringten. Da er befürchtete, daß ihr Rückzug abgeschnitten werden könnte, befahl er der Mannschaft der Barkasse, zu dem Boot zurückzugehen. »Aber unternehmt nichts, außer daß ich es befehle«, bat er Waterhouse leise. »Wenn sie aber angreifen sollten, dann fahrt los, ohne auf mich zu warten.«

»Kommen Sie doch mit uns, Sir«, drängte Waterhouse ängstlich. »Die Eingeborenen sind heute besonders schlecht aufgelegt!«

Der Gouverneur schüttelte den Kopf. »Ich versuche, mit ihnen zu reden. Ich möchte um jeden Preis einen Angriff verhindern, und mir scheint, daß sie gute Gründe haben, wütend auf uns zu sein.« Er legte Baneelon seine Hand auf die Schultern und sagte freundlich und entschlossen zugleich: »Du kommst mit in unsere Siedlung, die in deiner Sprache Weerong heißt, und ich gebe dir Beile für diesen Eingeborenen und seine Leute. Sag ihm das. Sag ihm, daß die Männer von seinem Stamm auch nach Weerong eingeladen sind.«

»Ich nicht bleibe *Wee-rong*, *been-ena*«, widersprach Baneelon.

Phillip lächelte ihn an. »Ja. Du kannst kommen oder gehen, ganz wie du möchtest – alle von euch. Sag das den anderen auch.«

Baneelon lächelte ihn an. »Ich werde kommen«, versprach er. »Bald ... Jen-nee sehen, *muree-mulla* sehen, Tee trinken, auf Gesundheit von König trinken. *Bud-ye-ree!*« Er benutzte all die alten, freundlichen Worte, und Phillip fühlte sich etwas erleichtert.

Aber dennoch spürte er bei den anderen ein starkes Mißtrauen und sagte zu David Collins: »Sie glauben, daß wir sie hereinlegen wollen. Es ist ungeheuer wichtig, daß sie mir vertrauen. Niemand von unseren Leuten ist außerhalb der Siedlung sicher, außer wenn wir die Eingeborenen überzeugen können, uns zu vertrauen. Wenn wir uns jetzt plötzlich zurückziehen, denken sie, daß wir Angst vor ihnen haben, und dann würden sie uns ganz bestimmt angreifen.«

Aber die Situation entspannte sich. Waterhouse beobachtete vom Boot aus, daß Baneelon sich dem Gouverneur näherte und ihm in aller Form einen Speer überreichte. Nachdem die Gastgeschenke gegenseitig ausgetauscht worden waren, schien die Krise überwunden zu sein. Phillip schaute sich um und sah, daß alle ihn anlächelten. Aber als er sich gerade umdrehen wollte, um zur Barkasse zurückzugehen, warf der Mann, der mit dem Messer nicht zufrieden gewesen war, es vor Phillip auf den Boden, stieß einen Schrei aus und rannte mit seinem Speer auf Phillip los. Sein dunkles Gesicht war von Wut verzerrt.

Collins wollte zwischen Phillip und den Eingeborenen treten, aber Phillip hielt ihn zurück.

»Warten Sie ab!« befahl er kurz. »Ich spreche mit ihm. Ich fürchte, er hat mich nicht verstanden.«

Er ging langsam, aber ohne zu zögern auf den wütenden Eingeborenen zu, und als er sah, daß der Mann sein Schwert ängstlich betrachtete, zog er es, um es dann hinter seinem Rükken zu Boden fallen zu lassen. Aber statt den Eingeborenen, wie erhofft, dadurch zu beruhigen, geriet der fast außer sich. Er schrie mit hoher, wütender Stimme seinen Leuten etwas zu, die sich sofort in einem Halbkreis hinter Phillip aufstellten.

Phillip war vollkommen überrascht von der plötzlich veränderten Lage. Als er die Eingeborenen anschaute, wurde ihm bewußt, daß sie ihn bei lebendigem Leib zerreißen würden, wenn sie auch nur die geringste Angst bei ihm wahrnehmen würden. Er blieb stehen, zwang sich zu einem Lächeln, und nachdem er das Schwert zu Boden gelegt hatte, streckte er ihnen als Zeichen seiner Freundschaft seine beiden Hände entgegen. Baneelon war in der Menge untergetaucht. Da er nun keinen Dolmetscher mehr hatte, tat Phillip sein Bestes, seinen möglichen Angreifern verständlich zu machen, daß offensichtlich zwischen ihnen ein Mißverständnis herrschte.

Daraufhin stießen sie ein wildes Geheul aus, und der Mann, dem er das Messer geschenkt hatte, hob seinen Speer, zielte sorgfältig und schleuderte ihn in Richtung von Phillips Herz. Der Gouverneur erkannte die Gefahr, wich blitzschnell aus, und der Speer fuhr ihm, statt ins Herz, unterhalb des Schlüsselbeins in die Schulter.

Er ertrug den brennenden Schmerz mit stoischer Ruhe, da ihm klar war, daß ein Schrei von ihm seine Männer zum Angreifen verleitet hätte. Und dann hätte sich die gefährliche Situation nur noch weiter zugespitzt. Collins kam ihm zu Hilfe, und er stützte sich schwer auf den Arm des jüngeren Mannes. Sie gingen so schnell wie möglich auf das Boot zu, ohne daß es wie eine Flucht aussah.

Ein paar Speere und ein oder zwei Steine wurden ihnen noch hinterhergeschleudert, verfehlten aber ihr Ziel. Ein einzelner Flintenschuß ertönte, und irgendwie fand der Gouverneur die Kraft, mit lauter Stimme zu befehlen, daß das Feuer sofort eingestellt werden sollte.

»Bringen Sie mich... ins Boot... wenn das möglich ist«, keuchte er. Waterhouse kam ihnen durch das flache Wasser entgegen, und die beiden Offiziere schleppten ihn zur Barkasse. Ein Speer- und Steinhagel folgte ihnen, aber wie durch ein Wunder wurde niemand verletzt.

Während der fünf Meilen langen Fahrt zurück nach Sydney Cove verlor der Gouverneur sehr viel Blut, und alle Versuche, die Wunde zu stillen, blieben erfolglos. Die Matrosen ruderten mit all ihrer Kraft und schafften die Strecke in weniger als zwei Stunden.

Der Gouverneur lag im Boot ausgestreckt und sagte mit schwacher Stimme zu Collins: »Bitte sorgen Sie dafür, daß... Baneelon und Colbee die Beile erhalten... wenn sie kommen, um sie abzuholen. Dieser... Vorfall darf unsere... eigentlich doch recht guten Beziehungen... zu den Eingeborenen nicht verschlechtern.«

Bereits nach einer Woche war Phillip wieder hergestellt, und Captain Tench bot an, mit Baneelon in Kontakt zu treten, um ihn zu überreden, doch wie besprochen der Siedlung einen Besuch abzustatten.

Die Verhandlungen stellten sich als schwieriger denn erwartet heraus. Aber nachdem die Fischereigeräte der Eingeborenen zurückgegeben worden waren und Lieutenant John Johnson als Geisel bei den Eingeborenen zurückblieb, machten am 7. Oktober – einen Monat nach dem Angriff auf den Gouverneur – Baneelon mit Colbee und zwei weiteren Eingeborenen den angesagten Besuch in Sydney Cove. Auf Phillips Anweisungen hin wurden sie wie Ehrengäste behandelt. Speisen und Wein wurden ihnen serviert, und man zeigte ihnen die Beile und ein paar frisch gefangene Fische.

Als die Zeit für den Abschied nahte, drückte Baneelon sein Bedauern über den Angriff aus, für den, wie er mit Überzeugung darstellte, ein Mann eines anderen Stammes namens Wilee-marin verantwortlich war. Er bat den Gouverneur um Verzeihung und überreichte ihm im Namen Wilee-marins ein Paket, das Phillips sauber geputztes Schwert enthielt, das er damals am Strand zurückgelassen hatte.

Als sie gegangen waren, sagte der Gouverneur nachdenklich zu David Collins: »Wissen Sie, David, ich glaube wirklich, daß das einen Wendepunkt in unserem Verhältnis zu den Eingeborenen bedeutet – Gott sei Dank! Ich möchte wirklich, daß sie das Gefühl haben – Baneelon und Colbee natürlich ganz besonders –, daß sie uns jederzeit besuchen können und daß sie sicher sind, daß sie kommen und gehen können, wie es ihnen behagt.«

»Das wäre wirklich ein Fortschritt, Sir«, stimmte Collins zu. »Aber wie können wir ihnen das begreiflich machen?«

»Nun –« der Gouverneur lächelte. »Wie fänden Sie es, wenn wir ihnen eine Hütte bauten, die ihnen ganz allein gehört, die so nah an der Küste läge, daß sie sie leicht mit dem Kanu erreichen könnten. Was halten Sie davon?«

»Ich glaube, das ist eine großartige Idee, Sir«, meinte Collins, und fügte dann besorgt hinzu, »solange wir die Sträflinge davon abhalten können, die Hütte auszurauben!«

Phillips Lächeln erstarb. Darin lag das wirkliche Problem, und es würde so lange bestehen bleiben, bis die Regierung im Heimatland ihm endlich nicht mehr die schlimmsten Verbrecher in die Kolonie schicken würde.

Phillip seufzte und sagte: »Wir müssen jeden strenger bestrafen, der etwas den Eingeborenen stiehlt. Und zwar in deren Gegenwart, damit sie merken, wie ernst wir es meinen. Und sobald die *Supply* zurückkommt – was hoffentlich bald der Fall sein wird –, könnten wir diejenigen Sträflinge, die immer wieder Fluchtversuche unternehmen, auf die Insel Norfolk verlegen. Von dort können sie noch schwerer fliehen als von hier aus, und die nochmalige Verbannung würde als Abschreckung für die anderen dienen.«

Am 18. Oktober kehrte die *Supply* von Batavia zurück und wurde von der gesamten Siedlung begeistert empfangen. Captain Ball hatte so viel Vorräte und lebendige Tiere mitgebracht, wie es sein Schiff nur erlaubte und berichtete dem Gouverneur außerdem, daß er ein holländisches Schiff namens *Waakzaamheid* gechartert hatte, das die restlichen Vorräte an Fleisch, Mehl, Reis und Butter herbeischaffen würde, die er von den Holländern gekauft hatte.

Die gedrungene, dreihundert Tonnen Ladung fassende *Waakzaamheid* lief sechs Wochen später zur Erleichterung der gesamten Kolonie im Hafen ein. Denn es herrschte Dürre, und selbst in dem mit Wasser besser versorgten Rose Hill war es schlecht um die Ernte bestellt. Aber als Phillip mit Henry Brewer eine Woche vor Weihnachten eine Inspektionsreise dorthin unternahm, waren sie mit den Fortschritten sehr zufrieden.

Seit Phillips letztem Besuch dort waren siebenundzwanzig neue Hütten und eine Scheune aus dunkelroten Ziegelsteinen gebaut worden, die in den kürzlich installierten Öfen gebrannt worden waren. Außerdem war die Straße schon fast fertiggestellt, die zwischen der Siedlung und dem Fluß gebaut wurde.

»Die Grundmauern für ein Haus für Ihre Exzellenz sind auch schon gelegt«, berichtete Brewer stolz, der in der letzten Zeit unerwartete Fähigkeiten als Architekt entwickelt hatte.

Phillip beglückwünschte ihn freundschaftlich. Die miserable Arbeitssituation hatte sich durch ein paar gute Handwerker gebessert, die mit der zweiten Flotte angekommen waren.

Der Gutsverwalter Edward Dodd hatte wahre Wunder vollbracht: Inzwischen hatten sich zweihundert Morgen Ödland in wogende Kornfelder verwandelt, und zweihundert weitere Morgen Ackerland waren frisch eingesät. Große Weideflächen waren eingezäunt, es fehlte nur noch das Vieh, das das holländische Schiff *Waakzaamheid* bringen würde. Aber die Dürre machte Dodd Sorgen, die Arbeitsmoral der Sträflinge ließ zu wünschen übrig, und Dodd selbst sah alles andere als gesund aus.

»Jeder Mann, Sir, muß pro Tag sechzehn Furchen hakken«, erklärte er dem Gouverneur. »Und sehen Sie selbst, die Erde ist kaum aufgekratzt! Wenn wir Zugtiere hätten, könnte ich Pflüge anfertigen lassen, und die tief umgepflügte Erde würde den doppelten Ertrag bringen. Aber so« – er zuckte mit den Schultern –, »die Leute verrichten ihre Arbeit ganz einfach halbherzig. In ihren eigenen Gärten sieht es allerdings ganz anders aus. Wenn sie für sich selbst arbeiten, Sir, dann schaffen es selbst die Alten und Schwachen, Mais und Gemüse anzubauen.«

»Ah!« der Gouverneur zog die Augenbrauen nachdenklich zusammen. »Das, was Sie gerade gesagt haben, erinnert mich an eine Idee, die ich selbst vor einiger Zeit hatte, Mister Dodd. Mich würde Ihre Meinung dazu interessieren. Ich habe überlegt, ob es sinnvoll wäre, allen Sträflingen, die sich gut führen, bis zu dreißig Morgen Land zuzuteilen. Sie würden dann von der Arbeit für die Allgemeinheit freigestellt und könnten ihr eigenes Land bebauen. Sie würden ebenso wie die freien Siedler mit Fleisch und Mehl versorgt werden und müßten wie diese einen Teil dieser Ernte für die Allgemeinheit zur Verfügung stellen. Glauben Sie, daß das sinnvoll wäre?«

»Ganz sicher, Sir«, stimmte Dodd zu, »vorausgesetzt, daß die richtigen Leute ausgesucht werden. Die größte Gefahr wären wie bisher die Raubüberfälle, wie Eure Exzellenz bestimmt wissen. Ich glaube, Sir«, fügte er hinzu, »daß es nötig ist, daß Sie den Sträflingen wie den freien Siedlern zubilligen müssen, im Ernstfall ihr eigenes Land verteidigen zu können. Sie –«

»Sie meinen, daß man ihnen Flinten aushändigen sollte?« warf Phillip ein und runzelte die Stirn.

Dodd sagte lebhaft: »Jawohl, Sir. Vorausgesetzt, wie ich schon bemerkt habe, daß es sich um die richtigen Männer handelt – um Männer mit gutem Charakter, die es unter den Sträflingen zum Glück ja auch gibt.«

»Darüber muß ich gründlich nachdenken«, meinte der Gouverneur. »Und ich verspreche Ihnen das, Mister Dodd.«

Auf dem Rückweg nach Sydney wurde weiter darüber gesprochen, wie schwierig es für die Siedler war, ihr Eigentum zu verteidigen. Der Mord an dem armen alten Jenkins erinnerte Henry Brewer an Jenny Taggart.

»Diese junge Frau hat einen wirklich guten Charakter, und sie hat alles für Jenkins getan...« Er berichtete, was Jenny alles geleistet hatte und sah, daß Phillip ihn mit offensichtlichem Vergnügen anschaute.

»Sie hat in Ihnen ja einen guten Advokaten gefunden, Henry!«

»Ja, Sir«, gab Henry Brewer freimütig zu. »Das hat sie. Sie hat Mut und vom ersten Tag an ohne zu klagen sehr hart gearbeitet. Ich glaube wirklich, Sir, daß das Taggart-Mädchen und die wenigen, die so sind wie sie, die Menschen sind, die diese Kolonie dringend zum Überleben braucht.«

»Ich stimme Ihnen vollkommen zu«, meinte der Gouverneur. »Das Land muß natürlich unter dem Aspekt zugewiesen werden, daß die Eigentumsverleihung an einzelne der ganzen Kolonie zugute kommt. Ich habe Dodd zugesagt, daß ich dieses Ziel nie vergessen werde, selbst wenn ich das Land an solche Sträflinge vergebe, die auf dem Papier noch längere Strafen abzubüßen hätten als andere. Es kommt in erster Linie auf den Charakter und auf die Fähigkeiten der Leute an. Bei den Sträflingen wie bei den Offizieren. Einzig den Seeleuten von der *Sirius* und der *Supply* und den Marineinfanteristen gedenke ich gewisse Vorteile einzuräumen, wenn sie sich als freie Siedler niederlassen wollen.«

»Ja, Sir«, sagte Brewer zustimmend. »Ich bin überzeugt, daß Sie die richtige Politik verfolgen.«

Brewer und David Collins saßen in ihrem Büro im Regierungsgebäude und arbeiteten sich durch einen Stoß von Anträgen hindurch, als Collins plötzlich ein Papier erstaunt in die Höhe hielt.

»Da schaut einmal her! Hier hab' ich etwas gefunden, was Sie bestimmt interessieren wird, Henry. Es stammt von dem Mädchen, das Sie so sehr schätzen, von Jenny Taggart. Sie bittet um dreißig Morgen Ackerland in Rose Hill, einen Teil des Landes, das der verstorbene Sergeant Jenkins zugesprochen bekommen hatte. Sie erwähnt in ihrem Antrag auch Jenkins Testament. Unglücklicherweise ist es nicht unterzeichnet. Es ist nur ein Kreuz darunter gesetzt worden... aber ich bin doch sicher, daß er lesen und schreiben konnte, oder?«

Gendarm Brewer stand auf und ging zum Tisch des Advokaten hinüber, um die Papiere zu studieren. Er las das Testament mit großem Interesse, und erst, als er es ganz genau studiert hatte, beantwortete er Collins Frage.

»Ja, natürlich konnte Jenkins lesen, Sir. Aber hier wird ausdrücklich erwähnt, daß er sein Testament als Sterbender diktiert hat und bereits zu schwach zum Schreiben war. Deshalb darf es nicht ungültig sein, oder?«

»Es gibt aber keinen Zeugen für die Richtigkeit dieser Aussage«, meinte Collins. Er las den beigelegten Antrag von Jenny Taggart noch ein zweites Mal und zog die Stirn in Falten. »Jenny Taggart möchte das Land für sich und ihren zukünftigen Mann – Edward William Munday, der wegen Diebstahls zu sieben Jahren verurteilt worden ist – er ist hier mit der *Neptun* angekommen. War er nicht wegen eines Fluchtversuches vor kurzem eine Woche auf der Strafinsel?«

»Ja«, bestätigte Brewer. »Und er wäre ausgepeitscht worden, wenn er nicht so schwach gewesen wäre.«

»Hören Sie einmal her«, unterbrach ihn Collins. »Da fällt mir noch etwas ein. Ich hoffe, daß ich es finden kann.« Er blätterte den Stapel der Anträge durch. »Ja, hier hab' ich's.

Es ist ein sehr merkwürdiger Zufall. Hier wünscht sich jemand das *gesamte* Land, das Jenkins zugesprochen worden war – raten Sie einmal, wer das ist!«

Brewer verzog sein Gesicht. »Also gut. Ich schätze, daß der Antrag von Lieutenant Macarthur stammt.«

David Collins schüttelte den Kopf.

»Nein – nicht von Macarthur. Aber von einem seiner engsten Freunde – von Lieutenant Leach. Er beschreibt in seinem Antrag die genaue Lage des Grundstücks. In den meisten Anträgen ist das nicht der Fall. Ein merkwürdiger Zufall, oder?«

Henry Brewer nickte mit seinem grauhaarigen Kopf. »Das ist wirklich sehr merkwürdig –, und es wäre ganz bestimmt ungerecht, wenn er das ganze, schon ein Jahr lang bearbeitete Land erhielte.«

Collins lächelte. »Nun, das wird der Gouverneur zu entscheiden haben«, meinte er philosophisch und schob die Anträge zusammen. »Mir ist ein Gerücht zu Ohren gekommen, daß Mister Leach auf die Insel Norfolk versetzt werden soll. Vielleicht sollte ich den Gouverneur daran erinnern – was meinen Sie?«

Henry Brewer, dem viel daran lag, daß diese Angelegenheit zugunsten Jennys entschieden würde, ließ sich aber nichts anmerken. Er sagte trocken: »Meiner Meinung nach, Sir, würden Sie nur Ihre Pflicht als persönlicher Referent des Gouverneurs erfüllen, wenn Sie ihn daran erinnerten.« Und er fügte ruhig hinzu: »Ich glaube mich zu entsinnen, daß Mister Leach sogar den Antrag gestellt hat, auf die Insel Norfolk versetzt zu werden – damals, als Major Ross als stellvertretender Gouverneur dorthin ging... vielleicht wird sich Seine Exzellenz auch daran erinnern.«

Als der Gouverneur aber eine Stunde später mit Captain Nepean zurückkam, war er mit ganz anderen Dingen beschäftigt.

Sein Gesicht war grau von Müdigkeit, seine Schultern gebeugt, und er sagte, indem er auf den Papierstapel deutete, den Collins auf seinem Schreibtisch abgelegt hatte: »Ich kann mich jetzt unmöglich damit beschäftigen, David. Nicolas Nepean hat mir ganz schlimme Nachrichten aus Rose Hill überbracht – der bewundernswerte, unersetzliche Dodd ist tot!«

Der Gouverneur verbarg sein Gesicht in den Händen. Mit gepreßter Stimme stieß er aus: »Und ich hatte gedacht, wir wären endlich an dem Punkt angelangt, wo es langsam bergauf geht! Gerechter Himmel, jetzt herrscht eine Dürre, unsere wertvolle Ernte ist in Gefahr, und wir haben Edward Dodd verloren – den einzigen Menschen, der die Ernte vielleicht hätte retten können! Gott sei seiner Seele gnädig... es gibt keinen einzigen Mann in der ganzen Kolonie, der ihn ersetzen kann.«

Collins berührte Nepeans narbenbedeckten Arm und sagte leise: »Wir lassen Seine Exzellenz jetzt lieber allein. Er hat die größten Stücke auf Dodd gehalten.«

»Ist er wirklich unersetzlich?« fragte Nepean.

»Das können wir erst wissen, wenn diese Dürre zu Ende geht. Dodd ist der zweite wichtige Mann, den wir in kurzer Zeit verloren haben – MacEntire, der Jäger des Gouverneurs, ist der andere. Die Eingeborenen haben ihn vor drei Wochen verwundet, und Doktor White meint, daß er es nicht überleben wird.«

Nicolas Nepean schaute auf. »Ja, Tench hat mir von diesem unglücklichen Zwischenfall erzählt. Es muß in der Gegend der Botany Bay passiert sein, oder? Das ist merkwürdig, weil ich selbst etwa zur gleichen Zeit mit einer kleinen Gruppe von Männern in demselben Gebiet war und keinerlei Schwierigkeiten hatte.«

»Die Eingeborenen haben MacEntire immer gefürchtet«, meinte Brewer. »Und vielleicht auch zu Recht. Selbst Baneelon ging niemals in seine Nähe, als er noch hier bei uns wohnte, und gestattete MacEntire keinerlei Annäherungsversuche. Aber wir wissen inzwischen, wer ihn verwundet hat – Baneelon hat uns seinen Namen genannt. Er heißt Pimelwi. Der Gouverneur wird sehr wahrscheinlich einen Trupp Marineinfanteristen ausschicken, um ihn zu fangen ... oder ihn zu erschießen, falls er sich nicht einfangen läßt. Captain Tench hat sich anerboten, dieses Unternehmen zu leiten.« Nepean schien überrascht zu sein. »Aber ich dachte bisher, daß unser sehr geschätzter Gouverneur jegliche feindseligen Schritte gegen die Eingeborenen streng verbieten würde? Er hat sie doch nicht einmal für seine eigene Verwundung bestraft, oder?«

Brewer und Collins tauschten Blicke aus. »Wenn MacEntire stirbt, dann wird er bestimmt etwas unternehmen, Captain Nepean«, stellte Brewer mit Überzeugung fest. »Er meint nämlich, daß es jetzt an der Zeit ist, ihnen eine Lektion zu erteilen. Pimelwi wird öffentlich gehängt, wenn er gefangen wird! Es scheint der einzige Weg zu sein, den Eingeborenen klarzumachen, daß wir gedenken, hierzubleiben.«

Als Jeremiah Leach nach einem unangenehmen Gespräch mit dem Gouverneur in sein Zelt zurückkehrte fand er eine Einladung zum Abendessen bei den Macarthurs vor.

Als er sie las, besserte sich seine schlechte Laune etwas. Vom ersten Augenblick seiner Bekanntschaft mit John Macarthur hatte er ihn als einen ihm verwandten Geist erkannt, und der Neuankömmling, der begierig darauf gewesen war, so schnell wie möglich alles Wissenswerte über die Kolonie und ihre Verwaltung zu erfahren, hatte sich ihm gleich eng angeschlossen.

An diesem Abend jedoch, als er zu dem kleinen Steinhaus ging, in dem die Macarthurs wohnten, kam es ganz anders.

In seiner Jackentasche steckte die dicke Scheibe Brot, die alle Gäste in Sydney zu einer Einladung mitbrachten. Es war Leach bewußt, daß ihm mehr daran gelegen war, den Rat seines Freundes einzuholen, als umgekehrt. John Macarthur saß allein in dem kleinen Wohnzimmer. Leach hörte kaum zu, als er sich für die Abwesenheit seiner Frau entschuldigte, und überfiel ihn gleich mit seinen drückenden Problemen.

»Ich bin früher gekommen, weil ich mit Ihnen sprechen muß«, erklärte er. »Verdammt noch mal, John – ich bin auf die Insel Norfolk versetzt worden! Das bedeutet, daß mein Antrag, mich in Rose Hill als freier Siedler niederzulassen, gegenstandslos wird. Und der Gouverneur ist völlig taub auf diesem Ohr – ich war gerade bei ihm. Er sagt, daß ihn meine Versetzung nichts angeht und daß er nichts für mich tun kann.«

Lieutenant Macarthur goß ihm ein großes Glas voll Brandy ein und reichte es ihm.

»Trinken Sie das erst einmal, dann werden Sie sich gleich besser fühlen«, meinte er. »Das ist doch nicht das Ende der Welt, mein Lieber. Sie können sowieso erst einmal nicht nach Norfolk geschickt werden. Henry Ball schlägt sich noch mit dem Fieber herum, das er sich in Batavia geholt hat, oder?«

»Ja«, bestätigte Leach. »Aber der Kapitän der *Supply*, Blackburn, wurde beauftragt, am Zweiundzwanzigsten nach Norfolk zu segeln, und ich soll mitfahren. Ich, und dieser Arzt, der mit Ihnen hier angekommen ist, Wentworth, und außerdem noch eine Gruppe von Sträflingen, die hier andauernd Ärger machen.«

»Warum diese Eile?« fragte Macarthur.

»Ach, der Gouverneur möchte, daß Hunter und seine Mannschaft von der gestrandeten *Sirius* sobald wie möglich zurückkommen. Sie waren jetzt gegen ihren Willen fast zehn Monate auf Norfolk, eben seit die *Sirius* dort auf ein Riff aufgelaufen ist. Und Phillip und Hunter sind ganz enge Freunde.« Leach leerte sein Glas Brandy auf einen Zug und errötete leicht unter dem etwas befremdeten Blick John Macarthurs. »Entschuldigen Sie... aber ich hab' diesen Brandy wirklich gebraucht, John.«

Macarthur griff nach der Flasche und schenkte Leach wortlos nach. Leach war enttäuscht, daß die neueste Entwicklung der Dinge Macarthur gar nicht weiter zu berühren schien. Schließlich stellte sie alle Pläne in Frage, die die beiden neuen Freunde zusammen verwirklichen wollten. Er ergriff das Glas, ohne sich zu bedanken, und sagte: »Zum Teufel, John, was soll ich machen, wenn ich das Land nicht bekomme! Dann können wir es auch nicht gemeinsam bebauen, oder? Und Sie wiederum bekommen kein Land zugesprochen, weil Sie noch ein paar Jahre zu dienen haben.«

»Das ist wahr«, gab Macarthur zu. In diesem Augenblick ertönte aus dem Nebenraum die weinerliche Stimme eines Kindes, und gleich darauf fing eine sanft klingende Frauenstimme an, ein Schlaflied zu singen. Macarthurs Miene entspannte sich. »Elizabeth hat doch eine wunderschöne Stimme, oder nicht? Und sie macht so gute Fortschritte im Klavierspiel! Doktor Worgan gibt ihr Stunden.«

Leach nippte an seinem Brandy und war innerlich sehr wütend. Elizabeth Macarthur war zwar eine hübsche, junge Frau, aber sie war sehr schüchtern und beanspruchte Leachs Meinung nach viel zu viel Aufmerksamkeit von ihrem Mann. Der Gouverneur genoß ihre Gegenwart zwar auch und lud sie oft zum Abendessen ein, aber...

»Wer bekommt denn das Land«, fragte Macarthur plötzlich, »wenn Ihr Antrag abgelehnt wird?«

»Eine Gruppe von Huren«, antwortete Leach gehässig. Er berichtete John in knappen Worten von Jenny und den Frauen, mit denen zusammen sie so erfolgreich einen Garten bewirtschaftete. »Sie hat für sich und einen jungen Taugenichts dreißig Morgen Land beantragt. Es ist der Taschendieb Munday, der bereits einen Fluchtversuch unternommen hat. Verdammt noch mal, Gouverneur Phillip *möchte* den beiden dieses Land geben!«

Leach dachte an Jenny Taggart, und sein Mißbehagen wuchs. Es war ein Riesenpech, daß sie nicht auf die Insel Norfolk verbannt worden war, und es war der Gipfel der Ungerechtigkeit, daß er jetzt dorthin versetzt wurde, gerade jetzt, da er eine Partnerschaft mit John Macarthur gründen wollte. Selbst die kleine Summe Geldes, die sein Vater ihm in Aussicht gestellt hatte, hätte gereicht, um die nötigen Tiere anzuschaffen. John hatte eine gute Nase für Geschäfte, das stand außer Zweifel. Es war seine Idee gewesen, mit ihrem gemeinsamen Geld einen Teil der nächsten Schiffsladung an Tieren und Genußmitteln zu kaufen. Durch den Verkauf von Rum, Tabak und Schafen, so hatte er gemeint, könnten sie in kurzer Zeit ihr verfügbares Kapital verdoppeln.

Aber... Leach fühlte, wie ihm der Schweiß auf die Stirn trat. Wenn er tatsächlich auf die Insel Norfolk versetzt würde, dann mußte er diesen verheißungsvollen Plan begraben und vergessen. Denn Macarthur würde sich nach einem anderen Geschäftspartner umsehen.

»Ich beabsichtige, dieses Haus hier aufzugeben«, meinte Macarthur nachdenklich. Er deutete voller Abscheu auf die roh behauenen Sandsteinwände und auf die groben, von Sträflingen hergestellten Möbel. »Ich möchte daß meine Familie in einem schöneren Haus lebt! Und was das Land betrifft..., der Boden ist hier so karg, daß ich nichts außer ein paar Hühnern halten kann. Ich werde darauf bestehen, in Rose Hill so viel fruchtbares Land zugeteilt zu bekommen, daß meine Familie und ich auf angemessene Weise davon leben können. Übrigens wissen Sie ja sicher, daß Gouverneur Phillip die längste Zeit hier gewesen ist.«

Leach blickte ihn erstaunt an. »Meinen Sie das wirklich?«

»Ja, ganz bestimmt. Er selbst hatte die Regierung darum gebeten, nach England zurückkehren zu dürfen – Sie haben doch sicher davon gehört?«

»Ich hab' Gerüchte gehört«, gab Leach zu, »aber ich war nicht sicher, was daran stimmt. Aber – Phillips Nachfolger kann doch genauso kurzsichtig sein wie er, John«, sagte Leach leise.

»Da müßte es mit dem Teufel zugehen«, antwortete Macarthur. »Aber sehr viel wahrscheinlicher ist es, daß es einer von uns sein wird. Warten Sie nur ab, bis unser Kommandant Major Grose hier ankommt. Grose ist kein Feigling, und ich wette, daß er es nicht stillschweigend hinnimmt, wenn er sieht, daß seinen Offizieren weniger Rechte eingeräumt werden als den Sträflingen, was ja jetzt hier der Fall ist.«

In diesem Augenblick betrat seine Frau den Raum, und er stand auf, legte liebevoll der Arm um sie und hörte ihr zu, als sie sich über die hohe Luftfeuchtigkeit beklagte und über die Schwierigkeiten, die ihr Sohn beim Einschlafen gemacht hatte.

Leach nahm mit dem Ehepaar das karge Nachtmahl ein. Die Unterhaltung drehte sich wie immer in Elizabeths Gegenwart um die Schwierigkeiten, die sie bei der Haushaltsführung hatte, um ihre neu entdeckte Leidenschaft für das Klavierspiel, und um die Sorgen, die sie sich um die Gesundheit ihres Sohnes machte. Sie war zum zweitenmal schwanger und sah leidend und mitgenommen aus.

Zu Leachs Erleichterung entschuldigte sie sich gleich nach dem Essen. John Macarthur stellte eine neue Flasche Brandy und ein Kästchen aus Zedernholz auf den Tisch. Er sagte gastfreundlich: »Machen Sie es sich gemütlich und rauchen Sie eine Pfeife mit mir, Jeremiah.«

Die Männer stopften sich schweigend ihre Pfeifen. Dann seufzte Jeremiah und lobte: »Das ist guter Tabak! Aber leider geht mir nicht aus dem Kopf, daß ich in weniger als vierzehn Tagen mit der *Supply* hier fortsegeln soll.«

»Ich habe viel darüber nachgedacht, mein lieber Freund.« John Macarthur zog an seiner Pfeife, lehnte sich zurück und starrte dem dünnen, blauen Rauchfaden nach, der zur Decke aufstieg. »Sie könnten natürlich krank werden, aber dann müßten Sie den Arzt davon überzeugen, daß Sie wirklich nicht reisefähig sind. Das wäre zwar nicht unmöglich, aber – mir ist etwas Besseres eingefallen. Abbott hat mir erzählt, daß er und Tench sich bald auf die Suche nach den Eingeborenen machen, die diesen Jäger MacEntire nördlich der Botany Bay angegriffen haben. Sie könnten sich doch freiwillig melden, die beiden zu begleiten, oder?«

»Freiwillig?« fragte Leach entsetzt. »Freiwillig in dieses Sumpfland voller Moskitos?«

John Macarthur lachte nicht ohne Bösartigkeit. »Alles kostet seinen Preis, mein lieber Jeremiah. Wenn Sie wirklich verhindern wollen, auf die Insel Norfolk verlegt zu werden... nun, eine Expedition zur Botany Bay würde Ihnen doch ermöglichen, ein schweres Fieber zu bekommen, oder? Oder zum Beispiel von einem Eingeborenenspeer am Bein verletzt zu werden. Sie werden doch ganz sicher nicht hingeschickt, wenn Sie unfähig sind, Ihren militärischen Pflichten nachzukommen, oder?«

»Sie machen sich ja lustig über mich!« meinte Leach verwirrt. »Was werden Tench und Abbott sagen, wenn ich mich so dumm anstelle und mich von einem Eingeborenenspeer treffen lasse?«

Macarthur wandte ein: »Tench und Abbott können überhaupt nichts denken, wenn sie nicht gerade dabei sind. Und ich habe doch nicht behauptet, daß ein *Eingeborener* den Speer nach Ihnen werfen sollte, oder?«

Wieder war es nur zu deutlich, was Macarthur eigentlich meinte, und Jeremiah Leach trank mit wachsender Verwirrung seinen Brandy aus.

»Sie meinen doch nicht im Ernst, daß ich mir selbst eine Wunde beibringen sollte?« fragte er.

Macarthur lächelte freundlich und tat so, als ob er kein Wort verstanden hätte. »Natürlich hängt alles davon ab, mein lieber Jeremiah, wie ernsthaft Sie wirklich hierbleiben wollen. Und –« Macarthur legte seine Pfeife auf den Tisch, erhob sich und unterdrückte ein Gähnen – »und wie stark Ihr Wunsch ist, mit mir in eine Partnerschaft einzutreten. Überschlafen Sie es doch einmal! Und ich mach's genauso. Ich wünsche Ihnen eine gute Nacht, Jeremiah.«

Am nächsten Tag erbot sich Leach freiwillig, die kleine Expedition zu begleiten, und Tench nahm seine Hilfe gerne an.

»Wir starten morgen früh bei Sonnenaufgang«, sagte er. »Ich nehme an, daß Sie den Grund der Expedition kennen?«

Leach nickte mit dem Kopf. »Jawohl. Dieser – wie heißt er noch mal? – Pimelwi soll gefangen und hierher zurückgebracht werden. Mehr weiß ich nicht.«

»Der Gouverneur hat sich entschlossen, den Eingeborenen unmißverständlich zu verstehen zu geben, daß sie unsere Leute nicht einfach angreifen und ermorden können. Wir sollen diesen Pimelwi lebend oder tot herbeischaffen. Aber es soll auf keinen anderen Eingeborenen geschossen werden, außer wenn sie uns angreifen. Und selbstverständlich dürfen keine Frauen belästigt und niemand von den Eingeborenen bestohlen werden. Das ist Ihnen doch sicher klar?«

»Selbstverständlich, Sir«, meinte Leach.

Die Expedition, die aus vier Offizieren und sechsunddreißig Marineinfanteristen bestand, verließ die Siedlung bei Tagesanbruch. Nach einem strammen Tagesmarsch erreichten sie die Botany Bay am späten Nachmittag ohne Zwischenfälle. Die Männer waren erschöpft, aber Tench wollte keine Zeit verlieren und bestand darauf, noch bis zu dem Eingeborenendorf vorzudringen, das flußaufwärts in der Wildnis lag.

Er teilte die Expedition in drei Gruppen ein, und eine halbe Stunde vor Sonnenuntergang trafen die fluchenden und vollkommen erschöpften Männer in dem Dorf ein, das sie von den Bewohnern verlassen vorfanden.

Leach war dermaßen wütend, daß er es nicht wagte, auch nur ein Wort zu sagen, als Tench verkündete, daß sie sofort zum Fluß zurückgehen müßten.

In einer Stunde steigt die Flut vom Meer in den Fluß. Also müssen wir einen Gewaltmarsch machen und noch vorher den Fluß überqueren. Wenn wir das nicht schaffen, bekommen wir heute nichts mehr zu essen, weil wir unser Gepäck auf der Halbinsel gelassen haben.«

Sie schleppten sich durch die Wildnis zurück und legten zwischendurch immer wieder Dauerläufe ein. Schließlich kamen sie mehr tot als lebendig am Fluß an, kurz bevor die Flut einsetzte. Die Wachposten, die bei dem Gepäck zurückgeblieben waren, kamen ihnen durch das Wasser entgegen und halfen ihnen, indem sie ihnen die Flinten abnahmen. Die Männer waren so erschöpft, daß sie sich wortlos um das Feuer herum lagerten und nicht einmal mehr die Kraft hatten zu fluchen.

Gestärkt von einer einfachen Mahlzeit und ein paar Stunden Schlaf erhob sich Leach, streckte sich und schüttelte verärgert den Kopf, als ihm klarwurde, daß er trotz der unmenschlichen Anstrengung bislang der Lösung seines Problems keinen Schritt näher gekommen war. Er wußte, daß er sich irgendwie von der Expeditionsgruppe entfernen mußte, um Macarthurs Plan ausführen zu können – wenn er das überhaupt tun würde –, aber der Gedanke daran erschien ihm fast noch absurder als in dem Moment als John Macarthur ihn zum erstenmal darauf angesprochen hatte ... die ganze Idee war einfach verrückt. Verrückt und gefährlich, und er war drauf und dran, den Plan fallenzulassen, als Tench ihm, ohne es zu wissen, durch einen Befehl die Möglichkeit gab, ihn zu verwirklichen.

»Es geht weiter«, kündigte er an, »und wir werden heute das Gebiet auf der anderen Seite der Halbinsel durchkämmen.« Er ging in die Details der geplanten Suchaktion, und Leach hörte verdrossen zu. Seine Miene erhellte sich aber, als

Tench erklärte: »Ich möchte, daß Sie mit ein paar Männern durch den Fluß waten und alle Eingeborenen aufhalten, die uns von hinten zu folgen versuchen. Eröffnen Sie keinesfalls das Feuer auf sie, außer wenn es unbedingt sein muß... Sergeant Williams und Corporal Clay sollen Sie begleiten, die sind beide ziemlich erschöpft, und ein weiterer Tagesmarsch mit uns würde ihnen wohl schwerfallen. Haben Sie Ihre Aufgabe verstanden?«

»Natürlich, Sir«, versicherte ihm Leach. Dieser Befehl war ein Befehl des Himmels, dachte er, als er eine halbe Stunde später daranging, ihn auszuführen. Weder Williams noch Clay erhoben Einspruch, als er sie jenseits des Flusses als Wachposten aufstellte. Er teilte ihnen mit, daß er selbst noch einmal zu dem Dorf gehen wolle, um zu kontrollieren, ob es immer noch verlassen sei. Als er sich noch einmal nach ihnen umschaute, lagerten sie an der Uferböschung.

Etwa anderthalb Stunden später erreichte er das kleine Eingeborenendorf, das immer noch verlassen im dunklen Schatten der Bäume lag. In einer der Hütten fand er genau das, was er suchte, nämlich einen abgebrochenen Speer. Er nahm ihn mit ins Freie und kauerte sich vor der Hütte hin, um seinen Fund genauer zu untersuchen. Zwei der Widerhaken waren abgebrochen, und der Schaft war etwa dreißig Zentimeter von der Spitze entfernt zersplittert. Plötzlich bemerkte er eine schnelle Bewegung auf der anderen Seite – der Lichtung, und er erstarrte vor Schreck.

Es war kein Geräusch zu hören, aber im dunklen Baumschatten sah er – oder bildete es sich wenigstens ein – einen noch tieferen Schatten, der sich geschmeidig in seine Richtung bewegte. Leachs Herz raste, und eine namenlose Angst ergriff ihn. Kein Weißer konnte sich so schnell und lautlos bewegen, sagte er sich selbst, und Williams und Clay waren ihm bestimmt nicht gefolgt. Verdammt noch mal, das mußte ein Eingeborener sein! Der Mörder Pimelwi vielleicht oder einer seiner Stammesbrüder, die im Kanu auf einem der vielen kleinen Flüsse in das verlassene Dorf zurückgefahren waren, und nicht zu Fuß, wie Tench angenommen hatte. Er tastete nach seiner Flinte, entsicherte sie und ließ den abgebrochenen Speer fallen. Plötzlich trat der Schatten auf die Lichtung hinaus, und Leach erkannte jetzt unzweideutig, daß es ein stämmiger, dunkelhäutiger Mann war, der, den Kopf zu einer Seite gewandt, intensiv zu lauschen schien.

Leach kannte ihn nicht. Auch auf der Lichtung herrschte Dämmerlicht. Außerdem sah für ihn einer dieser dunkelhäutigen Gesellen wie der andere aus. Aber er erkannte, daß der Mann – knapp vierzig Schritt von der Hütte entfernt – mit einem Speer und einer Keule bewaffnet war, und daß er außerdem die Gegenwart eines Fremden vermutete, denn er sah sich vorsichtig nach allen Seiten um. Leach erhob sich langsam, die Flinte im Anschlag. Er hatte später keine bewußte Erinnerung mehr an das, was er tat, und wußte erst, daß er geschossen haben mußte, als er den Eingeborenen hinstürzen sah. Er lag einen Augenblick lang da, rappelte sich dann auf und schaffte es, sich zurück in den Wald zu schleppen. Seinen Speer und die Keule zog er hinter sich her, und einzig die Blutspur verriet Leach, daß er nicht geträumt hatte.

Er stand wie zu Stein erstarrt da. Als ihm langsam klarwurde, was passiert war, schüttelte er sich vor Lachen. Das Schicksal meinte es jetzt wirklich gut mit ihm. Niemand, nicht einmal der mißtrauische Captain Tench, würde eine Lüge vermuten, wenn er behauptete, daß er von einem Eingeborenen aus Pimelwis Stamm angegriffen und verletzt worden sei. Daraufhin hätte er geschossen. Es war alles ganz einfach. Sergeant Williams hatte seinen Schuß bestimmt gehört. Er und Clay waren jetzt sicher schon auf dem Weg, um ihm zu Hilfe zu eilen. Er konnte noch eine gute halbe Stunde abwarten, in aller Ruhe die Speerspitze säubern, zur Sicherheit noch einen zweiten Schuß abfeuern, damit ihn Sergeant Williams und Corporal Clay auch ganz bestimmt fänden.

Er lud seine Flinte wieder durch und feuerte in die Luft. Dann reinigte er die Widerhaken an der Speerspitze sorgfältig mit seinem Taschentuch und säuberte, um noch etwas Zeit zu gewinnen, danach auch noch den Speerschaft. Als er damit fertig war und ihm bewußt wurde, daß er jetzt nicht länger warten durfte, brach ihm der Schweiß aus – er mußte Macarthurs Plan jetzt ausführen oder ihn endgültig verwerfen und sich auf die Insel Norfolk versetzen lassen.

»*Man erreicht nichts ohne Anstrengung*«, hatte John Macarthur gesagt. Er nahm den abgebrochenen Speer in seine Hand, hob ihn hoch über seinen Kopf, biß die Zähne aufeinander und rammte ihn sich mit aller Kraft in den Oberschenkel.

Corporal Clay kämpfte in der paradiesischen Stille am Flußufer gegen den Schlaf an. Sergeant Williams schnarchte, bequem gegen einen Baum gelehnt, schon seit einiger Zeit leise vor sich hin. Als Clay gerade die Augen zufielen, hörte er einen entfernten Flintenschuß. Er setzte sich auf und blinzelte. »Sergeant... Sergeant Williams!«

Williams war sofort hellwach. »Ja, was gibt's?« fragte er. Als Clay ihm sagte, daß nur ein Schuß gefallen sei, entspannte er sich gleich wieder. »In welcher Entfernung wird es Ihrer Schätzung nach gewesen sein?«

»Schwer zu sagen. Ziemlich weit weg. Bestimmt ein paar Meilen.« Clay fragte zögernd: »Sollten wir nicht vielleicht besser nachsehen, falls Mister Leach unsere Hilfe braucht?«

»Das ist nicht nötig«, entschied Sergeant Williams. »Es war ja nur ein Schuß.«

Er rückte sich bequem zurecht und schlummerte weiter, und ein paar Minuten später erging es Corporal Clay nicht anders. Keiner der beiden hörte mehr den zweiten Schuß... in der Lichtung bei den Eingeborenenhütten schaute Jeremiah Leach auf seinen blutenden Schenkel hinab und fluchte schwach vor sich hin. Zur Hölle, was war bloß in ihn gefahren, daß er sich diesen verdammten Speer so tief ins Fleisch gerammt hatte? Er litt große Schmerzen und verlor mehr Blut, als er es für möglich gehalten hätte. Hatte er aus Versehen eine Schlagader verletzt? Um seine Schmerzen zu lindern, versuchte er die Speerspitze in seinem Schenkel etwas herauszuziehen. Aber sie saß tief und fest im Muskelfleisch, und bei der geringsten Bewegung verstärkte sich die Blutung. Er seufzte und sank stöhnend zu Boden.

Williams und Clay müßten bald hier sein, aber den Idioten war zuzutrauen, daß sie den Weg nicht mehr fanden... verdammte Hölle, vielleicht verblutete er, bevor sie das Dorf hier erreichten! Er mußte versuchen, sein Bein abzubinden, um die Blutung zu stoppen. Mit zitternden Händen band er sich das schweißgetränkte Halstuch ab und knotete es so fest wie möglich oberhalb der Wunde um seinen Schenkel. Sofort floß weniger Blut aus der Wunde. Erleichtert korkte er seine Feldflasche auf, trank ein paar Schluck und legte sich ächzend hin, um auf seine beiden Männer zu warten.

Aber sie kamen nicht. Nach langer Zeit fuhr er hoch. Offensichtlich hatte er geschlafen, denn er sah mit Entsetzen, daß es schon dunkel wurde. Diese gottverdammten Soldaten! Warum waren sie nicht gekommen? Hatten sie seine Schüsse etwa nicht gehört? – Hatten die Halunken etwa geschlafen, *während des Dienstes geschlafen?*

Aber... Tench und Abbott müßten ja auch bald von ihrer Exkursion zum Fluß zurückkommen. Sie würden ihn bestimmt finden, selbst wenn seine Schüsse wirklich nicht gehört worden waren – am besten wäre es wohl, wenn er noch einen Schuß abfeuern würde. Er tastete nach seiner Flinte und wünschte, er hätte sie geladen, bevor er sich diese entsetzliche Speerspitze ins Bein gerammt hatte.

In diesem Augenblick schaute er auf und sah im grauen Dämmerlicht, wie drei Eingeborene die Lichtung betraten. Der Mann in der Mitte war offensichtlich verletzt, denn die beiden anderen stützten ihn. Leach geriet in Panik, weil er mit Recht die Rache der Eingeborenen fürchtete. Seine ungeladene Flinte nützte ihm jetzt gar nichts – aber er konnte sie wenigstens als Krücke benutzen! Er versuchte, sich in den Büschen zu verstecken. Die Eingeborenen hörten ihn. Nach kurzem Zögern rannte einer von ihnen hinter ihm her. Der gut gezielte, kräftig geschleuderte Speer traf Leach zwischen den Schulterblättern. Er brach in die Knie und schrie vor Schmerz laut auf.

Bei Einbruch der Dämmerung kehrte Watkin Tench mit seinen Leuten erschöpft zum Fluß zurück. Sie hatten den ganzen Tag lang gesucht und keinen einzigen Eingeborenen zu Gesicht bekommen. Sergeant Williams berichtete ihm sofort von dem Flintenschuß, der vor Stunden zu hören gewesen war.

»Dieser Leach ist ein unglaublicher Esel!« sagte Tench leise zu Abbott. »Er ist, weiß Gott, lange genug hier, um zu wissen, wie gefährlich es ist, allein durch diese Wälder zu streifen, aber wir müssen unbedingt etwas essen, bevor wir nach ihm suchen. Diese armen Kerle können unmöglich mit leerem Magen weitergehen, und wir schaffen es sonst auch nicht!«

Der Suchtrupp startete zwei Stunden später.

Jeremiah Leach war ohnmächtig, als sie ihn fanden. Er lag mit dem Gesicht auf dem Boden in einer großen Blutlache.

»Der, arme Teufel lebt ja noch«, sagte Tench. »Wir müssen so schnell wie möglich den Speer abbrechen, der ihm im Rücken steckt, und ihn auf einer Bahre abtransportieren. Ich fürchte zwar, daß er nicht mit dem Leben davonkommt, aber vielleicht schaffen es die Ärzte doch, ihn durchzubringen, wenn wir ihn schnell nach Hause bringen können. Verdammt noch mal! Wir hätten früher hier sein sollen – es ist mein Fehler.«

»Es hätte gar nichts genützt, Sir«, antwortete ihm Abbott. Er deutete auf das abgebundene Bein. Das Blut an der Wunde am Schenkel war schon getrocknet. »Das ist schon viel früher passiert – lange bevor wir zum Fluß zurückgekommen sind. Aber der Speer im Rücken« – er kniete sich neben den verletzten Mann nieder – »der muß ihn erwischt haben, als er fliehen wollte. Mein Gott, sitzt der tief!«

Abbott befeuchtete sein Taschentuch mit Wasser aus seiner Feldflasche und wischte Leach damit über das schweißnasse Gesicht. »Er ist ohnmächtig. Es ist nicht mehr viel zu machen, befürchte ich. Wenigstens tut es ihm nicht weh, wenn wir den Speer abbrechen, der ihm noch im Rücken steckt.«

Nachdem das mit großer Mühe geglückt war, legten sie den schwerverwundeten, ohnmächtigen Mann auf eine eilig aus Zweigen zusammengeflochtene Bahre. Leach wurde auf dem kürzesten Wege nach Hause gebracht. Aber nach ein paar Stunden schweigenden Marsches schaute Tench dem Verletzten in das wachsweiße Gesicht. »Er ist tot«, sagte er leise. »Gott sei seiner Seele gnädig.«

Jenny nahm die Neuigkeit von Jeremiah Leachs Tod mit merkwürdiger Gleichgültigkeit auf. Ihr Denken kreiste zur Zeit nur um Ned, dessen Verhalten so unvorhersehbar war, daß sie sich ständig in einem angespannten Zustand befand. Am Anfang war er ein leidenschaftlicher Liebhaber gewesen, der ihr jeden Wunsch von den Augen abgelesen hatte, aber dann wurde ihr Verhältnis viel zu schnell eine Selbstverständlichkeit für ihn, und er verhielt sich ihr gegenüber dermaßen besitzergreifend und zugleich nachlässig, daß sie sich immer wieder sehr durch ihn erniedrigt fühlte.

Ende Januar kehrte die *Supply* endlich von der Insel Norfolk zurück. Captain Hunter und die Offiziere und Matrosen der gestrandeten *Sirius* waren an Bord, und Eliza und

Charlotte konnten endlich wieder ihre Verlobten in die Arme schließen. William Read und Robert Webb erhielten die Erlaubnis, sie zu heiraten, und beide Paare bekamen einhundertzwanzig Morgen Land zwischen Rose Hill und Mount Prospect zugesprochen. Jetzt mußten Jenny und Melia die gesamte Arbeit im Garten verrichten. Ned, der behauptete, den ganzen Tag über zum Fischen eingeteilt zu sein, half ihnen kaum dabei, und zu Jennys Kummer schien er – trotz des guten Beispieles, das Eliza und Charlotte ihm gegeben hatten – weniger denn je daran interessiert zu sein, zu heiraten. Der Erfolg ihrer Bemühung, einen Teil des Landes zugesprochen zu bekommen, den sie schon mit viel Mühe zusammen mit Tom Jenkins bebaut hatte, hing von ihrer Verehelichung ab. Und obwohl sie Ned ganz deutlich sagte, daß ihr Antrag verfiele, wenn sie nicht sehr bald heirateten, konnte er sich nicht dazu entschließen.

Er war wie besessen von dem Gedanken an Flucht, und unglücklicherweise bestärkte die Arbeit, der er zugeteilt worden war, seine diesbezüglichen Hoffnungen. Da er wußte, daß Jenny auf seine Fluchtpläne nicht gut zu sprechen war, erzählte er kaum etwas, aber von gelegentlichen Andeutungen her war ihr klar, daß eine kleine Gruppe von Fischern plante, ein Boot zu stehlen …

Jenny machte sich aber keine wirklichen Sorgen, bis sie eines Abends Anfang März in den Hafen ging, um zuzuschauen, wie die Fische aus den Booten ausgeladen wurden und sie plötzlich Johnny Butcher bei der Mannschaft eines der Fischerboote entdeckte. Gleich nachdem Will Bryant, ein Sträfling, der die Gruppe der Fischer beaufsichtigte, sie für den Tag entlassen hatte, kam Johnny zu ihr herübergeschlendert und lächelte sie fröhlich an.

»Erinnerst du dich noch an mich, Jenny Taggart?«

Jenny hatte ihn seit jener Nacht nicht mehr gesehen, in der er und seine Kumpel Tom Jenkins Hütte ausgeraubt hatten. Er war von der Sonne gebräunt und strahlte noch immer eine etwas arrogante Haltung aus, aber er war abgemagert, und an den roten Striemen um seine Hand- und Fußgelenke erkannte Jenny, daß ihm die Fesseln erst vor kurzem abgenommen worden waren.

»Natürlich erinnere ich mich an dich«, gab Jenny mit zwiespältigen Gefühlen zu. »Ich hab' doch allen Grund dazu, oder?«

»Ja, das hast du wirklich, mein Mädchen. Aber du hast doch nichts gegen mich persönlich, oder?«

»Warum sollte ich nichts gegen dich haben?«

»Weil ich dich um Verzeihung bitte«, meinte er ernsthaft.

Er hatte mit dem Totschlag an Tom Jenkins eigentlich nichts zu tun, dachte Jenny. Warum sollte sie ihm also böse sein? Sie zögerte und fragte dann: »Du hast es nicht bis Timor geschafft, oder? Du –«

Johnny Butcher unterbrach sie und sagte mit leiser Stimme: »Es hat diesmal zwar nicht geklappt, Jenny – aber wir schaffen es noch bis Timor, keine Angst. Wir haben viel Pech gehabt. Zwei von uns wurden durch die Eingeborenen getötet, und Caesar und Jim wurden von den Rotröcken gefangen. Da waren nur noch Nat und ich übrig, und wir sind freiwillig zurückgekommen, als wir keinen Proviant und keine Munition mehr hatten – wir hatten keine andere Wahl.«

»Und dann bist du ausgepeitscht worden«, sagte Jenny bitter, »ausgepeitscht und gefesselt! Und trotzdem denkst du weiterhin an Flucht.«

Er schenkte ihr sein arrogantes Lächeln. »Wir haben uns ganz genau überlegt, wann wir zurückkommen – der Gouverneur hatte gerade Begnadigungen angekündigt. Wir waren zwar ein paar Monate lang gefesselt, aber wir wurden nicht ausgepeitscht, zum Glück! Und dann gab uns Will Bryant Arbeit in seinem Boot, alles ganz legal.«

»Will Bryant?« wiederholte Jenny ungläubig. Also steckte dieser Mann, ein Sträfling, dem der Gouverneur so sehr vertraute, daß er ihm die Beaufsichtigung der Fischer übertragen hatte, mit in dem Komplott! »Wird Will Bryant mit euch fliehen?« fragte sie.

Johnny Butcher nickte. »Natürlich – das hat er schon lange vor.«

»Aber er ist verheiratet – er hat eine Frau und Kinder!«

»Ja, das stimmt... und er will sie mitnehmen.«

»Er muß ja vollkommen verrückt sein!« rief Jenny aus. »Und Ned – Ned Munday – ist er auch mit dabei?«

Seine stolzen blauen Augen schauten sie fragend an, und dann schüttelte er seinen Kopf. »Nicht, wenn ich es verhindern kann. Munday ist ein richtiger Schurke, unzuverlässig und nur auf seinen eigenen Vorteil aus. Obwohl Bryant –«, er unterbrach sich und zog die Stirn kraus. »Das, was ich dir erzähle, bleibt doch ganz unter uns, nicht wahr, Jenny?«

»Natürlich«, versicherte sie ihm. »Da kannst du ganz sicher sein.«

Er zog sie näher an sich heran, und sie ließ es geschehen. Wieder fühlte sie, wie sehr er sie anzog.

Johnny sagte mit leiser Stimme: »Will hat vor, Munday zu testen. Wenn er schlecht abschneidet, dann nehmen wir ihn nicht mit.«

»Wie denn testen? Was meinst du damit?«

»Das kann ich dir nicht verraten.« Seine kräftige Hand griff nach der ihren, und er zog sie noch näher an sich heran. Zu ihrer eigenen Überraschung fing ihr Herz rasend zu schlagen an. Sie war ganz verwirrt und versuchte, sich zu befreien, aber er hielt ihre Hand fest und schaute ihr in die Augen. »Jenny, diesmal ist es kein aussichtsloses Abenteuer, diesmal ist alles bis ins kleinste Detail vorbereitet. Wir schaffen es bestimmt bis Timor!«

»Aber Timor ist so weit weg«, flüsterte sie. »Wie könnt ihr dreitausend Meilen in einem so kleinen Boot schaffen?«

»Es dauert drei oder vier Monate, aber wir entfernen uns nie sehr weit vom Land und können uns alles, was wir brauchen, beschaffen. Und vergiß nicht, was bedeuten schon dreitausend Meilen, wenn uns am Ende der Strapazen die Freiheit winkt?«

So wie Ned, der an nichts anderes als an Flucht dachte, machte sich auch Johnny Butcher keinerlei Gedanken über die Höhe des Risikos. Jenny seufzte.

»Komm doch mit uns, Jenny Taggart«, schlug Johnny plötzlich vor. »Warum eigentlich nicht? Mary Bryant wäre glücklich, wenn ein anderes Mädchen dabei wäre. Und was mich betrifft –«, Johnny nahm sie fest in seine Arme. Sein durchtrainierter, muskulöser Körper drängte sich an sie – »ich wäre auch sehr froh, wenn du mitkämst! Du hast mir sofort gefallen, als ich dich zum erstenmal sah.«

»Ach, bitte!« Jenny versuchte, sich aus seiner Umarmung zu befreien. »Laß mich los, laß mich los, Johnny!«

Er lachte. »Nein, wirklich, ich meine es ernst, mein Mädchen. Wenn dir das wichtig ist, könnten wir heiraten, bevor es losgeht. Was könnten wir groß verlieren? Von Timor aus könnten wir nach Hause zurück – willst du nicht wieder nach England?«

Sie flüsterte außer Atem: »Ja. Aber da ist Ned. Ich...«

Er ließ sie los. »Was hat das mit Munday zu tun? Ich habe dich gefragt, ob du mit uns kommst, ich habe dir einen Heiratsantrag gemacht! Oder will er dich heiraten, Jenny? Ist es das?«

Jenny wurde rot. Ned hatte sie weder gefragt, ob sie ihn heiraten wolle noch sie gebeten, mit ihm die Flucht zu wagen, dachte sie unglücklich.

Johnny Butcher fluchte leise vor sich hin, aber dann beruhigte er sich wieder. Er legte ihr sanft seine Hände auf die Schultern, und seine schönen blauen Augen blickten sie mitleidig an. »Ich dachte, daß diese Dunkelhaarige sein Mädchen ist – ich glaube, sie heißt Melia Bishop.« Und nach einer Pause fügte er hinzu: »Ich glaube, es ist ein großer Fehler von dir, daß du mit Ned zusammen bist, Jenny. Er ist bestimmt kein guter Mann für dich, und ich schwöre dir, daß er das auch nie sein wird.«

»Ich – ich kenne ihn schon so lange«, brachte Jenny nur hervor.

»Und du willst nicht, daß er mit uns nach Timor geht?« fragte Johnny. »Du möchtest, daß er hierbleibt?«

Wollte sie das wirklich, fragte sich Jenny. Wollte sie, daß Ned hierblieb? »Ich weiß es nicht«, gab sie kleinlaut zu. »Wenn er wirklich fort von hier will, dann werde ich nicht versuchen, ihn zu überreden zu bleiben. Aber –«

»Du könntest doch an seiner Stelle mitkommen, Mädchen. Es ist noch Zeit genug dazu, und ich will noch immer, daß du mit mir kommst.« Sie schaute ihm in die Augen und erkannte, daß er die Wahrheit sprach. Einen Moment lang zögerte sie. Aber... Jenny holte tief Luft. Schließlich war es ja Ned, der von der Flucht träumte, und nicht sie.

Als sie versuchte, ihm ihre Skrupel mitzuteilen, legte er ihr sanft seine Hand über den Mund. »Sprich jetzt nicht weiter, Jenny. Aber denk darüber nach!«

Ohne noch auf eine Antwort zu warten, drehte er sich um und ging in Richtung der Siedlung davon.

In der Hütte, die er mit Jenny teilte, nahm Ned das Medaillon aus dem Versteck und ging damit zur Tür, um es bei Tageslicht besser betrachten zu können. Es war wirklich ein wertvolles Stück, und sie hatte gut darauf aufgepaßt – kein einziger Stein fehlte in dem Diamantenkranz, der es einrahmte. Er war so vertieft, daß er nicht hörte, wie Melia herankam. Als sie sah, was er in der Hand hielt, stieß sie einen kleinen Schrei aus.

»Ned – das ist Jennys Medaillon! Der einzige Gegenstand auf der ganzen Welt, an dem ihr Herz wirklich hängt! Was hast du damit vor?«

Er steckte es schnell in seine Hosentasche. »Ich habe es ihr geschenkt«, antwortete er schlechtgelaunt. »Und jetzt brauche ich es.« Er hatte nicht erwartet, Melia oder Jenny zu dieser Stunde hier vorzufinden. Normalerweise flickten sie die Fischernetze und kamen erst bei Sonnenuntergang zurück, um das Abendessen vorzubereiten.

»Wofür brauchst du es?« fragte Melia. Er zuckte mit den Schultern, und sie sagte mit verächtlicher Stimme: »Du hast es ihr gestohlen, oder?«

»Und wenn schon? Ich habe eine bessere Verwendung dafür als Jenny, verdammt noch mal!«

»Was für eine Verwendung?« beharrte Melia.

Ned lachte und schlang einen Arm um ihre schmale Taille. »Das sag' ich dir nicht!« Dann wirbelte er sie herum und drückte sie an sich. Als er sie zu küssen versuchte, spürte Melia einen Augenblick lang, wie groß ihre Sehnsucht nach Zärtlichkeit war. Aber dann stieß sie ihn mit aller Kraft zurück und wurde rot vor Scham und Zorn. Ned brach in schallendes Gelächter aus und ging in Richtung der Siedlung davon. Er wußte, daß sie sich jetzt mit Gewissensbissen herumquälen würde. Und darüber würde sie das Medaillon vergessen, und wenn es ihr wieder einfiele und sie Jenny die Geschichte erzählen würde, dann wäre es schon längst in anderen Händen.

Will Bryant wartete in einer kleinen Bucht auf ihn. Er hatte sein Ruderboot auf den Strand gezogen. Er war ein großer, gutaussehender Mann, schaute sich um, ob niemand sie beobachtete, und sagte ohne Einleitung: »Hier ist das Geld.« Er zählte fünf Goldstücke in Neds Hand. »Diesen Preis haben wir vereinbart. Aber Detmer Smith ist ein Schlitzohr – paß auf, daß er dich nicht reinlegt.« Er erteilte Ned genaue Anleitungen, woran er erkennen könne, daß der Kompaß, den er kaufen sollte, in Ordnung war und fügte warnend hinzu: »Mach bloß alles richtig, Ned – du weißt ja, daß wir ohne Kompaß aufgeschmissen sind. Und wenn du es nicht schaffst, den Kompaß für den vereinbarten Preis zu bekommen, nehmen Johnny und Nat dich nicht mit. Wie du weißt, wollen sie dich ja sowieso nicht dabeihaben.«

Ned nickte und sagte finster: »Der Teufel soll sie holen! Warum lassen wir *sie* nicht da?«

»Weil Johnny navigieren kann –, und sonst kann das keiner von uns«, erklärte Bryant ungeduldig. »Ich kann mit Booten umgehen, aber ich kann nicht den Kurs errechnen, um nach Timor zu segeln. Also los – ich wünsch' dir Glück. Detmer Smith erwartet dich schon, und Nat und Johnny werden hier sein, wenn du zurückkommst. Gib ihnen den Kompaß und die Seekarten und verzieh dich dann – die beiden rudern dann das Boot weg und verstecken es so, daß niemand es finden wird.«

Bei einbrechender Dunkelheit ruderte Ned zu dem holländischen Schiff *Waalezaamheid.* Gouverneur Phillip hatte es chartern lassen, um die Offiziere und die Mannschaft der gestrandeten *Sirius* nach England zurückzubringen. Captain Detmer Smith wollte in den nächsten Tagen lossegeln und versuchte noch so viel Geld wie möglich zu machen, indem er Will Bryant mit Navigationsinstrumenten und Seekarten versorgte, die für die Fahrt nach Timor unerläßlich waren.

Vor ein paar Tagen hatte er ihm einen Quadranten verkauft, ein paar Flinten und Kugeln, Pökelfleisch und Schiffszwieback, und er hatte ganz bewußt den Verkauf des Kompasses bis zum letzten Augenblick hinausgezögert, in der Hoffnung, daß er dadurch mehr Geld herausschlagen könnte.

Die *Waakzaamheid* war ein kleines, schmutziges Schiff. Als Ned an Bord kam, verzog er angeekelt das Gesicht, so sehr stank es aus den Ladeluken. Die Mannschaft der *Sirius*, die ein blitzsauberes Schiff gewesen war, würde sich hier ganz und gar nicht wohl fühlen, dachte er, aber das würden sie überleben, denn sie wären ja ein paar Monate später zu Hause.

Detmer Smith, ein dunkelhäutiger Mann mit europäischen und malaisischen Vorfahren, saß in seiner Kabine und verschlang gerade große Mengen eines dampfenden Currygerichtes, als Ned zu ihm hereingeführt wurde. Der fragliche Kompaß und zwei abgegriffene Seekarten lagen auf dem Tisch neben ihm. Smith deutete darauf, lud seinen Besucher aber weder ein, sich zu setzen noch das Abendessen mit ihm zu teilen, was Ned eigentlich gehofft hatte. Statt dessen sagte er mit vollem Mund und einem starken Akzent: »Also … du bringst Geld? Alles in Ordnung, wie besprochen?«

»Ja.« Ned streckte die Hand nach dem Kompaß aus, aber Smith verlangte: »Zuerst zahlen. Ich will Gold sehen.«

In der neugegründeten Kolonie war Gold Mangelware. Bryant und seine Männer hatten fast ein Jahr lang gebraucht, um die fünf Goldstücke zusammenzukratzen, und dieses Geld war alles, was sie noch übrig hatten. Abgesehen von ein paar gefälschten Silberdollars – die der schlaue Smith nicht angenommen hatte –, hatten sie keinen Pfennig mehr. In Timor würden sie auf die Barmherzigkeit fremder Menschen angewiesen sein und sich irgendwie die Mittel verdienen müssen, um die Fahrt nach England bezahlen zu können. Aber wenn er die Goldstücke behalten könnte … Ned zwang sich zu einem Lächeln. Er zog das Medaillon aus seiner Hosentasche und legte es auf den Tisch.

»Das ist mehr wert als fünf Goldstücke, Captain«, sagte er mit schmeichelnder Stimme. »Schauen Sie sich das Schmuckstück in aller Ruhe an. Die Diamanten sind echt.«

Der Kapitän der *Waakzaamheid* untersuchte mißtrauisch das Medaillon, und währenddessen schaute sich Ned den Kompaß ganz genau an und fand, soweit er das beurteilen konnte, daß er ganz in Ordnung war. Es war nicht zu übersehen, daß Captain Smith das Medaillon gefiel, aber trotzdem verhandelten die beiden Männer noch über eine Stunde lang wegen des Preises. Schließlich war Smith mit dem Medaillon plus einem Goldstück einverstanden, rülpste laut und sagte abschließend: »Wenn Sie mit meinem Kompaß erwischt werden, sage ich, Sie stehlen ... verstanden?«

Ned nickte und verabschiedete sich zufrieden. Er ruderte durch die Dunkelheit zurück und fühlte ein paarmal nach den vier Goldstücken, die er noch in seiner Tasche hatte. Butcher und Lilley erwarteten ihn mit großer Ungeduld am Strand.

»Zur Hölle, das hat ja ewig gedauert!« rief Lilley ärgerlich aus. »War nich mein Fehler«, erklärte Ned. »Ich –«

»Hast du wenigstens den Kompaß?« unterbrach ihn Johnny Butcher.

»Ja, und die Seekarten auch. Aber dieser Detmer Smith ist ein ziemlicher Spitzbube.« Ned kramte den Kompaß aus seiner Tasche und zog die gefalteten Seekarten aus seinem schweißgetränkten Hemd. »Ich hab' den Kompaß genau nach Wills Anweisungen getestet.«

Butcher untersuchte ihn, drehte ihn in seinen großen Händen in verschiedene Richtungen. »Es ist zu dunkel, als daß ich's ganz genau beurteilen kann. Der Kompaß sieht ein bißchen mitgenommen aus, aber ich schätze, daß er seine Zwecke erfüllt. Warum hat's so lange gedauert?«

»Weil der Halunke doch tatsächlich versucht hat, mich reinzulegen«, antwortete Ned, und die Lüge kam ihm glatt über die Lippen. »Er wollte mehr Geld, als Will mit ihm ausgemacht hatte, und ich mußte lange mit ihm verhandeln. Es war nicht leicht, das kann ich euch sagen – er ist ein ganz übler Bursche – und –«, er brach mitten im Satz erschrocken ab, als sich ein Ruderboot in der Dunkelheit näherte.

Lilley sagte seelenruhig: »Da kommt das Boot, jetzt werden wir die Wahrheit erfahren. Bleib hier, Munday – laß dir bloß nicht einfallen, abzuhauen!«

»Das hab' ich doch gar nicht vor«, antwortete Ned verwirrt. Er wußte zwar nicht, was gespielt wurde, war aber nicht ernsthaft beunruhigt, bis er erkannte, daß das Boot von vier dunkelhäutigen Malaien von der Mannschaft der *Waak-*

zaamheid gerudert wurde. Billy Morton sprang an Land. Er gehörte zu der Gruppe von den Männern, die nach Timor fliehen wollten, und war wie Butcher ein ehemaliger Seemann. Ned begriff, daß er zur gleichen Zeit wie er auf dem holländischen Schiff gewesen sein mußte. Er fühlte, wie Panik ihn übermannte und hätte sich davongemacht, wenn Lilley ihn nicht am Arm festgehalten hätte.

»Nicht so schnell«, meinte er beschwichtigend und wandte sich dann an Morton. »Und wie war's, Billy?«

»Ganz, wie wir es uns gedacht haben, Nat. Der feine junge Mann hat doch tatsächlich versucht, uns reinzulegen. Durchsucht ihn – er hat unsere Goldstücke bestimmt noch bei sich.« Kurz darauf hielt Nat die vier Goldmünzen in seiner Hand.

Er steckte sie ein und begann, Ned brutal und gnadenlos zusammenzuschlagen. Dann wurde er in das Boot der *Waakzaamheid* gestoßen.

Als es losruderte, rief ihm Johnny Butcher nach: »Jetzt kannst du Timor vergessen, Munday! Captain Smith hält dich unter Arrest, bis wir weg sind, und dann händigt er dich Gouverneur Phillip aus und behauptet, du hättest dich als blinder Passagier an Bord der *Waakzaamheid* geschmuggelt.« Ned verfluchte die Männer in ohnmächtiger Wut, die ihn seiner Meinung nach reingelegt hatten.

Im ersten Morgenlicht arbeitete Jenny an den Fischreusen in der kleinen Bucht unterhalb des Gartens und flickte das zerrissene Netz mit so großer Aufmerksamkeit, daß sie Johnny Butcher nicht herankommen hörte, bis er schon ganz nah heran war. Er wünschte ihr einen guten Morgen und setzte sich mit ernstem Gesicht neben sie.

Jenny war beunruhigt, weil Ned die ganze Nacht über nicht nach Hause gekommen war, und fragte Johnny als erstes: »Was ist mit Ned? Hat er was angestellt?«

»In gewissem Sinn, ja«, antwortete Johnny.

»Was soll das heißen?« Er zuckte mit den Schultern. »Er ist ein Taugenichts, Jenny – du bist zu gut für ihn. Aber das weißt du ja selbst, oder?«

»Vielleicht. Ich ... was hat er angestellt, Johnny?«

Johnny erzählte ihr, was vorgefallen war mit kurzen Worten. »Und jetzt ist er an Bord der *Waakzaamheid*. Der Kapitän Detmer Smith läßt ihn erst nach unserer Flucht frei und wird sagen, daß er sich als blinder Passagier auf seinem Schiff eingeschlichen hätte.«

»Und dafür wird er ausgepeitscht«, fügte Jenny verbittert hinzu.

»Das verdient er auch, mein Mädchen.«

Das stimmt, dachte Jenny müde. Darin hatte ganz offensichtlich der Test bestanden, von dem Johnny am Tag zuvor gesprochen hatte – sie hatten ihm eine Falle gestellt, und Ned war prompt darauf hereingefallen, aus Geldgier, Selbstsucht und einer tiefen Unehrlichkeit, die selbst vor seinen eigenen Kumpeln nicht haltmachte. Und er hatte ihr Medaillon gestohlen und es nicht für nötig befunden, ein Wort der Erklärung abzugeben. Er mußte gewußt haben, daß sie es ihm jederzeit freiwillig gegeben hätte, wenn er es dringend gebraucht hätte. Sie schaute Johnny Butcher an und bemerkte, daß er sich frisch rasiert hatte. Außerdem hatte er sich im Meer gewaschen, denn sein Gesicht und sein Körper dufteten frisch nach Salzwasser.

»Wir segeln heute nacht los«, sagte er. »Ich bin gekommen, um dir das mitzuteilen, nicht um dir die unangenehme Neuigkeit über den verdammten Munday zu überbringen. Komm doch mit uns, Jenny!« Er nahm ihre beiden Hände. »Will Bryant hat bestimmt nichts dagegen. Und wir können in Timor heiraten, weil hier nicht mehr genug Zeit dafür ist. Aber ich schwöre dir, daß ich mich auf der Reise genauso um dich kümmern werde, als wenn du meine Frau wärst.«

Er war das genaue Gegenteil von Ned, sagte sich Jenny – zuverlässig, stark, aufrichtig ..., sie fühlte sich sehr zu ihm hingezogen. Aber sie zitterte, als sie an das offene kleine Boot dachte, daß mit viel zu vielen Flüchtlingen beladen war. Und die meisten von ihnen waren hartgesottene Kriminelle. Sie versuchte, sich die Reise vorzustellen.

An Land lebten feindlich gesinnte Eingeborene, und auf See konnte jederzeit ein schwerer Sturm aufkommen... sie zitterte wieder und fühlte den beruhigenden Druck von Johnnys Hand.

»Ich werbe um dich, Jenny, weißt du das?« fragte er sie mit sanfter Stimme. »Aber wir haben nicht viel Zeit. Ich möchte dich um jeden Preis für mich gewinnen. Ich möchte, daß du mit mir kommst und keine Angst hast. Vergiß doch diesen unseligen Ort hier, vergiß diesen Halunken Munday... und wir schaffen es bis Timor, da gibt es gar keinen Zweifel. Willst du denn nicht frei sein?«

Es war ein Traum, dachte Jenny – es war Neds Traum, aber nicht ihrer. Sie hatte nie zu fliehen versucht, hatte sich drei Jahre lang bemüht, sich hier ein Leben aufzubauen, so wie es der Gouverneur in seiner Antrittsrede mit eindringlichen Worten von ihnen allen verlangt hatte.

Sie unterdrückte einen Seufzer und schüttelte den Kopf. »Nein – nein, ich möchte hierbleiben, Johnny. Ich kann nicht mit dir kommen.«

Er starrte sie mit seinen blauen Augen ungläubig an. »Soll das heißen, daß du nicht wieder nach England zurückkehren willst? Das kann doch nicht dein Ernst sein!«

Was hatte ihr England eigentlich bedeutet? überlegte Jenny. Sie hatte ein paar Jahre lang eine glückliche Kindheit dort verbracht und dann nichts als Armut, Erniedrigung und Ungerechtigkeit dort erlebt.

Tränen erstickten ihre Stimme, als sie bekannte: »Nein, ich will England wirklich nicht wiedersehen. Mein Platz ist hier.«

»Mit Munday?« fragte Johnny Butcher aufgebracht. »Ich wollte dich heiraten«, fügte er hinzu, »aber wenn du Mundays Hure bist, dann kannst du auch meine sein!« Er riß sie in seine Arme, preßte seinen Mund auf ihren und küßte dann leidenschaftlich ihren Hals, ihre Schulter, ihre Brüste.

Sie wehrte sich atemlos gegen seine stürmische Umarmung, fühlte aber, wie sie schwach wurde und sich seinem leidenschaftlichen Wunsch, sie zu besitzen, mit ebensolcher Leidenschaft hingab. In ihrem ganzen Leben hatte sie nichts Vergleichbares erlebt. Wenn Ned sie liebte, dachte er meistens nur an sich selbst und ließ sie oft unerfüllt zurück. Aber Johnny Butcher war trotz seiner anfänglichen Grobheit ein zärtlicher Liebhaber, und sie schloß die Augen und gab sich ohne Schuldgefühl den ihr unbekannten Gefühlen hin, die er in ihr weckte und die sie wie eine Woge überschwemmten.

Wenn er sie jetzt, wo sie Seite an Seite im warmen Sand lagen, noch einmal gefragt hätte, ob sie ihm folgen wolle, dann hätte sie ihm trotz all ihrer Ängste versprochen, ihn bis ans Ende der Welt zu begleiten. Aber er schwieg, vermied es, sie anzusehen und schaute in den blauen Himmel hinauf, an dem die Sonne höher stieg.

Nach einer Weile stand er auf und zog sich, immer noch schweigend, wieder an. Es war Jenny klar, daß sie ihn nicht überreden konnte, hier bei ihr zu bleiben. Ein Mann wie Johnny mußte frei sein. Und sie mußte entweder mit ihm gehen, oder ihn ziehen lassen – vielleicht in seinen Tod, auf jeden Fall für immer, denn selbst wenn das verzweifelte Abenteuer gelang und sie Timor erreichten, würde er bestimmt nie mehr zurückkommen.

Sie schlüpfte in ihr Kleid und wartete darauf, daß er etwas sagen würde.

Nach einer Weile stieß er mit dem Fuß an das Netz, das sie gerade flickte und sagte: »Ich spüre genau, daß ich dich geliebt habe, Jenny – aber jetzt wünsch ich mir nichts sehnlicher, als so bald wie möglich zu vergessen, daß es dich überhaupt gibt. Du bist genauso wie alle anderen, du –«

Jenny rannte los. Sie fühlte sich mißbraucht und erniedrigt und wollte nicht mehr hören, was ihr Johnny in seiner Verletztheit noch vorwerfen würde.

Der Gouverneur stand auf der Terrasse seines Hauses und beobachtete die Abfahrt der *Waakzaamheid* nach Engand. Captain Hunter, seine Offiziere und die Mannschaft der *Sirius* standen an Deck und winkten. In diesem Augenblick überbrachte ihm David Collins die Nachricht von der Flucht des Aufsehers Will Bryant. Er sei mit seiner Frau, seinen Kindern und neun anderen männlichen Sträflingen geflohen.

»Und sie haben Ihren Kutter für die Flucht gestohlen, Sir«, fügte der Advokat bedauernd hinzu. »Und –«

»Meinen Kutter? Zum Teufel mit diesen Spitzbuben! Und zum Teufel mit Bryant, dem ich so sehr vertraut habe! Wann ist es denn passiert, David?«

»Vergangene Nacht, Sir. Henry Brewer verfolgt sie mit der Barkasse.«

»Verdammt noch mal, Bryant war ja schon einmal geflohen!« erinnerte sich der Gouverneur. »Aber weil er ein so guter, fähiger Mann war, gab ich ihm noch einmal eine Chance. Sie sagen, daß er seine Frau und seine Kinder mitgenommen hat? Sind die Kinder hier geboren worden?«

»Ja, Sir – das Kleinste ist erst ein paar Monate alt.« Collins zögerte. »Und da ist noch etwas. Der Kapitän der *Waakzaamheid* fand kurz vor der Abfahrt einen blinden Passagier an Bord und hat ihn an Land bringen lassen ... es ist ein Sträfling namens Munday, der mit der *Neptun* hierhergekommen ist. Er hat unter Bryant gearbeitet, Sir, behauptet, alle Namen der Leute zu kennen, die geflohen sind. Er sagt, daß sie bis Timor segeln wollen. Ich denke, daß Sie ihn vernehmen möchten.«

»Ganz gewiß will ich das«, sagte Phillip mit Nachdruck. »Ich möchte ihn sofort sehen. Das wird mich auf andere Gedanken bringen.«

Er ging nachdenklich zum Regierungsgebäude zurück. Wie würde er John Hunter vermissen – großer Gott, wie *sehr* würde er diesen loyalen, fähigen Offizier vermissen!

Captain Hunter war ziemlich bedrückt von seinem notgedrungenen Aufenthalt auf der Insel Norfolk zurückgekehrt und war in der letzten Zeit auch nicht mehr der beste Unterhalter gewesen. Seine Erzählungen über den tyrannischen Regierungsstil von Major Ross hatten Gouverneur Phillip sehr verdrossen. Ganz wie es vorherzusehen gewesen war, hatte sich Ross in kürzester Zeit in der gesamten Kolonie unbeliebt gemacht, bei den Offizieren und den freien Siedlern ebenso wie bei den Sträflingen.

Die Tatsache, daß Phillip den Kommandanten der Marineinfanteristen in Phillip Kings Abwesenheit zum stellvertretenden Gouverneur auf der Insel Norfolk ernannt hatte, beschwerte sein Gewissen sehr, obwohl Hunter ursprünglich diese Idee gehabt hatte. Aber mit Gottes Hilfe würde Phillip King bald aus England zurück sein und seinen Gouverneursposten auf der Insel wieder übernehmen. Und Ross würde nur kurz nach Sydney zurückkommen. Er und seine Marineinfanteristen würden vom neugegründeten Neusüdwales-Korps abgelöst werden und nach England zurückfahren. Er stieß einen Seufzer aus, und David Collins, der ihn falsch verstand, bot dienstfertig an, den gefangenen Munday zu verhören. Der Gouverneur schüttelte den Kopf. »Nein, David, ich möchte selbst hören, was er zu sagen hat. Er wird natürlich vor Gericht gestellt, aber …« In seinen müden Augen glänzte etwas wie Bewunderung. »Diese Männer haben Mut, diese Kerle, die meinen Kutter gestohlen haben. Es erfordert großen Mut, nach Timor segeln zu wollen.«

Er unterdrückte ein Gähnen. »Ich habe es mir noch einmal überlegt, David«, gab er zu. »Ich bin doch sehr müde.

Vernehmen Sie diesen Munday, und berichten Sie mir darüber. Ich nehme unterdessen ein Bad und ruhe mich eine Stunde aus. Aber dann finden Sie mich im Büro. Ich bin gespannt auf Ihren Bericht.«

Am frühen Nachmittag betrat der Advokat Phillips Büro und berichtete ihm ausführlich über die Fluchtpläne, soweit Munday sie gekannt hatte. Er fügte hinzu: »Munday besteht darauf, daß er gegen seinen Willen auf die *Waakzaamheid* gebracht wurde, weil Bryant und Butcher ihm nicht trauten. Er sagte, daß er keinerlei Absicht hatte, als blinder Passagier nach England zurückzukehren.«

»Glauben Sie ihm das, David?«

Collins zuckte mit den Schultern. »Er ist ein zwielichtiger junger Bursche und ich bin sicher, daß ihm jede Lüge recht ist, um seine Haut zu retten, aber... in diesem Fall bin ich versucht, ihm zu glauben. Man sieht noch, daß er böse verprügelt worden ist, Sir, und seine ganze Geschichte hat Hand und Fuß. Tatsächlich läßt sich keinerlei Beschuldigung gegen ihn aufrechterhalten. Mit Ihrer Erlaubnis werde ich ihn freilassen.«

Phillip nickte zustimmend. »Sehr gut. Aber er soll nicht mehr als Fischer arbeiten. Und wir müssen ab sofort Wachposten auch bei den kleinen Booten im Hafen aufstellen, David, um zu verhindern, daß sich so etwas noch einmal wiederholt.«

»In Ordnung, Sir«, versprach der Advokat. »Ich werde mich sofort darum kümmern. Da ist noch etwas, was Munday betrifft, Sir –« Er legte einen Stapel Papiere auf den Schreibtisch des Gouverneurs. »Das Taggart-Mädchen hat sich um Land in Rose Hill beworben mit der Begründung, daß sie heiraten möchte. Ihr Auserwählter scheint dieser Munday zu sein, und –«

Der Gouverneur hob ein Papier hoch und fragte: »Was ist denn das, David?«

»Das ist Jenkins Testament, Sir. Unglücklicherweise ist es

ungültig – der arme alte Mann starb, bevor er es unterzeichnen konnte – aber es war sein Wunsch, daß Jenny Taggart das ihm zugesprochene Land bekommen sollte. Sie hat es ein Jahr lang zusammen mit ihm bearbeitet.«

»Dann wird ihr das Haus und dreißig Morgen zugesprochen«, entschied der Gouverneur. »Sie hat wirklich eine Chance verdient.« Phillip setzte seine Unterschrift unter den Antrag.

David Collins schob die Akten zusammen. Henry Brewer würde sich freuen – dachte er – der alte Henry, der nie den Glauben an das Taggart-Mädchen verloren hatte. Er überlegte, welche Chancen Brewer wohl bei seiner Jagd auf die Flüchtlinge hätte, und der Gouverneur sagte, als habe er seine Gedanken erraten: »Geben Sie mir gleich Bescheid, wenn Brewer zurückkommt. Ich glaube nicht, daß er Chancen hat, den Kutter einzuholen, es sei denn, die Flüchtlinge stellen sich sehr dumm an. Was ich aber nicht glaube, da Bryant und Butcher erfahrene Seeleute sind.«

Henry Brewer kam nach Mitternacht zurück und berichtete, daß sie die Jagd auf den gestohlenen Kutter abgebrochen hätten.

»Sie hatten zu viel Vorsprung, Sir«, sagte er dem Gouverneur, der immer noch in seinem Büro arbeitete. »Aber ohne Gottes Hilfe werden sie Timor niemals erreichen!«

»Amen«, sagte Phillip so leise, daß Brewer nicht wußte, ob er ihn richtig verstanden hatte.

»Sir?« fragte er verwirrt nach.

»Ich habe nur laut gedacht, Henry. Es ist nichts Wichtiges. Gehen Sie jetzt schlafen – und vielen Dank für die Mühe.«

Am 19. Juni 1791 erreichte das Frachtschiff *Mary Ann* Sydney Cove. Es hatte einhundertvierzig weibliche Sträflinge an Bord, die sich bester Gesundheit erfreuten.

Die Reise von England hatte nur vier Monate lang gedauert. Außer Fleisch und Mehl hatte das Schiff große Mengen an Stoff und Kleidung mitgebracht. Wie ein Lauffeuer verbreitete sich die Neuigkeit in der Kolonie, daß der Kapitän den Gouverneur von einer dritten Flotte unterrichtet hatte, die auf dem Weg war.

In Rose Hill – das inzwischen in Parramatta umbenannt worden war – erwartete Jenny die Schiffe aus England mit gemischten Gefühlen. In der Zwischenzeit hatten sich viel mehr Siedler in dieser Gegend niedergelassen, und mit neuen Arbeitskräften würde alles noch schneller vorangehen. Unterstützt von Reuben White bearbeiteten Jenny und Melia Tom Jenkins Land. Sie hatten das Haus repariert und erweitert, eine Scheune gebaut und weitere sechs Morgen Land angepflanzt. Aber es war harte Arbeit gewesen und die Entdeckung, daß sie schwanger war, belastete Jenny mehr, als daß es sie glücklich machte.

Zuerst war sie sehr froh darüber gewesen, daß ihr das Land zugesprochen worden war, aber Neds Reaktion hatte ihre Freude sehr bald gedämpft. Das zugewiesene Land lief auf ihren Namen, nicht auf seinen, und vielleicht als Reaktion darauf wollte er nichts damit zu tun haben. Wie anders sich alles entwickelt hätte, dachte Jenny traurig, wenn Andrew Hawley an Neds Stelle gewesen wäre. Sie hätte mit Zuversicht in die Zukunft schauen können und hätte ihre Schwangerschaft genossen, aber Ned schien es gerade darauf angelegt zu haben, all ihre Hoffnungen zu zerstören.

»Ich habe dir von Anfang an gesagt, daß ich nicht dafür geschaffen bin, in der Erde herumzuwühlen, Jenny«, beklagte er sich, »und ich stehe auch dazu. Ich will weiter mit den Fischern arbeiten, zum Teufel mit dieser Landarbeit. Mach's alleine, wenn du willst!«

Selbst als Captain Collins ihn vom Verbot des Gouverneurs unterrichtet hatte, noch weiter bei den Booten zu arbeiten, hatte er versucht, irgendeine Arbeit in Sydney Cove zu finden. Parramatta, das vier bis fünf Stunden flußaufwärts im Landesinneren lag, machte jeden Fluchtversuch schwieriger, und er träumte weiterhin von nichts anderem, als davon zu fliehen. Als Jenny ihm eröffnete, daß sie schwanger sei, entschloß er sich widerwillig, bei ihr zu bleiben. Aber selbst jetzt unternahm er keinerlei Schritte, um ihr Verhältnis zu legalisieren.

»Zum Teufel, Jenny, vor Gott sind wir verheiratet – reicht dir das denn nicht aus!« polterte er los, als sie ihn noch einmal um die Eheschließung bat. »Ich werde nie im Leben zu Seiner Gott verdammten Exzellenz hinkriechen und um Erlaubnis bitten, dich zu heiraten!«

Zu seinem Ärger wurde er dazu eingeteilt, das dreißig Morgen große Land anstelle des alten Reuben zu bearbeiten. Reuben hatte eigenes Land zugesprochen erhalten. Da aber die einzige Alternative die harte Hafenarbeit in Sydney war, mit der er bereits schlechte Erfahrungen gemacht hatte, gab er nach und versuchte auch willig, Reuben nach besten Kräften zu ersetzen. Melia, die früher an seiner Unfähigkeit und an seiner Faulheit Anstoß genommen hatte, verteidigte ihn jetzt und sagte, wenn sich Jenny über ihn beschwerte: »Jenny, er gibt sich doch Mühe – gib ihm eine Chance. Es sind nicht alle auf einer Farm groß geworden wie du.«

»Du nicht«, stimmte Jenny zu, »aber du arbeitest zehnmal härter als Ned.«

Neds Einzug hatte ihr nicht das Glück beschert, nach dem sie sich so sehr sehnte – statt dessen hatte es zum ersten Riß in ihrer Freundschaft mit Melia geführt, ein Riß, der trotz ihrer Bemühungen immer breiter klaffte.

Aber es kam noch schlimmer. Als ihre Schwangerschaft fortschritt, arbeitete Jenny genauso hart wie immer, war nach getaner Arbeit aber oft zu erschöpft, um noch etwas zu essen, und sank todmüde ins Bett.

»Es ist überhaupt nicht mehr lustig, mit dir zusammenzusein«, beschwerte sich Ned. »Es war viel besser, als wir diesen verdammten Garten in Sydney Cove hatten – wenigstens hattest du dort genügend Hilfe und außerdem nicht halb so viel Land zu bestellen. Wir brauchen noch einen Mann hier – der alte Reuben war zwar auch nicht der allerbeste Arbeiter, den man sich vorstellen kann, aber er konnte wenigstens Gräben ausheben und Getreide ernten. Verdammt noch mal, man kann von mir doch nicht erwarten, daß ich all die schwere Arbeit tu. Ich bin einfach nicht dafür geschaffen. Außerdem –« er griff nach Melias Hand und küßte sie lächelnd – »außerdem braucht Melia einen Mann, oder? Einen guten, lustigen Kerl, der ein paar wichtige Dinge kann, für die Reuben zu alt war. Verdammt, unter zweitausend Männern, die hier neu ankommen, wird doch einer zu finden sein, der dir gefällt? Die dritte Flotte wird jeden Tag erwartet!«

Seine Voraussage traf ein. Die *Mathilda* ging am ersten August in Sydney vor Anker. Zwei Tage später kamen zweihundert männliche Sträflinge in Paramatta an und sollten für die Landarbeit eingeteilt werden. Melia und Ned waren begierig auf Neuigkeiten aus der alten Heimat. Kurz nach Tagesanbruch zogen sie los, um die Neuankömmlinge zu begrüßen. Jenny wollte lieber zu Hause bleiben.

Sie band gerade die Weinstöcke vor dem Haus hoch, als sie eine merkwürdige kleine Gestalt heranhumpeln sah. Einen Augenblick lang wollte sie ihren eigenen Augen nicht trauen. Aber dann legte sie ihr Messer hin, rannte dem kleinen Mann entgegen und rief ihn mit erstickter Stimme bei seinem Namen. »Watt – Watt Sparrow! Bist du es wirklich? Das kann doch nicht wahr sein!«

»Doch, ich bin's, Jenny«, versicherte er ihr, und sie fielen sich in die Arme und lachten und weinten vor Glück. »Nur 'n paar Jährchen älter, aber sonst ganz der Alte. Aber du –« Er betrachtete sie aufmerksam mit seinen glänzenden, vogelartigen Augen, an die sie sich so gut erinnerte. »Eine richtige Frau bist du ja, meine kleine Jenny! Hast auch 'n eigenes Anwesen, oder? Und bist auch verheiratet..., da schau mal einer an!«

Er sah krank aus, dachte Jenny, krank und ausgemergelt. Seine Haut war dünn und faltig wie altes Pergament. Sie führte ihn ins Haus und schob einen Stuhl vor die Feuerstelle. Sie stocherte in der Glut und setzte einen Kessel Wasser auf.

»Wie war die Reise, Watt? Schlimm?«

Der kleine Mann winkte ab. »Reden wir nich drüber – 's war 'n Alptraum.«

Jenny fragte vorsichtig: »Du bist krank, oder?« Sie goß süßen Tee auf und reichte ihm eine Tasse.

»Nee, nich wirklich. Nur 'n bißchen müde. Du kennst doch den alten Watt!«

Er erzählte, daß die Pruntys nie mehr nach London zurückgekehrt seien und jetzt eine gutgehende Kneipe auf dem Land führten.

Zu ihrem großen Schmerz erfuhr Jenny, daß Doktor Fry gestorben war. Als Sparrow merkte, wie sehr Jenny diese Nachricht bewegte, versuchte er, sie abzulenken. Zuerst hörte Jenny ihm gar nicht zu, aber dann faßte sie sich wieder.

»Sagtest du Andrew Hawley? Was ist mit ihm?« Sie hielt vor Erregung den Atem an.

»Jawoll! Er war einer der Marineinfanteristen, die den Sträflingstransport vom Newgate-Gefängnis bis zum Hafen bewachten. Er hatte sich freiwillig zu dieser Arbeit gemeldet, um dir eine Nachricht zukommen zu lassen. Er lief herum und fragte laut, ob jemand dich kenne. Ich meldete mich, na klar! Er läßt dir ausrichten, daß er dich nich vergessen hat…«

Jenny hatte das Gefühl, daß ihr das Herz vor Schmerz brach. Wie anders würde ihr Leben an der Seite dieses aufrechten Mannes verlaufen! Sie seufzte tief. Es war nun einmal so gekommen und sie mußte das Beste daraus machen.

Sie fragte Watt, ob er schon eine Arbeit zugeteilt bekommen habe. Jetzt gab er zu, was sie schon vermutet hatte, nämlich daß er krank geschrieben sei und sich in Parramatta im Krankenhaus melden sollte.

»Ich kann dafür sorgen, daß du hier bei mir wohnen darfst, Watt«, bot sie an. »Wenn ich angebe, daß wir miteinander verwandt sind, dann hat niemand etwas dagegen. Das Krankenhaus ist sowieso überfüllt.« Sie würde gut für ihn sorgen und ihn wieder gesundpflegen. Sie schuldete ihm beinahe so viel Dank wie Doktor Fry.

Watt befragte sie nach ihren Lebensumständen. Sie erzählte ihm, daß sie jetzt mit ihrer besten Freundin, Melia Bishop, und mit Ned zusammen lebte. »Du erinnerst dich doch an Ned – Ned Munday, oder?«

Watts Lächeln erstarb, und er schaute sie fassungslos an. »Ned Munday ist doch nicht dein – du bist doch nicht mit ihm verheiratet, Jenny?«

»Ich –« Sie spürte, wie ihr die Röte ins Gesicht stieg, als er auf ihren hochschwangeren Leib schaute. »Ich bin nicht mit ihm verheiratet, nein. Aber ich bin ... seine Frau, Watt. Das Kind ist von ihm.«

»Du bekommst ein Kind von ihm, und er heiratet dich nicht!« sagte er verärgert, obwohl er versuchte, seine wahren Gefühle zu verbergen.

Jenny sagte entschuldigend: »Weißt du, er ist sehr unglücklich hier. Er träumt davon, eines Tages zu fliehen. Er fürchtet, daß eine Ehe ihn hier festhalten würde – und das stimmt ja auch, oder?«

Watt Sparrow erhob sich steif. »Wird wohl so sein, Jenny! Aber ich muß jetzt nach Parramatta ins Krankenhaus!« Jenny fühlte seine unausgesprochene Kritik und bot noch einmal an: »Du kannst hierbleiben! Die Hütte von Reuben White steht leer, da kannst du wohnen. Bitte, bleib, Watt!«

Der kleine Mann zögerte und schüttelte dann seinen kahlen Kopf.

»Es ist am besten, wenn ich dir gleich reinen Wein einschenke, Jenny. Für mich is hier kein Platz, wenn du mit Ned zusammen bist. Er hat sich Sachen geleistet, die ich ihm mein Lebtag lang nich verzeihen kann.«

»Aber doch hoffentlich nicht wegen mir, Watt«, bat Jenny. »Ich weiß, daß ich durch seine Schuld verhaftet wurde. Aber Ned hat das doch nicht gewollt...«

Der kleine Mann schaute sie mitleidig an. Als er sich zum Gehen wandte, öffnete ihm Jenny die Tür. Ned hatte seine Fehler, das wußte sie selbst am besten. Aber er war ihr Mann. Sie hatte es selbst so gewollt, und jetzt gab es kein Zurück mehr. Sie bekam bald ein Kind von ihm. Jenny lächelte, als sie spürte, wie es sich in ihr regte. Watt würde bestimmt zurückkommen, und wenn Ned mit ihm sprach, würde sich alles zum Guten wenden. Er würde bestimmt seinen alten Groll vergessen können und bei ihnen leben.

Für Ned war der Besuch in Parramatta sowohl unterhaltend als auch profitabel. Außer den Sträflingen waren auch ein paar Seeleute von der *Mathilda* gekommen, um illegalen Alkohol und Tabak gegen Obst und frisches Gemüse einzutauschen.

Ned versorgte sich auf dem Weg nach Parramatta reichlich mit Waren zum Handeln, indem er aus den am Wegesrand gelegenen Gärten das schönste Gemüse stahl. Melia war entsetzt darüber und protestierte, konnte ihn aber nicht daran hindern.

Er tauschte ein kleines Fäßchen Rum, ein gutes Paar feste Schuhe und ein Hemd dagegen ein, und während Melia sich mit einem uralten Mann aus ihrer Heimatstadt über die dortigen Zustände unterhielt, vertrieb er sich die Zeit, indem er die Seeleute bestahl, von denen er den Rum bekommen hatte.

Danach sprach er mit einem alten Matrosen, von dem er erfuhr, daß die Regierung plante, regelmäßig zweimal im Jahr Sträflinge und Proviant nach Neusüdwales zu schiffen, und daß die *Mathilda* auf der Rückfahrt vor der Küste von van Diemans Land auf Walfischfang gehen sollte.

»Wir haben vor der Küste Hunderte von Walen gesehen«, berichtete der alte Mann. »Ganz zutraulich, wahrscheinlich noch nie gejagt worden. Und wir haben auch einen guten natürlichen Hafen dort gefunden …« Er erzählte weiter, und Neds Interesse wuchs, als er erfuhr, daß die *Mathilda* noch Matrosen brauchte.

»Ich bin zur See gefahren«, log er. »Wie wär's mit mir? Glaubst du, daß dein Kapitän mir 'ne Koje gibt?«

Der alte Seemann schaute ihn nachdenklich an. Dann sagte er: »Wir können noch ein paar starke Männer brauchen, zehn oder zwölf. Und unser Kapitän ist einer, der nicht viele Fragen stellt.« Er zwinkerte Ned vertraulich zu und fuhr fort: »Wir brauchen ein paar Wochen, um die Ladung zu löschen und das Schiff wieder seetüchtig zu machen. Aber dann laß ich von mir hören. Wie heißt du denn, mein Junge?«

Ned nannte ihm seinen Namen und beschrieb, wo er wohnte, dann machte er sich auf die Suche nach Melia. Er schenkte ihr ein feines Leinentaschentuch, das er einem der Offiziere aus der Tasche gezogen hatte.

»Für dich, Mylady«, sagte er und knüpfte ihr das Tuch um ihren schlanken Hals. »Laß mal sehen … schaut gut aus!«

»Wo hast du es her, Ned?« fragte Melia mißtrauisch. »Sag es mir!«

Er lachte. »Stell keine Fragen, dann hörst du keine Lügen«, antwortete er fröhlich. »Du siehst wunderbar aus, Melia. Bekomm ich als Dank einen Kuß?«

Sie seufzte und schwieg, wehrte sich aber nicht, als er im Weitergehen seinen Arm um ihre Schultern legte. Im anderen Arm hielt er das Fäßchen. Melia trug den Korb, in dem die neuen Schuhe und das Hemd lagen.

Als sie an einer Baumgruppe vorüberkamen, setzte er das Fäßchen ab und schlug vor, eine Rast zu machen. Zu seiner Überraschung hatte Melia nichts dagegen einzuwenden.

Sie setzte sich neben ihn ins Gras und sagte: »O Ned …« Er sah, daß ihr Tränen in den Augen standen. »Ich kann nicht mehr, ich kann dieses harte Leben nicht länger ertragen. Schau uns doch einmal an! Wir sind beide abgearbeitet! Wir sind Bauern und haben nicht mal Schuhe!«

»Das läßt sich leicht ändern«, antwortete Ned. Er griff in den Korb und zog die neuen Schuhe und das saubere Hemd heraus.

Er verbeugte sich vor ihr und sagte: »Mylady, es ist mir ein Vergnügen ...«

Aber Melia ging nicht darauf ein. Sie entgegnete müde: »Ich habe fast fünf Jahre lang hart gearbeitet und darf mit einem baldigen Straferlaß rechnen. Aber was nützt mir das? Das heißt doch nicht, daß ich nach Hause nach England zurückfahren kann, oder? Die einzige Möglichkeit, mir eine Schiffspassage zu erwerben, wäre, wenn ich mich an einen Offizier verkaufen würde und –«

»Das würdest du doch niemals tun, oder?« protestierte Ned. Er kniete neben ihr nieder und griff nach ihrer Hand. »Wärst du denn dazu in der Lage, Melia?«

Sie schaute ihn mit tränennassen Augen an. »Warum denn nicht? Wenn es die einzige Möglichkeit ist, hier wegzukommen? Was hält mich denn hier? Jenny hat dich, aber ich habe niemanden. Du hast ganz recht gehabt, Ned, ich möchte einen Mann, damit das Leben hier überhaupt auszuhalten ist! Ich –«

»Ich gehöre Jenny doch nicht«, antwortete Ned. Er hatte gewußt, daß es eines Tages dazu kommen würde, aber... jetzt, da es soweit war, befürchtete er, daß sie ihn doch noch zurückweisen würde. Er zögerte, aber sie schaute ihn alles andere als abweisend an. Da küßte er sie gierig und spürte, daß sie dasselbe wollte wie er.

»Ach, wie bist du schön!« rief er aus, und ihr zarter Körper erzitterte unter seinen Händen. »Wunderschöne Lady Melia«, flüsterte er ihr ins Ohr. »Du gehörst mir, du bist meine Frau, und du willst mich, oder? Vergiß Jenny! Sag mir, daß du mich willst!«

»Das weißt du doch!« flüsterte sie leidenschaftlich. Sie umarmte ihn, und ihr Mund fand den seinen. Dann gab sie sich ihm hin, ohne noch einmal an Jenny zu denken...

Watt Sparrow traf die beiden auf seinem Weg nach Parramatta. Sie gingen Arm in Arm, und hatten so eindeutig nur Augen füreinander, daß er ganz sicher war, daß sie ihn nicht gesehen hatten.

Die arme kleine Jenny brauchte ganz dringend einen wahren Freund, dachte er ärgerlich, ganz besonders, wenn sie herausfand, daß Ned sie mit Melia betrog. Er würde ihr sagen, daß er seine Meinung geändert hätte und doch bei ihr leben wollte. Und wenn Munday etwas dagegen hatte, dann würde er ihn zum Teufel jagen, wo er auch hingehörte.

Schon eine Woche, nachdem Watt Sparrow zu ihr gezogen war, bedauerte Jenny, daß sie ihn eingeladen hatte. Ned hatte von Anfang an etwas dagegen gehabt, fand sich aber damit ab, und Melia hatte sich überhaupt nicht dazu geäußert.

Es kam Jenny so vor, als ob Watt, Ned und Melia ein Geheimnis kannten, in das sie sie nicht einweihen wollten. Jenny war unglücklich, konnte die Blicke nicht verstehen, die Melia und Ned untereinander austauschten, und verstand ebensowenig, warum Unterhaltungen unterbrochen wurden, sobald sie dazu kam.

Sie arbeitete den ganzen Tag lang hart wie immer, und zu ihrer Erleichterung hob auch Ned den ganzen Tag lang Bewässerungsgräben aus. Am Abend war die Atmosphäre im Haus neuerdings aber sehr angespannt. Jenny führte das auf die Gegenwart Watt Sparrows zurück.

Auf Watt konnte sie sich wirklich verlassen. Er machte sich jede Woche auf den beschwerlichen Weg nach Parramatta, um ihre wöchentliche Nahrungszuteilung abzuholen. Er grub Kartoffeln im Garten aus, hackte Holz, und nahm ihr sogar das abendliche Kochen ab, wenn er den Eindruck hatte, daß sie zu müde dazu war.

Eines Abends arbeitete Watt schon in der Küche, als Jenny erschöpft nach Hause kam. Er schaute auf und sagte: »Du siehst nicht gut aus, mein Mädchen. Du bist doch nicht krank, oder?«

»Nein, natürlich nicht«, beschwichtigte Jenny. Er überredete sie, sich in Toms alten Schaukelstuhl zu setzen und sich auszuruhen, brühte ihr süßen Tee auf und schaute zu, wie sie ihn trank.

»Hast du was, Jenny?« fragte er. »Dich bedrückt was, oder?« Da brach die ganze Anspannung der letzten Wochen aus ihr heraus, und sie versuchte ihm ihre Befürchtungen mitzuteilen, ohne ihn zu verletzen.

»Versteh ich dich richtig, daß du froh wärst, wenn ich wieder ausziehe, wegen Ned – is es das, was du meinst, Jenny?«

»Ich... ja, ich glaube schon. *Ich* will natürlich, daß du hierbleibst, Watt, aber du – Ned regt sich so leicht über dich auf. Seit du hier bist, ist er wie ausgewechselt. Und ich fürchte, daß –«

»Und du fürchtest, daß er dich verläßt, Jenny?«

War es das, überlegte Jenny. War das ihre wirkliche Sorge? Sie war sich nicht ganz sicher, fühlte sich aber zu unglücklich, um weiter darüber nachzudenken. Watt sagte: »Es hat nichts mit mir zu tun, wenn er dich verläßt, mein Mädchen. Schau mal genauer hin. Und frag deine Freundin Melia.«

»*Frag Melia?* Aber wir sind seit Jahren miteinander befreundet! Du willst doch nicht sagen, daß sie und Ned –«

»Genau das versuch ich dir zu sagen, Jenny. Ich versuch bestimmt nich, dich zu verletzen – das ist das letzte, was ich will, da is Gott mein Zeuge. Aber du mußt ja blind sein, wenn du nich siehst, was zwischen den beiden vorgeht.«

War sie denn blind? fragte sich Jenny unglücklich. Melia hatte doch in all den Jahren keinen einzigen Mann angeschaut! Watt Sparrow mußte sich geirrt haben!

»Beobacht sie doch mal, wenn sie zusammen sind, mein Mädchen. Das stimmt sicher, daß Melia aus 'ner vornehmen

Familie stammt, und in England hätt sie ihn bestimmt nich zweimal angeschaut. Aber hier is alles anders. Ich bin schon lang genug hier, um das herausgefunden zu haben. Und ich weiß schließlich, was ich gesehen hab, Jenny.«

»Gesehen?« wiederholte sie mit großer Bitterkeit.

Als er ihr sagte, daß es unter den gegebenen Umständen wohl doch das beste sei, wenn er woanders hinzöge, versuchte sie nicht, ihn zum Bleiben zu überreden. Dem kleinen Mann rührte die unglückliche Geschichte ans Herz, er ließ sich aber nichts anmerken und bereitete weiter das Abendessen vor.

»Ich könnte noch 'n paar Kartoffeln brauchen«, sagte er. »Und vielleicht 'ne Steckrübe und 'n paar Kräuter. Ich hab' Lust, 'n gutes Essen zu kochen, da es ja mein letztes hier is.«

Jenny fühlte sich außerstande, etwas darauf zu antworten. Sie ging in den Garten und stellte mit Entsetzen fest, daß kaum noch Gemüse da war.

Alles, was gerade reif war und für Handelsgeschäfte gebraucht werden konnte, war verschwunden. Zuerst glaubte sie, daß Diebe den Garten in der letzten Nacht ausgeraubt hatten, aber dann sah sie, daß auch die Körbe verschwunden waren, mit denen Ned das Gemüse normalerweise zum Markt brachte.

Und die Körbe waren üblicherweise so gut versteckt, daß kein Dieb sie nachts hätte finden können. Selbst der getrocknete Tabak, den Reuben im vorigen Sommer verbotenerweise angebaut hatte, war aus seinem Versteck verschwunden.

Es fehlt so viel Gemüse, daß mindestens zwei Personen es weggetragen haben mußten. Sie hatte in den letzten Tagen jenseits des Baches den ganzen Tag lang ein neues Feld bearbeitet, und während ihrer Abwesenheit hatten Ned und Melia anscheinend ... Jenny ging dorthin, wo Ned und Melia neue Bewässerungsgräben ausheben sollten, und fand sie dort nicht vor. Auch waren nicht, wie Ned am vorigen Abend stolz berichtet hatte, sechs Gräben fertiggestellt, sondern es waren nur zwei flache Gräben ausgehoben. Und von Ned und Melia war keine Spur zu sehen.

Sie kamen auch nicht zur üblichen Abendessenszeit zurück. Jenny stocherte mißmutig im Essen herum und legte sich früh hin, um im Schlaf Vergessen zu finden.

Am nächsten Tag ging Watt Sparrow nach Parramatta, um Erkundigungen einzuholen. Er kam schon kurz nach Mittag zurück.

»Sie sind auf dem Flußschiff nach Sydney Cove gefahren, Jenny«, berichtete er. »Und für das Gemüse haben sie sich Kleider angeschafft, und für den Tabak haben sie zwei Dollar bekommen. Es scheint, daß Ned was von 'nem Walfänger gehört hat – auf der *Mary Ann* werden noch Matrosen angeheuert. Ich möcht wetten, daß er dort anheuert, wenn er behauptet, daß seine Strafe abgelaufen is. Und die Kapitäne stellen nicht viele Fragen, wenn sie auslaufen wollen und noch Leute brauchen.«

»Und Melia?« fragte Jenny mutig und versuchte, das Zittern in ihrer Stimme zu verbergen. »Sie wird doch ganz bestimmt nicht auf einem Walfänger mitgenommen, oder?«

Watt zuckte mit den Schultern. »Da gibt's immer Möglichkeiten – nicht grade das, was sich für 'ne Dame schickt, aber sie weiß schon, was sie machen muß, um nach England zurückzukommen.«

Jenny fühlte, wie sich das Kind in ihr bewegte, und sie sagte unsicher: »Wir müssen weitermachen. Wenn du mir hilfst, Watt, dann würde ich dir sehr – sehr dankbar sein.«

Er lächelte und legte ihr väterlich den Arm um die Schultern. »Na klar helf ich dir, liebe Jenny. Das Baby hat dann 'nen Großvater und 'ne Mutter – das reicht doch für den Anfang, oder? Und wenn sein Opa auch noch nich viel vom Ackerbau versteht – nun, er kann's ja immer noch lernen, oder? Wann soll das Kindchen denn kommen?«

»Ich glaub' im Dezember«, flüsterte Jenny. »Ich… ich danke dir, Watt. Gott segne dich!«

»Die Abwässergräben, die kriegen wir schon hin«, sagte er und lächelte sie aufmunternd an. »Viele kräftige Männer schauen sich nach Extraarbeit um – die Arbeit, zu der sie von der Regierung eingeteilt werden, ist mittags ja schon vorbei.«

»Aber diese Arbeit muß bezahlt werden«, wandte Jenny ein. »Und wir haben keinen Pfennig Geld, Watt.«

»Das siehst du nich ganz richtig, mein Mädchen.« Er zwinkerte ihr zu. »Ich hab' gehört, daß Rum hier so viel wert ist wie Geld, oder? Nun, Ned hat 'n halbes Fäßchen hier zurückgelassen… konnt's nich tragen, nehm' ich an, als er abhaute. Das verkaufen wir, Jenny, in Ordnung? Das schuldet er uns doch mindestens, oder?« Vielleicht stimmte das, dachte Jenny unglücklich. Sie nickte zustimmend und griff nach ihrer Hacke, um weiterzuarbeiten. Watt nahm sie ihr ab. »Ich muß noch viel lernen! Warum nicht gleich?«

»Ach, Watt!« brach es plötzlich aus ihr heraus. »Du bist ein so guter Mann, wirklich wahr!«

Watt Sparrow umarmte sie und war erschrocken darüber, mit welcher Heftigkeit sie weinte. Er betete zum erstenmal seit Jahren. Es war ein stilles Gebet, aber es kam von Herzen.

Zehn Tage später traf ein Brief von Melia ein. Jenny las ihn ohne jedes Gefühl.

Es tut mir leid, glaub mir das, Jenny. Ich bitte Dich nicht um Verzeihung – ich nehme an, daß Du unsere Flucht nicht verzeihen kannst – aber ich will Dir doch mitteilen, daß Ned inzwischen weg ist.

Er hat auf der Mary Ann angeheuert und ich hoffe, daß er nicht entdeckt wird, daß seine Flucht gelingt.

Ich bleibe hier und arbeite wieder in unserem alten Garten. Ich habe einen Antrag auf Straferlaß gestellt und meiner Mutter geschrieben, daß sie mir das Geld schickt, damit ich nach England zurückfahren kann. Es wird lange dauern, bevor ich eine Antwort von ihr erhalte, aber ich hoffe, daß sie mir helfen wird.

Bitte, denk nicht zu schlecht von mir, Jenny. Ich habe in einer Art Wahnsinn gehandelt, den ich jetzt tief bedaure. Aber ist nun einmal geschehen. Ich wünsche Dir alles Gute, Deine Dich liebende Melia.

Weitere Schiffe mit Sträflingen und Proviant liefen ein. Alle Sträflinge waren abgemagert und krank und waren, wie der Gouverneur vermutete, ebenso schlecht behandelt worden wie die Sträflinge auf der berüchtigten *Neptun*.

Phillip wählte die gesündesten aus und schickte sie auf zwei Schiffen gleich weiter auf die Insel Norfolk. Zu seiner großen Erleichterung kam am 21. September das lang erwartete Proviantschiff *Gorgon* unter dem Kommando von Captain John Parker an. Sie brachte Proviant für sechs Monate und darüber hinaus Fruchtbäume, Saatgut und Tiere mit, unter anderem achtundsechzig Schafe und zwanzig Rinder. Außerdem überbrachte Captain Parker dem Gouverneur das offizielle Amtssiegel, und jetzt konnte er endlich nach eigenem Ermessen in England verhängte Strafen erlassen oder herabsetzen – was er bisher nur bedingt hatte tun können.

Höchst willkommen für den überarbeiteten Gouverneur war die Rückkehr von Phillip King. Er hatte während seines kurzen Aufenthaltes in England geheiratet, und seine Frau Anna brachte mit Mrs. Parker zusammen eine angenehme weibliche Note in das soziale Leben der Kolonie.

»Das werden wir feiern«, entschied der Gouverneur, nachdem ihm King die Neuigkeiten aus der alten Heimat überbracht hatte. »Verdammt noch mal, wir veranstalten das festlichste Abendessen, das jemals im Regierungsgebäude serviert worden ist! Die Damen sollen sich über fein zubereitete Ente und Känguruhfleisch freuen, und Fische gibt es natürlich außerdem. Sie haben sich eine reizende Frau ausgesucht, mein lieber Phillip! Ich bedaure nur, daß Sie allzu bald Ihre Arbeit als Gouverneur auf der Insel Norfolk wieder aufnehmen werden und daß ich deshalb nur wenig von Ihnen zu sehen bekommen werde.«

»Das bedaure ich ebenso, Sir«, versicherte ihm King. Er zögerte und fragte dann: »Wie hat sich Major Ross als mein Stellvertreter bewährt?«

Gouverneur Phillips Mund zog sich zu einem schmalen Strich zusammen. »Ich bin absolut sicher«, antwortete er, »daß sich die gesamte Bevölkerung der Insel Norfolk, freie Siedler ebenso wie Sträflinge, über Ihre Rückkehr sehr freuen werden.«

»Und *wann* werde ich zurückkehren können, Sir?« fragte King. »Ich stehe natürlich absolut zu Ihren Diensten, aber ich freue mich auf die Aufgaben, die mich erwarten, und ich habe Anna so viel über die Insel erzählt, daß sie begierig ist, sie mit eigenen Augen zu sehen.«

»Das wird davon abhängen, was für ein Schiff uns zur Verfügung steht«, sagte ihm der Gouverneur. »Die *Supply* hat ausgedient, ich werde sie für eine gründliche Überholung nach England zurückschicken müssen. Ich plane, sie im Konvoi zusammen mit der *Gorgan* zurücksegeln zu lassen. Wie Sie sicher wissen, wird Captain Parker Ross alle Marineinfanteristen mit zurück nach England nehmen.« Ein leichtes Lächeln umspielte seine Züge. »Hören Sie sich den Plan an, den ich mir ausgedacht habe, mein lieber Phillip: Ich möchte nämlich Ross zum spätest möglichen Zeitpunkt von der Insel Norfolk zurückholen, so daß er praktisch direkt an Bord der *Gorgon* geht und hier überhaupt keine Schwierigkeiten mehr machen kann!«

Phillip King nickte verständnisvoll, und der Gouverneur fuhr fort: »Sie können sich auf einen Zeitraum von drei bis vier Wochen hier einstellen. Wenn Sie fahren, schicke ich

Captain Paterson vom Neusüdwales-Korps und seine Frau mit – und den Arzt Doktor Balmain. Mistress Paterson wird Ihrer Frau gut gefallen, und der junge Balmain ist ein ausgezeichneter Arzt. Der Pfarrer ist auch begierig darauf, mit Ihnen nach Norfolk zu fahren, um Eheschließungen und Taufen zu vollziehen... Sie haben ja inzwischen an die elfhundert Einwohner dort.«

»Tatsächlich, Sir?« King schaute ihn sehr überrascht an. »Das ist aber schnell gegangen – als ich die Insel verließ, lebten nur etwa fünfhundert Menschen dort.«

Sie unterhielten sich bis tief in die Nacht hinein. Für Gouverneur Phillip war es eine große Erleichterung, endlich einmal einem Mann von seinen Sorgen und Nöten erzählen zu können, von dem er glaubte, daß er ihn verstand. King hatte auf der Insel Norfolk mit den gleichen Problemen und Rückschlägen zu kämpfen gehabt wie er selbst, und er hatte auch die Einsamkeit kennengelernt, die das Amt des Gouverneurs mit sich brachte.

»Sie haben so viel hier erreicht, Sir«, sagte der jüngere Mann mit tiefer Überzeugung, als er schließlich ging. »Ich würde sogar noch weitergehen und sagen, daß Sie das Unmögliche erreicht haben.«

»Wir haben überlebt, mein Lieber – das allein schon ist etwas, was unsere Regierung in England gar nicht für möglich gehalten hätte.«

King setzt zu einer Antwort an, zögerte, aber dann brach es aus ihm heraus: »Ich hatte eigentlich nicht vor, Ihnen das zu erzählen... aber ich habe in England gehört, daß erwogen wurde, die Kolonie hier aufzugeben und die Überlebenden in Nordkanada anzusiedeln!«

»Weil wir die Regierung zu viel kosten?« fragte der Gouverneur zynisch. »Weil wir uns noch nicht selbst ernähren können und immer wieder um Proviant und Arbeitskräfte bitten müssen?«

»Hauptsächlich wohl wegen der weiten Entfernung, Sir.

Lord Dorchester brachte die Sache im Oberhaus zur Sprache, aber sein Plan wurde abgelehnt«, antwortete King.

»Sie haben Angst, uns von hier abzuziehen, Phillip. Nachdem die von Lapérousens Forschungsfahrt gehört haben, wagen sie nicht, den Franzosen das Feld hier zu überlassen.«

Er unterdrückte ein Gähnen, und Phillip King dachte wieder, wie mitgenommen und krank er aussah.

»Ich möchte Sie jetzt nicht länger aufhalten, Sir«, sagte er entschuldigend, aber der Gouverneur unterbrach ihn.

»Ich bin froh, daß Sie zurück sind, Philip – ich kann nur mit wenigen Menschen so frei sprechen wie mit Ihnen.«

Er stand auf und schenkte vom dem ausgezeichneten Madeira nach, den Captain Parker ihm als Gastgeschenk mitgebracht hatte. Er hob sein Glas: »Auf Ihr Wohl, Phillip, mein Freund – und auf die Zukunft – und auch darauf, daß wir es mit Gottes Hilfe schaffen, daß unser Mutterland eines Tages auf diese Kolonie stolz sein wird!«

»Mit diesem Trinkspruch bin ich aus ganzem Herzen einverstanden, Sir«, antwortete King bewegt.

Das Frachtschiff *Atlantic* wurde als Ersatz für die *Supply* gechartert, und am 26. Oktober segelte sie los. An Bord befanden sich Phillip King und Captain Paterson mit ihren Frauen, Doktor Balmain und der Pfarrer Richard Johnson.

Am Tag vor der Abfahrt gab Gouverneur Phillip wie versprochen ein großes Abendessen für über fünfzig Gäste. Es war ein wahres Festmahl, wie es die neugegründete Kolonie noch nicht erlebt hatte. Aber die Lebensmittel würden wieder knapp werden, das wußte Gouverneur Phillip nur zu genau. Es war seit Wochen so heiß, daß die Gefahr einer neuen Dürre drohte.

Um diesmal nicht auf die Proviantschiffe aus England angewiesen zu sein, die oft Monate später als erwartet eintrafen, sollte die *Atlantic* weiter nach Kalkutta fahren, um Mehl und Bohnen für die Kolonie einzukaufen. Und der Gouverneur charterte die *Queen*, um das Neusüdwales-Korps auf die Insel Norfolk zu transportieren und auf der Rückfahrt Major Ross und seine Marineinfanteristen nach Sydney zurückzubringen.

Auch die *Gorgon* war abfahrbereit. Sobald die *Queen* den Hafen verlassen hatte, würde sie lossegeln. Zu Gouverneur Phillips Freude hatte sich David Collins dazu entschlossen, weiterhin zu bleiben, aber die anderen Marineinfanterie-Offiziere fuhren nun nach England zurück ... auch der unermüdbare Forscher Tench. Nur sehr wenige der Marineinfanteristen hatten sich dazu entschlossen, sich nach Ende ihrer Dienstzeit in der neugegründeten Kolonie als freie Siedler niederzulassen.

Captain Tench hatte viel zu dem guten Verhältnis beigetragen, das jetzt zwischen den Eingeborenen und den Siedlern herrschte. Und doch entschloß er sich zum großen Bedauern von Gouverneur Phillip, in sein Heimatland zurückzukehren.

Das Frachtschiff *Queen* kam am 13. Dezember mit Major Ross, seinen Marineinfanteristen und dem Pfarrer in Sydney an. Wie erwartet, fing Ross sofort an, sich zu beschweren, aber zur großen Erleichterung des Gouverneurs ging er sofort an Bord der *Gorgon* und stattete dem Regierungshaus nur einen steifen, offiziellen Besuch ab. Er hatte anscheinend während der paar Tage, die er zusammen mit Phillip King auf der Insel verbracht hatte, sofort angefangen, sich mit ihm zu streiten. Seine Amtszeit war alles andere als zufriedenstellend gewesen, und als Beweis dafür überbrachte Pfarrer Johnson dem Gouverneur einen Stapel von Beschwerdeschreiben, in denen Sträflinge angaben, von Ross ungerecht behandelt worden zu sein.

Nachdem der Pfarrer gegangen war, schob der Gouverneur den Stapel der Beschwerdeschreiben über den Tisch zu Captain Collins hinüber.

»Das beste ist wohl, wenn das abgeheftet wird, David«,

sagte er, »aber wir können jetzt keine Schritte mehr gegen Ross unternehmen. Mister King hat die Regierungsgeschäfte auf der Insel wieder angetreten – er wird alles ins reine bringen, nehme ich doch an.«

»Da ist noch etwas anderes, Sir. Einer der Flüchtlinge wurde vor kurzem gefangen – es ist ein merkwürdiger Fall.«

»Ja?« fragte ihn Phillip erwartungsvoll. »Um wen handelt es sich?«

»Der Mann heißt Munday. Sie erinnern sich vielleicht, Sir, daß er verdächtigt worden ist, sich als blinder Passagier auf der *Waakzaamheid* eingeschlichen zu haben, aber da es keine Beweise gab, ließ man den Mann laufen.«

Der Gouverneur nickte mit dem Kopf. »Ja, ich erinnere mich noch gut daran. Was hat der Mensch denn jetzt schon wieder angestellt?«

Collins suchte in seinen Papieren. »Ich habe heute morgen seine Aussage aufgeschrieben, Sir. Der Kapitän der *Mary Ann* lieferte ihn uns mit der Begründung aus, daß er versucht habe, sich nach der Rückkehr vom Walfischfang als blinder Passagier auf dem Schiff einzuschleichen. Sie erinnern sich daran, daß die *Mary Ann* sehr viel Erfolg hatte – auf der ersten Fahrt wurden neun Wale getötet.«

David Collins schaute wieder in seine Papiere.

»Munday gibt an, auf der *Mary Ann* als Deckshand angeheuert zu haben, als sie Ende August von der Insel Norfolk zurückgekommen war. Und er gibt weiter an, auf beiden Walfischfangfahrten dabei gewesen zu sein. Captain Jones hingegen behauptet, daß Munday sich als blinder Passagier an Bord geschlichen hat, als er seine Fahrt nach Peru vorbereitet hat.«

»Wann ist der Prozeß?«

»Morgen, Sir.«

»Und was für eine Art Charakter hat er?«

Collins zuckte mit den Schultern. »Keinen guten, Sir. Er bearbeitete mit dem Taggart-Mädchen zusammen ihr Land nördlich von Rose Hill, aber im August verschwand er von dort mit einem Mädchen, mit Melia Bishop.«

»Vielleicht hat er doch als Deckshand angeheuert«, sagte Phillip. »Trotzdem denke ich, daß wir ein Exempel statuieren müssen, David, wenn das Gericht ihn für schuldig befindet. Wir können es uns nicht leisten, daß Schiffe hier anlegen, deren Mannschaft nicht vollständig ist und die deshalb unsere Sträflinge anheuern, ganz besonders, weil sie natürlich nur junge und kräftige Männer aussuchen. Wenn Munday die Strafe verbüßt hat, die das Gericht ihm auferlegt, soll er gefesselt zu Jenny Taggart zurückgeschickt werden. Sie wurde von lebenslänglicher Verbannung zu sieben Jahren Strafarbeit begnadigt. Ich hoffe, daß ihr gutes Beispiel Schule macht.«

Der Gouverneur erhob sich schwerfällig und zuckte zusammen, als er unerwartet einen Stich in der Seite verspürte: »Ich ruhe mich etwas aus – aber ich sehe Sie an Bord der *Gorgon* beim großen Abschiedsessen, nicht wahr?«

»Ja, Sir, natürlich sehen wir uns dort«, antwortete Collins.

»Und Major Ross wird auch dort sein«, erinnerte ihn Phillip. »Aber glücklicherweise wird es das letzte Mal sein, daß ich mich in seiner Gesellschaft zu Tisch setzen werde, und dafür bin ich von Herzen dankbar!«

Als der Geburtstermin näher rückte, wurde Jenny immer verzweifelter. Watt Sparrow tat zwar alles, was er konnte, aber er war trotz allem kein Farmer und die Weizenernte, auf die sie so große Hoffnungen gesetzt hatte, wurde zu einer großen Enttäuschung. Die Sträflinge, die die Ernte einbringen sollten, arbeiteten lustlos und unterbrachen die Arbeit so oft wie nur irgend möglich, und obwohl Eliza und ihr Mann Will Read, die von ihren Nöten hörten, herüberkamen, um ihr bei der Ernte zur Hand zu gehen, erwies sich das Resultat doch als äußerst enttäuschend.

Eliza hatte schon ein kleines Kind, und sie und ihr Mann

hatten alle Hände voll zu tun, ihr eigenes sehr viel größeres Stück Land zu bebauen.

Sie arbeitete, so lange sie konnte, aber Mitte Dezember fiel ihr selbst das Hacken im Gemüsegarten so schwer, daß Watt es nicht mehr mit ansehen konnte und sie bat, doch eine Pause zu machen.

»Is nich gut, so hart zu arbeiten, mein Mädchen«, sagte er. »Außerdem mußte auch 'n bißchen an dein Kleines denken, oder?« Er grinste und zeigte auf die Wiege, die er mit großer Mühe aus einem Stück Hartholz geschnitzt hatte. »Ich möcht' endlich mein Enkelkind da drin schaukeln! Das mach' nämlich ich, wo doch der Papa weg is.«

Und es war auch nicht wahrscheinlich, daß er jemals wieder auftauchen würde, dachte Jenny resigniert, denn es war jetzt über drei Monate her, seit Ned geflohen war. Aber zu ihrer großen Überraschung erfuhr Watt, als er eine Woche vor Weihnachten ihre Lebensmittel in Parramatta abholte, daß Ned gefangengenommen worden war.

»Diesmal wird er aber bestimmt hart bestraft, glaubst du nicht?« Der kleine Mann nickte unglücklich. »Reg dich bloß nich auf, Jenny, aber du wirst es ja doch erfahren – er is zu zweihundert Peitschenhieben und einer Woche auf der Strafinsel verurteilt worden. Und danach muß er zwei Monate lang in Ketten gelegt arbeiten.« Er machte eine Pause, schaute sie ängstlich an, und fügte dann hinzu: »Er wird zur Strafarbeit hierher zurückgeschickt.«

Jenny fühlte, wie sie blaß wurde. Das war nun wirklich das letzte, was sie wollte, daß Ned gezwungen wurde, zu ihr zurückzukehren... in den Monaten seit seiner Flucht hatte sie sich an seine Abwesenheit gewöhnt, hatte sich dazu entschlossen, ihn zu vergessen und ein neues Leben ohne ihn zu beginnen...

»Vielleicht kommt er jetzt endlich zu sich«, hoffte sie. »Und wir können seine Hilfe ja auch brauchen, oder? Du –« Plötzlich empfand sie die ganze Abneigung Watts gegen Ned.

»Oh, Watt, *du* verläßt mich doch nicht, oder? Auch dann nicht, wenn Ned wieder zurückkommt?«

Er klopfte ihr beruhigend auf die Schulter. »Ich bleib' bei dir, solange du mich brauchst, Jenny«, versprach er. »Mach dir deshalb bloß keine Sorgen, mein Mädchen.«

Er brühte Tee auf und reichte ihr eine Tasse voll. Der arme Ned – er wäre glücklich, wenn er diese harte Strafe überleben würde, glücklich, wenn – ein stechender Schmerz fuhr ihr durch den Bauch, und sie biß die Zähne zusammen. Er verging so unerwartet wie er eingesetzt hatte, und sie stand schnell auf und verstaute die von Watt geholten Lebensmittelvorräte in der Küche.

Sie wollte Watt keinesfalls unnötig beunruhigen. Er machte sich ohnehin schon genügend Sorgen wegen der bevorstehenden Geburt und würde sofort losgehen, um die alte Frau in Parramatta zu holen, die versprochen hatte, bei der Geburt des Kindes behilflich zu sein. Die Frau war unfreundlich und geldgierig und hatte sofort klargestellt, daß sich ihr Lohn für die Hilfe verdoppeln würde, wenn sie mehr als zwei Stunden auf die Geburt warten mußte. Ihr Lohn – zwei Wochenrationen Mehl oder zwei Liter Rum – war sowieso schon hoch genug.

Aber zum Glück hatte Watt nichts bemerkt, und die Schmerzen wiederholten sich nicht.

Weihnachten nahte und ging vorbei. Pfarrer Johnson hielt einen Gottesdienst ab, an dem alle Sträflinge teilnehmen mußten. Watt kam gutgelaunt davon zurück und brachte Jenny ein extra Pfund Mehl mit, das der Gouverneur jeder Frau als Weihnachtsgeschenk zukommen ließ. Und zu Jennys großer Überraschung brachte er auch einen zweiten Brief von Melia mit. Er enthielt so bewegende Neuigkeiten, daß Jenny beim Lesen die Tränen kamen.

Wenn Du diesen Brief erhältst, liebe Jenny, bin ich schon auf hoher See auf meinem Weg nach England.

Ich kann mein Glück noch kaum fassen. Ein einflußreicher Freund meines verstorbenen Vaters hat sich anscheinend nach meinem Verbleib erkundigt. Nachdem er herausgefunden hatte, daß ich nach Neusüdwales transportiert worden bin, setzte er alle Hebel in Bewegung, um meine Freilassung zu ermöglichen. Und der gute Gouverneur Phillip erließ mir meine Strafe, nachdem er meine traurige Geschichte angehört hatte.
Ich bitte Dich, gedenke meiner mit Freundlichkeit und versuche zu vergessen, was ich Dir angetan habe. Deine glückliche und Dich immer liebende Freundin Melia.

Am Neujahrstag lieferten zwei Soldaten des Neusüdwales-Korps Ned bei Jenny ab. Am späten Nachmittag stießen sie ihn ohne zu klopfen in die Hütte hinein und gingen wortlos von dannen.

Ned blieb auf dem Boden liegen, wo er hingefallen war, und Jenny sah, daß nicht nur seine Füße gefesselt waren, sondern daß sie auch ein schweres Eisenband um seinen Hals geschmiedet hatten, das ihn schon wund gescheuert hatte. Sie half ihm auf die Beine und führte ihn zu ihrem Bett. Totenbleich trank er einen Schluck Wasser, den sie ihm anbot.

Jenny sah mit Entsetzen, daß die tiefen Striemen auf seinem Rücken noch nicht verheilt waren. Sie zog ihm das zerrissene, schmutzstarrende Hemd aus.

Er war zu schwach, um etwas zu essen, aber sie konnte ihm ein paar Löffel voll Haferbrei einflößen. Dann sank er in einen Dämmerschlaf, und Jenny ging daran, so leise wie möglich das Abendessen für Watt und sie vorzubereiten.

In Jennys Brust kämpften Mitleid und Abneigung gegeneinander. Es paßte Jenny ganz und gar nicht, daß Ned ausgerechnet jetzt aufgetaucht war. Sie wollte ihn nicht im Haus haben, wenn das Kind geboren wurde, sie hatte sich längst damit abgefunden, es alleine großzuziehen und wollte inzwischen auch nicht mehr, daß ihr Kind von einem so herzlosen Vater erzogen würde.

Als sie zu Ned hinüberschaute sah sie, daß er jetzt wach war und sie beobachtete.

»Ist es nicht allmählich die Zeit für die Geburt?« fragte er neugierig.

Jenny wurde wütend. »Was geht das dich überhaupt an?« fuhr sie ihn ärgerlich an.

»Also hör mal! Ich bin doch –« Als er ihren eisigen Blick bemerkte, brach Ned mitten im Satz ab. Nach einer Weile sagte er mürrisch: »Ich hab' bestimmt nicht darum gebeten, hierher zurückgeschickt zu werden, verdammt noch mal!«

»Und ich genausowenig. Bildest du dir etwa ein, daß ich dich zurückhaben will?« gab Jenny zurück.

»Auf alle Fälle nicht, solange dieser Spitzbube Sparrow dir aus der Hand frißt..., er hat dir wohl alles erzählt, oder?«

»Er –« Ein stechender Schmerz fuhr ihr durch den Leib. Sie keuchte und hielt sich an der Tischkante fest. O Gott, betete sie im stillen, nicht jetzt, lieber Gott, nicht jetzt. Sie ging zur Tür, und wieder hatte sie eine so starke Wehe, daß ihr ein Schrei entfuhr. Watt konnte nicht weit weg sein – er hatte ihr versprochen, in Rufweite zu bleiben, aber sie konnte ihn nirgends erblicken.

Hinter sich hörte sie, wie Ned bei dem Versuch auf die Beine zu kommen, fluchte.

»Verdammt noch mal, Jenny –« Jetzt war er an ihrer Seite und faßte sie bei den Schultern. »Ich hatte recht, oder? Jetzt ist es so weit.«

»Ja, ich – ich glaub's auch.« Sie biß die Zähne zusammen. »Watt... ruf nach Watt. Er soll die Hebamme holen.«

Ned legt einen Arm um ihre Schulter, und mit seiner Hilfe ging Jenny in die Hütte zurück. »Watt«, sagte sie unter Schmerzen. »Die... Hebamme. Sarah Burdo... wohnt in Parramatta.«

Sie sank auf dem Bett nieder, und ihr Körper verkrampfte

sich, bis die nächste Wehe einsetzte. Ned beruhigte: »Mach dir keine Sorgen, ich werde Watt schon finden.«

Der kleine Mann humpelte schon heran, und seine Augen wurden schmal vor Haß, als er Ned erkannte.

»Also bist du zurück, du nutzloser Lump! Was ist denn los – hat Jenny dich rausgeworfen?«

»Nein. Die Geburt fängt an«, antwortete Ned. »Die Hebamme muß geholt werden.«

Watt wurde bleich. »O Gott!« rief er unglücklich aus. »Und ausgerechnet eben hab' ich mir den Fuß verstaucht – kann kaum 'nen Schritt gehen, wie du siehst. Aber ich mach's trotzdem, und wenn ich den Weg auf allen vieren kriechen muß, verdammt noch mal!« Er schaute verächtlich auf Neds Ketten und fügte hinzu: »Du bist ja wie immer nutzlos, und ganz besonders dann, wenn man dich mal brauchen könnt!«

»Ich hol' die verdammte Hebamme«, sagte Ned. »Zur Hölle, Jenny ist trotz allem noch meine Frau – also ist es auch meine Aufgabe, Hilfe zu holen. Aber du hast dein Wort gebrochen, du hast ihr die Wahrheit erzählt, oder? Du hast ihr gesagt, daß ich Captain Wilkes an die Polizei verpfiffen habe!«

Watt Sparrow schaute ihn fassungslos an und schüttelte dann den Kopf. »Nein, hab' ich ihr nie gesagt. Ich werd' doch nich wortbrüchig, Munday!«

Ned atmete erleichtert auf und sagte: » Gut – hilf ihr so gut es geht, und ich hol' die Hebamme.«

Parramatta lag vier Meilen entfernt. Ned war die Strecke heute schon einmal gegangen. Seine Fesseln drückten schmerzhaft ins Fleisch und er blieb stehen, um zu Atem zu kommen. Obwohl die Sonne vor einer halben Stunde untergegangen war, war es immer noch unerträglich heiß.

Er wischte sich den Schweiß von der Stirn und verschob das schwere Eisen an seinem Hals, um für ein paar Sekunden den Druck nicht zu spüren. Er mußte etwas trinken, bevor er weiterging – er erinnerte sich daran, daß ganz in der Nähe des Weges ein Bach dahinplätscherte.

Die beiden Soldaten, die ihn bei Jenny abgeliefert hatten, hörten das Geklirr der Ketten. Sie hatten noch einen der freien Siedler in der Gegend besucht und waren so freundlich aufgenommen worden, daß sie sich erst jetzt, kurz vor dem Zapfenstreich, auf dem Heimweg befanden.

»Wir behaupten einfach, daß uns der verdammte Gefangene Schwierigkeiten gemacht hat«, schlug der eine Soldat vor. »Aber vielleicht bemerkt der Sergeant ja gar nicht, daß wir uns verspätet haben. Aber horch mal – ich höre Ketten klirren. Da is einer auf der Flucht! Wir sollen doch schießen, wenn wir jemanden auf der Flucht erwischen, oder?«

Mit ihren Flinten im Anschlag gingen Walter Cook und Harry Daniel dem Geräusch nach. Als Walter einen dunklen Schatten zwischen den Bäumen sah und deutlich das Geklirr der Ketten vernahm, schoß er.

Ned Munday schrie auf und sank in sich zusammen.

»Du Idiot hast gleich geschossen!« stieß Harry hervor. »Das ist doch der Munday, den wir heut morgen abgeliefert haben!«

Walter antwortete entschuldigend: »Aber er war auf der Flucht, oder?«

Die beiden hörten, daß der Verletzte etwas murmelte. Sie beugten sich über ihn und verstanden mühsam, »Die Hebamme... für meine Frau. Holt... Sarah... Burdo.«

Ned Munday raffte sich mit letzter Kraft auf. Er ging schwankend ein paar Schritte und brach dann wieder zusammen.

»Er ist tot, Harry«, meinte Walter Cook. »Der arme Teufel is tot, und ich bin schuld dran. Hab noch nie jemanden getötet, ich...« Seine Zähne klapperten. »O Gott! Verzeih mir – er war ja gar nicht auf der Flucht! Er wollte die Hebamme für seine Frau holen!«

»Ganz genau«, antwortete Daniel finster. »Aber das erzählen wir dem Sergeant besser nich. Los, wir benachrichtigen die Hebamme.«

Die Hebamme kam kurz vor Mitternacht an. Eine Stunde später gebar Jenny Taggart am 1. Januar 1792 einen Sohn. Gleich darauf fiel sie erschöpft in tiefen Schlaf.

Als sie erwachte, schien die helle Morgensonne durch die offene Tür in die Hütte hinein. Sarah Burdo war schon gegangen, aber sie hatte das Baby noch gewaschen und es in die Krippe gelegt, die Watt geschnitzt hatte. Der kleine Mann kniete am Boden und sprach beruhigend auf den laut schreienden neuen Erdenbürger ein. Als er sah, daß Jenny aufgewacht war, hob er das Kind aus der Krippe und legte es in Jennys Arme. Dort hörte es sofort zu schreien auf, und Watt sagte stolz: »Is 'n schöner, kräftiger Junge, liebe Jenny... und kommt mehr auf dich raus, als auf seinen Vater. Ganz helle Haare und blaue Augen... is er nich bildschön?«

Jenny schaute ihren Sohn zum ersten Mal an und sah sofort, daß er Johnny Butcher wie aus dem Gesicht geschnitten war. Sie lächelte, atmete schwer und drückte ihn an ihr Herz.

»Er ist wunderbar, Watt«, flüsterte sie. »Oh, er ist wirklich wunderbar!«

»Wie willst du ihn denn nennen?« fragte Watt. Er fügte eifersüchtig hinzu: »Ich hoff' doch, daß du ihn nich Edward nennst, weil Ned das wirklich nicht verdient hat. Du merkst ja, er kommt nich zurück – is schon wieder auf der Flucht!«

Jenny entgegnete nachdenklich: »Er soll von niemandem den Namen erben.« Sie dachte nach. »Er soll... Justin heißen – das ist der schönste Name, den ich kenne.«

Drei Wochen später wurde der kleine Junge von Pfarrer Johnson auf den Namen Justin Angus getauft, und mit Nachnamen hieß er Taggart.

Epilog

Gouverneur Phillip saß vor einem Stapel offizieller Papiere an seinem Schreibtisch.

Er hatte noch viel zu erledigen, bevor er sein Amt niederlegen und endlich zur Erholung nach England absegeln konnte. Die meisten Papiere erforderten zwar nur seine Zustimmung, die er durch seine Unterschrift kundtat, aber ... er senkte den Federhalter. Es gab noch so viel zu erwägen, abzuschätzen und zu bedenken, bevor er der Kolonie den Rükken kehren konnte, die er vor fünf Jahren gegründet hatte – diese Kolonie von Entehrten, deren Schicksal er mit den besten Absichten in die Hand genommen hatte.

Er wünschte sich aus ganzem Herzen, daß er hätte bleiben können, obwohl er wußte, daß seine angegriffene Gesundheit ihm das unmöglich machte. Der Mann, der ihn während seiner Abwesenheit vertreten würde, war unglücklicherweise einer, den er nicht mochte und dem er auch nicht traute. Major Francis Grose, der Kommandant des Neusüdwales-Korps war Anfang Februar an Bord der *Pitt* in Sydney angekommen.

Wie Major Ross, war auch er offiziell zum stellvertretenden Gouverneur ernannt worden. Mit seinem Wissen und seiner Ermutigung hatte der Kapitän der *Pitt* zu extrem überhöhten Preisen in Sydney Waren verkauft und den Profit in die eigene Tasche gesteckt.

Und Gouverneur Phillip hatte aus verläßlicher Quelle erfahren, daß Major Grose schon Schritte unternommen hatte, um diesem Beispiel zu folgen und aus der Armut der Kolonie privaten Profit zu schlagen ... Phillip hörte ein Geräusch hinter sich, drehte sich um und sah David Collins herankommen.

»Verzeihen Sie die Störung, Sir«, bat der Advokat. »Aber ich habe einen Brief von Watkin Tench erhalten. Er war zwar genauso durchnäßt wie die gesamte Post, aber er ist inzwischen soweit getrocknet, daß er wieder gerade lesbar ist. Ich glaube, daß der Brief Sie interessiert, Sir, weil er die Leute betrifft, die mit Bryant in Ihrem Kutter geflohen sind.«

Phillips müde Augen leuchteten auf. »Verdammt noch mal, David!« rief er aus. »Sie wollen mir doch nicht sagen, daß es die Leute tatsächlich bis Timor geschafft haben, oder?«

Collins lächelte. »Doch, sie haben es geschafft, Sir.« Er schaute auf das verwaschene Stück Papier. »Sie sind am 5. Juni letzten Jahres in dem Hafen von Timor eingelaufen, und zwar mit der vollständigen Mannschaft.«

»Unglaublich!« rief der Gouverneur aus. »In diesem kleinen Kutter ist das eine ungeheure Navigationsleistung. Und was haben sie dazu gebraucht? Neun Wochen und enorm viel Mut. Sie sind ein echter Verlust für diese Kolonie, David. Aber wie hat Tench überhaupt davon erfahren? Wurden sie wieder eingefangen?«

David Collins nickte fast bedauernd mit dem Kopf. »Sie wurden an Bord der *Gorgon* nach Kapstadt geschickt. Bryant und sein kleiner Sohn starben noch in Batavia an einer Epidemie. Drei andere starben auf der Fahrt nach Kapstadt. Aber lesen Sie selbst den Brief, wenn es Sie interessiert... er enthält viele Einzelheiten.« Der Gouverneur ging zu seinem Schreibtisch zurück und entzifferte die verwaschene Tinte von Watkin Tenchs Schreiben.

Ich bin einem Teil der Abenteurer wieder begegnet, die im vergangenen März den Kutter des Gouverneurs gestohlen haben. Als ich auf der Gorgon am Kap der guten Hoffnung ankam, wurden sechs der Ausreißer, unter anderem Mary Bryant und ein Kind zu uns an Bord gebracht, um nach England eingeschifft zu werden. Vier

Männer waren bereits gestorben, und einer war in Batavia über Bord gesprungen.
Sie waren am 13. Juni 1791 in Timor angekommen und gaben an, auf der Überfahrt von Port Jackson nach Indien schiffbrüchig geworden zu sein. Die Holländer empfingen sie freundlich und nahmen sie gastlich auf, aber einer verriet in einem Augenblick der Unaufmerksamkeit das ganze Geheimnis. Da wurden sie sofort verhaftet und ins Gefängnis gebracht.
Ich gebe zu, daß ich Mitleid und Bewunderung für diese Leute empfinde. Um frei zu sein, haben sie schier Unmögliches geleistet.
Diese Unglückseligen! Wenn die Überlebenden vor Gericht gestellt werden, werde ich all meinen Einfluß geltend machen, um ihnen soweit wie möglich behilflich zu sein.

»Diesem Schreiben lag noch ein Brief bei, Sir«, sagte Collins, als der Gouverneur Tenchs Brief zu Ende gelesen hatte. »Er ist für Jenny Taggart bestimmt und stammt von dem Gefangenen Butcher. Mit Ihrer Erlaubnis werde ich mich darum kümmern, daß der Brief Jenny erreicht.«

»Aber selbstverständlich, David ... und mit dem Brief können Sie ihr die schriftliche Bestätigung ihres Straferlasses zukommen lassen. Mein Gott, wie schnell vergeht die Zeit! Am besten erledige ich das jetzt sofort, damit der Schreibtisch leer für Major Grose wird.«

Nachdem Gouverneur Phillip und David Collins eine Zeitlang schweigsam gearbeitet hatten, schaute Phillip auf und blickte seinen jungen Mitarbeiter nachdenklich an. »Während meiner Abwesenheit wird sehr viel von Ihrem Einsatz abhängen, David«, meinte er. »Sie müssen alles tun, was in Ihrer Macht steht, um zu verhindern, daß sich Offiziere des Neusüdwales-Korps durch private Handelsgeschäfte bereichern. Und so lange Sie noch im Korps dienen, darf ihnen kein Land zugesprochen werden. Wie Sie wissen, habe ich diesbezüglich von mir persönlich unterschriebene und mit dem Amtssiegel versehene Anordnungen hinterlassen.«

Phillip seufzte und reichte Collins das silberne Siegel, in das das Motto *Sic Fortis Etruria Crevit* eingraviert war. »Einzig der Gouverneur allein darf dieses Siegel benutzen. Verwahren Sie es gut!«

Collins versprach es ihm mit großem Ernst. Dann sagte er: »Das Abendessen ist fertig und wird serviert, sobald Sie es wünschen.«

»Ja, für heute ist meine Arbeit beendet«, antwortete Phillip und ging langsam, auf Collins Arm gestützt, hinüber ins Eßzimmer.

Am nächsten Tag fand zu Ehren des scheidenden Gouverneurs eine Parade des Nordsüdwales-Korps statt. Major Grose marschierte mit arrogantem Gesichtsausdruck an der Spitze. Um sechs Uhr abends ging Arthur Phillip an Bord der *Atlantic*, und er wurde von Baneelon und einem anderen jungen Eingeborenen begleitet, der ihm als Jäger und Führer gedient hatte. Eine Stunde später lichtete das Schiff den Anker, und die lange Reise nach England begann.

Phillips fünfjährige Regierungszeit als Gouverneur der neugegründeten Kolonie war nun zu Ende.

Eine kleine Menschenmenge hatte sich am Hafen versammelt, um der Abfahrt des Gouverneurs beizuwohnen. Auch Jenny und Watt Sparrow schauten zu, wie die Barkasse vom Landungssteg ablegte. Watt hob den einjährigen Justin auf seine Schultern und sagte lächelnd: »Wink ihm zu, mein Kleiner ... Seine Exzellenz fährt nämlich heim. Wie gern wär ich an seiner Stelle!«

Jenny schüttelte den Kopf. »Du darfst nicht so sprechen, Watt«, tadelte sie. »Nicht vor Justin – seine Heimat ist hier, und er wird nie eine andere haben.«

»Um so schlimmer«, meinte Watt, als das Kind folgsam dem sich entfernenden Boot nachwinkte, aber Jenny hörte ihn kaum. Gouverneur Phillip war ein aufrechter Mann, dachte sie, und er war ein sehr guter Gouverneur gewesen – manchmal streng, aber immer fair und gerecht. Sein Scheiden bedeutete für die Kolonie einen Verlust ... sie schaute unsicher zu dem neuen stellvertretenden Gouverneur hinüber, der umringt von seinen Offizieren vor dem Regierungsgebäude stand. Sie sah, wie Lieutnant Macarthur zu ihm hinging und hörte, wie die beiden Männer laut über etwas lachten, was sie nicht verstehen konnte.

»Das sind vielleicht zwei Spitzbuben, die zwei da«, sagte Watt Sparrow, der Jennys Blick gefolgt war.

Sie nickte und faßte nach den zwei wertvollen Papieren in ihrer Kleidertasche. Es war die schriftliche Bescheinigung ihres Straferlasses und der Brief von Johnny Butcher.

Am Ende seines Berichtes hatte Johnny geschrieben:

Wir haben es tatsächlich bis Timor geschafft, aber ich wünsche jetzt, daß wir es gar nicht erst versucht hätten, denn es scheint, daß wir nur ein Gefängnis mit dem nächsten eingetauscht haben. Und wir haben Will Bryant und seinen Jungen und drei der anderen Männer auf dem Weg von Batavia nach Kapstadt verloren.

Aber die Hoffnung hält mich aufrecht, Dich eines Tages wiederzusehen, und zwar mit Gottes Willen dann, wenn ich ein freier Mann bin. Warte auf mich, Jenny ...

Als sie der sich entfernenden Barkasse des Gouverneurs nachschaute, überlegte sie, was die Zukunft ihnen bringen würde und in was für eine Welt ihr Sohn hineinwachsen würde. Sie sagte sanft: »Jetzt ist Gouverneur Phillip für immer abgereist. Laß uns heimgehen, oder?«

Watt Sparrow folgte ihr nach kurzem Zögern, und sie gingen zu dem Flußschiff, das sie wieder zurück nach Parramatta bringen würde.

Weltbild Buchverlag –Originalausgaben–
Lizenzausgabe 2005 für Verlagsgruppe Weltbild GmbH,
Steinerne Furt 67, 86167 Augsburg

Published by Arrangement with BOOK CREATIONS INC., Spencertown, NY, U.S.A.
Dieses Werk wurde vermittelt durch die Literarische Agentur Thomas Schlück GmbH, 30827 Garbsen
Sonderauflage

Projektleitung: Dr. Ulrike Strerath-Bolz
Übersetzung: Katrine von Hutten
Umschlaggestaltung: Hauptmann & Kompanie Werbeagentur GmbH, München
Umschlagabbildung: bürosüd° München
Satz: Uhl + Massopust, Aalen
Druck und Bindung: CPI Moravia Books s.r.o., Brnenská 1024, CZ-69123 Pohorelice

Gedruckt auf chlorfrei gebleichtem Papier

ISBN 3-89897-587-8